Buch

Die »QE 2« hat Satellitennavigation, drei Getriebeturbinen von 110.000 PS, schafft 22,8 Knoten, hat 13 Decks, 24 Passagierfahrstühle und im Spielsalon 62 Spielautomaten. Ein elegantes Bett kostet für 5 Nächte 4.000 Dollar. Aber die »Brücke« ist klein und eng, die Maschinenräume sind »off limits« wie das Gelände in Houston. Ein Geisterschiff? Der glänzend erzählte Bericht dieser Meerfahrt wird zur geistvollen Analyse von Gesellschaft, Kapital und Technik der Epoche, in welcher die christliche Seefahrt im Sterben liegt, und zu einem Rückblick auf Geschichte und Schicksal der »stolzen« Ozeanriesen einer versunkenen Zeit.

Autor

Lothar-Günther Buchheim, 1918 in Weimar geboren, verbrachte Kindheit und Jugend in Sachsen. Bereits mit vierzehn Jahren als zeichnendes und malendes »Wunderkind« Mitarbeit an Zeitungen und Zeitschriften. Nach dem Abitur Donaufahrt mit dem Faltboot bis ins Schwarze Meer (Tage und Nächte steigen aus dem Strom). Kunststudium an der Akademie in Dresden, danach als Meisterschüler in München. Mehrere Jahre als Kriegsberichterstatter bei der Marine. Einsätze auf Minenräumbooten, Zerstörern und U-Booten. Nach dem Krieg Kunsthandwerkliche Werkstätte und Kunstgalerie. 1951 Gründung des Kunstbuchverlags in Frankfurt, heute in Feldafing. In den fünfziger Jahren Entstehung seiner bedeutenden Sammlung von Gemälden des deutschen Expressionismus. Autor zahlreicher Standardwerke über den Expressionismus, Monographien über Max Beckmann, Otto Mueller und Picasso. 1973 erschien sein erster großer Roman »Das Boot«.

Von Lothar-Günther Buchheim ist außer dem vorliegenden Band im Goldmann Verlag erschienen:

Tage und Nächte steigen aus dem Strom.
Eine Donaufahrt (6343)
Der Film »Das Boot« (10196)

Lothar-Günther
Buchheim

Der Luxus-liner

Ein Logbuch

Wilhelm Goldmann Verlag

Ungekürzte Ausgabe

Made in Germany · 10/82 · 1. Auflage · 1.–20. Tsd.
Lizenzausgabe mit Genehmigung des Albrecht Knaus Verlags, Hamburg

Umschlagentwurf: Adolf & Angelika Bachmann, München
Umschlagfoto: Otto H./Bavaria, Gauting
Druck: Mohndruck Graphische Betriebe GmbH, Gütersloh
Verlagsnummer: 6506
Lektorat: Elga Knackfuß
Herstellung: Sebastian Strohmaier
ISBN 3-442-06506-2

Ein Logbuch – mit dem Versuch, meinen eigenen Zustand und meine Erinnerungen einzubringen.

Alleinsein zwingt zur Verständigung mit sich selber. Empfindungen, Überlegungen, Assoziationen: Alles ist einem Tagebuch ähnlich und sollte doch mehr sein.

Ein Bekenntnis zur Subjektivität: Das Ich als Gegenstand eigener Neugier und die Reaktionen dieses Ego.

Diese Überfahrt ist eine Reise der skeptischen Befunde. Sie bedeutet für mich das Ende der Seefahrt, wie ich sie noch kannte – das Ende einer Epoche.

Der Gegenstand meiner Beobachtung ist nur noch potemkinscher Natur: eine Scheinwelt, in der sogar das Gefühl für die Zeit schwindet.

Die Vision des «Boots» hat dagegen Realität.

Herrn Kapitän Heinrich Lehmann-Willenbrock danke ich für seine Hilfe.

L.-G. B.

Es hängt so viel von dem Fahrzeug ab, mit dem der Mensch, sein Schöpfer, eins ist, daß sogar die See ihm ein entsprechend anderes Bild zeigt.

Glücklich ist der Mann, der wie Odysseus eine abenteuerliche Reise erlebt hat.

Joseph Conrad

Es klappt wie am Schnürchen: Das Flugzeug landet pünktlich in Heathrow. Ich erfahre, daß ich nicht zur Londoner Waterloo Station fahren muß, wenn ich nach Southampton will, sondern einen Omnibus nach Woking nehmen kann, dort bekäme ich den Zug an die Küste.

Der Bus fährt nur alle sechzig Minuten, aber ich muß nur drei Minuten warten. Alles fügt sich zum besten. Dazu dieser blitzende Tag: Pferde auf den Weiden, Reiter an den Kanälen. Um den Drahtzaun des Flugplatzes herum sitzen Leute mit Ferngläsern und beobachten das Landen und Aufsteigen der Maschinen. Ich erkenne australische, kanadische, japanische – sogar eine Maschine aus Bangladesch steht auf dem Rollfeld: Das arme Land leistet sich eine eigene Fluglinie.

Mein Blick faßt eine Herde grauer unförmiger Schafe mit ein paar Eseln dazwischen und gleichzeitig im hellkobaltenen Himmel eine entschwindende Boeing 747.

Ich komme mir vor wie bei einer jener Kaffeefahrten über Land, für die mir fast allwöchentlich bunte Prospekte ins Haus kommen: Im Programm inbegriffen eine Werbeveranstaltung für Rheumadecken und Schnellkochtöpfe. Ich würde mich nicht wundern, wenn der Busschaffner jetzt einen Verkaufsvortrag hielte.

Neben mir sitzt ein etwa zehnjähriger Junge, der in einem Heft mit merkwürdigen Mustern herummalt. Sie fesseln mich so sehr, daß ich meinen Blick schließlich losreißen muß, um auf die Landschaft zu achten. Ich delektiere mich eine Weile an den gelben Bränden der Forsythienbüsche, die in dichten Gruppen an die Straße drängen; aber dann, als es draußen nichts Besonderes zu sehen gibt, starre ich wieder auf die schwarz gedruckten Muster, die mich an die Schnittbogenbeilagen in Frauenzeitschriften erinnern. Da merkt der Junge, daß ich ihm zuschaue, und blättert mir zu Gefallen das ganze Heft durch. Jetzt kapiere ich: gedruckte Labyrinthe. Man muß versuchen, mit einer Kugelschreiberlinie seinen Weg quer durch die Irrgärten zum Ausgang zu finden. Der Junge reicht mir Heft und Kugelschreiber, und jetzt heißt es aufpassen: Ich darf mich nicht blamieren. Zwei-, dreimal taste ich mich mit dem Kugelschreiber in die Irre – dann habe ichs zum Glück geschafft. Der Knabe ist mit mir zufrieden.

«Where are you coming from?» will er wissen. «From Germany.» Der Knabe nickt anerkennend. Ich habe mein Land gut vertreten.

Der Omnibus rollt jetzt durch Straßen mit Einheitshäusern. Da ist viel Architektenhonorar gespart worden. Ein einziger Entwurf mußte für die Häuser einer ganzen Straße reichen, wie so oft in England. Vom vielgerühmten englischen Individualismus ist in der Hausarchitektur nicht viel zu merken.

Die Steak-Houses haben alle geschlossen. Unter den Familien, die sich an diesem festlichen Sonntag zwischen Büscheln saftig leuchtender Narzissen aufs Grün gelagert haben, werden wohl auch die Steak-Brater zu finden sein.

Jetzt geht es an mächtigen Plakatwänden vorbei: «For the body beautiful». Was ist *das* denn für ein Englisch? Bei unserem Tempo kann ich nicht erspähen, was man für seinen Körper tun soll, damit er schön werde.

Eine Reklame für «Square-Meales». Viereckige Mahlzeiten? Auch darauf kann ich mir keinen Vers machen.

Wie mir zum Trost erscheint ein vergammeltes Hotel am Flußufer und entzückt mich mit seinem Schwarz und Weiß: «Swan-Hotel».

Wir fahren über die Themse. Ich muß die Augen zukneifen, so stark blendet die Sonne. Die Eisenbrücke ist hellblau angestrichen. Hinter der Brücke kommt eine ebene Landschaft mit Mandel- und Pfirsichbäumchen, wie von van Gogh gemalt, und ich fühle mich nach Südfrankreich versetzt. Aber schon ziehen wieder die Puppenstubenhäuschen vorbei – eins wie das andere: die gleichen Erker, die gleichen Haustüren, hundertmal der gleiche winzige Vorgarten. Da kann keine Welteroberermentalität mehr groß werden, das sieht alles allzu eng und muffig aus.

Die Straße führt nun dicht neben der Themse hin. Zwischen dem Fluß und der Straße Wohnwagen an Wohnwagen – die Bungalows derer, die keinen Grund besitzen. Ich lese «private fishing» und wieder «private fishing». Bei uns würde wahrscheinlich «Fischen verboten» auf den Schildern stehen.

Ein Bootshafen tut sich auf: ein in der Eile kaum überschaubares Gewimmel von Motorbooten mit orange leuchtenden Fendern. Warum sind die Boote bei diesem Strahlewetter nicht auf dem Fluß? Das gleiche Phänomen wie am Starnberger See: Solche Boote werden offenbar nur besessen, aber nicht benutzt.

Nun kommen Golfplätze, Koppeln, Pferderennbahnen. Ein Hubschrauber mit beigeklappten Rotoren spiegelt sich im Wasser eines großen Teichs. Weiter im Hintergrund stehen noch andere Maschinen – eine ganze Versammlung von Flugzeugen, aber ein Flugplatz ist das nicht. Das scheint eine Art Luftfahrtmuseum zu sein ...

Vergammelte Parks mit Zypressen wollen mich glauben machen, hier sei Italien, aber schon verliert sie mein Blick und erfaßt Holzlagerplätze und Autofriedhöfe statt der Hecken und grauen Steinskulpturen. Die Autofriedhöfe wollen kein Ende nehmen. Schließlich tauchen wieder Einheitshäuser auf, diesmal aber im modernen Stil. Die vor fünfzig Jahren gebauten sind anheimelnder: Mit vielen modernen Bauten ist eben kein Staat zu machen.

Ich bin auf dem Weg nach den USA – Amerika per Schiff. Ganz plötzlich muß ich darüber lachen. Der Junge neben mir will wissen: «Why do you laugh?» Soll er mich doch, weil ich schlankweg «nothing» antworte, für verrückt halten. Wenn ich sagte: «The fact, that I am going to the

States by ship . . .», täte er das auch. Und – as a matter of fact – ich bin ja verrückt, denn sonst wäre ich vor geraumer Zeit in München-Riem ins Flugzeug gestiegen und befände mich schon im Landeanflug über New York.

Als der Magazinredakteur mich anrief und fragte: «Hätten Sie als alter Seemann nicht mal Lust, mit dem letzten Oceanliner den Atlantik zu überqueren, so unmittelbar nach Ihrer Reise mit der ‹Otto Hahn› muß das doch interessant sein», da bat ich mir erst mal Bedenkzeit aus.

Der Zufall wollte es, daß mir am gleichen Tag der Nachlaß eines Kapitäns, der um die Jahrhundertwende auf großen Oceanlinern Dienst getan hatte, samt dem seines Vaters, der auch Kapitän war, ins Haus schneite. Auf den verblichenen Albumbildern erschien der alte Kapitän schnauzbärtig und gewichtig, wie es sich für einen ordentlichen Kapitän auch gehörte, der ja beim Luxusfuttern, dem «Captainsdinner», tüchtig mithalten mußte. Seine Tagebuchnotizen in akurater Bleistiftschrift füllten ein gutes Dutzend blauer Schulhefte, zusammen mit den Photos eine wahre Fundgrube: Nachrichten über die Seefahrt und das gesellschaftliche Leben in jenen Tagen.

Es war die Glanzzeit der Atlantikfahrt, und die Namen der Kapitäne waren fast so bekannt wie heute die von Filmschauspielern. (Wer interessiert sich denn heute für den ins Bordmikrophon genuschelten Namen des Jet-Piloten?) Es gab, wie ich in Briefen und Tagebuchheften las, Passagiere, die nur mit *ihrem* Kapitän fahren wollten.

Diese so jovial wie streng dreinblickenden leibesmächtigen Herren im Goldknopf-Zweireiher und mit mehreren Goldstreifen an den Unterarmen ähnelten fast alle ihrem Kaiser Wilhelm. Auch später noch, als die Kaisermode längst vorbei gewesen sein muß, trugen sie offenbar gern noch die kaiserliche Barttracht und ließen sich wie würdige Großväter mit Max Schmeling und Olga Tschechowa für die Wochenschau filmen: Jede Atlantiküberquerung war ein gesellschaftliches Ereignis.

Auf der Brücke fanden sich diese Kapitäne wahrscheinlich nur noch pro forma ein: Für den Wachdienst hatten sie ihre Offiziere. Am liebsten zeigten sie sich, wie die alten Photos belegen, Runden schreitend ihrem Publikum. Jeder Zoll strahlte Verläßlichkeit aus. Wenn die Schiffsführung einem so gewichtigen Mann anvertraut war, sollte wohl jeder der Passagiere denken, konnte dem Dampfer nichts passieren ... Ein Shakehands des Kapitäns galt damals noch als memorable Auszeichnung, ein Platz gar am Tisch des Mannes, der sich fast zerriß in lauter Pflichten zum Wohle der ihm Anvertrauten, als weithin sichtbare Bestätigung eigener Bedeutung. Wer auf solche Weise unter Zimmerpalmen, Gobelins, goldgefaßten Wandgemälden und bronzenen Kandelabern, üppigen Deckenstukkaturen und pompösem Mobiliar als Rahmen ausgezeichnet wurde, hatte für sein Ticket viel mehr als den Gegenwert an Transportleistung bekommen – eine Erinnerung fürs Leben. Der Bordphotograph lieferte gern Serien braungetönter Andenken an das große Erlebnis, mit denen sich daheim prunken und die Erinnerung, sollte sie je verblassen, wieder auffrischen ließ.

Erst als ich die Photos aus dem Kapitänsnachlaß um mich herum auf dem Boden ausbreitete – ein paar handkolorierte Ansichten von fremden Häfen, von Hongkong vor allem, gehörten dazu –, merkte ich, was für einen falschen, einseitigen Eindruck solche Dokumente von der Seefahrt jener Tage dem geben, der über sie gar nicht Bescheid weiß. Nicht ein einziges Bild, das den Dienst der Besatzung schildert, war darunter. Damals, als die Ozeanriesen sich gegenseitig das «Blaue Band» abjagten, dachte offenbar niemand daran, auch einmal die Stoker zu photographieren, die sich tief unten im Bauch des Schiffes an den Schlünden der Feuertüren abrackerten und in Vierstunden-Wachen den brüllenden Flammen immer neue Nahrung zuwarfen.

Der Kontrast zwischen «oben» und «unten», zwischen der besitzenden und der im Schweiß schuftenden Klasse, konnte sich kaum krasser darbieten als auf einem Luxusliner in der großen Ära der Passagierschiffahrt. Während oben gepraßt wurde, schufteten sich in der Unterwelt die Heizer fast zu Tode, damit die Ingenieure aus den Maschinen das Letzte an Leistung herausholen konnten: Die Reederei war nun mal besessen vom Ehrgeiz, das «Blaue Band» zu gewinnen oder es auf Teufel komm raus gegen andere Linien zu verteidigen.

Damals war die «Pool» genannte Herrenwette noch von starker Attraktion. Es ging darum, das Etmal – die von Mittag zu Mittag zurückgelegte Strecke – möglichst genau vorauszutippen. Wer dem Ergebnis am nächsten kam, durfte den gesamten Pool an Wetteinsätzen einstreichen: Ein Wettfieber wie auf Pferderennbahnen griff um sich. Der Imperativ «Corrigez la fortune!» wurde dabei auf höchst merkwürdige Art befolgt. Wie dort die Jokkeys wurden hier die Heizer bestochen: Wer auf ein besonders großes Etmal getippt hatte und frühzeitig genug bemerkte, daß es nicht zu erreichen war, ließ durch eine Windhutze, die bis hinunter in den Heizraum reichte, einen Umschlag mit Geldscheinen an einer Schnur hinab: deutliche Aufforderung an die Stoker, noch ein paar Schaufeln mehr durch die Feuertüren zu jagen.

So ein Oceanliner mit Kohlefeuerung und mit seinen riesigen Stokerscharen war einer Galeere noch verdammt verwandt. Auch er wurde noch mit Muskelkraft, mit der Muskelkraft der Stoker bewegt. Wenn es ums «Blaue Band» ging, müssen die Stoker trotz verkürzter Wachen gewaltige physische Leistungen für ihre Reedereien erbracht haben.

Heute gibt es keine Scharen schweißtriefender, ausgemergelter Männer vor den Kesseln mehr an Bord. Heute werden die Kessel, die den Dampf für die Turbinen liefern, mit Ölbrennern geheizt; nicht anders als der Kessel meiner Zentralheizung zu Hause, und das «Blaue Band», die Trophäe, der die Atlantikliner nachjagten, interessiert längst keinen Reeder mehr.

Das schnellste Schiff im Atlantikrennen war die «United States» mit über 50000 BRT. Sie lief 1952 auf der atlantischen Rennstrecke ihre 35,59 Knoten. Es heißt, sie hätte noch mehr leisten können: sagenhafte 42 Knoten, was soviel wie 77 Stundenkilometer bedeutet. Dieser Gigant schaffte den Atlantik in der Rekordzeit von drei Tagen. «Gemogelte» drei Tage freilich, weil es, genau besehen, drei Tage, zehn Stunden und vierzig Minuten waren, gerechnet für die Strecke vom Ambrose-Feuerschiff vor New York bis zu Bishops Rock am Eingang des Ärmelkanals.

Dagegen sind die fünf Tage, die mein Schiff unterwegs sein wird, eine lange Zeit.

Was für komische Vögel mögen das nur sein, die heutzutage noch mit einem Linienschiff den Atlantik überqueren? Zeitgeizer sicher nicht.

Als ich zögerte, der Redaktion «Ja!» zu sagen und auf die Reise zu gehen, erschien unter der uralten Tuja vor meinem Fenster eine weiße Taube, «La Paloma» sozusagen persönlich, und machte, statt einfach die hingestreuten Sonnenblumenkerne aufzupicken, drei kurze Kopfrucker zu mir hin. Sie ließen sich als ein Zunicken und damit als ein Omen, ja sogar als Imperativ: «Los! Na mach schon!» deuten. Im gleichen Augenblick griff ich zum Telephon und bestellte mir Prospekte und Kabinenpläne für die Atlantiküberquerung.

Das Reisebüro schickte mir einen Stoß bunt Gedrucktes ins Haus: Jubel, Trubel auf Hunderten von Kunstdruckseiten. Dutzende weiß gepönter Schiffe, die schon manchen Umbau erlebt hatten, Uraltveteranen darunter, die unter verschiedenen Flaggen gefahren waren, ehe sie unter die für sie opportune Panamaflagge gerieten. Unter all den aufgemöbelten Kolchern wirkte die «Queen Elizabeth 2» mit ihrem schwarzen Schiffskörper und den weiß gemalten Aufbauten geradezu aristokratisch ...

Zu meinem Erstaunen erfuhr ich, daß Seefahrt wieder «in» sei: 1978 hätten fast eine Viertelmillion Bundesbürger Gefallen an Kreuzfahrten gefunden, die Amerikaner aber stünden in der Statistik noch über ihnen.

Mit den «geriatrischen Brillantenkreuzern», wie die Kreuzfahrtschiffe auch betitelt werden, wird also wieder verdient, dachte ich mir, und ich machte mich ans Zusammenklauben meiner Siebensachen.

Erst morgen muß ich auf dem Schiff sein. Ich hätte in London übernachten können, hätte aber dann morgen in aller Herrgottsfrühe aus den Federn gemußt, um den «Bootszug» zu erreichen. Ich bin gespannt auf das Schiff.

Ich habe zwar schon riesige Werften gesehen, auch Penhoët, auf der die «Normandie» gebaut wurde, doch mit einem großen «Musikdampfer» war ich noch nie unterwegs. Immer waren es so kleine Schiffe wie die «Archsum» und dann Minensuchboote, Vorpostenboote, Zerstörer, U-Boote und alle nur erdenklichen «fahrbaren Untersätze». Das letzte Mal war ich mit dem Nuklearschiff «Otto Hahn» unterwegs, gewiß kein kleines Schiff, aber ein Forschungsschiff ohne Passagiere.

Meine Spannung nimmt mit jedem Kilometer zu.

Um mir Abwechslung zu verschaffen, richte ich den Blick von den Prospekten hoch und über den Kopf des Jungen hinweg, der wieder fleißig verzwickte Kugelschreiberlinien in seine vorgedruckten Labyrinthe kritzelt, nach draußen: Aus den winzigen Vorgärten leuchtet es jetzt überall gelb. Zum Forsythiengelb hat sich Narzissengelb gesellt.

Wir durchfahren ein Ortszentrum: Im «Fish-and-chips-shop» sind nur weiße Regale und ein weißer Tresen zu sehen. Auch die Geschäfte daneben wirken so verlassen, als hätten die Ladeninhaber ganz plötzlich vor einer heranrückenden Feindesmacht fliehen müssen.

Backsteinschulen, Backsteinkirchen, Backsteinmauern – aber kein Mensch zu sehen. Die tief herabgezogenen Dächer sind alle von der gleichen graublauen Farbe: Schieferdächer.

Für eine Sekunde ordnen sich Hochspannungsmasten stelzbeinig in eine Reihe. Dann fliehen sie wieder auseinander. Vom Efeu umschlungene Baumstämme sehen wie mühsam bandagiert aus. Die Sonne blitzt von Stechpalmenblättern. Viele Gärten sind verwildert, vom letzten Herbst noch nicht aufgeräumt. Ob sie noch einer pflegen wird? Die Fensterläden der Villen sind geschlossen, und von ihren Mauern blättert der Putz. Die bloßen Ziegel wirken wie Wunden.

Unter die vergammelten Villen mischen sich jetzt langgestreckte Fabrikgebäude, auch sie aus Ziegeln, aber von gedämpfterer Farbe als die der Schulmauern.

Plötzlich wird der Blick frei, und die Landschaftskulissen schieben sich zu einem Bild von Constable zusammen. Drei, vier knorrige Eichen stehen in der Mitte. Der Sonnenglast läßt dem Himmel nur wäßrige Bläue, der Dunst in der Luft aber macht das Licht so intensiv, daß ich nur aus zusammengekniffenen Augen in die Ferne blicken kann. Viel gibt es da ohnehin nicht zu sehen: Das Land ist flach. Jede blau übertönte Baumkulisse sperrt die Sicht.

Diesmal waren allein schon die Vorbereitungen zum Aufbruch so aufregend wie sonst eine ganze Reise: Wochen hindurch emsiges Herumtelephonieren, dazu immer neue Besuche im Reisebüro. Den wohlmanikürten Damen – eine von ihnen hatte sich die Nägel fast schwarz gelackt – waren die Kabinenpläne der «QE 2» und ihre vielfach gestaffelten Preise Hekuba. Anscheinend gab es außer mir in ganz München keinen Menschen, der je per Schiff nach Amerika reisen wollte. Die Flugtarife hätten die gepflegten Ladies wahrscheinlich in ihren topfrisierten Köpfen gehabt – aber Schiffspassagepreise?

Ich bestellte ausdrücklich eine Außenkabine, bekam aber ein Passageticket für eine Innenkabine. Weil ich nicht die Tage und Nächte der Überfahrt elektrisch beleuchtet wie ein Stück Federvieh in einer Hühnerlegebatterie zubringen wollte, protestierte ich. Da wurde mir versichert, daß ich irrte: Die gebuchte Kabine sei außen. Ich hatte mir frühzeitig einen Kabinenplan besorgt und meine kleine Lupe zur Hand. Die auf dem Plan winzig gedruckte Kabinennummer meines Tickets gehörte zu einer Innenkabine, den Beteuerungen der Reisebürodamen zum Trotz. Neuer Protest und Verweis auf die Pläne. Erst nach Tagen wurde mir eine neue Nummer zutelephoniert. Ich nahm – Skeptiker, der ich nun einmal bin – Plan und Lupe wieder zur Hand: wieder innen. Das sah nach Zermürbungstaktik aus. Nun ließ ich erst recht nicht mehr locker, bis ich endlich nach einem guten Dutzend Gesprächen das Gewünschte bekam: eine Außenkabine, also eine mit Bulleye.

Viel Aufwand für einen, der das Schiff nicht etwa ein Jahr lang bewohnen, sondern nur mal den Atlantik überqueren will. Den *Hinweisen für die Einschiffung*, die mir dreifach ins Haus kamen, konnte ich bei all der Rangelei um die richtige Kabine nicht auch noch Aufmerksamkeit entgegenbringen. Erst jetzt falte ich eines der opulenten Kunstdruckhefte mit *Reisetips* auf und beginne zu lesen:

Gepäckanhänger sind beigefügt. Diese müssen vollständig *ausgefüllt an jedem Gepäckstück angebracht werden. Rote Gepäckanhänger bitte für Kabinengepäck und blaue Gepäckanhänger für die Aufbewahrung im Gepäckraum benutzen. Das zur Aufbewahrung im Gepäckraum vorgesehene Gepäck steht während der Reise* nicht *zur Verfügung.*

Darüber kann ich nur grinsen: Omnia mea mecum porto. Mein alter in der Schweiz hergestellter Stockwagen – zwei gummibereifte Räder, zusammenklappbar, Tragfähigkeit gut und gern 100 Kilo – hilft mir dabei. Mit den beiden Taschen, die er wie ein Maulesel trägt, ist er schon zweimal um den Globus gereist.

Die Fragen: Was nehme ich mit? Was zieht man auf so einem Schiff an? geisterten wochenlang durchs Haus. Dann las ich in einem der Prospekte: *The suggested attire for the evening: formal.* Also mußte der Smoking mit auf die Reise. Kein Mensch wird meinem schmalen Gepäck ansehen, daß darin ein Smoking samt den nötigen Accessoires Platz hat: Mich soll so leicht kein Snob unter den Passagieren beschämen können.

Aus England, erfahre ich aus meinem Leporello, dürfen nicht mehr als 100 Pfund in Sterling-Noten ausgeführt werden. Gleich stöbere ich meine Taschen durch: Nein, hundert Pfund kommen nicht mehr zusammen.

Was noch?

Ich werde höflich daran erinnert, daß ich ein Visum für die USA brauche und die Schiffsfahrkarte für die «QE 2»: *Passagieren, die nicht im Besitz dieser Reisedokumente sind, wird die Abreise nicht gestattet.*

Hätte ich mir ohnehin gedacht. Wer kein Ticket bezahlen will, kann allenfalls als blinder Passagier reisen. Das war schon immer so.

Für Leute, die sich in Southampton einschiffen wollen und nicht in Cherbourg, gibt es diesen Hinweis:

Für alle Abfahrten fährt in London um 07.55 Uhr ein Bootszug von Waterloo Station ab. Fahrkarten können bei allen DER-Reisebüros und den Fahrkartenschaltern der British Rail gekauft werden. Platzkarten kosten 45 Pence pro Sitz und können bei Seat Reservation Office, British Rail, Waterloo Station, London SE1 8SE per Post bestellt werden. Sollte die Bestätigung wegen Zeitmangel nicht zugeschickt werden können, bitten wir die Platzkarten in diesem Büro abzuholen.

Umständlicher gehts wohl kaum. Ich komme mir vor, als hätte ich den gestrengen Cunard-Managern ein Schnippchen geschlagen: Ich bin dabei, meinen Weg *allein* zu finden. Ich brauche keine Platzkarte für 45 Pence. Ich werde die British Rail erst ab Woking benutzen, wie ein ganz normaler Sonntagsausflügler.

Dem Tafelritual wird in den Einschiffungs-Hinweisen breiter Raum gegeben. Was Wunder: Die Fresserei ist seit den frühen Tagen der Atlantikfahrt nun mal das Wichtigste für den Normalpassagier.

Die üppig mit Stuck ausstaffierten Rokoko-Speiseräume der alten Photos sind zwar verschwunden, aber den Prospekten nach zu urteilen, können auch heute noch Musikdampfer und Luxus-Fresserei glatt als Synonyme gelten. Deshalb erschien es mir auch als eine Art Vergeudung, ausgerechnet mich, der ich, von einem strengen Arzt vergattert, tagtäglich vom Fleische fallen soll, zu einer Transatlantikfahrt einzuschiffen. Aber der gleiche Arzt plädierte dann für die Schiffsreise: Von der konstanten Höhe – kann man bei etwa zehn Metern über dem Meeresspiegel von «Höhe» sprechen? – erhoffte er sich eine gute Wirkung.

Ich erfahre aus meinen Buntprospekten, daß ich als Passagier der Touristen-Klasse meine Mahlzeiten im «*Tables of the World Restaurant*» einzunehmen habe: *Die Herren werden gebeten, zum Abendessen ein Jakkett zu tragen. – Passagiere der Ersten Klasse, Kabinenkategorie AA bis C, UA, nehmen ihre Mahlzeiten im «Queens Grill» ein. Für Passagiere der Ersten Klasse, Kabinenkategorie D, ist der Tisch im «Princess Grill» gedeckt* und für *Passagiere der Ersten Klasse, Kabinen-*

kategorien E-H, UB, VC, im «Columbia Restaurant». Soweit Platz vorhanden, können gegen Zahlung eines geringen Aufschlags gelegentlich Tischreservierungen für den «Queens Grill» angenommen werden.

Ich staune, auf wie feinfieselige Weise die Passagiere meines Oceanliners auseinanderdividiert werden. Die alte Bordhierarchie ist also noch kräftiger am Leben, als ich mir vorgestellt hatte. Immerhin: Ich darf zum Abendessen im Jackett erscheinen. Wie werden sich die verschiedenen Kategorien von Menschen, denen ich auf dem Schiff begegnen soll, voneinander unterscheiden? Wer reist eigentlich mit so einem Schiff?

Irgendwo – aber nicht in den Prospekten von Cunard – las ich: *Das Passageticket ist fünfmal teurer als der Flug. Die Reise dauert fünfzehnmal so lange wie die Flugreise.* Sind etwa Nabobs unter den Passagieren, die sich auch während der Fahrt über den Atlantik von ihrem Butler bedienen lassen? Die Vermutung kommt mir nicht von ungefähr: Bei der Planung des Schiffes erhob sich, wie ich weiß, die Frage, ob für verbilligt mitreisende Butler Räume eingebaut werden müßten; sie wurde zum Problem. Immerhin reisten auf der alten «Queen» 1963 noch 42 Butler mit, obwohl Cunard schon eine stolze Zahl gutdressierter Stewards für die feinsten Passagekategorien geheuert hatte.

Haben die Leute, mit denen ich «segeln» werde, jede Menge Zeit und nichts anderes im Sinn als sie nur irgendwie totzuschlagen? Verdiente Pensionäre, wohlhabende Rentner, reiche Witwen etwa? Oder sind es schlicht Leute mit einem Spleen?

Oder gar solche, die Angst vorm Fliegen haben?

Mißgünstige unter unseren Freunden sagten mir voraus, daß ich die Tage auf See in einer «Schar alter Weiber mit dicken Klunkern und violett gefärbtem Weißhaar» verbringen müßte. Die Erica Jong ist bestimmt nicht dabei, hieß es.

Vielleicht treffe ich aber auch jene an Bord, *die sich mit dem Gewöhnlichen nicht zufriedengeben,* wie es in einem meiner Prospekte heißt, einzelgängerische Fortschrittsverächter also, die das hetzende Time-is-money im Gegensinn verstehen – nämlich Zeit als ein Kapital, das man am besten auf elegante und angenehme Weise verbraucht.

In meinen Prospekten weiterblätternd, finde ich einen kuriosen Versuch, von vornherein das leidige Trinkgeldproblem zu klären: *Trinkgeld ist eine zusätzliche Anerkennung für das Bordpersonal, welches Ihnen den Aufenthalt an Bord noch angenehmer gestaltet hat. Wie an Land, geben Sie Trinkgeld an wen und soviel Sie geben möchten. Im Zweifelsfall wird das Personal des Schiffsbüros Sie gerne beraten.*

Ich werde mich wohl beraten lassen müssen, weil ich fast stets, wenn es ums Trinkgeldspenden geht, in Kalamitäten gerate und diese kapitalistische Art der Leistungsanerkennung, oder wie immer man das Trinkgeldsystem nennen mag – nimmt doch auch jeder Ostblock-Kellner noch heute, wenn er kann, welches –, zum Teufel wünsche.

In Frankreich haben die Kellner einen neuen Trick gefunden: Ich habe beobachtet, wie ein Gast fragte, ob das Trinkgeld, «le pourboire», schon in der Rechnung enthalten sei, und wie er darauf vom Kellner mit routiniert gespielter Entrüstung zu hören bekam: «Mais non, monsieur!» Der Gast schien einer von der hartnäckigen Sorte zu sein, die sich so leicht nicht einschüchtern läßt. Er rechnete, Stift in der Hand und von dem Kellner aus der Tiefe des Lokals heraus gespannt beäugt, seinen Kassenbon nach, guckte verbiestert um sich, rechnete wieder, biß sich nacheinander auf die Oberlippe und dann auf die Unterlippe und faßte schließlich mit einem plötzlichen Hochrucken des Kopfes einen Entschluß: Er winkte den Kellner noch einmal zu sich heran und erklärte in einem Französisch, das nach dem Norden klang, er sei getäuscht worden und habe nun zweimal «pourboire» bezahlt. Hier auf dem Kassenbon sei es schon berechnet . . . Ein tollkühner Mann! Als er von seinem Bon hochblickte, sah er sich nun drei Kellnern gegenüber, die plötzlich wie auf ein Geheimkommando aus ihren Revieren herbeigeeilt waren. Der Gast, wahrscheinlich ein Belgier, machte nun einen entscheidenden Fehler: Er erklärte alles noch einmal und erntete dafür ein chorartiges «Hoho!» und «pas possible!». Und dann bekam er zu hören, was für ein unglaublicher Ignorant er sei: Die Prozente auf der Rechnung seien für den «service», er aber habe gefragt, ob der Kollege schon ein «pourboire» bekommen habe, was der mit Recht – hier sind schließlich nur ehrliche Leute beschäftigt! – verneint habe: «service – pourboire . . .», ob er etwa so simple Wörter nicht unterscheiden könne? Niederträchtige Verleumdung, bösartige Verunglimpfung des ganzen Berufsstandes – darauf liefen doch solche Pseudoreklamationen hinaus. Schikane der übelsten Art. Eine mit voller Verve gespielte Szene, Schauspieler, die ihren Auftritt bis in jede Fiber genossen, und das ganze Lokal voller Zuschauer. Abendunterhaltung à la Parisienne, wie ich sie mir drastischer gar nicht wünschen konnte. Nur: In der Haut des Aufmüpfigen, der nach Strich und Faden zusammengestaucht wurde, hätte ich nicht stecken mögen.

Beratung durch das Personal des Schiffsbüros: Ich werde diese gute Empfehlung der Cunard-Manager befolgen.

Ich müßte, statt im Omnibus durchs südliche England zu gondeln, eigentlich an meinem zweiten Buch schreiben. Müßte ich das wirklich? Das Manuskript ist seit Jahr und Tag so gut wie fertig. Um was es jetzt noch geht, ist eigentlich nur noch Fronarbeit – schierer Flagellantismus. Kein Aufschwung mehr, sondern bloße Pflichterfüllung. Die Pflichterfüllung kann warten. Keine Gefahr mehr, daß mir die Beute auskommen könnte.

Trotzdem habe ich gehörig mit meinem Engel ringen müssen, ehe ich reif für den Entschluß war, auf diese Reise zu gehen. Ich hatte gute Argumente! Mal wieder raus aus der gewohnten Umgebung. Lange genug habe ich in Krankenhäusern herumgelegen. Mal erfahren, wie es auf einem solchen Dampfer zugeht, und zugleich ausspannen . . .

Ich bin, bei Licht besehen, auf Bewährung unterwegs. Ich muß zeigen, wie ich mich führe, vielmehr mein Corpus muß es zeigen. Ich bin gerade mal wieder von der

Schippe gesprungen, und diesmal war es knapp: Blaulicht und Martinshorn und alle Schikanen. Am Herzen sind nekrotische Zonen geblieben. Ich trage «für alle Fälle» den medizinischen Befund in der Brieftasche: zweiter Herzinfarkt.

Während der letzten Wochen habe ich mich in erster Linie mit medizinischer Literatur und ungezählten Röntgenaufnahmen von Koronarsystemen beschäftigt. Von meinem Herzen gibt es neuerdings sogar einen Röntgenfilm, 35 Millimeter, also für die große Leinwand. Den habe ich mir vorspielen lassen, wann immer mir der Sinn danach stand.

Jetzt soll Schluß sein mit der Introspektion.

Was ich jetzt betreibe, ist im Grunde eine Repetition. So wie jetzt bin ich schon einmal aufgebrochen, um meinen Körper auf die Probe zu stellen und mit mir ins reine zu kommen: Nach der Endoprothesenoperation und der Lungenembolie, die ich bald danach bekam, war ich, kaum konnte ich wieder krauchen, nach Samoa unterwegs. Das ging ziemlich schief: Ich mußte mich von einem Tropenhospital ins andere schleppen. Ich war eben noch nicht in Ordnung, vielmehr überanstrengt und anfällig für alle möglichen Infektionen. Jetzt treibe ich es nicht mehr ganz so verrückt. Außerdem meinte mein Arzt, gebe es Ärzte an Bord.

Der Omnibus muß an der Kreuzung warten: Vier kleine Mädchen auf dicken Pferden haben den Vorrang – den Vorritt? Sie tragen auf dem Rücken große, auf Karton aufgedruckte Ziffern wie Turniertänzer. Nur weil ich an Turniertänzer mit den Nummern auf den Rückfronten ihrer Fräcke denke, muß ich wieder lachen, und der Junge neben mir blickt mich diesmal ängstlich prüfend an, als hätte er es mit einem Irren zu tun.

«Self driver hire» lese ich von einem Schild ab. Mir wäre jetzt danach: Ein bißchen mit einem Mietwagen durch diese Landschaft trödeln – ohne rechtes Ziel.

Ein Friedhof dicht an der Straße. Auf fast allen Gräbern Narzissen: ein Präraffaelitenbild. Dann neugeweißte kleine Villen im Wechsel mit großen, aber heruntergekommenen Landsitzen. Das Rostrot verwelkenden Farnkrauts bekommt in der Ferne einen Anhauch von Violett. Dann frisch gekappte Kopfweiden als bizarre Silhouetten in langer Reihe gegen den grellen Himmel – ein Motiv van Goghs.

Die Wäldchen aus Birken und Kiefern sehen nach Moorboden aus: Sie sind mickrig geraten. Die Stämme vieler Kiefern schwarz verkohlt; hier muß es im letzten Jahr Waldbrände gegeben haben.

Ein paar Arbeiter in blauen Hosen liegen am Straßenrand in der Sonne: Leute aus Surrey.

Der Junge neben mir packt seine Sachen ein.

Jetzt ziehen zweistöckige Ziegelhäuser vorbei, die ihre schwarzen Abflußrohre vorzeigen: So milde sind hier die Winter. Bei uns verbietet der Frost solche Rohre «außenbords».

Ligusterhecken, hübsche Häuser, ein Park – das muß Woking sein. Wir fahren um eine scharfe Kurve und sind schon am Bahnhof. «British Rail Woking» steht daran.

«Have a good day», sagt der Junge.

Fünfzehn Minuten Aufenthalt. Auf dem anderen Bahnsteig erspähe ich einen Photomaton-Kasten und nutze die Zeit, um mir vier neue Photomaton-Bilder machen zu lassen. Ich tue das gern, wenn ich mich auf Bahnhöfen langweile, und jedesmal frage ich mich, wer an automatischen Photos das Bild-Copyright haben mag. Ein denkwürdiger Copyright-Prozeß hat mir immerhin Jahre meines Lebens vergällt.

Und nun bleibt noch Zeit, in den bunten Faltprospekten weiterzulesen:

Das Unterhaltungsprogramm an Bord – faszinierend! Film, Theater, Vorträge, Diskussionen, Kabarett, alles mit von Film, Rundfunk und Fernsehen bekannten Namen.

Schon davon müßte mir eigentlich angst und bange werden. Der PR-Mensch, der diesen Prospekttext verzapft hat, geht aber noch weiter:

Allenthalben Stil, Niveau und Atmosphäre, wie sie nur auf diesem Schiff erwartet werden können, in der kultivierten Eleganz der Gesellschaftsräume, in den ele-

ganten oder gemütlichen Bars, im Spielkasino, bei den kulinarischen Genüssen der Küche, in den großzügig ausgestatteten Luxuskabinen. Jedes Besatzungsmitglied möchte dazu beitragen, daß Ihre Reise zum großen Erlebnis für viele Jahre wird. Allzu schnell verfliegt die Zeit an Bord. Machen Sie mit beim Aktiv-Urlaub, oder faulenzen Sie den lieben langen Tag, ganz wie Sie wollen. Üben Sie Yoga, lernen Sie neue Modetänze, spielen Sie Bingo, Bridge oder Blackjack, gehen Sie ins Kino oder Bordtheater, Schwimmen oder Saunen, Golf spielen oder Tontauben schießen, durchtanzen Sie die Nächte an Bord oder schmökern Sie in den Büchern der Bordbibliothek, unternehmen Sie eine Shoppingtour durch die Ladenstraße. Das alles und noch viel mehr bietet Ihnen die «Queen».

Wenn ich das früher in die Hände genommen hätte, säße ich wahrscheinlich nicht in Woking Station. Unter einem Bild des großen Ballsaals mit einem kunterbunten Gewimmel steht: *Dance, Disco or cheek-to-cheek.* Das kann gut werden. Den Smoking habe ich für alle Fälle dabei.

Was das Tanzen anbelangt, werde ich mich wohl oder übel zurückhalten müssen. Gerade dabei hat es mich vor knapp vier Monaten erwischt: Erst die Luftnot – schnell raus durch die Drehtür zum Sauerstoffschlucken –, dann die heiß brennenden Stiche durch den Magen, dann das fürchterliche Gekotze und schließlich der Rettungswagen und die strengen Ermahnungen, regungslos liegen zu bleiben während der Affenfahrt zum Ospedale Civile in Padua. Halb verdrängte Bilder tauchen auf: Tropfe an Chromgestängen, Schwesternlächeln, ein Chefarzt wie aus einem Zahnpasta-Werbespot. Mit etwas Wimpernschlagen bringe ich die Erinnerungsbilder wieder zum Verschwinden. Faire semblant, so tun, als wäre nichts gewesen, das hat mir noch immer gut zu Gesicht gestanden.

Endlich kommt der Zug. Ich verstaue meine Sachen und rattere nun mit der britischen Rail – Rail klingt so schön nach Rattern – nach Southampton: southbound.

Vor meinem trüben Abteilfenster erstrecken sich riesige Golfplätze, Rhododendronwälder lösen sie ab. Wenn die blühen, muß das ein einziges violettes Prangen sein, wie in der Bretagne. Meine paar Rhododendron-Sträucher zu Hause wollen und wollen nicht gedeihen. Das Wasser bei uns ist zu kalkhaltig.

Ich lese «Brockwood» auf einem Stationsschild. Zwischen dunkelgrünen Rhododendronblättern erkenne ich weiße Grabplatten, weiter im Hintergrund einen Soldatenfriedhof. Die Gräber sind exakt ausgerichtet. Soldaten haben noch als zerfallene Überreste zu parieren. Kriegsgräberbetreuer aller Nationen richten ihren strengen Blick darauf.

Und wieder Golfplätze und immer noch mehr Golfplätze.

Vom erhöhten Bahndamm aus bietet sich die Landschaft noch vielfältiger und mit mehr Tiefe dar als vorher von der Straße: die Eisenbahn als angenehmstes aller Beförderungsmittel. Ich habe das ganze Abteil für mich allein. Wenn der Zug unter Brücken hindurchfährt, dröhnt es laut im Abteil. Mein Waggon ist gut und gern fünfzig Jahre alt.

Zwischen Birkenstämmen ist der Grund auf weite Strecken hin rehfarbig. Das machen die verdorrten Gräser vom vorigen Jahr.

Als der Zug in einer Schlucht dahindonnert, schimmert das Gelbgrün von Weidenkätzchen zu mir herein.

Das muß eine Art Schnellzug sein: Durch alle kleinen Stationen braust er ohne Halt hindurch, die Stationsschilder fliegen so schnell vorbei, daß ich sie nicht lesen kann.

Wieder Moorlandschaft. Irgendwo müßten hier Torfstiche sein. Statt der erwarteten Torfstiche erscheinen aber Seen, in denen sich das kalte Kobalt des Himmels spiegelt.

Nicht weniger als neun Bars, lese ich weiter, gibt es an Bord. Und sie sind nacheinander aufgezählt: *«Midships Bar» – längs des Queens Room, Quarter Deck (1. Kl.); «Q 4 Bar» – im «Q 4 Room», Quarter Deck (1. Kl.) Heck; «Queens Grill Bar» – an den «Queens Grill» anschlie-*

ßend, Boat Deck (1. Kl.); «One Deck Bar» – längs des Treppenaufgangs D (1. Kl.); «Casino Bar» – Upper Deck (I. Kl. und Touristenkl.); «Lido Bar» – Steuerbordseite auf dem One Deck (Touristenkl.); «Theatre Bar» – mittschiffs auf dem Upper Deck (Touristenkl.); «Double Up Bar» – auf der oberen Etage des Double Room (Touristenkl.); «Double Down Bar» – hinter dem Double Room, Upper Deck (Touristenkl.).

Aus einem PS unter der Barliste erfahre ich, daß ich auch Wasser trinken kann, falls ich das wünsche: Aus dem Hahn meiner Kabine wird reines Trinkwasser fließen. Ich schmatze mit der Zunge, aber nein, nach reinem Trinkwasser aus den Tanks der «QE 2» wird mir der Sinn kaum stehen. Doch einen ordentlichen Whisky könnte ich jetzt vertragen: So viele Bars machen Durst.

Hoffentlich lebt jene Achtzigjährige mit violett gefärbtem Haar noch, die uns, als wir zum ersten Mal in Southampton waren, spätabends aus einer Riesenflasche Whisky einschenkte, und wider Erwarten gut bemessen – ganz ohne Trinkneid. Wir nannten sie «die älteste Barfrau der Welt».

Nach Southampton hatte uns der pure Zufall verschlagen – oder besser: unsere Lust zu verrückten Reisen. Unter diesen verrückten Reisen gehört die nach Southampton zu den denkwürdigen: Wir hatten, als wir auf der Autobahn nach Köln fuhren, nichts anderes im Sinn, als für eine Fernsehsendung zur ARD zu fahren und dann wieder umzukehren . . . Statt dessen machten wir einen «Abstecher» zu Freunden nach Aachen, und auf einmal überkam mich ein Verlangen, wieder einmal an einer Küste zu stehen. Man hatte mir gesagt, an der belgischen Küste sei es auch spät im Jahr noch schön. So zockelten wir durch die flämische Puppenstubenwelt nach Brügge, bewunderten die Auslagen eines Schaufensters, darin ausschließlich Kohlen und Briketts, aber nicht etwa einfach hingeschüttet, sondern mit großer Sorgfalt auf Tellern aus Pappe, Weihnachtstellern ähnlich, amphitheatralisch angeordnet: Dutzende verschiedener Sorten und Qualitäten, gerade so, als ginge es um Kaffeesorten und nicht um Kohlen und Briketts.

Ehe wirs uns versahen, waren wir in Zeebrügge, und es war kalt und nieselte. Da entdeckte ich im Regendunst ein Fährschiff. Wir hatten gerade Zeit, Tickets für uns und das Auto zu lösen, und schon ging es ab nach Dover. Bed and breakfast in Dover und morgens dann Gänge am Saum der Kreideküste hin, um den Kanal und den fernen französischen Küstenstrich einmal mit den Augen jener armen Kerle zu sehen, die von hier aus losfahren mußten, um Deutschland zu erobern. Ramsgate – Margate – Westgate hießen die Orte, in denen wir uns herumtrieben, bis wir in Southampton landeten, um dort bei Marks & Spencer erst mal einzukaufen . . .

Daß ich ein zweites Mal nach Southampton kommen würde – wer hätte das gedacht.

Ich brauche nur einen Griff in die Außentasche meines Kleidersacks zu tun, um das Heft mit meinen Notizen über das Schicksal der Großschiffe zu fassen:

Die Jahre von 1945 bis 1970 gelten als die große Epoche der Überseeschiffahrt. Damals konnten die Reeder der Konkurrenz aus der Luft noch die Stirn bieten. Noch 1955 wurden weit mehr Schiffspassagen als Flugtickets für die Reise zwischen Europa und den USA gebucht – knapp einer Million Schiffsbuchungen standen nur rund 650 000 Flugbillets gegenüber. Und die Zahl der Schiffspassagiere nahm noch zu: 1957 reisten mehr als eine Million Leute per Schiff. Aber die Zahl der Fluggäste hatte noch stärker zugenommen: Im gleichen Jahr wurden schon fast eine Million Tickets für Flüge über den Atlantik gebucht. Schnell näherte sich die Zahl der Flugpassagen der der Schiffspassagen.

Und dann kam für die Reeder der fatale Zeitpunkt: Die Schiffspassagen gingen zurück, das Zahlenverhältnis änderte sich zuungunsten der Schiffe. Inzwischen hatten sich auch die Preisrelationen zum Nachteil der Luxusliner erheblich verändert. Kostete früher, als die dröhnenden Propellermaschinen noch in Neufundland zum Tanken landen mußten, eine Schiffskabine weniger als ein Ticket für den sechzehnstündigen Flug, so mußte jetzt für die Passage in einer anständigen Kabine das Mehrfache dessen berappt werden, was für die Luftpassage zu bezahlen war. Ein Atlantikliner nach dem anderen mußte, weil er unrentabel geworden war, außer Dienst gestellt werden. Mit den Düsenmaschinen war das Ende der Linienfahrt auf dem Nordatlantik gekommen.

Aber nun weiter im Prospekt!

Vom Beginn bis zum Ende der Reise stehen zwei Stewards zu Ihren Diensten, die bald mit Ihren Wünschen vertraut sein werden – wie Ihr Steak zubereitet und Ihr Wein gekühlt sein sollen oder wie Sie Ihren Kaffee wünschen, lese ich. Wird das eine Verwöhnerei werden. Vom Kammer-Steward kann ich mir, so erfahre ich weiterlesend, *alles Gewünschte besorgen lassen – von der Wärmflasche bis zum Eiseimer.*

Unter der Überschrift *Party time* steht zu lesen: *Wenn Sie in Stimmung kommen, eine Party zu geben, wird Ihnen Ihr Steward bei den Vorbereitungen helfen, von der Einladung bis zum Besorgen der Kanapées. Besprechen Sie es aber bitte rechtzeitig mit ihm.* Eine Runde fürs ganze Schiff – das wäre eine Idee!

Die Cunard-Werber *müssen* sich wohl so heftig ins Zeug legen, damit die Reeder ihrem Riesenschiff das gleiche Ende ersparen, das die anderen großen Luxusliner längst ereilt hat. Die «goldenen» Jahre der Riesenschiffe sind nun einmal vorbei.

Weil ich nun genug habe von den Anpreisungen der Firma Cunard, ziehe ich den «New Yorker» aus der Tasche hervor. Beim ersten Anblättern stoße ich auf eine üppige Anzeige mit der fetten Überschrift: *Six million people go to Europe every year. 42 000 do it well.* Darunter ein Schiff in ganzer Länge vor den Wolkenkratzern von Manhattan: die «QE 2».

Jene, die das Reisen so richtig handhaben, sind natürlich die Kunden von Cunard: Ich bin einer von denen, die es richtig machen. Unter dem Schiff steht der Imperativ: *For once in your life, live!* – Einverstanden. Und dann lese ich, was für eine Art von «gutem Leben» mir die Cunard-Werbeleute versprechen: . . . *the Queen offers the good life: world famous cuisine and wines, internationally acclaimed entertainers, impeccable British service, nightclubs, bars, swimming pools, a theatre, a shopping arcade, dozens of activities, and a Festival of Life program featuring movie stars and public figures . . .*

Auf die movie stars bin ich gespannt. Gespannt auch, ob stimmt, was man mir schon an Bord der «Archsum» erzählt hat – daß der Chief-Steward, wenn so ein großer Zossen an der Westside von New York festgemacht hat, zu einem pretty-girl in einen überdimensionierten «Lincoln», «Studebaker» oder «Packard» steigt, die Taschen allesamt von Trinkgeldbündeln ausgebeult, während sich der Kapitän in einen klapp
rigen Volkswagen windet, an dessen Steuer ein verhärmtes Familienmütterchen sitzt.

Die «QE 2» wird jedenfalls an der Westside von Manhattan festmachen. Darauf freue ich mich: die richtige Art in New York anzukommen, wie es auch die einzig richtige ist, in Venedig am Markusplatz zu landen.

Diesmal werde auch ich das verheißungsvolle Babel als bizarre Skyline heraufziehen sehen und meinen Fuß an der New Yorker Westside ins Gelobte Land setzen, wie schon Hunderttausende von Neubürgern und Emigranten vor mir. Noch vor dem Ersten Weltkrieg hat hier jeden Tag ein anderes Riesenschiff festgemacht.

For once in your life, live! Ich will mir den Cunard-Imperativ gern dienen lassen. Bei Licht besehen verhalte ich mich jetzt schon danach. Ich komme mir, wie ich so durch die englische Gegend rattere, wie ein rechter Tagedieb vor – procul negotiis: fern den Geschäften.

Vor dem Fenster fliegen Hecken, dann Busch- und Baumsäume vorbei. Sie unterteilen die Felder und Wiesen zu einer kleinräumigen Landschaft, die der bretonischen ähnelt. Hier und da schwarzweiß und braunweiß gescheckte Rinder. Auch die sehen wie bretonische aus.

Die Landschaft ist nicht mehr flach, sie bietet sich jetzt in leichten Wellen dem Blick dar. Ein Eichenhain ist plötzlich ganz nah. Im Sonnenlicht leuchten die bemoosten Stämme auf, als seien sie über und über mit grünem Bronzeflitter bestrichen, aber die Äste bilden noch ein schwarzes Gewirr gegen den hellen Himmel. Nur ein einzelner Baum dicht an der Strecke zeigt sich schon grün belaubt. Fast hätte ich im Vorbeifahren nicht gesehen, daß es Efeublätter sind: Der Baum hat sich mit fremden Blättern behängt – vielleicht lebt er gar nicht mehr.

An mir könnte höchstens das zu flotte Karo meiner englischen Jacke, die nach der Gewaltkur im Krankenhaus endlich wieder paßt, entliehen wirken. Gebe ich mich mit dieser englischen Jacke etwa schon wieder zu munter? Den schnellen Tastegriff nach dem Medikamentenbeutel lasse ich mir selbst – altgeübter Trick – nur halb bewußt werden: Sich trotz allem nichts anmerken lassen, so tun als ob – das gerade ist der Witz.

Mir kommt es very strange vor, daß ich, der ich jetzt zwischen dichten Schafherden dahinrattere, auf dem Weg nach Amerika sein soll. Nun, ich hätte den programmmäßigen «Bootszug» morgen früh nehmen oder erst in Cherbourg zusteigen können. Das Schiff überquert, ehe es Westkurs nimmt, schnell noch den Kanal, um französische Passagiere an Bord zu nehmen. Ich hätte mich also auch unter die Franzosen mischen können, doch ich ziehe es vor, «auf Nummer Sicher» zu gehen und die Reise vom Heimathafen des Schiffes aus mitzumachen. Läßt es sich einrichten, will ich schon die Nacht vor dem Auslaufen an Bord zubringen, um mich langsam einzugewöhnen.

Auf der Strecke Paris–Cherbourg wäre die Landschaft vor dem Fenster nicht viel anders als hier. In grauer Vorzeit gehörten die Landmassen von England und Frankreich zusammen. Einen Ärmelkanal gab es noch nicht. Aber dann hat sich irgendwann vor Jahrtausenden das Land, durch das ich rolle, vom europäischen Festland gelöst. Wenn ich England auf der Karte sehe, kommt es mir immer wie ein Schiff vor, das sich gerade von der Pier getrennt hat und nun in die Nordsee hineindriftet.

Mitten auf einem frisch gepflügten Acker steht hoch aufgerichtet ein riesiger Fasanenhahn. Er macht sich gar nichts aus dem Zug. Hier hat er sicher mehr Überlebenschancen als in Frankreich, weil die Briten sich sonntags außer mit der Jagd auch mit Golf zu beschäftigen wissen.

Ich mag die borstigen Büschel, die rehfarben um die rotbraunen Äcker stehen. Ich mag überhaupt Landschaft in dieser Jahreszeit. Jetzt zeigt sie noch ihre graphischen Strukturen, die sie später ins Unisono-Grün versinken läßt.

Dort, wo die Erde tiefer verletzt ist, an neuen Bahnböschungen zum Beispiel, zeigt sich schon das Kreidegrau der Küstenfelsen.

Basingstoke. Der Zug hält zum erstenmal. Per Lautsprecher werden, wie eine schier endlose Litanei, die Namen von gut zwanzig Stationen heruntergeleiert. Offenbar eine gute englische Art, nicht nur das Ziel des Zuges zu nennen, sondern auch die Namen aller Stationen bis zur letzten.

In den winzigen, ummauerten Gevierten, die zur Bahn hin hinter den Ziegelhäusern liegen, kann ich, während ich auf die Stationsnamen höre, halbnackte Männer beim Gärteln beobachten. Alle winterbleich. Kaum will ich es mir eingestehen, daß sie die Farbe von Schweinehälften haben. Wem ist es nur eingefallen, zu behaupten, Schweine sähen rosafarben aus?

Dem Bahnhof gegenüber liegt eine zerstörte Kirche, ein Hang voller wilder Narzissen davor. Um die Kirchenruine herum fahlgraue Grabplatten. Sie sind hochkant in die strotzend grüne Wiese gestellt. Das sieht sehr melancholisch-symbolisch aus.

Von diesem Anblick könnte einem trist werden. Aber da kommen, während der Zug noch immer hält, ein paar Jungen und beginnen direkt zwischen den Grabplatten Ball zu spielen, und gleich macht alles einen ganz anderen Eindruck.

Der Zug fährt mit einem Ruck an, entlang einer langen Reihe von Loren mit Schützenpanzern auf einem Abstellgleis. Sie sind einheitlich dunkelgrün gestrichen. An die Loren mit den Schützenpanzern sind große Aluminiumwaggons mit der Aufschrift «Ferry Waggon» angekoppelt. Wie es wohl in dieser Gegend unmittelbar vor der Invasion ausgesehen haben mag? Das hier ist der Bereitstellungsraum für das größte Landungsunternehmen der Kriegsgeschichte gewesen. Vor lauter Kriegsgerät, so stelle ich mir vor, wird man damals kaum noch Landschaft gesehen haben.

Der Bahndamm ist jetzt so hoch, daß ich von oben auf die Schieferdächer der Einheitshäuser mit ihrem Wald von ziegelroten Kaminen blicken kann. Und gleich auch auf einen Rummelplatz mit Kettenkarussell und Autoscootern. Vielleicht standen hier damals auch Karussells und Schießbuden: Letzter Jux für die Soldaten der Invasionsarmee.

Ein Kellner kommt mit Kaffee durch den Zug. Kaffee soll ich nicht trinken, allenfalls Tee. Aber Tee gibt es nicht. In England keinen Tee? Also bleibe ich durstig; hungrig bin ich sowieso.

Felder, rötliche Felder in einem «Englischrot», das an einigen Stellen ins Hellgrau changiert. Die Krume scheint, je näher wir der Küste kommen, immer dünner zu werden. Hier und da tritt schon inmitten der Felder der bloße Kreidegrund hervor. Viel wächst da nicht.

Der Einfall, London zu meiden und bei diesem schönen Wetter gleich nach Southampton zu fahren, war sicher gut. Morgen in aller Herrgottsfrühe würde diese Fahrt wohl kaum so viel Spaß machen wie jetzt. Und vor allem kann ich auf diese Weise noch allein sein. Ich muß mich noch nicht in der großen Herde bewegen, vor der mir, wenn ich es mir nur recht eingestehe, doch mehr graust, als daß ich auf sie neugierig bin. Ich meide, wann immer es geht, Ansammlungen von Menschen. Schon ein vollbesetzter Omnibus weckt in mir Klaustrophobie. Die British Rail sei dafür gepriesen, daß sie mich ganz allein im Abteil durchs Land karrt.

Jetzt will der Zug in Winchester halten. Den Stationsnamen kenne ich von Waffen her: Winchester-Büchsen.

Eine Kirche, grau in grau wie von Graham Sutherland gemalt, dann noch eine und immer noch eine. Dazwischen Ziegelvillen aus der Jahrhundertwende. Von Industrieanlagen keine Spur. Wahrscheinlich stammen die Winchester-Büchsen ganz woandersher – aus einem Ort gleichen Namens.

Die nächste Station sieht häßlich provisorisch aus: Southampton Airport. Dicht neben den Gleisen die grauen Asphaltflächen sonntagsleerer Fabrikparkplätze. Heute sind die bunten Autos an Wiesenrainen und Flußufern verteilt. Nur trucks stehen in langen Reihen auf ihren öden Abstellplätzen.

Während der Zug hält, wiederhole ich mir zum Zeitvertreib, was ich über mein Schiff, die «Queen», weiß:

Ich staune, daß ich in Gedanken das Schiff schon nach englischer Art «she» nenne. She – die «QE 2» – sollte ein durch und durch modernes Schiff sein. Kein Stuck und Plüsch mehr, dafür viel Aluminium und modernes Design. Beim Neubau der «Queen» überlegte man sich lange, ob man es wagen könnte, die Speisesäle entgegen der Regel hoch aufs Schiff zu setzen, wo sich die Rollbewegungen des Schiffes am stärksten auswirken, die Panoramasicht dafür aber attraktiv ist. Durch besonders große und wirkungsvolle Stabilisatoren wollten die Schiffsbauer die ungewöhnliche Plazierung möglich machen.

Von diesen Stabilisatoren wurde in den sechziger Jahren viel hergemacht: Die Seekrankheit war immer das große Handicap für die Oceanliner gewesen. Kein Mensch wird gern seekrank. Ich war es zum Glück nie. Nicht einmal auf der «Archsum», obwohl der Sturm, in den ich mit der «Archsum» geriet, ein «Jahrhundertsturm» war. – Manchmal, wenn ich Berichte von Sturmfahrten las, kam mir das Werbegerede über das komfortable Leben an Bord und die erstklassige Küche absurd vor: Was nützt das alles, fragte ich mich, den Passagieren, wenn sie seekrank sind?

Die Planungen für dieses Schiff nahmen ungewöhnlich viel Zeit in Anspruch. Allein die Vorbereitungen der Planarbeit sollen über zwei Jahre gedauert haben. Die Schiffsbauer wollten ganz neue Wege gehen – weg von den alten Baumustern –, und da gab es bei einem solchen Riesenobjekt viel zu bedenken.

Die an Vorherrschaft auf dem Atlantik gewöhnten Briten wollten wieder einmal den Vogel abschießen und das beste, das modernste Schiff bauen, dazu noch ein «flexibles» Schiff, nämlich eins, das für Kreuzfahrten *und* für den Liniendienst geeignet sein sollte. Ein Schiff kurzum, mit dem sich ein Trumpf gegen die Jets setzen ließe. So dachte man sich das.

Ich erinnere mich noch gut, was damals alles in den Zeitungen stand, und außerdem habe ich auch in meinen Handbüchern geblättert und die Prospekte der Cunard-Werber, denen ich nicht trauen mochte, zunächst beiseite gelassen.

Das Schiff war als Ersatz für die bejahrten «Queens», die «Queen Mary», die schon seit 1936 Dienst tat, und die «Queen Elizabeth», die aus dem Jahr 1940 stammte, gedacht. Nach den Überlegungen der Cunard-Leute hätte das neue Schiff 1965 in Dienst gestellt werden müssen. Die Passagierschiffahrt erlebte, als die dritte «Queen» geplant wurde, gerade wieder einmal eine Blütezeit – symbolischerweise auch die dritte seit der Revolution der Seefahrt durch den Dampfantrieb. Aber noch ehe es zur Kiellegung der dritten «Queen» kam, war es schon wieder aus mit den frohen Erwartungen: Die Luftfahrtunternehmen nahmen mit ihren neueren, bequemeren Maschinen, mit verkürzten Flugzeiten und billigeren Preisen den Reedern das Transatlantik-Geschäft so gut wie weg. Das als 75000 Tonner geplante und als «Q 3» bezeichnete Schiff sollte nun nur noch 65000 Tonnen groß, dafür aber so kompakt sein, daß es durch den Suez- und den Panamakanal fahren könnte. Es sollte 2000 Passagiere zwischen der Alten und der Neuen Welt hin- und herschippern oder 1400 Urlauber in die Karibik verfrachten können.

Der Kostenvoranschlag ergab, daß das neue Schiff dreimal so teuer wie die alte «Queen» werden würde. Das konnte sich die Reederei nicht leisten. Der Staat sprang ein, denn hier ging es um britisches Prestige: Das Schiff sollte auf den Weltmeeren als «excellent example of the capability of British design and technology» für Großbritannien Reklame fahren, wie das Atomschiff «Otto Hahn» für die Bundesrepublik. Und Reklame ist nun mal teuer. Der Staat schoß für die neue «Queen» fast 18 Millionen Pfund zu.

Aber weder die Reederei noch der Staat wurden glücklich mit ihr. Statt mit dem neuen Schiff ein «Blaues Band» einzuheimsen, erlebten die Briten mit ihm ein blaues Wunder. Was da auf der Bauwerft Brown am Clyde als Bau Nummer 736 zusammengeschweißt wurde, geriet zum Unglücksschiff, das dem britischen Nationalstolz noch manchen Dämpfer versetzen sollte.

Merkwürdigerweise habe ich schon jetzt ein Gefühl der Verbundenheit mit diesem Schiff. Rührt das daher, daß es der allerletzte Leviathan der Seefahrt ist, ein durch Zufall erhalten gebliebenes Exemplar einer längst ausgestorbenen Spezies, oder kommt es davon, daß ich durch Fügungen, die mir jetzt so merkwürdig wie bedeutungsvoll erscheinen wollen, die beiden alten «Queens» mit eigenen Augen gesehen habe, in ganz verschiedenen Weltgegenden; die «Queen Mary» als Museums- und Konferenzschiff vor Long Beach bei Los Angeles festgemacht und die «Queen Elizabeth» in den Gewässern vor Hongkong, in einem deplorablen Zustand, nur noch ein rostbraunes, ausgeglühtes Wrack.

In der Geschichte der alten «Queen Elizabeth» kenne ich mich aus: Sie war mit ihren fast 84000 BRT und einer Länge von 315 Metern wesentlich größer als die neue – die «neue» ist 293 Meter lang – hatte zwei Schornsteine und schaffte 18,5 Knoten. Als sie 1940 vom Stapel lief, war sie zweifellos zunächst für Truppentransporte vorgesehen. Sie hat insgesamt 811324 Soldaten zwischen den USA und Europa transportiert. In Räumen, die als Zwei-Bett-Kabinen entworfen waren, schliefen bei solchen Passagen 20 Mann. Erst 1946 konnte die «QE» ihrer eigentlichen Bestimmung, dem Liniendienst auf der Route Southampton–New York für 2240 Passagiere, zugeführt werden.

Obwohl der Kampf um die Passagiere zwischen Fluggesellschaften und Schiffahrtslinien im Grunde schon entschieden war, setzten die Cunard-Leute noch 1959 gegen die Konkurrenz aus der Luft so sehr auf die Passagierschiffahrt, daß sie die «Queen» auf dem Clyde noch einmal überholen ließen, um sie für Kreuzfahrten einzusetzen. Aber die erwarteten Passagiere blieben aus. So beschloß der «Cunard board», die «Queen Elizabeth» und zugleich die «Queen Mary» zu verkaufen.

Nun verwirrt sich das Schicksal der «QE» gänzlich: Sie ging 1968 nach Las Palmas, «to make one last cruise», von dort nach Fort Lauderdale. Geschäftsleute aus Philadelphia hatten ihr ein unrühmliches Ende zugedacht: Sie wollten aus dem Schiff als Touristenattraktion Geld schlagen. Aus dem Plan wurde nichts, weil es bald Pleiten und andere «financial difficulties» setzte. Das Schiff kam schließlich unter den Hammer und wurde dem chinesischen Reeder C.Y. Tung zugeschlagen. Dieser gab dem Schiff den so volltönenden wie doppelsinnigen Namen «Seawise University» und ließ es nach Hongkong schleppen. Für seine neue Bestimmung, die der Chinese als «educational cruising» bezeichnete, mußte es umgebaut werden und geriet dabei in Brand. Die Photos dieses gewaltigen Schiffbrandes füllten damals die Illustrierten. Ich sehe noch die fetten weißen Qualmwürmer, gegen deren Riesenausmaße die Feuerlöschboote, die sich auf der Leeseite ans Schiff herangewagt hatten, wie Läuse wirken.

Es heißt, das Schiff sei, ehe es endete, noch «for many years of service» gut gewesen «and destined to reach new heights in her long and famous career».

Jetzt setzt sich der Zug mit stoßenden Puffern wieder in Bewegung. Es geht an einem Fluß entlang, und gleich sieht die Szenerie wieder aus wie vorher an der Themse: Sonntagstreiben im Frühling, Picknick im Gras und leuchtende Segel auf dem Wasser. Monet hätte seine Freude daran gehabt.

Es drängt mich immer mehr, das neue Schiff zu sehen, das die Briten stolz «rightly described as the greatest ship in the world» nennen, wobei sie ganz außer acht lassen, daß es längst Riesentanker und Riesencontainerschiffe gibt, die viel greater sind als ihr letzter Oceanliner.

Die Forsythien leuchten jetzt noch heller auf, weil der Sonnenglanz, der alle Farben ausbleicht, nachgelassen hat. Sie stehen als gelbe Flammen vor der dunkelroten Glut der Ziegelwände kleiner Arbeiterhäuser.

In meinem Fenster kündigt sich der Hafen an: blau gepönte Kräne, Öltanks, Tankwagen, Kesselwagen für Zement. Und jetzt begleiten den Zug ein paar Möwen wie eine Lufteskorte. Erst «La Paloma» vor meinem Feldafinger Fenster, und nun die Möwen. Aber schon stellt mein aufs Ökonomische gerichteter Sinn die Gedankenweiche um: Schade, so denke ich, daß heute die Filiale von Marks & Spencer in Southampton nicht geöffnet ist. Ich würde mir gern einen neuen Kaschmirpullover kaufen. Den gibt es nirgends so billig und so gut wie bei Marks & Spencer. Und wo in Southampton das Filialgeschäft liegt, daran erinnere ich mich genau.

Die Schienenstöße klickern langsamer. Der Zug fährt in Southampton Station ein: Ich bin am Ziel der ersten Etappe.

Glanzvoll, das merke ich bald, ist diese Ankunft nicht. Mit ein paar anderen Leuten aus dem Zug stelle ich mich vor dem Bahnhof auf und warte wie sie auf ein Taxi. Einer der Wartenden steht zwischen zwei silberglänzenden Kamerakoffern. Ob er auch zum Schiff wolle, frage ich ihn. Der junge Mann entpuppt sich als der Bordphotograph. Von ihm erfahre ich, daß Southampton ein gottverlassenes Nest sei – «the asshole of the world», in seinen Augen jedenfalls –, und daß ich wohl besser bis morgen in London geblieben wäre. Für ihn sei das anders. Er habe hier Verwandte, die er besuchen müsse. Aber freiwillig ein Abend in Southampton! Na, ich würde ja selber sehen. «Nicht mal Taxis gibt es hier!»

In diesem Augenblick kommt eins um die Bahnhofsecke und dahinter gleich noch eins. Na, bitte!

«See you later», sagt der Bordphotograph.

»See you later . . .» Aus meinem Mund klingt das, als wollte ich ihn nachäffen.

Ein uralter Taxifahrer blickt mich fragend aus wäßrigen Augen an. «Zum Schiff, bitte!»

«Was für ein Schiff?»

«To the ‹QE two› for sure!»

Southampton scheint zu allem auch noch eine Stadt uralter Leute zu sein. Die Barfrau von der letzten Reise und nun noch dieser vergreiste Taxifahrer.

Es ist jetzt halb sechs. Das Taxi zockelt endlich bedachtsam los. Ich sitze auf der Vorderkante des abgewetzten Rücksitzes und versuche, im sonntäglichen Southampton die Orientierung wiederzugewinnen. Aber diese Straßen mit den üblichen Einheitshäusern habe ich noch nie gesehen, diesen verödeten Platz auch nicht. Ich erkenne nichts wieder. Southampton? Ich könnte ebensogut in einer ganz anderen Stadt angekommen sein.

Es ist kaum ein Mensch zu sehen: Sonntag. Diese Sonntagsleere irritiert mich. Ich hatte, so nahe am Hafen, Arbeitsschwalch erwartet. Ein Gefühl der Verlorenheit erfaßt mich: Was für ein dummer Einfall, an einem Sonntag nach Southampton zu fahren. Englischer Sonntag – was das bedeutet, hat man uns schon in der Schule beigebracht. Und nun gar ein englischer Hafen an einem Sonntag: Es scheint nichts Öderes auf der Welt zu geben.

Als wir gerade ein verrückt gebautes Hafengebäude mit einem rokokoartigen Türmchen umfahren haben, wendet sich mein driver halb zu mir zurück und röhrt: «Now you can see her. There she is!» Dabei verlangsamt er die Fahrt noch mehr. Wir bleiben fast stehen.

Ich blicke eilfertig herum, bis ich hinter dem Gitterwerk von Kranauslegern neben einem langgestreckten Schuppen weiße Schiffsaufbauten entdecke. Das soll die «QE 2» sein? «The greatest ship in the world»?

«There she is!» repetiert der Taxifahrer und weist dazu mit der rechten Hand gegen sein rechtes Fenster.

Ich sehe in der Ferne ein Spielzeugschiff: Blauer Unterwasseranstrich, dann eine feine weiße Linie, dann der schwarz gestrichene Rumpf und darauf weiße Aufbauten. Das die «QE 2»? Meine Enttäuschung könnte nicht größer sein. Das Schiff wirkt toplastig mit diesen massigen, weißgepönten Aufbauten.

Jetzt gibt der Fahrer wieder Gas, und das Schiff verschwindet hinter einem schwarzen Frachter, der näher im Vordergrund festgemacht liegt.

Wir kurven um Häuserecken, dann geht es an einer Reihe schäbiger Kneipen vorbei. Ich gucke mir die Augen aus dem Kopf, aber das Schiff sehe ich nicht mehr. Was ist das nur für eine verrückte Karriolerei ... Da, endlich! Da ist das Hafenbecken wieder – und da auch das Schiff. Es trägt einen einzigen Schornstein, der durch Weiß- und Schwarzbemalung noch kürzer erscheint, als er es wahrscheinlich ist. Die Silhouette dieses Schiffes hat nichts mehr mit der alter Oceanliner gemein, die von riesigen Schornsteinen bestimmt wurde. Die «Lusitania» und die «Mauretania» hatten vier solche Schornsteine. Die «Titanic» auch. Gut, ihr vierter war Attrappe, aber diese imposante Schornsteinreihe suggerierte power. Das hier dagegen? Ein niedliches Dampferchen zum Aufziehen.

Ich sage zu mir: Was hast du denn bloß erwartet? In diesem Riesenhafen würde doch *jedes* große Schiff – auch noch der allergrößte Supertanker – optisch zusammenschrumpfen. Das liegt an den maßlosen Proportionen dieses Areals. Alle Größen sind relativ: Auch eine 747 sieht in der Halle riesenhaft aus, aber winzig klein in der Ferne des Aufsetzpunktes auf die Rollbahn ... In Begeisterung gerate ich durch solchen Zuspruch dennoch nicht.

Wir müssen neue Kurven fahren, dann nehmen wir eine Parade von Getreidehebern und Kränen ab. Ich habe für Augenblicke den Eindruck, wir ständen still und all die Gitterkonstruktionen zögen wie Kriegsgerät an uns vorüber.

Als hätte der Greis am Steuer jede Orientierung verloren, geht es jetzt um eine Art Stadtpark herum. Als wir das geschafft haben, richtet sich die Taxinase wieder gegen den Hafen. Und jetzt fahren wir durch ein riesiges Eisentor auf den gänzlich verlassenen, sonntagsstillen «Southampton Ocean Terminal» zu.

Auf einmal zeigt der alte Fahrer, was in ihm steckt: Ohne zu zögern steuert er die Klapperkiste direkt in den Zollschuppen hinein, fährt dann Slalom zwischen Kisten- und Kofferstapeln hindurch, bis er ein zur Pier hin offenes Tor findet. Nun gibt er ein langes, schauerlich nachhallendes Hupsignal und fährt ohne viel Federlesens durch das Tor ins Freie. Ins Freie? Ich finde mich plötzlich einer riesigen schwarzen Wand mit blinden Bulleyes und blinden Fenstern gegenüber. Das Taxi stoppt in letzter

Sekunde, und der Taxifahrer schaut sich erwartungsvoll nach mir um. Oder will er kontrollieren, ob sich auf meinem Gesicht Schrecken zeigt?

Ich hocke da und blicke zurück. Ja, was nun? Zwischen Schiff und Pier sind nur zwei rotgepönte Gangways ausgebracht. Sie liegen waagerecht, führen also direkt in die schwarze Wand hinein. Aussteigen! befehle ich mir. Der Fahrer nickt wie zum Einverständnis.

Da stehe ich nun neben dem Taxi auf dem Granit der Pier und bringe vor lauter Staunen den Mund nicht auf. Noch nie habe ich ein Schiff unmittelbar vor mir so hochragen sehen wie jetzt die «QE 2». Der Anblick ist wahrlich imposant: Ich weiß, daß man früher Schiffe gar nicht so hoch bauen konnte wie die «QE 2», weil man für die Aufbauten noch Eisen statt Aluminium verwenden mußte. Erst durch das viel leichtere Aluminium geriet der Gewichtsschwerpunkt nicht mehr gefährlich hoch, wenn man so viele Decks, wie dieses Schiff sie hat, übereinanderbaute.

An den beiden Gangways ist kein Mensch zu sehen. Was kann das bedeuten? Streik etwa? Läuft das Schiff am Ende gar nicht aus? Muß ich jetzt das Taxi kehrtmachen lassen und den gleichen Weg zurück nehmen?

Fürs erste lasse ich mich auf einem der gewaltigen rostbraunen Poller nieder. Der Anblick des verödeten Schiffes ist mir in die Knochen gefahren: Von den Buntbildchen der Prospekte hat es nicht einmal einen Abglanz. An dieser tristen Sonntagspier erinnert nichts, aber auch gar nichts an die Illustriertenbilder von den Ausfahrten der Großschiffe in jener Zeit, als sie sich noch gegenseitig das «Blaue Band» streitig machten. Damals muß es schon am Tag vor dem Ablegen wie in einem Ameisenhaufen an der Pier gekribbelt haben.

Nun, in Southampton findet das wahrscheinlich alles erst morgen statt: Gedrängtes Programm – Konfetti und Luftschlangen, Musikkapellen noch und noch und aller «Tschißlaweng».

Da staksen zwei Figuren aus der schwarzen Wand heraus über die eine Gangway herüber zur Pier: Eine Filmszene reinsten Wassers. Ich laufe zögernd auf die beiden zu, und ich bin auf einmal ein Filmschauspieler, der darstellen soll, daß er nicht weiß, ob er auf Freund oder Feind trifft und am liebsten abwartend in Deckung ginge. Die beiden zeigen sich über das Taxi auf der Pier verwundert, aber mein driver tut so, als ginge ihn die Szene nichts an. Er spielt seine Rolle vorzüglich. Jetzt muß *ich* in Aktion treten: Ich erkläre, daß ich Passagier dieses prächtigen Schiffes bin. Die beiden erklären sich daraufhin im Duett als nicht kompetent für Passagiere. Ich wuchere mit meinen Pfunden und erkläre, ich sei außerdem und zusätzlich noch Seemann. Da deuten beide gleichzeitig, wie bestens einstudiert, auf bestickte Tuchflecken an ihren linken Oberarmen: «Security Service» lese ich darauf. Sie gehören also gar nicht zur Besatzung.

Schließlich bewege ich sie dazu, aus der kleinen hölzernen Wachbude auf der Pier mit dem Chief-Purser oder mit wem auch immer zu telephonieren.

Jetzt kommt mein driver ins Bild, als habe er endlich sein Stichwort bekommen, und macht mir durch vielfaches Schulterzucken und ein merkwürdiges Grunzen deutlich, daß er nichts, aber auch überhaupt nichts ausrichten könne. Ja, ja – ich solle ruhig loslaufen und ein bißchen photographieren. Das hier dauere seine Zeit – erfahrungsgemäß.

Ich stakse über Gleise, steige über Trossen, weiche Pollern aus. Dann bleibe ich stehen und erfasse die «Queen» mit dem Sucher und im Vordergrund einen Stückgutfrachter mit Tormasten, der in dieser Nähe viel größer wirkt als die «Queen» und «Falcon» heißt. Das Schiff ist leer. Sein roter Unterwasseranstrich ist bis zur halben Höhe der Bugnase zu sehen. Ich kann diese modernen Bugnasen nicht ausstehen: Sie machen die Schiffe zwar ein bis zwei Knoten schneller, geben ihnen aber auch eine obszöne Form. Dieses hier liegt wie mit erigiertem Penis im Hafenbrackwasser. Ob die «Queen» auch eine Bugnase trägt? Oder ob man sie bei ihr weggelassen hat, weil eine Bugnase das Schiff zum Hermaphroditen machen würde und für diesen Prestigedampfer das «she» dann nicht mehr stimmte?

Um ein Haar wäre ich über eine armdicke Trosse gestolpert. Ich sollte besser auf meinen Weg aufpassen, statt immer wieder an dieser schwarzen Wand hochzustieren, nur um wenigstens hinter einem von Hunderten von Bulleyes einen Menschen zu erspähen. Aber hier gibt es offenbar außer den beiden Security-Fritzen keinen lebenden Menschen. Dieses Riesenschiff liegt so verlassen da wie an der Pier einer Abwrackwerft. Nirgends Bewegung, nicht die geringste Spur von Aufbruchsaktivität. Gibt es denn nichts zu verladen: Proviant, Passagiergepäck? Ich hatte ein emsiges Treiben erwartet, Zwergenscharen um einen Gulliver – aber nicht diese Friedhofsstille in den Schuppen und auf der Pier, nicht diese Menschenleere, nicht diese Ödnis.

Was um Himmels willen wird hier gespielt?

Heute ist eben Sonntag, heiliger Sonntag, gebe ich mir höhnisch zu bedenken. Du siehst es ja: Alle Welt weiß das, nur du Schafskopf mußt am heiligen englischen Sonntag in dieses Kaff reisen, statt dich in London zu verlustieren.

Aber morgen vormittag läuft das Schiff aus, halte ich dem entgegen. Da *müßte* sich hier doch etwas rühren. Da kann doch dieser Riesenzossen nicht einfach tot und verlassen daliegen, als sei eine Ausreise überhaupt nicht mehr geplant.

Der Security-Fritze, der telephoniert hat, kommt mir entgegen: Nein, keine Chance, heute schon an Bord zu gehen, die «immigration» erlaube es nicht. Da sei gar nichts zu machen.

«Albany-Hotel!» wende ich mich an den Fahrer, der zur Bestätigung nickt und neben mir zum Taxi schlurft: Was sollen wir noch reden, wenn es doch an den «rules» nichts zu rütteln gibt.

In meinen Kaldaunen rumort der Hunger. Jetzt merke ich deutlich, daß es heute für mich kein Mittagessen gab. Die Spannung hat mich das Defizit nicht spüren lassen. Aber nun kommt zum Nachholbedarf der Wunsch nach Trost: Jetzt wäre etwas Gutes zu essen recht. Mal sehen, was das Hotel mit dem wohlklingenden Namen zu bieten hat.

Es liegt weit draußen. Sein Speisesaal ist ein Konglomerat aus einem Dutzend Stilen und mindestens einem Dutzend Farben, die sich allesamt beißen. Im ersten Hinblicken sieht das aus, als solle hier eine total verkitschte Weihnachtsfeier stattfinden: ein Superlativ an Grauenhaftigkeit. Zu dieser Wirkung trägt noch jedes Detail bei: die Spannteppiche mit ihrem riesigen goldenen Rautenmuster auf rotem Grund, auf denen, quasi zur Effektverstärkung, noch ein paar purpurrote Teppiche herumliegen, die blutroten Tischtücher, die Unzahl venezianischer Laternen aus rotem Glas an der Decke, die allesamt brennen, damit all die rote Brunst auch noch in rote Lohe getaucht erscheint.

Ich entdecke in dieser roten Orgie nicht einen einzigen Menschen, und ich erinnere mich des Zweizeilers: «Nicht immer hält das rote Licht . . .» Weil mich hier niemand stört, lasse ich meinen Blick in aller Ruhe herumwandern: Über alle Tische sind rosa Glasvasen mit total verwelkten Narzissen verteilt. Auch diese Narzissen sehen rot aus. Neben den rosa Glasvasen stehen hier und da Lämpchen in der Form von Windlichtern – sie wirken im roten Licht fast schwarz. Wahrscheinlich sind sie aus blauem Glas. Schade, daß sie nicht auch brennen, dann würde es hier aussehen wie abends auf dem Oktoberfest. Wie um dieses Manko auszugleichen, ist die Marmorplastik, die außerhalb der Rotlichtflut gegen eine hellblaue Schwimmbadkachelwand steht, gelb beleuchtet: eine langgewandete Lady, die sich selber mit einer Traube in der hocherhobenen Linken nach oben lockt. Sie steht schon auf Zehenspitzen, versucht aber, sich noch höher zu recken, als wolle sie sich ganz von ihrem runden, vielfach abgesetzten, wahrscheinlich aus Holz gedrechselten, aber als schwarzer Marmor getarnten Sockel lösen. Diese sich so vergeblich gegen die Erdenschwere hochreckende Lady ist umrahmt von einem violett angemalten Halbbogen mit äußerst üppigem Profil, über dem ein vergoldeter Faunskopf von der rötlich überhauchten Wand grinst. Dicht daneben entdecke ich eine Wandnische mit einer ebenfalls marmornen oder gipsernen Flora darin. Auf «Flora» tippe ich, weil die lebensgroße Figur einen Korb gegen ihre linke Hüfte gedrückt hält, aus dem sie mit der rechten Hand irgend etwas – Blumen oder Saatgut – in die Gegend streut. Auch diese Wandnische wird von einem üppigen mit Muscheln und gedrehten Pilastern dekorierten und goldgepönten Rahmen umfaßt.

Um so viel Pomp etwas zu dämpfen, sind alle Stühle aus schwarzem Eisenrohr und haben als Polster ein wahrscheinlich ehedem grünes Plastikzeug mit dunklen Abnutzungsflecken. Auf einigen Tischen stehen, wohl schon fürs nächste Frühstück bestimmt, große Pappkartons mit Cornflakes herum. Diese absurde Mischung aus Pracht und Schäbigkeit vervielfacht sich in den wandhohen trüben Spiegeln an den Schmalseiten des Raums. Die Spiegel machen es, daß ich, wohin ich auch sehe, stets die rote, alles überstrahlende Leuchtschrift «Emergency exit» im Blick habe.

So, das reicht. Auch wenn ich eine Stunde hier herumstehe, wird sich die langgewandete Lady nicht losreißen und durch all die rote Strahlung hindurch unter der Decke dahinschweben. Zu essen gibt es hier offenbar nichts.

Da erscheint, wie auf einem lautlosen Rollensystem herbeigezogen, ein schlaksiger Kellner in vergammelter Leinenjacke. Mehr vor Staunen über den roten Teufel als in Essenserwartung lasse ich mich auf einem der Eisenstühle nieder. Mit gedämpfter Verschwörerstimme läßt mich der rote Teufel wissen, es gebe nur kalt zu essen, sonntags immer nur kalt. Schon habe ich den Geschmack von fadem Roastbeef und scharfen Mixed Pickles auf der Zunge, und ich finde es komisch, daß ausgerechnet in der roten Hölle kalt gegessen wird. Halb automatisch schüttle ich den Kopf. Dann zieht es mich vom Stuhl hoch, ich will zurück nach Southampton zur ältesten Barfrau der Welt – und zwar schnell: per Taxi. Der Portier, der zu meiner Verwunderung ganz normal aussieht, bedeutet mir, nachdem er telephoniert hat, durch Blicke und Schulterzucken: Taxi am Sonntag – wo gibt es denn so was?

Mit Wut im Bauch versuche ich mein Glück auf der

Straße. Statt eines Taxis erwische ich einen fast leeren Omnibus, der mich mit Affenfahrt in die Stadt zurückbringt.

Ich finde sogleich die Telephonzelle wieder, von der aus ich einmal für eine einzige Münze stundenlang nach Deutschland telephonierte. Aber nach dem Hotel mit der ältesten Barfrau der Welt suche ich vergebens, sosehr ich auch straßauf, straßab laufe und die Augen offenhalte. Wüßte ich den Namen des Hotels noch, dann könnte ich einen der Southamptoner, die unterwegs sind, danach fragen. Die alte Barfrau hätte mich über die Sonntagstristesse hinwegtrösten können. So aber nöhle ich gänzlich verloren herum und kann mich selber nicht begreifen: In Hafenstädten habe ich noch immer auf Anhieb die lustigeren Viertel gefunden, aber hier versage ich. In diesem beschissenen Southampton gibt es augenscheinlich gar keine lustigeren Viertel, keine Straßennutten, keine Puffs – einfach nichts dergleichen. Nicht einmal ein einziges halbwegs Vertrauen erweckendes Restaurant läßt sich blicken.

Southampton, das wird mir bald klar, ist ein riesiges puritanisches Nichts, tatsächlich «the asshole of the world», wie der Bordphotograph sich ausdrückte. Ich hätte auf den Mann hören und auf dem Absatz kehrtmachen sollen.

Schließlich steuere ich, bis ins Mark vergrämt, ein Steakhouse mit roter Leuchtreklame an und halte mir selbstquälerisch vor: Das kann nur eine ausbeuterische Bruchbude sein – so, wie sie aussieht.

Drinnen herrscht das für solche miesen Lokale typische Schummerlicht: Man soll lieber nicht erkennen können, was auf dem Teller liegt.

Ich bekomme nach langem demütigen Warten von einem Inder einen Teller mit einem Porterhouse-Steak auf den Tisch geknallt. Das Steak ist durch den Gefrierprozeß völlig geschmacklos geworden, die viel zu grünen Erbsen haben auch keinen Geschmack, die Pommes frites sind wattig und versalzen, und der Teller ist, soweit ich das sehen kann, schmierig.

Um mich über das triste Mahl hinwegzutrösten, bestelle ich mir den teuersten Eisbecher, den die Karte aufweist, aber auch das Eis schmeckt nach nichts, nur süß und kalt.

Als der Tisch von dem Inder, der – wie könnte es denn anders sein – schmutzigschwarze Fingernägel hat, wieder abgeräumt ist, hocke ich, statt mich gleich wieder auf die Strümpfe zu machen, noch dumpf herum. Ich will nicht begreifen, daß auch hier im Zentrum dieser Stadt nichts, aber auch nichts auf die bevorstehende Abfahrt des großen Schiffes hinweist. Die rund tausend Mann Besatzung können doch nicht mehr allesamt in London stecken oder irgendwo auf dem flachen Land auf morgen warten? Seeleute, wie ich sie kenne, vögeln sich doch vor der Abfahrt noch einmal kräftig aus. Stewards erst recht. So pervertiert, wie es den Anschein hat, kann die moderne Seefahrt doch nicht sein.

Aber auch, als ich wieder trübsinnig, als ginge ich in einem Leichenzug mit, einen Fuß vor den anderen setze, entdecke ich nirgends einen Menschen, der zum Schiff gehören könnte. Himmelarschundwolkenbruch! fluche ich vor mich hin, dieses sturenglische Scheißkaff soll mich doch nicht unterkriegen. Also, ab durch die Mitte und in die Falle.

Als ich, tief deprimiert und das schlechte Essen wie einen Stein im Magen, wieder im Hotel bin und gerade mit dem Fahrstuhl hochfahren will, wird die Fahrstuhltür noch einmal aufgerissen. Gebrüll schlägt mir ans Ohr. Ein Zwanzigjähriger mit einer Pappnase im Gesicht läßt sich in der Fahrstuhlecke zusammensinken und hebt die Unterarme schützend über den Kopf, weil sich jetzt draußen drei, vier andere Pappnasenidioten drängen und aus Bierflaschen, die sie, mit dem Zeigefinger im Flaschenhals, heftig durchgeschüttelt haben, braune Hydrantenstrahlen auf ihn richten. Diese Art von Sauerei hat mir gerade noch gefehlt. «You damned fools!» fluche ich und drücke wütend auf den Knopf. Aber der Fahrstuhl geht nicht los, weil ja die äußere Türe offen ist . . . Mein linkes Hosenbein bekommt einen Bierstrahl ab. Ich muß an mich halten, daß ich den verrückten Burschen, als ich mich aus der Kabine herausarbeite, nicht die Köpfe ge-

geneinanderschlage. Die sind so stinkbesoffen, daß sie es gar nicht merken würden. Hoffentlich, beruhige ich mich selber später, waren diese verrückten Trunkenbolde wenigstens Leute vom Schiff.

Mein Bett ist ausgelegen, die Decke schwer.

Diese Reise beginnt – das muß ich mir nun wohl eingestehen – fatal. Hoffentlich wird sie nicht in eine einzige große Unbequemlichkeit ausarten.

Wie bequem hätte ich es da mit dem Flugzeug gehabt. Nonstop München-Riem–New York. Dort wäre ich, wenn der Wunsch eines verrückten Redakteurs nicht die Vernunft aus dem Spiel gebracht hätte, inzwischen längst gelandet. So aber habe ich schon ein Sortiment von Verkehrsmitteln benutzt und bin noch nicht einmal *auf* dem Schiff angelangt. Ich zähle die Verkehrsmittel – was für ein dämliches Wort – zusammen: Zuerst das Taxi von Feldafing nach Riem, dann das Flugzeug nach London, dann der Omnibus nach Woking, dann der Ratterzug nach Southampton und wieder Taxi und Omnibus und Taxi, und nun liege ich in diesem hundsmiserablen Hotelbett und kann vor lauter Grimm im Bauch nicht schlafen.

Ich hätte jemanden nötig, um mit ihm zu sprechen – und wenn es mein Butler wäre. Ich kann schon verstehen, daß viele Leute die großen Atlantikliner nur mit ihren Butlern benutzen wollten. Mein Butler hätte sich zum Beispiel um mein Gepäck gekümmert. Gewiß, es ist so klein gehalten wie nur möglich, aber nachgerade habe ich das ewige Umsteigen und Gepäckschleppen satt. Wie unbeschwert steigt es sich in ein Flugzeug ein . . . Es wird einem nicht leichtgemacht, wenn man partout gegen die technische Entwicklung leben will. Ich komme mir vor wie einer, der per pedes mühselig auf die Zugspitze klettert, obwohl es da hinauf zwei Bergbahnen gibt, eine bayerische und eine österreichische. Früher, als die Atlantik-Traversierung mit Großflugzeugen noch ein nervtötendes Unternehmen war, lagen die Dinge anders, da hat man ein bißchen Ungemach bei Schiffsreisen willig in Kauf genommen. Aber inzwischen sind die Flugzeuge bequemer und die Flugzeiten kürzer geworden. Dieser letzte Luxusliner hätte sicher längst schon aufgeben müssen, wenn es nicht immer noch ein paar Verrückte gäbe – mich zum Beispiel –, die sich, koste es, was es wolle, auf das strapaziöse Abenteuer der Seefahrt einlassen.

Seefahrt! kommt da ein Echo in mir. Seefahrt nennst du das? Soll das ein Witz sein? Noch bist du keine Meile gefahren und hast schon den Kanal voll. Schöne Art von Seefahrt. Wenn du dir nicht vorgemacht hättest, es sei klug und weise, gleich in dieses gottverlassene Kaff zu fahren, statt in London zu bleiben, wo du dich ja ganz gut auskennst, lägen die Dinge jetzt anders. Wenn du wenigstens den Mumm gehabt hättest, nach Cherbourg zu fahren. Das war zwar auch immer ein tristes Kaff und wird es wohl auch heute noch sein – aber verglichen mit diesem Arsch der Welt . . .

Cherbourg! Das Schnorchelboot, mit dem ich kurz vor Torschluß noch aus der Festung Brest herausfuhr, kam aus Cherbourg – das heißt: es war *fast* in Cherbourg gewesen, um eine Ladung Granaten und sonstiger Knallkörper nach Cherbourg zu bringen. Cherbourg war damals dank des «Führers» idiotischem Ratschluß genauso vom Feind eingeschlossen worden wie Brest, und die Verteidiger hatten gemeldet, daß Munition fehlte. Zu ihrem Glück hatten die Leute von U 306 scharf aufgepaßt, als sie vor Cherbourg mit ihrer hochbrisanten Fracht aufgetaucht waren: Die Festung Cherbourg war, während sie sich unter Wasser heranpirschten, gefallen. Wer sie jetzt erwartete, steckte in amerikanischer Uniform.

Mein Glück war es, daß U 306 nach Brest umkehren mußte. In Brest gab es kein einziges seeklares Boot mehr.

Ich bin froh, daß ich mir morgen früh Zeit nehmen kann: Das Schiff legt erst 11.30 Uhr ab. Vielleicht sieht dann alles ganz anders aus.

Weil ich noch immer nicht einschlafen kann, sage ich mir: Nur gut, daß die großen britischen Schiffe alle weibliche Namen haben. Als der Taxifahrer ausrief: «Now you can see her!», da war ich einen Wimpernschlag lang verwirrt und dachte, er meinte ein Mädchen, das gerade in einer leicht bergauf führenden Nebenstraße auf hohen Absätzen von uns wegstakste.

Zu blöd, dieses Mißverstehen: Im Krieg hatte ich es doch nach anfänglichem Stutzen schon als normal empfunden, wenn in englischen Meldungen Schlachtschiffe und Flugzeugträger unter weiblichen Pronomen figurierten.

Wenn das so weitergeht, bekomme ich bis morgen früh kein Auge voll Schlaf. Das soll mich nicht jucken, tröste ich mich, auf dem Schiff kann ich mich ja ausruhen.

Was für eine Sorte Kapitän wird die «QE 2» wohl haben? Aus dem Prospekt kenne ich ihn schon – zwar nur winzig klein und in einem komischen weißen Affenjäckchen. Diese albernen Bekleidungsstücke gehörten auch zur Grundausstattung eines deutschen Marineoffiziers. Ich habe so etwas zum Glück nie tragen müssen, weil im Krieg die Firlefanzregeln nicht mehr galten. Wahrscheinlich ist der Kapitän dieses Riesenschiffes mehr Gesellschaftslöwe als Seemann. Beides geht selten zusammen – ich brauche nur an meinen ehemaligen «Alten» zu denken, der weiß Gott ein vorzüglicher Seemann ist, sich aber schon unbehaglich fühlt, wenn er nur eine ordentliche Jacke tragen muß.

Die Kapitäne, an die ich mich jetzt erinnere, waren alle merkwürdige Typen. Der von der «Archsum» kam mir wie eine Art seemännischer Transportbeamter vor. Seine Gewissenhaftigkeit hielt ihn auch dann noch, wenn gar nichts zu befürchten war, auf der Brücke gebannt. Dauernd machte er sich dort zu schaffen. Sein eingefleischtes Mißtrauen gegen die Steuerleute ließ ihm keine Ruhe.

Einmal sagte ich zu ihm: «Kurs und Ausguck halten kann doch jeder», und bekam zur Antwort, ich würde schon merken, wenn wir hochgingen.

Da wurde mir klar, daß ihn vor allem die an Oberdeck festgezurrten Fässer beunruhigten. In den Fässern waren irgendwelche für Beirut bestimmte explosive Chemikalien. Diese Fässer hatten uns das Leben schon verdammt schwergemacht: Wir durften ihretwegen nie im Innenhafen festmachen, sondern nur an elenden Piers ganz weit draußen. In Algier mußten wir sogar auf Reede bleiben, und Leichter kamen zum Löschen der Ladung heraus. Mal eben schnell an Land gehen – das lief nicht. Eines der Boote mußte ausgeschwungen und zu Wasser gebracht werden, um die Leute, die abends nach Algier wollten, zur nächsten Pier überzusetzen. Mit dem Bootsführer wurde eine Zeit für die Rückkehr ausgemacht.

Ein Glück, daß wir beim endlosen nächtlichen Dahinstiefeln durch die Lagerschuppen zu zweit waren. Auch für zwei Leute war es in dieser Hafengegend noch gefährlich genug: In den riesigen Flächen aus schwarzen Schatten war kaum was zu erkennen. Nie habe ich mir so sehr wie damals einen Revolver in die Faust gewünscht. Mit den Knüppeln, die wir aufgelesen hatten, wäre schon gegen Eisenstangen nicht viel auszurichten gewesen. Dann kamen wir endlich bis vor an die Pier – und da lag unser Schiff, voll erleuchtet, aber kein Bootsführer war da und keiner kam. Auch nach einer Stunde hockten wir noch da, beide fast ohne Stimme vom vielen Hinüberschreien, das keiner auf dem Schiff hören konnte, weil der Wind gegenanstand: Kaum machte man den Mund auf, stopfte sich einem der Wind auch schon hinein – eine schlimme Nacht: immer die Angst, daß wir mit unserem Geschrei Gesindel herbeilocken könnten . . . Die Reise mit der «Archsum», denke ich noch, die ist nun auch schon lange, lange her.

Beim Frühstück fragt ein alter Galan am Nebentisch die Bedienung: «How are you this morning?»

«Busy!» ist ihre patzige Antwort.

Der abgeblitzte Schwerenöter macht ein geschmerztes Gesicht.

Die Engländer sind wohl sparsamer geworden: Während früher auf der Frühstückskarte sich gleichberechtigt eine Zeile unter die andere fügte, steht jetzt ein «or» zwischen den Zeilen: also gibt es Fruchtsaft *oder* Cornflakes, gebratene Würstchen *oder* Spiegeleier. Ich hätte überhaupt nicht zum Frühstücken kommen sollen, sondern mir durch Verzicht ein Kalorienguthaben für das Mittagessen an Bord sichern sollen. Schließlich steht mir laut Prospekt ein kulinarisches Erlebnis bevor. Was hier auf die Tische kommt, sieht hingegen sehr bescheiden aus und riecht auch noch nach schlechtem Fett. Der Tee ist, Gott sei Dank, dunkel und hat genug Kraft, um gegen das Bratfett anzuduften. Vor dem Fenster sitzt auf einer Efeu-Mauer ein sehr dickes graues Eichhörnchen, fast schon ein kleiner Waschbär, mit pludrigem Schwanz, den es ständig zucken läßt, als hätte es einen nervösen Tick. Sollte mal zum Neurologen, das arme Tier.

Den Anputz der Hotelgäste, die zögernd in der Glastüre erscheinen, hätte meine Großmutter «gottvoll» genannt. Einigen fehlen nur die Pappnasen der Trunkenbolde von gestern abend, und die Karnevalsgesellschaft wäre perfekt.

Passagiere der «QE 2»?

Einer aus einer Gruppe junger Leute in der entlegensten Ecke des Saales gähnt jetzt so laut, wie der Metro-Goldwyn-Mayer-Löwe brüllt. Es dröhnt durch den Raum. Da hinten sitzen sicher die jugendlichen Saufköppe von gestern abend beisammen.

Während ich mich an der englischen Orangenmarmelade delektiere, betrachte ich noch einmal die ganze rotbrünstige Pracht der Inneneinrichtung – und zwar doppelt, denn ich kann Original und Spiegelbild zugleich in den Blick fassen. Im vollen Morgenlicht erkenne ich auch die goldgerahmten Bilder besser: Die «Santa Maria della Salute» vor einem wilden Wolkengetümmel und die «Hagia Sophia» vor einem bestaunenswert roten Himmel. Und jetzt erst sehe ich, daß der Fuß der Lampe, die auf einer mannshohen korinthischen Säule steht, ein holzgeschnitzter Dudelsackbläser ist.

Ich warte immer noch auf meine Spiegeleier, aber meine Spiegeleier kommen nicht.

Mit jeder Minute wird mir deutlicher, auf was ich mich da eingelassen habe: auf den schieren Anachronismus. Nach Amerika mit dem Dampfer!

Dampfer? Das altmodische Wort setzt sich in meinem Hirn fest, das auch den Reim bewahrt: Der arme Sauerampfer – sah Eisenbahn und Eisenbahn und niemals einen Dampfer.

In der Tat ist die «QE 2» ein Dampfer, obwohl kein Prospekt darüber ein Wort verliert, daß sie dampfgetrieben ist; zwar nicht mit Kolbendampfmaschinen, sondern mit modernen Dampfturbinen ausgerüstet, ein Mehrschraubenschiff genaugenommen. Ein Dampfer aber eben doch, und «SS QE 2», «steamship» also, müßte sie eigentlich heißen. Der Reederei war das wohl nicht fein genug.

Ich habe eine Schwäche für Dampfturbinen nach dem Prinzip der Lavalturbine, weil sie ihre genealogische Herkunft vom Mühlrad, klappernd am rauschenden Bach, so unverhohlen zeigen. Was anderes als ein Mühlrad ist im Grunde eine Turbine? Gewiß, statt des einen Wasserstrahls, der das Mühlrad treibt, verfügt sie über eine Anzahl von Dampfdüsen, aber der Dampf aus diesen Düsen drückt auf das Laufrad wie das Wasser auf eine alte Wassermühle. Und mit Dampfmaschinen, kleinen mit Spiritus beheizten Kolbenmaschinen, habe ich als Kind gespielt und mit Hilfe einer groß ausgelegten Transmission auf einer Sperrholzplatte einen kompletten Fabrikbetrieb in Bewegung gebracht. Da gab es blecherne Arbeiter, die sägten wie verrückt vor sich hin, andere drehten Räder oder hämmerten wie die Teufel.

Jetzt trompetet der Jüngling zum zweiten Mal, aber es klingt nicht mehr so schauerlich durchdringend wie zuvor. Inzwischen dröhnt ein Staubsauger.

Englisches Frühstück! Aber heute mittag beginnt der totale Luxus, beschwichtige ich mich. Und nun stöckelt die barsche Bedienerin endlich mit meinen Spiegeleiern heran.

Das Taxi fährt wieder direkt in die Halle hinein, die parallel zur Pier steht, aber diesmal geraten wir in eine regelrechte Auffahrt von Autos. Ich entdecke einige Rolls-Royce darunter und möchte in die Hände klatschen aus Begeisterung über diese ersten Anzeichen von Luxus.

In der Abfertigungshalle, einen Stock höher, muß ich meine fünf Sinne beisammenhalten. Hier gibt es Wegweiser noch und noch: «Cross Channel check in» steht auf einem – also gibt es Leute, die mit der «Queen Elizabeth» nur eben mal über den Kanal nach Frankreich fahren wie mit der Fähre. Auf einem anderen Schild lese ich: «Animal reception» und verwünsche es, daß man als Reisender auch all jene Hinweisschilder lesen muß, die einen nichts angehen, daß man sich samt ein paar hundert anderen Leuten anhören muß, wie dringend irgendein Cunard-Büro wiederholt nach einem Mister Dingsbums verlangt: Unsinnigkeiten des modernen Daseins, so lästig, wie das morgendliche Aufschlitzen von Briefumschlägen, die nur überflüssige Prospekte enthalten, oder das Herausschütteln überflüssiger Prospekte aus Zeitschriften und neuerdings sogar schon aus der Tageszeitung.

Ich wünschte, ich würde endlich in Ruhe gelassen, könnte mein Gehör quäkenden Durchsagen verschließen und müßte nicht ständig nervös nach irgendwelchen Hinweisschildern und Richtungszeigern herumspähen.

Ein Uniformierter drückt mir eine Karte in die Hand: «Immigration-Card», und die müsse ich ausfüllen. Gut, soll sein. Es ist sicher Humbug, aber von dieser Art Albereien leben Tausende von Beamten samt ihren vielköpfigen Familien. Immerhin bleibt mir die Leibesvisitation der Flugplätze erspart.

In der Schlange vor dem Immigration-Pult – oder was das da vorn sein mag – stehend, habe ich Zeit genug, mir die Abfertigungshalle eingehend anzusehen. Nicht schlecht gemacht – Art-Deco-Stil im schwach schimmernden indirekten Licht. Mittendrin steht eine steinerne stilisierte Fontäne, auf der, wie ein Zelluloidball auf einem Parkspringbrunnen, ein Globus balanciert. Jaja, die liebe, sinnfällige Symbolik!

Durch die ungeputzten Fenster hinter den Pulten der Abfertigungsbeamten kann ich direkt in die Bulleyes der «Queen» spähen. Sie erscheinen greifbar nahe und sind ja tatsächlich, wie ich seit gestern weiß, nur wenige Meter entfernt. Aber auch jetzt ist da niemand zu sehen, auch nicht in der Reihe der Fenster hoch über den Bulleyes. Von diesen Fenstern ziehen sich lange Roststreifen über die Schiffswand herunter. Die hätte längst eine Malerkolonne wegpinseln müssen. Ist es nicht genug, daß dieses Schiff einen so toten Eindruck macht wie ein verlassenes Hochhaus? Muß es auch noch vergammelt aussehen?

Ich erfahre aus dem Gespräch zweier Passagiere vor mir in der Schlange, daß es fast alle so verkehrt gemacht haben wie ich: Der Bootszug soll fast leer im Transatlantic Terminal angekommen sein. Daß er überhaupt noch fahre, habe wahrscheinlich mit Tradition zu tun, einen vernünftigen Grund gebe es jedenfalls nicht. Weil die Schlange stockt und nicht vorankommt, sehe ich mir den Terminal noch ein wenig genauer an: Er wirkt nun doch wie eine abgewetzte Kulisse, für die das bißchen Licht schon zu hell ist.

Das ganze Gebäude wird nur noch für die «QE 2» unterhalten. Sie ist der einzige und letzte Oceanliner im Liniendienst. Wenn die kleine Schar der Passagiere an Bord sein wird, ist hier Schluß. Dann wird wieder dichtgemacht. Die zahlreichen Läden, Reiseagenturen und Bankfilialen, dazu die Restaurants, die in dieser Halle untergebracht sind, haben gar nicht erst aufgemacht.

Hinter den geschlossenen Rollos liegen wohl längst keine Waren mehr, die Restaurantküchen sind seit Jahr und Tag verwaist. Das sieht alles nach Potemkin aus – und wie für Filmaufnahmen mühevoll hingebaut, aber leider noch nicht ganz fertig. Die Maler und die Elektriker müßten noch Hand anlegen, um die verstaubten Versatzstücke zur Wirkung zu bringen: Die Schäbigkeit, die sich *jetzt* dem Blick bietet, macht es der Phantasie schwer. Ich muß mich anstrengen, wenn ich mir den Aufbruch der Völkerwanderung über den Atlantik vergegenwärtigen will. Und hier müssen einmal Hunderttausende Abschied gefeiert haben.

Abschied «gefeiert». Sogar gegen den nur gedachten Begriff rebelliere ich sogleich. Seit ich auf der Insel Stromboli erlebt habe, wie herzzerreißend Abschied sein kann, weiß ich, wie falsch dieser Terminus ist. Abschiedsschmerz kann man allenfalls überspielen, aber den Abschied feiern? Die Inselbewohner, die mit dem kleinen Dampfer von Stromboli wegfuhren, wollten auch nach Amerika. Die Frauen unter ihnen schrieen wie gequälte Tiere, so lange, bis Stromboli hinter der Kimm verschwunden war. Und dann ließen sie sich dort, wo sie standen, niedersinken und blieben, vor Erschöpfung teilnahmslos, mit tränennassen Gesichtern in ihren schwarzen Röcken auf den Decksplanken hocken, während die Männer wie erstarrt und mit düster verschlossenen Mienen die Reling mit beiden Fäusten umklammert hielten, als wollten sie nie wieder loslassen. Das Ablegen des Schiffes von der Pier war hier ein Augenblick, so dramatisch wie das Durchtrennen einer Nabelschnur.

Gewiß, während der großen Zeit der Atlantikfahrt gab es auch Leute, die nur zu ihrem Vergnügen an Bord gingen.

Abschied feiern: Das konnte nur für die paar Passagiere gegolten haben, die mal eben zum Jux nach Amerika fahren wollten. Auf die regnete es Konfetti und schlängelten sich die bunten Papierbänder von den Promenadendecks herab, die dann beim Ablegen unter den Tuschs der Bordkapellen zerrissen. Ich sehe mich vergebens nach solchen bunten Papierschlangen um. Nirgends gibt es welche zu kaufen. Auch Konfetti in Tüten nicht. Nur in Tee aus

Pappbechern könnte ich meine letzten englischen Münzen anlegen, aber diesem Pappbechertee traue ich nicht.

Endlich bin ich an der Reihe. Die uniformierte Dame am Pult fragt mich: «How are you this morning?» Fast hätte ich, wie die Hotelkellnerin, «busy» gesagt, aber ich antworte, daß ich noch nicht so recht zu «gut» entschlossen sei. Ihr gehe es genauso, entgegnet sie mir – ein freundlicher Vormittagsplausch statt der üblichen «amtlichen» Befragung.

Ich erhalte Paß und Passageticket zurück, und außerdem bekomme ich noch ein Lächeln, eine Recommandeursbewegung mit der rechten Hand und ein geflötetes «Security-check, please» geliefert. Security-check? Soll hier etwa das gleiche Theater wie auf den Flugplätzen stattfinden?

Da machen sich auch schon zwei jugendliche Blondschöpfe daran, mich abzufingern, daß es nur so eine Art hat. Ich frage sie, was dieser Blödsinn bedeuten solle – laut Einschiffungs-Hinweis würde jedem Passagier auf Wunsch das Gepäck in die Kabine gestellt und wandere nicht, wie im Flugzeug, in Frachträume. Auf diese Weise könne doch jeder, dem der Sinn danach stehe, ein Dutzend Maschinenpistolen, Handgranaten und sonstige Knallkörper in seine Kabine geliefert bekommen. Aber mein Einwand stört die beiden nicht im geringsten. Habe ich es hier etwa mit britischen Schwulen zu tun, die sich schon vor dem Lunch ein Vergnügen machen, oder ist dieses Abfingern zu einer Mode geworden, die Cunard einfach mitmacht? Gibt es am Ende gar Passagiere, die etwas vermissen würden, wenn ihnen diese Behandlung nicht geboten würde?

Mir ist nach Umkehren zumute, aber ich werde von hinten gedrängt und bin, ehe ich es mich versehe, in einen Gang geraten, in dem ich nur noch wie ein Tiger in den Manegenkäfig laufen kann. Vor mir hängen, wie im Zirkus, die britische und die amerikanische Flagge und darüber eine frisch lackierte Boje der «QE 2». Könnte auch eine Karnevalsdekoration sein. Ehe ich mich zwischen Zirkus und Karneval entscheiden kann, entdecke ich den Bordphotographen und kapiere: Diese bunte Garnierung hat der sich hindrapieren lassen, und jeder, der durch diese Gasse kommt, wird samt Flagge und Boje angeblitzt – zur ewigen Erinnerung für die Lieben daheim. Von mir bekommt der Bordphotograph freilich nur mein leicht schütteres Haupthaar aufs Bild. Dafür blecke ich, als ich an ihm vorbeikomme, zum Zeichen, daß ich ihn erkannt habe, die Zähne. Fast hätte ich auch noch wie ein Tiger geknurrt. In Tigerknurren bin ich nämlich ganz gut. Aber was würden die beiden blondgelockten Ladies, die mich am Ende der Gangway in Empfang nehmen wollen, dazu sagen? Eine nimmt mir das Ticket unter starrem Lächeln ab und sucht darin herum, anscheinend ist sie kurzsichtig. Ich nenne ihr meine Kabinennummer. Da bedenkt sie mich mit einem blöden Brauenheben und sagt, nach links weisend: «This way, please!»

«This side, I suppose», sage ich.

«No sir, the other side», beharrt die Holde.

Meine Kabine ist an Steuerbord, daran gibt es keinen Zweifel. Diese Damen sehen mir freilich ganz danach aus, als wüßten sie nicht, wo hier Steuerbord und wo Backbord liegen. Ich werde mich einen Teufel tun, auf sie zu hören.

Ich bin – o Wunder – immerhin schon im richtigen Deck. Meine Kabine ist vorn im Schiff. Das Schiff hat den Bug rechts, also muß ich einen endlosen menschenleeren, mit einem blauen Teppich ausgelegten Gang die gleiche Strecke zurückwandern, die ich schon in der Abfertigungshalle zurückgelegt habe. Die «QE 2» liegt mit der Nase gegen die Stadt im Hafenbecken: Ich habe ihren über die «Falcon» hochragenden Bug gestern nachmittag photographiert und hatte dabei die Stadt im Rücken. Über Nacht wird man doch das Riesenschiff nicht herumgedreht haben.

Endlich steigt das Deck leicht an: Der Bugsprung des Schiffes. Mir soll es recht sein, so weit vorn zu kampieren, da werde ich die Bewegung der See zu spüren bekommen. Und nun nur noch die Kabinennummer. Wieder ein Quergang, und da erscheint sie schon.

Der Schlüssel zu meiner Kabine steckt. Die Kabine ist winzig, hat aber zwei Bulleyes. Man kann sie nicht aufmachen, sie sind fest verschraubt. Die Klampen dienen nur dazu, den Stahlschutz, auch Panzerblenden genannt, von innen zu schließen.

Also keine Frischluft, dafür Klimaanlage. Hoffen wir, daß sie funktioniert.

Ich lehne meinen Rollstock gegen die Wand und versuche, mich mit dieser schummrig erleuchteten Zelle anzufreunden: Ein bißchen karg und einfallslos das Ganze – fast streng – und wahrscheinlich typisch englisch – der rechte Gegensatz zu französischen Frivolitäten. Sicher auch pflegeleicht und den Sicherheitsvorschriften entsprechend. Der Schuppen ist zu nahe vor den Bulleyes; wenn wir erst mal draußen sind, wird es hier heller sein. Dann sieht das alles vielleicht etwas erfreulicher aus, sage ich mir zum Trost. Lange, sage ich mir auch, dauert die Reise ja nicht. Der Mensch lebt vor allem vom Licht. Und ich habe Tageslicht, dank intensiven Studiums des Lageplans und meiner Zähigkeit gegenüber den Reisebürotanten. Von der Maschine bin ich weit genug weg, desgleichen von den Fahrstühlen. Darauf achte ich sogar in Hotels: Nur nicht in die Nähe von Betriebsräumen oder Fahrstühlen geraten . . .

Jetzt erst mal wieder raus aus dieser Zelle für Einzelhaft und nachsehen, was sich oben tut.

Ich habe den Grundriß dieses Decks schon im Kopf und finde den nächsten Fahrstuhl sofort. Ich fahre zum Bootsdeck hoch. Dann laufe ich auf dem Bootsdeck nach achtern unter massigen, weißgepönten Davits und orangefarbenen Rettungsbooten hin.

Das Schiff macht noch immer einen merkwürdig verlassenen, öden Eindruck. Ganz achtern kann ich die gestuften Freidecks mit den Schwimmbecken überschauen. Alle Decks sind von hohen Glasschutzblenden umgeben. Sie sind so verdreckt, daß ich nicht durch sie hindurch photographieren könnte.

Kein Mensch zu sehen.

Beim Rückweg werfe ich einen Blick durch die Fenster der Salons, die aufs Bootsdeck gehen. Ich erkenne Rokokostühle, Rokokosessel, Rokokotischchen – alles wie aus dem Theaterfundus. Wo bleibt da das werbeträchtige «modern design» des Schiffs? Wahrscheinlich mögen es reiche Amerikaner so antiquiert verkitscht lieber.

Vorn steht jetzt ein Paar, das besorgt dem Verladen eines Volkswagenbusses mit Kölner Nummer zusieht. Ich atme mit ihnen auf, als der Bus klar in der vorderen Luke verschwindet. Dann stehe ich einfach da und lasse den Blick schweifen: Das Wetter könnte strahlender nicht sein, die Reede ist schon mit weißen Segeln betupft, aber hier an der Pier tut sich gar nichts.

Was habe ich mir eigentlich vorgestellt? Eine Art «Ausfahrt des Bucintoro» von Venedig? Vergoldete Gondeln als Schiffsgeleit, wie Canaletto und Guardi sie malten? Oder geistern mir immer noch Photos aus alten Illustrierten durchs Hirn mit Tausenden von Luftschlangen zwischen Pier und Schiff und mit Konfettiregen von allen Decks?

Meine Erwartungen sind seit gestern um viele Grade bescheidener, aber eine Musik-Band hatte ich mir schon vorgestellt.

An einem solchen Tag legt noch der kleinste Starnberger-See-Dampfer mit Blasmusik ab. Aber Cunard-Leisure-Service beschäftigt offenkundig nur Prospektdichter, nicht aber einen einzigen Trompeter, von dessen Messing die Sonne blitzen könnte. Das dumpfe, zum schnellen Anbordgehen mahnende Typhongebrüll ist der einzige und zudem für den schönen Tag viel zu dumpfdüstere Ton.

An der Backbordseite haben inzwischen zwei Schlepper festgemacht, um das Schiff von der Pier wegzuziehen. Einer heißt «Dunnose», der andere «Culver».

Es ist 11.17 Uhr. Wir sollen um 11.30 Uhr ablegen.

Und ich erwische auf Anhieb das richtige Schott zum Fahrstuhl. Fahrstuhlanlagen wie in einem Hochhaus. 24 Fahrstühle soll es auf dem Schiff geben, die Lastenaufzüge nicht gerechnet.

Ich fühle mich, als ich wieder im Two Deck über den endlosen Gang zu meiner Kabine schlurfe, verwirrt: Was ich da sehe, paßt nicht zu meinen Schiffserfahrungen. Auch komplizierte Kriegsschiffe hatten noch eine Art genealogischer Verbindung zum Faltboot, mit dem ich als Jüngling die Donau abwärts ins Schwarze Meer fuhr. Aber das hier? Das hier ist mehr Hotel als Seeschiff. Hotel? Die endlos langen Gänge gleichen eher Zuchthausgängen als Hotelfluren. Der Teppichbodenbelag kann an diesem Eindruck nichts ändern. Er schluckt nur den Schall, die Enge macht er damit noch beklemmender. Und erst meine Kammer: Klaustrophobie wird mich hier wohl noch stärker heimsuchen als auf einem mit Maschinen, Aggregaten und Waffen vollgestopften Zerstörer. Von U-Booten darf ich hier freilich nicht reden.

Es hat mich immer gegraust, unterwegs einem der Hotelomnibusse zu begegnen, die wie italienische Friedhöfe eingerichtet sind: Die Passagiere verschwinden da zum Schlafen in gleich engen Gefachen wie im Süden die Toten. Der Unterschied zwischen einer solchen Omnibus-Kabine und meiner Kammer ist nur graduell: Der Luftraum ist hier ein bißchen größer . . .

Da entdecke ich, daß sich über meiner Koje eine zweite aus der Wand klappen läßt. Diese Kammer ist also eigentlich für *zwei* Leute gedacht! Wohl nicht ganz bei Trost, sage ich zu einem imaginären Cunard-Manager. Ich kenne keinen Seemann in der Handelsschiffahrt, der eine solche Unterkunft akzeptieren würde. Der Reeder bekäme schnell Ärger mit der Gewerkschaft, wenn er seinen Leuten solche Kammern zumuten würde. Ich weiß, man kann in einem Volkswagen zwanzig Mann transportieren. Ich weiß, die alte «Queen» hat fünfzehntausend Soldaten auf einer Fahrt von Australien nach Suez geschafft – aber damals war Krieg.

Jetzt verstehe ich auch, wieso es auf diesem Schiff von allem Anfang an zu Streikdrohungen der Besatzung kam. Mich schaudert, wenn ich mir vorstelle, wie es in den Gängen auf Kreuzfahrten aussehen mag, wenn die gleiche frenetische Pappnasenfröhlichkeit ausbricht wie in meinem Hotel und die obligaten Kabinchen-verwechsele-dich-Spiele stattfinden . . . *Most romantic of all: a midnight stroll on her acres of deck*, habe ich doch schon gelesen. Nicht mal gelogen: Auf den Decks ist Platz die Menge.

Weil ich es in der luftlosen Kabine nicht lang aushalte – die Klimaanlage ist offenbar noch nicht in Betrieb, oder sie ist kaputt –, mache ich mich wieder auf den Weg: Ich will die Synagoge sehen, von der in meinen Leporellos die Rede ist.

Im Gang kommt mir eine Kochbrigade entgegen. Dann stoße ich auf Mädchen in gelben Kitteln und gelben Gummihandschuhen, die gleichgültig Staubsauger hin und her schieben: Wird ja allmählich Zeit.

Und jetzt der Fahrstuhl! Ich muß den falschen Knopf gedrückt haben, denn ich gerate wider Erwarten in eine Ladenstraße. Auch hier kein Mensch zu sehen, aber die Schaufenster sind schon verschwenderisch beleuchtet, die Läden jedoch geschlossen.

Unter mir liegt eine Tanzfläche in einem Karree aus bordeauxroten Polstermöbeln. Ich bin der einzige Mensch in dieser durch zwei Decks führenden Halle mit den Ladenarkaden. Diesmal kommt mich der Wunsch an, zu schreien statt nur zu knurren. Ob es hier ein Echo gibt?

Im Seitengang, den ich nun entlangtigere, stehen Apfelsinenbäumchen und Palmen herum. Ich komme mir wie in einer unaufgeräumten Orangerie vor. Zuchthaus, Schaufensterstraße, Orangerie – wo bin ich eigentlich?

Drei Stewards, die Blumenarrangements wie Monstranzen vor sich hertragen, kommen mir im Gänsemarsch entgegen. Dieser Aufzug wirkt, als habe ihn ein verrückter Regisseur erdacht. *Meine* Kammer mit Blumen zu schmücken, daran hat kein Mensch gedacht. Ich hätte eben ein bißchen Tamtam vor meinem Erscheinen an Bord machen müssen. Vielleicht sollte ich jetzt doch den Public-Relations-Officer suchen, der sich meiner annehmen soll, wie mir die Cunard-Leute angekündigt haben.

Ich verliere die Orientierung und stehe auf einmal in einem menschenleeren Tanzsaal – es muß der «Queens Room» sein –, in dem ein zwölf Kopf starkes Orchester spielt. Ich bin perplex: Weit und breit außer mir nicht ein Mensch, der dem Orchester zuhörte. Kann doch keine Probe sein? Für eine Probe hätten die zwölf nicht diese albernen vergißmeinnichtblauen Jacken an. Ich bleibe gute fünf Minuten regungslos stehen. Merkwürdig, merkwürdig! Diese lautstark, aber mit ganz und gar trübsinnigen Mienen vor sich hin spielenden Musiker könnten einen am Sinn des Daseins zweifeln lassen. Warum hat man sie nicht wenigstens an die frische Luft gestellt? Sie sehen alle so käsig-bleich aus, als hätten sie nichts so nötig wie frische Luft.

Die Synagoge. Ich muß wohl den Plan zu Rate ziehen, wenn ich hinfinden will. Fürs erste aber drängt es mich an die frische Luft: Nur raus hier! Ich drücke ein Schott nach draußen auf und merke, daß ich weit nach achtern gelangt bin: Ich kann in ein Schwimmbecken sehen. Über dem Schwimmbecken ist ein gelbes Netz gespannt. Das verlangen wahrscheinlich die Sicherheitsvorschriften: Keiner soll den coelinblauen Anstrich für Wasser halten und ins leere Becken hineinspringen.

Gerade kommt eine Autofähre der «Red Funnel Line» herein. Ich sehe zu, wie ihre Silhouette im Näherkommen breiter wird. Mit dem Auto durch England gondeln, bis hoch hinauf nach Schottland, *das* hätte der wahre Jakob sein können! In Schottland gibt es noch zwei oder drei Glashütten, die bunte Briefbeschwerer nach alten Mustern machen. Die will ich schon seit langem besuchen. Was habe ich eigentlich *hier* verloren?

Ich laufe noch ein Stück weiter nach achtern und kann nun zugleich die Schwimmbecken des Quarter Decks und des One Decks sehen. Sie haben minimale Dimensionen. Die Schilder «no diving» an den grünblau gepönten Becken wirken lächerlich: Es ist ja kein Wasser drin.

Am Heck hat ein dritter Schlepper festgemacht. Er heißt «Brockenhust».

Ein Blick auf die Pier: Kein Leben mehr. Anscheinend sind nun alle Passagiere an Bord. Ich weiß, im Liniendienst befördert das Schiff 546 Passagiere in der ersten Klasse und 1451 in den übrigen – also rund 2000 Seelen, die von einer Besatzung von 906 Köpfen «betreut» werden sollen. Der Auftrieb da unten entsprach diesen Zahlen keineswegs.

Und Cherbourg? Irgendwo habe ich aufgeschnappt, in Cherbourg würden nur noch hundert Leute zusteigen. Das Schiff ist also längst nicht ausverkauft, wie die Reisebüroladies mir weismachen wollten; dann bekomme ich wohl keine Kabinennachbarn und werde allein da vorn im Schiff hausen. Soll mir nur recht sein. Jetzt verstehe ich aber auch, warum es so schwierig war, die Kabine zu bekommen, die ich mir auf dem Plan herausgesucht hatte: Die Stewards wollen ihre Herde dicht beieinander haben, auf einem Klump. So macht sie weniger Arbeit. Ein alter Trick.

Auf die Minute genau lassen die Schlepper das Brackwasser aufquirlen. Das Schiff wird über den Achtersteven aus dem Becken gezogen und dann ganz langsam um 180 Grad gedreht.

Nichts – keine Musik, keine Hochrufe, nicht einmal eine einsame Frau auf der Pier, die ihre Arme im Abschiedsschmerz hochreckt. Weder Abschiedsfeier noch Abschiedstristesse.

Das große Schiff macht sich klammheimlich davon, als dürften die Hafenbehörden nichts von seinem Auslaufen erfahren.

Dieses Ablegen – ohne daß von den Maschinen ein Zittern im Schiff zu spüren wäre – hat für mich durch seine Beiläufigkeit etwas Verwirrendes. Ich habe es so noch nie erlebt. Wenn ein Zug abfahren will, machen Lautsprecherdurchsagen darauf aufmerksam, Türen schlagen, Pfiffe schrillen – eine Zugabfahrt ist ein bewegendes Ereignis, verglichen mit diesem stummen Ablegen.

Als die Schlepptrossen fallen, pfeifen die Schlepper dreimal kurz. Unsere Dampfpeife erwidert die drei Pfiffe prompt. Gott sei Dank: Wenigstens ein paar Töne, die nach Hafen und Seefahrt klingen. Aber damit hat es sich auch schon.

Jetzt müßten doch die Maschinen zu spüren sein. Aber so sehr ich auch spanne – ich spüre nichts. Ich sehe nur, wie die Pier immer kleiner wird, als würde sie lautlos auf dem glatten Wasser von uns weggezogen.

«Landfall und Ausreise bezeichnen den Rhythmus, in dem das Leben eines Seemanns und die Laufbahn eines Schiffes schwingen.» So beginnt Joseph Conrads «Spiegel der See», ein Buch, das für mich auf der Rangliste nicht nur seiner Werke, sondern in der Literatur schlechthin ganz oben steht. Manchen Absatz daraus weiß ich auswendig.

Was würde wohl Joseph Conrad, selber Kapitän für große Fahrt, zu dieser Art von «Ausreise» zu sagen haben?

Landfall und Ausreise: Wenn wir erst in New York sind, wird es für mich keine neue Ausreise geben. Um heimzugelangen, werde ich einen Jet nehmen, ganz wie es dem Stand unserer Technik entspricht.

Jetzt sehe ich, daß der Schornstein heftig qualmt: Wir laufen tatsächlich mit eigener Kraft. Ganz langsam fahren wir an einem vergammelten Griechen mit drei großen Tormasten vorbei, so nahe, daß ich von oben herab in seine Ladeluken sehen kann: Alle vier Luken sind leer.

Und jetzt kommt uns ein Kriegsschiff – ein Minensuchboot – entgegen. Die Blaujacken stehen, wie es sich gehört, an Oberdeck angetreten – Front zu uns her. Die alten Rituale sind also noch im Schwange.

Hier und da steht ein Passagier gleich mir unter den orangefarbenen Rettungsbooten und beobachtet das Schauspiel. Keine Rede von Menschenmengen, die sich an der Reling drängen. Ich glaube, daß nicht einmal ein Drittel der Passagiere, die das Schiff fassen kann, an Bord ist.

Unmittelbar an der Ausfahrt liegt, das Heck uns zugekehrt, ein Zerstörer mit einem Hubschrauberlandeplatz und dem Hangar für den Hubschrauber hinter dem Schornstein. So einen Aufklärungsvogel hätten wir haben sollen vor knapp vierzig Jahren! Da wäre uns manche Überraschung erspart geblieben.

Das Schiff wird von vier Barkassen begleitet. Es hält Kurs mitten durch einen Schwarm von Segelbooten hindurch. Wie steht es denn mit der Ausweichpflicht? Müssen nicht schraubengetriebene Schiffe vor Segelschiffen

– und seien es noch so kleine – ausweichen? Oder gilt das nicht für die enge Ausfahrt?

Am rechten Ufer zieht die Ruine eines efeuüberwucherten englischen Castles vorbei, die aussieht wie aus einem Bilderbuch vom Ende des vorigen Jahrhunderts. Mit dem vollen Mond am Himmel wäre die Szenerie ein Vorbild für Hollywoodkulissen zu Vampirfilmen.

Rennboote überholen uns und protzen mit ihrer Wendigkeit: Sie ziehen dicht vor unserem Bug enge Heckwasser-Bogen in die Spiegelfläche. Dann treiben wieder Segelboote vorbei, die knallbunte Spinnaker gesetzt haben. Die See erscheint, wenn ich senkrecht hinunterblicke, olivgrün, mit Flocken brauner Wolle darin: verdrecktes Flachwasser.

Ich stehe unter der Brücke. Hier ist der Wind so stark, daß er die grasgrünen Läufer schon zu einem Berg zusammenschieben konnte. Aus verborgenen Lautsprechern tönt eine Quakstimme über alle Decks. Ich kann im Windwehen nicht verstehen, um was für eine Art von Botschaft es sich handelt. Das Gequake will kein Ende nehmen. Hols der Teufel!

Nun brüllt das Typhon hinein – einmal, zweimal, dreimal: Ein Tanker kommt entgegen, der keinen klaren Kurs steuert. Hoffentlich sind auch all die vielen Gammelsegler, die sich hier draußen noch herumtreiben, von unserem Typhon wach geworden und scheren sich davon. Das Typhon klang wie die Baßposaunen im Trompetenchor von Jericho, laut zum Mauereinreißen, herrisch, ungeduldig, empört. Das normale Achtungssignal ist ein einziger langer Typhonton, aber der scheint dem Mann auf unserer Brücke nicht gereicht zu haben, um die Schiffsführung des Tankers munter zu machen.

Schon passiert der Tanker an Backbordseite. Ich versuche, die sturen Kerle auf der Brücke zu erkennen, dabei wird mein Blick nach achtern gezogen. Als ich ihn von der Tankerbrücke losreiße, sehe ich eine Hovercraft-Fähre durch unsere Hecksee brausen. Nun läßt auch der Tanker sein Typhon röhren: dreimal lang. Das bedeutet «Gute Reise». Die Tankerfritzen haben sich zwar spät, aber noch rechtzeitig an die Formen der Höflichkeit auf

See erinnert. Jetzt gefällt mir das Unternehmen schon um einige Grade besser.

In meiner Kabine liegt das Tagesprogramm. Der Steward muß es heimlich auf die winzige Back gelegt haben. Auf dem Umschlag des Programms ein Bild des Kapitäns. Er heißt Geoffrey Brooks. Mr. Brooks trägt eine Menge Ordensbänder auf der linken Brust, obwohl er dem Alter nach gar nicht der rechte Kriegsheld sein kann. Auch bei der Bundesmarine schmücken sich, weil die bunten Bändchen so ungemein zieren, knapp über zwanzig Jahre junge Leutnants schon mit Ordensschnallen. Man kann sie sich, wie ich herausfand, durch Rettungsschwimmen und sonstwelche sportlichen Leistungen zusammenverdienen.

Ich erfahre, daß Captain Geoffrey Brooks sich außerordentlich darüber freut, daß ich an Bord bin – mitsamt der ganzen Crew freut er sich. Alle miteinander hoffen, *that this will not only be a relaxing holiday . . . but also an exciting experience . . .* Und er wünscht sich auch gleich etwas für die Zukunft, nämlich, daß ich *am Ende der Reise mit der Gewißheit an Land gehe, während der Reise mit uns sehr glückliche Tage erlebt zu haben.* Er wünscht es sich sogar auf spanisch: *Y lo más importante, naturalmente, es que todos querran volver de nuevo a bordo muy pronto.* Bis jetzt, Freunde, siehts nicht danach aus!

Ich lese auch: *For your pleasure during embarcation* *10^{00} start with a swing.* Da geht mir ein Seifensieder auf. «Aha!» mache ich laut. Die Vergißmeinnichtblauen. Wenn ich mich nach diesem Imperativ gerichtet hätte, wäre ich also nach den Melodien der «QE 2»-Band im Queens Rom mutterseelenallein herumgehopst. Kaltstart am kalten Vormittag im Hafen von Southampton. Was für ein Einfall! Hoffentlich bleibt es nicht bei dieser Diskrepanz zwischen Cunardschen Amüsiervorschlägen und ihrer Realisierbarkeit.

Als zweiter Programmpunkt nach *start with a swing* findet sich für 11^{30}: *«Queen Elizabeth 2» sails for New York (via Cherbourg).* Sogar noch das windverzerrte Gequatsche, das beim Auslaufen über alle Lautsprecher lief und mich, weil ich es nicht verstand, sehr irritierte, figuriert als Programmpunkt: *A Commentary on our passage down Southampton Water will be relayed to the open decks, Queens Room and Double Room.*

All das kann ich also schon abhaken.

Im gleichen Faltblatt werden mir *(For your leisure and pleasure)* angeboten: *Golf Driving, Putting and Table Tennis, Miniature Squash, Basket Quoits and Table Tennis* – und als *indoor games: Chess, draughts, scrabble, dominoes, jig-saw puzzles and many other games.* Von der Hälfte der Vorschläge zum Zeittotschlagen weiß ich nicht einmal, was sie bedeuten.

Für *p.m.*, den Nachmittag, ist vorgesehen:

3^{00} *Boat Drill*
4^{00} *Afternoon Tea*
7^{00} *Mid-Evening Music.*

Inzwischen werden wir aber Cherbourg schon wieder verlassen haben. Über das Anlegen in Cherbourg verliert die Reederei merkwürdigerweise keinen Ton. Nicht gerade frankophil, befinde ich. Die Linie heißt Southampton–New York. Der Schlenker nach Frankreich hinüber wird verschwiegen.

Und warum findet das Bootsmanöver statt, ehe alle Passagiere an Bord sind? Zum Zeitvertreib? Um eine Nummer mehr auf dem Programm zu haben? Oder weil eine törichte Vorschrift innerhalb eines bestimmten Zeitraums nach dem Ablegen dazu zwingt? Wenn aber nun das Schiff schon *vor* 3^{00} *p.m.* gerammt würde und die Passagiere hurtig in die Boote müßten?

Für das abendliche Entertainment ist Mr. Bryan Humpert zuständig. Der Prospekt tut so, als sei dieser Herr weltberühmt.

Wer ist Bryan Humpert? Ab 9.30 Uhr hat er schon wieder zu tun, und zwar in der «Theatre Bar». Und ab 11 Uhr *until the early hours . . .* ist Mr. Bryan Humpert *and four of a kind* (vier von einer Art?) in «The Q 4 Nightclub» zu erleben: anscheinend ein Hansdampf in allen Bars und Sälen.

Zeit zum ersten Mittagessen an Bord. Das Restaurant, in dem ich essen soll, heißt «Tables of the World». Ich weiß schon, wo ich es finde. Der Prospekt hat behauptet, es sei das größte schwimmende Restaurant der Welt. Zu solchem Superlativ wollen aber die aus Bambusfächern montierten Lampen an der viel zu niedrigen Decke und die mickrigen Apfelsinenbäumchen vor den Fenstern nicht so recht passen, auch nicht die grünlackierten Spaliere, die mit ihren Sprossen Perspektive vortäuschen. Das Bild wird aber weniger von solchen billigen Dekorationen als von einem Gewimmel von Kellnern in bordeauxroten Jacken mit schwarzen Kragen und dicken goldenen Schulterstücken und von einer Unzahl offen lodernder Rechaudflammen bestimmt. Ich fühle mich schon wieder wie im Zirkus: Wo bleiben die Löwen, die durch die Rechaudflammen hindurchspringen?

An den wenigen Wandflächen vorn und achtern hängen Reproduktionen von Stierkampfblättern Picassos. Die haben wenigstens Bezug zu den bordeauxroten Dompteuren und ihren Feuern. Ich betrachte wie gewohnt den Bildschmuck genau und finde dicht neben den Picassodrucken auch Naives: just die fatale Mischung, die gerade en vogue ist. Aber der dümmste Einfall der Dekorateure sind die vier riesigen Bambus-Sonnenschirme in der Mitte des mißproportionierten Raums: Von einem «Saal» läßt sich hier wegen der viel zu tiefen Decke kaum reden. Wahrscheinlich wird den Amerikanern der verrückte Aufputz gefallen, und schließlich ist das Schiff für sie unterwegs – ein Dollardampfer, wie ich gehört habe. (Die Alliteration Dollardampfer erfreut mich, und ich ergötze mich an ihr über Gebühr, weil es bislang hier so wenig Freuden gab.)

Ein Wohlfrisierter im Cut kommt jetzt gemessen auf mich zugeschritten und fragt mich aus zwei Meter Abstand, welcher Gruppe ich angehöre. Mit der Antwort: «Keiner!» löse ich bei ihm schieres Entsetzen aus. Der Wohlfrisierte wendet sich einem zweiten Wohlfrisierten zu und tuschelt mit ihm, während ich blöde herumstehe und die Mitpassagiere begaffe, die jetzt, meist paarweise und wie auf ein Kommando hin, an mir vorbeimaschieren oder -staksen. Die meisten von ihnen sind längst aus dem Gröbsten heraus.

Endlich haben die beiden ausgetuschelt und dirigieren mich nun in ihre Mitte. Ich werde aus dem Speisesaal weggeführt, «fully escorted» würde ich es nennen.

Die beiden Menschen im Cut haben rote Nelken im Knopfloch. Kann einer von seiner Eskorte mehr verlangen? Wir bewegen uns in Fahrtrichtung des Schiffes – ich habe keine Ahnung, wohin es gehen soll. Es geht jedenfalls immer weiter nach vorn. «Eigentlich wollte ich Mittag essen und nicht joggen», sage ich in gemäßigtem Protest. Aber die beiden rührt das nicht. Wir laufen im Gleichschritt weiter. «Wohin solls denn gehen?» frage ich nun doch und füge – aber nur für mich – «you damned motherfuckers» an.

Vor einem Tribunal machen wir halt. Hinter einer weißgedeckten Tafel hocken drei Typen mit breit aufgelegten Unterarmen. Der zweite Cut-Mensch, offenbar der Assistent des Restaurantchefs, bleibt schräg hinter mir stehen und flüstert mir zu: «Mr. MacCarthy.» Wenn ich einen Hut auf hätte, müßte ich ihn jetzt sicher demütig abnehmen. Mr. MacCarthy blickt mich von unten her prüfend an, und die beiden Beisitzer richten ihre Blicke voll auf mich.

«Rede Herr, Dein Knecht hört», murmle ich vor mich hin, und Mr. MacCarthy runzelt seine speckige Stirn. Er wird doch nicht etwa Deutsch verstehen?

Mir ist nach und nach klargeworden, daß ich eine Sünde begangen habe: Ich habe mir meine Tischgesellschaft selber auswählen wollen, aber ich bin auf einem Dollardampfer, also herrschen hier amerikanische Sitten: In Amerika würde es niemand wagen, sich einfach an den nächstbesten freien Tisch zu setzen. In Amerika wird man «seated».

Mr. MacCarthy und sein Tribunal haben also zu bestimmen, mit welchen Leuten ich den Löwenanteil meiner Zeit zu verbringen habe. Der Vorsitzende, Mr. MacCarthy, fragt mich nach meinem Namen, und ich gebe gefaßt Auskunft. Daraufhin bekommt er von seinen beiden Beisitzern große Pläne zugeschoben und betrachtet sie, Bleistift in der Rechten und wieder Waschbrettfalten auf der Stirn, grüblerisch.

Mr. MacCarthy ist wahrscheinlich ein avancierter Steward. Vielleicht ist ihm in seinen Jugendjahren eine Kasserole auf den linken großen Zeh gefallen, und nun kann er nur noch im Sitzen tätig werden. Seine beiden Beisitzer sehen mit ihren dicken Bierwänsten auch aus, als könnten sie nicht mehr laufen. Sie *helfen* offenbar dem Vorsitzenden beim Einteilen und Zuweisen. In England gibt es noch geringere Tätigkeiten für ausgewachsene Männer: Dies hier ist ja ein *englischer* Dampfer – ein englischer Dollardampfer.

Ich stehe mit meiner Eskorte vor den drei breitlastig Dahockenden wie ein armer Sünder, der verdonnert werden soll. Mr. MacCarthy läßt sich Zeit. Er betrachtet mich prüfend und furcht dabei seine Stirn noch tiefer: Einen eigenen Eßplatz will dieser Kerl also . . .! Kommt dahergelaufen und mißachtet die Regeln. Setzt sich einfach über den wichtigsten aller Imperative, «keep the rules», hinweg.

« . . . see what we can do», höre ich Mr. MacCarthy jetzt mit versoffener Baßstimme grollen, und nun tauscht er erst mal die Pläne aus. Sein linker Beisitzer muß ihm den falschen hingeschoben haben. Die intensive Betrachtung hat es schließlich offenbart. Mr. MacCarthy aber will den Plan haben, den der rechte Beisitzer verwaltet. Er bekommt ihn auch. Dann legt er erst mal den Bleistift weg und glättet den Plan mit flachen Händen: Sauberkeit und Ordnung am Arbeitsplatz, auch eine wichtige Regel, die zu beachten ist. Mit Hudelei kommen wir nicht weiter. Schließlich blickt Mr. MacCarthy mich wieder an. Diesmal nicht mit Psychiaterblick, sondern unverhohlen vorwurfsvoll. Auch ich hätte Plazierungswünsche vor dem Einschiffen auf einer Spezialformularkarte angeben können, läßt er mich wissen. Und immer noch der wäßrige Vorwurfsblick, der wohl bedeuten soll: Dann hätten Sie uns jetzt die Schererei erspart.

«Sorry!» sage ich mit mühsam beibehaltener Fassung. Am liebsten würde ich Mr. MacCarthy eine in die Fresse hauen. Mr. MacCarthy ist aber jetzt voll beschäftigt. Er hat den Blick gesenkt und macht ein Bleistiftkreuz auf dem Plan. Dann greift er zu einer unbedruckten Visitenkarte. Auf die malt er mit einem dicken roten Filzstift langsam die Ziffer 76: groß und deutlich. Als er damit fertig ist, reicht er mir die Karte hin, gibt dann meiner Eskorte ein Augenzeichen, und schließlich betrachtet er mich – diesmal aber mit einem leeren Heringsblick, wie ich ihn von einem Bootsmaaten, meinem Ausbilder, noch gut in Erinnerung habe: «Menschenskind, was stehen Sie denn hier immer noch dämlich herum?» will dieser Blick besagen. Um damit fertig zu werden, gebe ich mir in einem Anflug von Albernheit das Kommando: «Rechts um! Im Gleichschritt – marsch!» Und ab gehts samt Eskorte wieder nach achtern.

«Tables of the World» hat sich inzwischen partiell gefüllt. Die Riesentische sind dicht besetzt, ein ganzes großes Revier ist dagegen verwaist. Der alte Kellnertrick.

Wir steuern zwischen hochlodernden Rechaudflammen (hier wird der Spiritus auf Teufel komm raus verheizt) hindurch. Schon im Annähern erkenne ich die 76 auf einem der riesigen Rundtische und will zu meiner Eskorte höhnisch «schon besetzt» sagen, da entdecke ich den freien Stuhl, zu dem ich nun tatsächlich hinkomplimentiert werde. Ich will es, nachdem ich Begrüßungen nach links und rechts und geradeaus genickt habe, minutenlang nicht glauben: Dieser Schurke MacCarthy hat mich zu einer siebenköpfigen Familie gesetzt – direkt gegenüber habe ich Papa und Mama und zur Rechten wie zur Linken Nachwuchs beiderlei Geschlechts in regelmäßig gestaffelter Größe.

Während ich über den riesigen Rundtisch hin mit Papa und Mama mühsam Konversation mache, wächst in mir die Wut. Ich habe ohnehin für Stewards nichts übrig. Genauer: Tiefer als bei mir kann der Grimm gegen den trinkgeldheischenden Bevölkerungsteil gar nicht sitzen. Ich kenne zu viele üble Stewardtricks – sicher nicht alle, aber doch eine gehörige Menge. Mr. MacCarthy soll noch meine Bekanntschaft machen.

Vorläufig stochere ich an der schlechtesten Seezunge

meines Lebens herum. Ihr folgt ungewürztes, saft- und geschmackloses Rindfleisch. Nur mein Ärger nährt sich davon. Trotzdem versuche ich eine freundliche Miene und befehle mir «Keep smiling!», weil es mir nicht ohne weiteres gelingen will. Mister MacCarthy hat mich zum Störenfried an dieser Tafel gemacht, ich will aber alles andere als ein Störenfried sein. Mr. MacCarthy hat mir die Rolle aufgezwungen. Diese englische Familie hat sich viel wohler gefühlt, ehe ich erschienen bin. Ich könnte den Fauxpas meines Eindringens in diesen Familien-Clan nur wettmachen, indem ich mich zum Unterhalter aufspielte; aber dazu habe ich keine Lust.

Irgendwo, überlege ich, ist mir das doch schon einmal passiert. Ich kaue ein Stück Fleisch erst links, dann rechts ordentlich durch – plötzlich beim Hinunterschlingen weiß ich es: Im Café Keese auf der Reeperbahn. Da hat mich einmal ein hämisch tückischer Artverwandter des hiesigen Platzverteilers zwischen ein halbes Dutzend hochbusige dänische Kaffeetanten plaziert, die gar nicht wieder aufhören wollten, mich so anzustarren, als käme ich vom Mars. Damals habe ich kurzerhand die Flucht ergriffen und mir höhnisch vorgehalten: Das hast du von deinen Gelüsten nach Abenteuern!

Ich muß nun aber doch, wenn ich nicht unhöflich erscheinen will, ein bißchen Konversation machen und frage quer über den riesigen Rundtisch hinweg den Vater der vielköpfigen Familie, warum er nicht das Flugzeug nach Amerika genommen habe. Als Antwort tönt es laut über den Tisch «Lacksuri!». Ich will schon, weil ich nicht verstehe, was da über den Tisch geschossen kam, im Hochblicken von meinem Teller «Pardon?» fragen, da sehe ich in Versalien das Wort LUXURY vor mir und nicke schnell, um mein Staunen zu verbergen. Luxury! kapiere ich endlich, das muß er aus dem Prospekt haben. Ich kenne den Anpreisetext fast auswendig:

Sail the incomparable «QE 2!» . . . By including the Queen in your vacation plans, you'll also get five days filled with luxury and pleasure, excitement and relaxation . . .

Mir hat es die Sprache verschlagen. Daß man auf diese

Art von luxury aus sein kann, will ich kaum fassen, aber ich sage mir, Engländer sind eben nicht verwöhnt.

Die Familienmutter erklärt mir, daß die Familie von New York in die Karibik weiterfahre – eine achtzehntägige Kreuzfahrt –, anschließend an die Atlantikpassage. Ich bekomme einen ausführlichen Kommentar zu dem knappen Stichwort des Ehegatten: Kinder hätten es nirgends so gut wie auf einem solchen großen Schiff, weil hier für eine Menge Unterhaltung gesorgt sei: «A lot of entertainement every day.»

Ich nicke dazu verständig. Alle fünf Kinder – ich schätze sie auf sechs bis achtzehn und registriere drei Mädchen und zwei Jungen – beobachten mich scharf beim Nicken.

Ich werde Mr. MacCarthy den Hals umdrehen. Aber vorerst erhebe ich mich und nicke im Stehen wieder – diesmal zur Verabschiedung. Nein, kein Dessert, nicht gut für die Linie! See you later! «Have a nice afternoon!» klingt es mir nach. Die Kinder vor allem müssen mich wegen meiner Nickerei für einen verschrobenen Kauz halten.

Jetzt, alter Junge, sage ich zu mir, wollen wir uns erst einmal erholen und die Sache überdenken.

Die «Midships Bar» liegt gleich um die Ecke. Ein Glanzstück an Innenarchitektur: Chromgestänge, dazu laubfroschgrüne Polsterung zu schwarzen Teppichböden, schwarzen Wänden und radialen Gipsstrahlen an der Decke. Dazu, wo noch irgendein Platz geblieben ist, in weißen Pflanzkübeln Philodendron und runde, schwarze Glasplatten auf verchromten, silberblinkenden Gestängen als Tische. Dies alles hier soll also Luxus sein? Die Glasscheibe, hinter der die austerngrüne See dahinzieht, ist total verschmutzt. Die paar Erdnüsse und Kartoffelchips, die der Steward auf die schwarze Glasplatte vor mir gestellt hat – Luxus? Sie gehören doch wohl zum gebräuchlichen Unfug.

Meine Kammer? Das Essen? Ich kichere in mich hinein: Diese Engländer sind wirklich ein genügsames Völkchen. Luxus – zum Totlachen! Aber das dämliche

Wort will mir nicht wieder aus dem Kopf gehen. Es ist zwar in Mode, aber jedes Mal, wenn ich es in einer Anzeige lese, zucke ich innerlich zusammen: Was ist überhaupt Luxus? Luxusvilla, Luxusfrau . . . Im Auto auf ein Knöpfchen zu drücken anstatt die Scheibe hochkurbeln zu müssen, ist das Luxus?

Kaviar – gehört der zum Luxus? Ich weiß, daß die bayrischen Halbstarken aus einer einst berühmten Eishokkeymannschaft sich nach Auslandsreisen mit den obligaten abendlichen Festmählern über den verschwenderisch dargereichten Kaviar bitter beklagten: «Oiwei de damischen Fischoar!»

Bei uns ging im Krieg die Rede: Wenn Heringe so rar würden wie Kaviar, würden sie noch viel teurer. Der Hering galt damals als höchster Luxus, ein Holzfäßchen norwegischer Heringe war ein großes Tauschhandelskapital. Im Krieg war manches Luxus, was heute mit gleichgültiger Selbstverständlichkeit hingenommen wird: Ein ordentliches Klo, eine Dusche gar war höchster Luxus.

«Luxus» hat sich in meinem Hirn festgesetzt. Ich werde das Wort nicht wieder los. Luxus – fluxus, murmle ich, dann repetiere ich: «Luxus» gleich Schwelgerei, Ausschweifung; «luxuria» gleich Schwelgerei, Zügellosigkeit; «luxuriosus» üppig, schwelgerisch – aber auch geil. Und schon fällt mir aus Kriegszeiten eine Geschichte aus dem Luxus-Seebad La Baule ein, das damals unserer U-Bootsflottille als «Weide» diente: Von den französischen Bewohnern durften nur ein paar Gewerbetreibende oder sonstwie Privilegierte im Ort bleiben, alle Strandvillen waren von der Standortkommandantur beschlagnahmt worden. Eine der privilegierten französischen Familien hatte mit Blick auf mögliche Vorteile für ihre private Existenz ein paar Marineoffiziere zu einem opulenten Diner eingeladen, darunter mich, weil ich die Tochter des Hauses kannte. Ein Kapitänleutnant, als Dienstältester der Wortführer, glaubte sich verpflichtet, der Dame des Hauses, die in bordeauxrotem Samt wie für ein Ritterschauspiel gekleidet war, ein Kompliment machen zu müssen und tat es mit den Worten: «Madame, vous êtes très luxurieuse!», was freilich nichts anderes heißt als: «Sie sind sehr geil, Madame!»

Wahrscheinlich ist die englische Familie der Suggestivkraft des Reklameworts «Luxusliner» erlegen. «Der letzte Luxusliner» – das klingt so schön nostalgisch, und «Nostalgie» und «Luxus» passen gut zueinander.

Zu Hause habe ich einen Riesenfolianten der Compagnie Génerale Transatlantique «Les Paquebots de grand luxe». Die «Ile de France» mit über 43 000, die «Paris» mit gut 37 000 und die alte «France» mit fast 30 000 Tonnen gehörten zu dieser Flotte. Dazu das Motorschiff «Lafayette», das mit seinen über 25 000 Tonnen einmal das drittgrößte Motorschiff der Welt war. Le Havre–Plymouth–New York war seine Linie.

Wie anders sehen auf diesen dunkelbraun gedruckten Bildern die Restaurants, Salons, Gottesdienstkapellen, Rauchsalons, Teesalons aus als hier – so opulent und vornehm wie früher die großen Kaufhäuser, «Les Magasins Réunis» zum Beispiel. Auf der alten «France» gab es sogar ein maurisches Café ... Den Innenarchitekten war jeder Aufwand recht, um die Gesellschaft, die so ein Schiff bevölkerte (ich wage nicht mehr, sie «Passagiere» zu nennen), vergessen zu machen, daß sie auf See war. Neugriechische Hallen mit einem Anflug von Rokoko, die durch drei Decks reichten, waren besonders beliebt. Und die steinimitierenden Wandverkleidungen, die gipsernen Karyatiden, die überreich kannelierten Säulen und Säulchen und die ins Elegante transponierten Portici sollten edle Gesittung ausdrücken.

Ich habe noch andere Alben von alten Passagierdampfern. Deutlich steht ein Blick in den «Musiksalon im Rokoko-Stil» auf dem Schnelldampfer «Columbia» vor mir – ein Nonplusultra an Prachtentfaltung nach Hollywoodart. Und ich sehe auch den Blick in den Speisesaal 1. Klasse auf dem Schnelldampfer «Deutschland» mit einem riesigen Bronzerelief unter einem säulengestützten Rundbogen, «das aufsteigende neue Jahrhundert», dargestellt als eine über dem Tattergreis Chronos in einer Strahlengloriole in den Himmel entschwebende Jungfrau, die ein Zahnrad in der einen, eine Fackel in der anderen Hand hochreckt – eine elektrische Fackel selbstredend. Mein Hotel in Southampton hat sich den Abglanz aus der symbol-begeisterten Jahrhundertwendezeit bewahrt.

Je mehr solcher Bilder ich beschwöre, um so unbegreiflicher wird mir die englische Familie.

Luxury? Aber *das* hier ist doch kein Luxus. Die Ladenarkaden mit den Hummelfiguren und den Nippes von «Royal Kopenhagen», sollen die etwa Luxus darstellen? Oder der Coiffeur-Salon, der auf den Namen «Steiner» hört? Die gekrampft poppigen Wanddekorationen? Die Bars, von denen insgesamt sieben in Betrieb sind? Gilt etwa ein solches Massenangebot von Spirituosen als Luxus?

Auf dem modernen Zweischornsteindampfer «France» muß freilich noch der wahre Luxus geherrscht haben. Ich kenne ein Photo von der «France», auf dem ein Page, wie aus einem Ufafilm, mit drei Reihen Silberknöpfen auf der Brust, einen Dackel auf mosaikbelegtem Deck an der Leine hält und der Dackel ein Hinterbein gegen die Attrappe einer Straßenlaterne hebt, die samt einem New Yorker Hydranten eigens für die ganz feinen Hunde dahin gepflanzt worden war. Für diese ganz feinen Hunde – Luxushunde? – gab es täglich eine neue Speisekarte, «Pour votre Toutou . . .» Auch ein vegetarisches Hundegericht stand zur Wahl.

Aber auch diese herrliche «France» kam, als sie 1962 zur Jungfernfahrt auslief, schon viel zu spät. Daß eine Fahrt auf der «France» trotzdem noch zehn Jahre als der unübertreffbare Superlativ der Atlantiküberquerung galt, lag nur daran, daß sie einen Luxus bot, der an Land kaum mehr zu finden war: wirklichen Luxus. Was im Speisesaal der ersten Klasse, dem «Chambord» mit Platz für 400 Gourmets, auf die Tafeln kam, war das Beste vom Besten, und nach den Photos zu urteilen, die ich kenne, unterschied sich auch die Innenausstattung erheblich vom amerikanischen Mischmasch dieses Dampfers.

Doch auch die «France», mit 66 000 Tonnen das größte Luxusschiff aller Zeiten, hat der Luxus nicht vor den roten Zahlen schützen können. Seit Madame de Gaulle das Schiff 1960 taufte, hat es happige Subventionen verschlungen. Zu jedem Passagierticket mußte der Staat etwa den gleichen Betrag wie den Kaufpreis als Subvention zulegen.

Im Oktober 1974 wurde das Schiff außer Dienst gestellt. Der Prestige-Dampfer, Frankreichs schwimmende Königin, hatte nach 14 Jahren ausgespielt und damit auch die eben erst proklamierte «erste Demokratie zur See».

Eine verrückte Geschichte: Die Reederei hatte zu einer Super-Abschiedsreise von Le Havre nach New York und zurück eingeladen. Der alte Glanz sollte zum letzten Mal voll erstrahlen. Das Schiff war für diese Reise, die ein einziges rauschendes Fest werden sollte, total ausverkauft. Aber aus dieser Festreise wurde nichts. Als das Schiff sich zu seiner letzten Routinereise von New York kommend Le Havre näherte, brach eine offene Meuterei aus, angeführt vom Chefsteward Marcel Raulin. Die Brücke wurde gestürmt, Kapitän Pettré seines Amtes enthoben und «die erste Demokratie zur See» ausgerufen. Die Offiziere wurden gezwungen, mit dem Schiff die Hafeneinfahrt zu blockieren. 1300 Passagiere konnten nicht an Land gehen, erst am nächsten Morgen wurden sie von Booten und Fährschiffen abgeholt. Die Meuterer erklärten, sie wollten nichts anderes, als ihre Arbeitsplätze erhalten. Für eine solche Erklärung fanden sie in der Hafenstadt begeisterten Beifall.

Nach drei Monaten, während denen die Meuterer das Schiff durchaus in Ordnung hielten, war aller Jubel verpufft, die Meuterer gaben auf, und das einst so stolze Schiff wurde an den «Quai de l'oubli» – den «Kai des Vergessens» geschleppt. Zwar kein «Kadaver für die Kormorane», wie Michel Sardou sang, sondern dem norwegischen Reeder Knut Olstein Kloster immerhin noch 38 Millionen Mark wert – etwa ein Fünftel des Baupreises.

Und während ich dies schreibe, wird die «France» in Bremerhaven für den Norweger umgebaut, obwohl es um diesen Auftrag an eine deutsche Werft in Frankreich zu einem ungeheuren Aufstand unter den Werftarbeitern gekommen war.

In Bremerhaven wird die Leistung der «France» reduziert. Anstatt 160000 PS sollen die Antriebsanlagen nur noch 40000 PS entwickeln, genug, um dem Schiff eine Maximalgeschwindigkeit von 21 Knoten statt der früheren Dienstgeschwindigkeit von 30,5 zu geben.

Ich las, daß man die «France» im Wendebecken von Bremerhaven mit knapper Not herumbugsierte, und sah auch gleich dieses Schiff, dem ich «leibhaftig» nie begegnet bin, mit seinen über 300 Metern Länge vor mir: Dieses Wendebecken ist mir vertraut.

Der Umbau dieses Schiffes hat Symbolkraft: Durch Schrumpfung soll Rentabilität erzielt werden. Einem schwächeren, weniger gefräßigen Dinosaurier traut man zu, daß er noch lebensfähig ist und ihm das Schicksal der anderen Großschiffe noch für eine Zeit erspart bleibt.

Das Schicksal der Großschiffe: ein faszinierendes Kapitel der Seefahrt. Wie sie geplant wurden, wer sie finanzierte, wie sie entstanden, was für ein Ende sie fanden, darüber sollte ich einmal schreiben. Ich habe Schiffe immer als lebendige Wesen mit stetig schlagenden Maschinenherzen empfunden. Nüchtern betrachtet, ist ein Schiff nichts als eine komplizierte Maschinerie, die dem Seetransport von Menschen, Rohöl, Massengütern oder Stückgut dient, aber diese perfekten Maschinen und Aggregate haben höhere Weihen, weil sie den Elementen ausgesetzt sind.

Noch immer fühlte ich mich, wenn ich die Planken eines Schiffes betrat, auf geheimnisvolle Weise mit ihm verbunden. Wenn dann die Maschinen zu arbeiten begannen und ein feines Zittern jeden Kubikzentimeter Stahl, Eisen, Holz oder sonstigen Materials durchlief und zum Leben erweckte, wenn dieses Maschinenzittern über meine Fußsohlen oder die Hände an der Reling auch meinen Körper erfaßte, war mir wohl.

Auf diesem Schiff habe ich davon noch nichts gespürt.

Ich sehe mir die beiden Stewards, die im Halbdunkel, eifrig schwatzend hinter dem Bartresen hantieren und Gläser putzen, genauer an. Vom Schlage eines Marcel

Raulin sind sie gewiß nicht. Sonst ist kein Mensch zu sehen. Wahrscheinlich pennt jetzt das Schiffsvolk. Aus dieser Reise wird wohl kaum eine Abenteuerreise wie die letzte der «France» werden.

Es wird Zeit für den Boatsdrill. Also erst mal zurück in meine Kabine.

Ein zu kurz geratener Dicker mit sehr massiver goldener Brille und großkariertem amerikanischen Clownsjackett, der mit mir auf den Fahrstuhl wartet, rülpst einmal kräftig vor sich hin. Im Fahrstuhl pfeift er sich dann ein Liedchen. Ein unbekümmertes Völkchen, diese Amerikaner: Pioniere.

Das Schiff scheint vorwiegend aus Fahrstühlen zu bestehen. Mit so vielen Fahrstühlen habe ich nicht gerechnet. Ich fahre in ihnen rauf und runter wie in einem Warenhaus und warte jedesmal, daß ein Fahrstuhlboy ausruft: «Damenkonfektion – Haushaltwaren, Abteilung für das Kind . . .» Die «falsche» Bewegung, die in der Vertikalen, macht mich nervös: Ich bin eben noch nie auf einem Schiff Fahrstuhl gefahren.

Ich greife mir aus meinem Schapp hinter dem Schott eine der 3200 Schwimmwesten, die angeblich an Bord sind. Eine Schwimmweste mit einem *specially-designed collar, which ensures that adequate support is given to the head and neck, and enables the wearer's mouth to be kept at least 6 inches above the water-linie . . .* und das auch dann noch, wenn der «Träger der Weste» bewußtlos ist.

Nun muß ich zusehen, wie ich mit all den Bändseln klarkomme. Früher waren die Schwimmwesten einfacher zu handhaben und außerdem zum Aufblasen. Die von Cunard gerühmte Nackenstütze hatten sie auch.

Malefizweste! Verdammtes Theater! Wie könnte unsereiner, wenn er eine Schwimmweste anlegt, auch gleichmütig bleiben? Während ich mit den Bändseln hantiere und noch immer nicht zurechtkomme, suchen mich Erinnerungen wie überschnell ablaufende Filme heim – keine lustigen Filme. Mit schnellen Wimpernschlägen bringe ich sie zum Stoppen.

Ganz gelingt das nicht. Ich sehe auf einer glatten, perlmuttern spiegelnden See gut zwei Dutzend Schiffbrüchige wie dunkle Fremdkörper vor einer kalten Morgensonne treiben – Leute von der eigenen Firma, wie wir das nannten –; die paar, die sich noch ins Wasser retten konnten, als ihr Boot voll von einer Fliegerbombe getroffen wurde. Nur jetzt das nicht, sage ich zu mir, dazu bist du nicht auf dieses Schiff gegangen, nicht, um wieder quälende Erinnerungen zu wecken.

Ein Blick auf die Uhr: Zeit fürs Bootsmanöver. Aber vielleicht wird das hier sang- und klanglos abgewickelt, und ich warte vergebens aufs Anschlagen der Alarmglokken. Also, mal los zu meiner Station «Boatsstation number one».

Ich frage nacheinander drei verschiedene Leute vom Schiff, wie ich zur «Boatsstation number one» komme. Keiner weiß es. Typisch. Mit der orangefarbenen Korkschwimmweste angetan, komme ich mir dämlich vor. Schließlich weist mir dann doch einer quer durch das Restaurant «Tables of the World» hindurch den Weg.

Eine kleine Schar ebenfalls mit Rettungswesten dekorierter Mitpassagiere steht schon an der richtigen Stelle herum und wartet, daß etwas geschieht. Nichts geschieht. Ich habe also wieder Zeit, mir die Leute anzusehen, die in alle Richtungen aneinander vorbeigucken. Nur zwei Jünglinge mit Dauerwellen im Blondhaar, die sich offenkundig sehr zugetan sind, tuscheln miteinander.

Auf einem Liegestuhl sitzt bolzengerade eine winzige, uralte Frau. Die scharf orangefarbene Weste ist für sie viel zu groß und deshalb hochgerutscht. Im ersten Moment des Hinsehens bin ich erschrocken: Es sieht aus, als hätte da jemand einen halb mumifizierten Kopf auf eine Schwimmweste gebettet. Der Körper der Greisin ist so winzig, daß von ihm unterhalb der Schwimmweste im Schattendunkel kaum etwas zu sehen ist.

Während ich dahocke und warte, geht es mir durch den Kopf: Mitten in der Nacht werden wir Bishops Rock an Steuerbord haben und die Startlinie für die Transatlantik-

Rennstrecke überfahren. Bishops Rock gehört zu den Scilly Islands – für die Schiffahrt ein bemerkenswertes Gebiet vor der Küste von Cornwall: der größte Schiffsfriedhof aller Epochen und Regionen.

Das waren noch abenteuerliche Zeiten, als die Notraketen des von New York kommenden Dampfers «Schiller» im dichten Nebel falsch gedeutet wurden, als Ankunftssignale nämlich, sogenannte «Nachrichten-Schüsse». Nur zwei Rettungsboote mit 37 Passagieren schafften es. Das Revolverschießen des Kapitäns über die in Panik geratenen 372 Passagiere hinweg hatte nichts genützt, sechs Boote waren nicht zu Wasser gekommen.

Zum Schauderruhm der Scilly-Inseln trug vor allem die Familie Gibson bei: Diese guten Leutchen photographierten durch Generationen, was ihnen das gewalttätige Meer an Opfern seiner Schläge vor die Füße trieb. Die Familie Gibson war auf Schiffbrüche spezialisiert und dafür an der genau richtigen Stelle beheimatet. Von ihren Photos habe ich die meisten im Gedächtnis. Schöne Bilder in Sepiaton oder Schwarzweiß: der Viermaster «Bay of Panama», der eine ganze Breitseite von Speigatten vorzeigt, aber auch zwei gebrochene Masten. Die «Hansy» inmitten eines einzigen Tohuwabohus aus Holztrümmern – Reste ihrer Bauholz-Ladung. Auf fast allen Bildern, die ich kenne, ist das stehende Gut, die Stagen, Wanten, Pardunen und Backstagen ein einziger sperriger Verhau, überdeckt vom Gefitz des laufenden Guts, das vor der Strandung zum Dirigieren der Segel diente. Für die Cornishers war jede Strandung Grund zum Jubeln, das Unglück des Schiffsvolks war für sie himmlischer Segen.

Die Küste von West-Cornwall gehört in diesem Sinn zu den gesegneten Stränden der Welt, vielleicht ist sie gar die gesegnetste. Wer in der Frühzeit des Seeverkehrs von den Cornishers als Schiffbrüchiger gefunden wurde, hatte keinen Grund zur Freude. «Gefunden» hieß an diesem Strand «in die Hände gefallen». Auf die Ladung der gestrandeten Schiffe waren die Bewohner dieser unwirtlichen Küste aus, nicht auf pflegebedürftige Seeleute. Die sollen von den Cornishers kurzerhand eins mit dem

Knüppel über den Kopf bekommen haben, wie die Robben von den Robbenschlägern.

An den langen Stränden der Insel Sylt, sagt man, seien die Bräuche nicht anders gewesen. Das Christengebot «Liebe deinen Nächsten» bezog man auch dort nicht auf wildfremde Leute, die halbtot von der See angetrieben wurden.

Wenn man die Photos der Gibson-Familie betrachtet, könnte man glauben, diese Riffe hätten eine magnetische Anziehungskraft auf die Schiffe gehabt, oder die Kapitäne hätten sich verhalten wie die Lemminge und ihr Schiff kopflos ins Verhängnis gesteuert. Das gilt besonders von der Schiffsführung der «Torrey Canon», der letzten Photobeute der Gibsons. Ich habe es nie begriffen, wie ein solcher Riesentanker hier stranden konnte, warum das Schiff nicht einen großen Bogen um dieses berüchtigte Revier machte.

Mein Blick fällt auf einen alten Lebemann, der aussieht wie ein berufsmäßiger k.u.k. Baron. Wahrscheinlich ist er auch einer. Im Beruferaten war ich immer gut. Plötzlich fällt es mir wie Schuppen von den Augen: der morgenfrische Roué aus dem Southamptoner Hotel.

Nun wüßte ich aber liebend gern, wie das mit dem Boatsdrill weitergehen soll. Die Besatzung scheint das Manöver nicht im geringsten zu interessieren. Kein Mensch läßt sich blicken. Narrenschiff! schießt es mir durch den Kopf und ich denke: Schade, daß die Katherine Anne Porter den Titel Sebastian Brants schon für sich okkupiert hat. Auf dieses Schiff und dieses Schiffsvolk würde er genau passen.

Nach einer Viertelstunde gehe ich wieder meiner Wege: Ich habe der Vorschrift Genüge getan. Jetzt kann von mir aus das Schiff untergehen. Ich trolle mich zu meiner Kabine und staue die Schwimmweste wieder ordentlich weg. Ein Gefühl, «en règle» zu sein, erfüllt mich. Und nun will ich einmal auf dem Bootsdeck ums ganze Schiff laufen.

Außer mir ist niemand unterwegs, aber Radiogedudel

begleitet mich überallhin. Alle zehn Meter ist hier ein Lautsprecher installiert.

Aus dem Schornstein kommt ein Wurm schwarzen Qualms. Er hält genau die Richtung unserer Hecksee: Wir haben den Wind von vorn. Achtern ist wenigstens etwas Leben. Ein paar Unentwegte machen Deckspiele. Mit einem hölzernen Schieber, ähnlich dem, den die Bäkker zum Broteinschieben in den Ofen verwenden, versuchen sie von einer Markierung aus Holzklötze auf ein Feld mit Ziffern zu stoßen. Das dürfte das durch feine Gesellschaftsromane geisternde Shuffle-Board sein.

Zum Glück ist der Schornstein so hoch, daß der Rauch in ziemlicher Höhe über die achteren Decks geweht wird. Allmählich würde es Zeit, diese wüste Qualmerei, die gar nicht zu den weißen Aufbauten passen will, einzustellen. Gelegentlich den Chiefengineer damit zu frozzeln, nehme ich mir vor. Besser möglichst bald. Die Maschinenräume des Schiffes, das Reich des Chiefs, interessieren mich sehr.

Als ich zu meiner fünften Runde ansetze, sehe ich, daß die französische Küste schon hoch heraus ist. Das Schiff macht nur noch wenig Fahrt.

Die See ist jetzt blaugrün. An Steuerbordseite zeigt sie das blendende Pailettengefunkel der sich spiegelnden Sonne.

Wir nähern uns der Halbinsel Cotentin wie ehedem die Schiffe der Invasionsflotte: Cherbourg war ihr größter Anlandehafen. Irgendwo an Backbordseite liegen die landing-beaches: In dieser Gegend wachsen einem die Erinnerungen zu, ganz gleich, ob man sie haben will oder nicht.

Das Schiff hat jetzt am Mast an Steuerbordseite die Reedereiflagge gesetzt, achtern die britische und im Top die französische. Ich gehe ganz nach vorn. Der Wind hat abgenommen. Wenn ich meine Augen anstrenge, kann ich die Einfahrt von Cherbourg direkt über unserem Bug erkennen. Über der Einfahrt leuchten weiße Wohnkasernen. Cherbourg mußte wohl gänzlich neu aufgebaut werden.

Jetzt kommt uns das Lotsenversetzboot entgegen und dreht in großem Bogen bei. Der Lotse wird an Steuerbordseite aufgenommen. Wozu für die paar Meilen einer risikolosen Einfahrt ein Lotse gebraucht wird, weiß der Himmel. Wir hatten damals auch keinen Lotsen, und damals lagen hier eine Menge Schiffswracks herum und Minen gabs auch.

Ich werde auf einen eleganten Herrn in braunen Wildlederschuhen und Kaschmirpullover und mit seidenem Halstuch aufmerksam, der gleich mir vom Bootsdeck aus über die beiden Ankerspills und die Bugspitze hinweg die Hafeneinfahrt anvisiert. Das könnte Jessy sein – Joseph von Jessinsky, der gern Magazinartikel über gutes Essen und Trinken, am liebsten in französischen Restaurants, und über eigene Aventuren mit Filmschauspielerinnen, quasi in memoriam, schreibt und sich dadurch bunt von der eher grauen Schar der Kärrner für den journalistischen Tagesbedarf abhebt. Er ist es! Und genau wie ich nicht aus eigenem Entschluß an Bord, sondern von einem französischen Magazin auf dieses Schiff geschickt. Ist es Masochismus oder Sadismus, wenn die Franzosen sich nach dem Verlust der «France» etwas über das Leben und Treiben auf diesem Dollardampfer erzählen lassen wollen?

Wir finden beide, daß dies ein merkwürdiges Zusammentreffen sei. Zwei Schriftsteller im Auftrag zweier konkurrierender Magazine an Bord des gleichen Schiffes. «Zwei Männer, einander in höherer Stellung vermutend, begegnen sich»: Titel einer frühen Radierung von Paul Klee. Und weil auch hier ein kalkbleicher Mond am Himmel steht, fallen mir die «Zwei Männer in Betrachtung des Mondes» ein, das so stimmungsvolle Bild Caspar David Friedrichs in der Berliner Nationalgalerie.

Es freut mich, daß Jessy eine Klasse höher reist: First class passenger. So können wir uns kaum in die Quere kommen. Ich bin ein Transatlantic passenger, weil ich erfahren will, wie das Gros der Passagiere über den Atlantik gekarrt wird.

Jessy fragt mich, wie es mir denn hier so gefalle.

«Ein weites Feld!» sage ich und hebe dabei die Schultern. Mit Journalisten habe ich nicht immer nur gute Erfahrungen gemacht. Die kluge Zurückhaltung ist nicht meine Art, und oft fand ich mich schon mit meinen dummen Sprüchen vermarktet. Ich nehme mir vor, mich zu zähmen.

Ob ich auch mit einem Photographen reise? will Jessy wissen. «Nein, der bin ich selber», sage ich, «ich schleppe den ganzen Kamerakram mit. Das bin ich gewohnt.» Da sehe ich aus den Augenwinkeln, wie Jessy leicht die Nase rümpft: ein Autor, der sich zum Photographieren hergibt ...

Wir umkreisen uns wie zwei Ringer, die beim Gegner nach Blößen suchen, um einen Griff anzusetzen und Punkte zu gewinnen. Jessy soll aus Ungarn stammen, sein Vater, heißt es, habe selber ein kleines Blättchen besessen und seine Einnahmen vorwiegend von vermögenden Leuten bezogen, die seine Artikel lieber als Manuskripte kauften, als sie im Druck verbreitet zu sehen.

Wie es *ihm* denn so gefiele, frage ich ihn.

Zu meinem Staunen kommt die Antwort: «Miserabel!»

Ich erfahre, daß Jessy eine Innenkabine hat. «Als Erster-Klasse-Passagier haben Sie eine Innenkabine inne?» frage ich albern. Seine Miene hat sich zu Ingrimm verdüstert. Er rückt nur mit einem knappen «Ja» heraus.

«Aber das Schiff ist doch halb leer.»

«Trotzdem ist meine Kabine innen.»

«Da kann sie doch nur ausdrücklich so bestellt worden sein?» frage ich.

Da fühlt sich Jessy merklich auf die Zehen getreten: «Von mir jedenfalls nicht. Das hat dann die Redaktion auf dem Gewissen.» Ich will schon sagen: Gewissen und Redaktion, das passe wohl nicht zusammen. Aber was soll die Witzelei, und ich will doch Zurückhaltung üben.

Jessy guckt starr geradeaus, genau dorthin, wo sich graue Lagerschuppen strecken, die jetzt aus dem halben Gegenlicht im Näherkommen Detailzeichnung gewinnen. Eine Pier ist zu erkennen, darauf zwei, drei kleine Gruppen von Menschen. Das Wasser ist glatt wie ein

Spiegel und hat die Farbe des Abendhimmels: eine mißglückte Mischung aus Kobaltblau und Orange. Viel wird sich hier nicht ereignen. Noch weniger action als in Southampton.

Das meterweise Annähern an die Pier und das Festmachen braucht viel Zeit, eine langweilige Sache. Ich schlage deshalb Jessy vor, wieder nach drinnen zu gehen und etwas zu trinken.

Wir irren durchs Schiff, auf der Suche nach einer am frühen Abend offenen Bar, wo wir unsere Begegnung feiern können. Wir durchqueren das *größte schwimmende Restaurant der Welt*, das jetzt verödet daliegt, und kommen in den *schönsten Ballraum der Welt*, in dem gerade nach Klaviergeklimper mit bunten Pullovern vermummte Tanzgirls proben: eine Art Elefantenballett. Eine trägt fleischfarbene Strumpfhosen und ihr schwarzes Balletteusentrikot – ein schwergewichtiges Mädchen, dem das Trikot alle naselang mitsamt der Strumpfhose in die Popofalte rutscht, so daß sie ständig achtern herumzufummeln hat. «Ausgerechnet ‹Sweet Elegance› heißt diese Truppe», sage ich zu Jessy.

Die «Midships Bar» hat auf. Bourbon ist Jessy recht. Also: Zwei Bourbon, bitte.

Ich habe das Bedürfnis, Jessy zu erklären, daß ich noch mehr Grund hätte als er, diesen Betrieb hier unerquicklich zu finden. Ich möchte ihm sagen, daß ich mich zur seemännischen Bevölkerung, mindestens aber zur seeverbundenen rechnen dürfe. Und einen Seemann – einen ganzen oder halben – müsse der Anblick dieses wie für den Karneval herausgeputzten Schiffsvolks trübselig stimmen.

Aber ich schweige mich, das Glas mit Bourbon mit aufgestütztem Ellenbogen in halber Höhe haltend, lieber aus und mime nach Jessys Beispiel den Versonnenen. Wie ich meine, die klassische Attitude für Männer an der Bar.

Es hat sehr lange gedauert, bis ich endlich so weit war, mich auch einmal an einen Bartresen zu stellen. Ich sah in Barszenerien immer nur Witzblatt-Situationen. Meine erste Bar erlebte ich in Samoa, dem amerikanischen Samoa. Dort kam ich mir vor wie von einer Flut an Land gespült. Ich kannte keinen Menschen auf der Insel, und alles erschien mir vermurkst und scheußlich. Die Bar am Hafen betrat ich nur, weil sie mit Schattenkühle lockte, und es draußen an diesem Nachmittag höllisch heiß war.

Es war eine richtige amerikanische Bar mit der offenbar obligaten Stange entlang dem Tresen zum Aufsetzen eines Fußes. Der einzige Besucher, ein Mann mit einem Panamahut halb im Nacken und etwa so alt wie ich, stand genauso da, wie Steinberg seine Barbesucher zeichnet. Außer dem Begrüßungsgrunzen kam eine gute halbe Stunde kein Laut aus seinem Mund. Der schwarze Barkeeper hatte uns die Flasche hingestellt und war verschwunden. Genau wie ich mir das vorgestellt habe, dachte ich: Man schlägt die Zeit tot und säuft sich einen an. Alles andere als unterhaltsam und vergnüglich, mehr für Leute mit Katzenjammer oder sonstwelchen Defekten. Der Mann neben mir hatte vermutlich einen Tropenschaden. Plötzlich schien er meiner gewahr zu werden. Er drehte sich mir zu und richtete seinen Blick fest auf mich. Er wird die ganze Zeit nachgedacht haben und mir jetzt das Ergebnis verkünden wollen, dachte ich mir, wie er mir so fest und prüfend in die Augen sah. Und da sagte er auch schon mit lauter Stimme: «Fucking is international!» Und ich sackte leicht in mich zusammen, als hätte mich ein Schlag in die Kniekehlen getroffen.

Von Jessy, das wird mir nachgerade deutlich, und so habe ich ihn in Erinnerung, werde ich so stark geprägte Fazits kaum zu hören bekommen. Er macht ein unglückliches Gesicht, wie ganz und gar mit der Welt zerfallen. So einem ist schwer beizukommen. Trotzdem wage ich die Frage, warum er sich nicht beschwere und sich eine andere Kabine – eine mit Licht, Luft, Sonnenschein – geben lasse. Doch da winkt er müde ab wie der Dirigent eines Orchesters, das über die Maßen gepfuscht hat.

«Zeit zum Essen», kann ich da nach einem ostentativen Blick auf die Armbanduhr nur noch sagen.

Unsere Wege trennen sich: Jessy ißt in einem feinen Restaurant. Er würde aber gern, läßt er mich im Abgehen noch wissen, erfahren, wie es in «Tables of the World» zugehe, der Name klinge so ungemein vielversprechend.

Mr. MacCarthy kommt höchstpersönlich auf mich zu. Von ihm erfahre ich, daß ich heute mittag nur «informal» plaziert worden bin. Jetzt erst soll ich «richtig» eingewiesen werden. Zu diesem Zweck werde ich zehn Minuten später wieder über den langen Gang geführt, wieder wie ein Strafgefangener, aber diesmal nur von einem einzigen Schwarzgekleideten eskortiert. Wir kommen prompt wieder beim Tribunal an. Die Beisitzer starren mich an, als hätten sie mich noch nie gesehen. Mr. MacCarthy starrt auf die Pläne, die er vor sich liegen hat, und murmelt dabei Unverständliches. Jetzt schreibt sein rechter Beisitzer etwas mit Bleistift auf ein großes Blatt, das er dem anderen – über Mr. MacCarthy hinweg – zureicht. Der linke Beisitzer radiert weg, was der rechte geschrieben hat. Dann starren mich alle drei unbewegt an. Offenkundig sind sie sich nicht einig, was mit mir geschehen soll. Plötzlich malt Mr. MacCarthy, viel schneller als beim ersten Mal, eine Ziffer auf die Visitenkarte: 120.

Der Schwarzgekleidete führt mich zu meinem neuen Tisch. Wieder eine Riesentafel für acht Personen. Ich bekomme einen Platz vor zwei auf Zinktafeln brennenden Scheiterhaufen und muß aufpassen, daß ich von achtern nicht anbrenne. Vor lauter Zorn wortlos, schlinge ich mein Essen herunter, ohne recht zu merken, was es eigentlich ist.

Die Rechaudflammen erinnern mich an Restaurants der DDR. Da hatten sie zur Leipziger Messe plötzlich das Flambieren entdeckt und flambierten nun auf Teufel komm raus. Für die Spießer machte das sicher eine Menge Effekt, aber ich esse lieber in Frieden – ohne rechts und links anflambiert zu werden.

Nach dem Abendessen mache ich Mr. MacCarthy einen Besuch. Selbstverständlich hätte ich diese miese Charge mit einer besonders angedreckten Mehrpfundnote gefügig machen können, aber diesmal lasse ichs –

mich sticht der Hafer – auf Konfrontation ankommen. Ich will Mr. MacCarthy ordentlich Bescheid stoßen. Ich frage ihn erst einmal so lässig, wie ich es trotz meines Dampfstaus vermag, ob er noch nichts von der Lady gehört habe, die auf einem Schiff dieser Art nach drei Tagen vergeblicher Versuche, einen akzeptablen Tischplatz zu bekommen, ihrem laut schmatzenden Gegenüber kurzerhand ihren Spaghettiteller mit Parmesankäse und Ketchup ins Gesicht pflanzte?

«Heard about her? – Yes! – This lady is my sister!»

Und nun wechsle ich die Intonation: «Wenn Sie glauben, alter Junge, Sie könnten mich hier wie Dreck behandeln, da täuschen Sie sich aber erheblich. Look here – sehe ich aus wie ein Spaßvogel? Soll ich Ihnen etwa eine Sondereinlage bieten, oder werden Sie mir fix mal hurtig einen erstklassigen Tisch mit Meerespanorama und allen Schikanen offerieren? Yes or no?»

Das wirkt. Mr. MacCarthy deutet sogar mit Gesäßlüften eine Verbeugung an. Seine Assistenten starren mir ins Gesicht, als sei ich eine überirdische Erscheinung.

Ich steuere wieder die «Midships Bar» an. Was sollte ich sonst tun? Etwa mich in meine Kammer setzen und zu schreiben versuchen? Gott behüte! Hier habe ich jedenfalls den weiten Blick und die Panoramascheiben, auf denen sich bleiche Schaumschnüre schwach abzeichnen. Von der Kimm ist durch die verschmutzte Scheibe nichts zu sehen.

Ich wünschte, ich hätte eine klare Scheibe vor mir und ein Seeglas zur Hand. So dazuhocken und die Position des Schiffes nicht zu kennen, das ist mir lange nicht mehr passiert.

Ich weiß nicht einmal, welchen Kurs wir haben. Sonst nahm ich den Steuerkurs fast automatisch auf. Immer, wenn ich auf die Brücke kam, galt der erste Blick dem Kreiselkompaß, auch noch beim Faulenzen in der Brückennock guckte ich hin und wieder – oft ohne mir dessen bewußt zu werden – auf die Scheibe der Kompaßtochter. Aber wo sollte ich *hier* eine Kompaßtochter finden?

Wie ich es nun schon gewöhnt bin, rede ich mir selber

zu: Doch gut so! Hier brauchst du dich ausnahmsweise mal um nichts zu kümmern. Was geht dich denn der Kurs an? Du weißt doch, daß der Dampfer auf dem Großkreis fahren wird. Für unsere Route wäre das ab Bishops Rock etwa zweihundertneunzig Grad. Erst bei der Neufundlandbank wird der Kurs auf etwa zweihundertfünfzig Grad geändert werden: der alte Dampfertrack – was denn sonst?

Im Vergleich zu Piloten haben die Navigationsoffiziere eines solchen Schiffes ein verdammt ruhiges Leben. Ich bin gern, wenn sichs einrichten läßt, auf langen Flugstrecken eine Weile im Cockpit, und so weiß ich, wie intensiv Pilot und Copilot mit dem Kurs beschäftigt sind, um mit der Flugzeit zurechtzukommen und möglichst viel vom teuren Kerosin einzusparen. Die Entscheidung, ob man einem heftigen Gegenwind ausweichen und eine längere Strecke in Kauf nehmen oder gegen ihn anknüppeln soll, ist oft nicht einfach.

Schiffe können eher straight-ahead dampfen. Sie müssen nicht mit der gleichen Sorgfalt wie Flugzeuge ungünstigen Winddriften ausweichen. Ausgewachsene Stürme müssen freilich auch Schiffskapitäne umgehen. Sie halten sich deshalb an die funktelegraphisch übermittelten Wegempfehlungen der behördlichen Wetterberatungen. Das Seewetteramt – so weiß ich von meinem ehemaligen Alten – nahm 500.– DM für eine Atlantikroutenberatung. Besonders für schwache und langsame Schiffe, die bei harten Gegenwinden fast keine Fahrt mehr machen, kann die Wahl des Wegs bei der Ausreise entscheidend sein: Pentland Firth oder Shetland–Färöer. Wenn es sich machen läßt, weichen Schiffskapitäne auch den jahreszeitlich permanenten Windströmungen, den Passaten oder den Monsunen im Indischen Ozean, aus und Meeresströmungen ebenso. Gegen den gebündelten Golfstrom in der Floridastraße fährt kein Schiff an, es klemmt sich an die Seite und nutzt den Nährstrom aus. Auch der Agulhasstrom vor der südafrikanischen Küste wird von den Navigatoren der Schiffe vermieden, sie klemmen sich nordostwärts unter die Küste oder setzen einen Umweg nach außen ab. Bei der Fahrt *mit* dem

Strom halten die Schiffe deren Mitte und gewinnen dabei einen Fahrtzuwachs von 3 bis 3,5 Knoten.

Ich wüßte gern, wieviel Fahrt wir gerade durchs Wasser machen. Auf der «Otto Hahn» konnte ich die Schiffsgeschwindigkeit durchs Wasser sogar noch auf der Brükkennock ablesen. Wahrscheinlich hält die «QE 2» ihre Dienstgeschwindigkeit: 28,5 Knoten. Aber die See steht gegenan. Schwer zu schätzen, wieviel Knoten das Schiff über Grund macht. Bei ihrer letzten Reise fuhr die «Otto Hahn» einen Knoten weniger als bei meiner Reise sechs Jahre vorher: Das Schiff war lange nicht mehr im Dock gewesen, der Bewuchs am Schiffsrumpf wirkte sich hemmend aus.

Wir brauchen auf jeden Fall weit mehr Zeit als die «United States» für ihre memorable Überquerung vor achtzehn Jahren. Dieser Rekord – drei Tage, zehn Stunden, vierzig Minuten – ist nicht überboten worden. Damals interessierte sich auch niemand für den enormen Verbrauch von Bunkeröl bei so einer Hetzjagd.

Für U-Boote galten bei der Atlantiküberquerung nur ökonomische Fahrstufen. Zweimal Halbe, das war schon das Äußerste, um zur Hasenjagd vor der amerikanischen Ostküste zu kommen. Meist wurde zwomal Langsame gefahren, das waren zehn Knoten. Bei zwomal Langsame brauchten wir für die 3000 Meilen bis vor die Ostküste 13 bis 14 Tage. Dieses Schiff braucht nur fünf. Aber gemessen an den längst verjährten Rekordfahrten auf der atlantischen Rennstrecke ist das viel Zeit. In puncto Geschwindigkeit gibt es in der Seefahrt keinen Fortschritt.

Auf welchem Gebiet denn dann? wenn man fragen darf, foppe ich mich selber. Etwa in puncto Komfort? Fortschritt ist fast stets das Ergebnis von Wettbewerb. Für dieses Schiff aber gibt es keine Konkurrenz: Es ist das letzte seiner Art. Der Fortschritt findet in der Seefahrt heutzutage anderswo statt: im Stückgutverkehr oder beim Transport von Massengütern.

Technisch möglich wäre schnellere Fahrt durchaus – nur würde sie so viel Energie verschlingen, daß am Ende der Zeitgewinn zu teuer erkauft wäre. Die Ersparnis der Tageskosten würde die Mehrkosten beim Brennstoffverbrauch nicht aufwiegen. Daß dieser Zossen keinen Tempo-Fortschritt bieten kann, stört mich im Grunde nicht. Schon Albert Ballin hatte erkannt: lieber langsam und vorsichtig. Die «Titanic» war ein Menetekel. Letzten Endes kollidierte sie nur wegen der grassierenden Rekordsucht mit dem Eisberg. Ein vom Tempowahnsinn weniger besessener Kapitän hätte nach den Eisberg-Meldungen, die das Schiff empfangen hatte, den Kurs geändert und die Fahrt verringert.

Im übrigen stört mich vieles auf diesem Schiff – das Schiffsvolk zuvörderst. Was ist das für eine verrückte Ansammlung der Gattung Mensch: Ich sah schon Schwulenpärchen aus England, starr grinsende Greisenpärchen und verfettete Koofmichpärchen aus Amerika, abgetakelte Schwarznerz-Fregatten mit ihren wie Pinguine wirkenden Begleitern . . .

Was für ein Publikum hatte ich erwartet? Etwa Thomas Mann in weißen Tennisschuhen mit «Don Quichote» unterm Arm? Echte Gigolos mit Monokel, Klitschfrisur und «Poussiertüchlein»? Ladies in helmartigen Hutkappen, langwehenden Schals (shawls) und Plisseeröckchen, lange Zigarettenspitzen als Hauptaccessoires? Das Personal aus «Doktor Crippen an Bord» oder das aus dem «Narrenschiff» der Katherine Anne Porter?

Wie ich die Menschenarten, die sich hier zusammengefunden haben, Revue passieren lasse, fällt mir auf, daß ich an Bord noch keinen einzigen Farbigen entdeckt habe, weder einen Schwarzen, noch einen Gelben oder Olivfarbenen. Ich habe keineswegs nach einem Passagier mit dunkler Hautfarbe gesucht, aber ich könnte fast wetten, daß keiner an Bord ist.

Gerade schleicht eine uralte o-beinige Lady in einem Pagendreß aus schwarzem Samt vorbei. Sie erklimmt neben einer nicht minder alten, die schon eine Art Totenschädel zur Schau trägt, einen Barhocker. Ihr zur Seite sitzt eine andere mit solch einem Riesenarsch, daß es aussieht, als verschwinde die Sitzfläche in ihrer Kimme.

So etwa muß es in einem Club dieser juxigen, im ewig

sonnigen Arizona gelegenen amerikanischen Seniorenstädte zugehen, in denen ehemalige Advokaten, Richter, Zahnärzte und sonstige Dickverdiener samt ihren wohlkonservierten Ehehälften ein sinnentleertes Dasein fristen. Der Alkoholkonsum soll in ganz Amerika nirgends höher sein.

Die Getränkekarte ist so abgefaßt, daß man die «Midships Bar» für eine Art Vitaminladen halten könnte. Beim Einfüllen aus den scharfen Flaschen ist der Barkeeper besonders fix, erledigt das gewißermaßen heimlich und dreht dabei den aufgedonnerten Alten auf ihren Hokkern den Rücken zu. Erst wenn er Fruchtsirup, Sprudel oder Sekt zugießt und Zitronenscheiben, Kirschen oder Oliven in die Gläser plaziert, dürfen ihm die lustigen Vögel wieder zugucken.

Ich beobachte, was eine überaus klapprige, in einen schlotterweiten, bunt bedruckten Hosenanzug gehüllte Witwe mit schütterem violett gefärbtem, zu winzig kleinen Löckchen gedrehtem Greisinnenhaar so in sich hineinsüffelt, und gewinne dabei einen starken Eindruck von der Trinkfestigkeit amerikanischer Veteraninnen: Sie schwankt keineswegs, als sie geschickt von ihrem Barhocker heruntergeturnt ist. Wohl hat sie ihren schwarzen Stock mit Silbergriff zur Hand, und ihr Gang ist ohnehin stöckerig wie der eines nicht perfekten Roboters – daß man ihr aber trotzdem nicht ansehen kann, wieviel sie wieder intus hat, ist eine Leistung, die mir Respekt abnötigt: wer weiß, ob ich das so schaffte. Die alte Wakkeltante ist auch schlau genug, jetzt nicht den Spielsalon, sondern direktenwegs den Fahrstuhl anzusteuern.

Ich habe noch die Illustriertenphotos dieses absurden Geriatrie-Ghettos am Rande der Wüste vor Augen, als ich in der Tiefe des Ganges einen bunten Fleck aufleuchten sehe. Ich starre die Langgewandete an, als käme sie unmittelbar vom Mond. Zu meinem Glück ärgert sie das nicht, sondern sie scheint es sogar zu goutieren: Ich werde mit einem breit strahlenden Cover-Lächeln bedacht und würde ihr am liebsten zum Dank dafür nach Art italienischer Straßenarbeiter hinterherpfeifen. Ich tippe auf Indonesien. Die großen schwarzen Augen, das schwarze Haar, der volle Mund, die Blitzezähnchen, der leicht laszive Gang, die Buntheit des Kleides – das alles sah nach Indonesien aus.

Also doch eine Farbige an Bord. Eine? Schon meldet sich insgeheim die Hoffnung, daß sie ohne Begleitung sei. Im gleichen Augenblick pariere ich mich durch. – Was soll der Quatsch! Jetzt wollen wir uns mal schön und tunlichst ausschließlich mit der Seefahrt beschäftigen, wie es von allem Anfang an geplant war, und den Infarkt nicht vergessen.

Allmählich sollte ich mir auch eingestehen, was mich belastet, ja quält: Ich habe gekniffen.

Mir bleibt, wie ich so dasitze und auf die graue See hinausstarre, Zeit genug zur Selbstprüfung: Dieses Unternehmen ist doch nicht nur eine vom Arzt gutgeheißene Rekonvaleszentenreise. Ich bin vor der Arbeit ausgerückt. Ich habe mir selber ein Schnippchen geschlagen. Aber wen, außer mir, geht das etwas an? Wem, wenn nicht mir, bin ich Rechenschaft schuldig? Ich hatte den dauernden Flagellantismus ganz einfach satt – satt bis Oberkante Unterkiefer, wie wir bei des Großdeutschen Reiches Kriegsmarine sagten.

Auch *diese* Reise ist eine Flucht und nicht nur eine Bewährungsprobe. Immer waren meine Reisen Fluchtbewegungen. «Normal» verreisen kann ich ohnehin nicht mehr. Das habe ich verlernt. Es ist wie mit dem Bücherlesen: Unbefangen zu einem Buch greifen und sich dann beim Lesen ganz hinnehmen lassen, das war einmal. Jetzt lese ich wie ein Lektor oder wie ein Kritiker: Ich passe auf, wie hier gearbeitet worden ist. Auch Filme sehe ich mir mit dieser ständig gespannten inneren Wachsamkeit an, und der uralte Reklameimperativ «Mach dir ein paar schöne Stunden – geh ins Kino!» hat mich immer zum Lachen gebracht.

Schöne Stunden! Ich muß an den großmäuligen Tiefbauunternehmer aus dem Thermalbad Montegrotto denken, der auf «schöne Stunden» aus war. Weil er als Oberfähnrich mal Kommandant eines Minensuchboots geworden war, erlebte er sich selber in der Erinnerung als Flottenchef und ödete mich im Warmwasserbecken mit immer neuen Marinedöntjes an. Ein Veteran, wie er im Buche steht, ein Widerling von Biersäufer, der sich selber als einen Mann von echtem Schrot und Korn bezeichnete. Und wo es nur anging, verkündete dieser fünfundfünfzigjährige Arrivist ungefragt sein Zukunftsprogramm: «Mir noch ein paar schöne Stunden machen . . .» Was er darunter verstehe, fragte ich ihn schon beim ersten Mal. «Reisen. Was erleben!» war die prompte Antwort.

«Was erleben» hieß aus diesem Mund nur herumvögeln, also die Tradition noch mal aufleben lassen, die unvergessenen herrlichen Nächte in den französischen Puffs. Und reisen: Als ob Reisen ein Vergnügen wäre.

Auf meinem Plan stand die Reise mit einem amerikanischen Atom-U-Boot. Alles war schon geregelt.

Dann erschien mir das Unternehmen aber doch zu riskant.

Schon besser, daß ich mir London erspart habe. Langsam treten. Der Infarkt liegt noch keine vier Monate zurück. Erstaunlich, daß es schon wieder halbwegs geht.

Reisen, um des Reisens willen, das war nie mein Fall. Reisen war immer Arbeit. Aber wie soll ich unter den Nervtötern hier arbeiten?

Als ich aufstehe, um mir ein bißchen Bewegung zu verschaffen, begegne ich dem alten Lebemann vom Typ k.u.k. Baron. Ich sehe ihn nun zum dritten Mal. Er könnte, wie er so über die Decks schnürt, auch ein alt gewordener professioneller Eintänzer sein. An der Bar spielte er den «left-hand»-Causeur. Die Suada troff ihm so leicht von den Lippen, als merke er es schon gar nicht mehr.

Ob er etwa an Bord ist, um sich an eines der zwar überalterten, aber überreichlich mit Schmuck behängten Arizonagirls heranzumachen? Sein suchender Blick könnte dafür sprechen. Wenn er durch die Decks zieht und dabei Gary Coopers High-noon-Gang nachmacht, fehlt nur noch ferner Lokomotivenpfiff, um die Kopie zu perfekter Wirkung zu bringen. Gary Coopers Ausdruck Mir-kann-doch-keiner! trägt er ohnehin wie einen direkten

Abklatsch auf dem verlebten Gesicht. Aber nichts gegen ihn! Durch ihn bekommt die Szenerie an der Bar wenigstens ein bißchen Cachet.

Wie ich im Gang vor der Bar sinnend dasitze und das Whiskyglas viel zu lange an den Lippen halte, erinnere ich mich, daß ich schon einmal auf einem Musikdampfer gefahren bin, ich wollte es mir – merkwürdig genug – nur nicht recht eingestehen. Und es war eine bemerkenswerte Reise: Das Schiff hieß «Mesapia», für mich selber nannte ich es immer nur «Kotzdampfer».

Mit der «Mesapia» fuhr ich von Famagusta nach Venedig, nachdem ich auf Cypern als Purser der «Archsum» abgemustert hatte. Ehe ich auf der «Mesapia» Anschauungsunterricht bezog, hatte ich keine Ahnung, zu welchem Wahnsinnsseegang das Mittelmeer fähig ist, und wie dickfellig sich italienische Schiffsführer zeigen können, wenn sie Rochus auf ihre Reederei oder sonstwelchen Ärger haben. Sie halten einfach trotz Sturm, den sie ja nicht bestellt haben, den Fahrplan ein, und machen sich ein Vergnügen daraus, von den harten, schweren Seen die Aufbauten demolieren zu lassen.

Auch wieviel Kotze manche Menschen in den Kaldaunen haben können, ahnte ich nicht, bis es der ruthenische Priester, der oben unter der Decke in einer Drei-Personen-Kammer mit dreifach übereinanderliegenden Kojen vor sich hinlitt, mir zeigte: Der erste Schwall, der aus ihm herausbrach und haarscharf an mir vorbei auf den Boden pladderte, reichte nur, um den Kabinenboden zu bedekken, und zwar mit jedem Überholen des Schiffes gründlicher. Als das Erbrochene mit dem heftigen Arbeiten des Schiffes schließlich auch in die entferntesten Ecken gelangt war und kein Fleckchen mehr blieb, um den Fuß trocken aufzusetzen, fing der schwergewichtige Mann erst richtig an, seinen gewaltigen Wanst zu entleeren. Von oben kamen noch drei Brockenduschen, und dann schoß mit jedem Überholen das Gekotzte auf dem Boden gegen eine Wand hin und stieg, wenn es an der Wand angekommen war, als träger Geysir hoch. Der Kotzgeysir brach in sich zusammen, die braungraue Brockensoße trieb zur Mitte des Kammerbodens zurück, verhielt hier ein Weilchen und schoß dann plötzlich, weil jetzt das Schiff nach der anderen Seite überholte, auf die gegenüberliegende Wand zu und sprang nun dort senkrecht in die Höhe. – Und die Herren Stewards dachten gar nicht daran, sich sehen zu lassen und mit Feudeln und Eimern gegen die Bescherung anzugehen.

Im Speisesaal war nur mehr ein einziger langer Tisch besetzt. Aber dort ging es so fröhlich zu, daß der ganze Raum widerhallte, als wäre er voller Passagiere. Die Leute, die sich dort zuprosteten und wie die Scheunendrescher fraßen, sahen äußerst verwegen aus – ganz junge und vom Alter gegerbte durcheinander. Von einem der Stewards, die immer neue Platten mit Fleischportionen für die grölende Schar herbeischleppen mußten, erfuhr ich, daß es die Besatzung eines griechischen Dampfers war, die nach London wollte, um ihr Schiff abzuholen, das vom Gerichtsvollzieher an die Kette gelegt, aber nun wieder freigekommen war.

Der Anblick dieser lebensfrohen Bande muß es gewesen sein, der mir so viel Stärke gab, daß ich der Seekrankheit trotzen konnte. Aber fast hätte es mich dann, als ich durch die Gänge marschierte und *überall* Kotzlachen schwimmen sah, doch noch erwischt. So nah, wie auf diesem Schiff, war ich der Seekrankheit noch nie.

Die Sturmseen im Mittelmeer haben es in sich. Sie sind viel kürzer als im Atlantik, die Schiffsbewegungen finden in ihnen keinen Rhythmus. Das Schiff setzt unversehens hart ein, holt gerade dann, wenn man es sich gar nicht versieht, schwer über und gerät in ein verrücktes Torkeln, das die Eingeweide nicht mögen. Auf der «Mesapia» sah es im Salon der ersten Klasse wie nach einem Granateinschlag aus: Die schweren Schwingtüren waren halb aus den Angeln geschlagen, schäumendes Wasser zischte über die Teppiche und schwemmte alles, was nicht niet- und nagelfest war, in die äußersten Ecken zu sperrigen Barrikaden zusammen – Bilder für die Gibsons von den Scillies, denen solche Szenen fehlten, weil sie beim Photographieren immer nur oben auf den Klippen standen.

Zum Schlafen ist es mir noch zu früh. Ich steuere den Lift an, um ins Quarter Deck hinunterzufahren. Ich will die «Queen» in ihrem Queens Room photographieren. Die Büste der echten Queen ist irrwitzigerweise grün angemalt und hat nicht die geringste Ähnlichkeit mit Ihrer Majestät. Sie steht an der Stirnwand in einer Nische und wird von allen Seiten indirekt beleuchtet. Die Brust bietet sich frontal dar, der Kopf aber im Profil. Es sieht aus, als schäme sich die Queen, daß ihr der Unterleib fehlt, oder als wolle sie in ihrem defekten Zustand lieber nicht mit ansehen, was sich hier auf dem Parkett tut. Sie könnte getrost hinschauen: Drei Paare tanzen langsamen Walzer – uralte Amerikaner. Und jetzt gesellen sich noch zwei faltige Mütterchen dazu. Wie sie sich gegenseitig umschlungen und geziert auf Abstand halten, das sieht zugleich rührend, grotesk und auch ein bißchen zum Erschrecken aus. *Luxury with taste.*

Ich finde das Licht zu schwach fürs Photographieren aus der freien Hand und spare lieber den Film. Nach dem Anblick der grünen Queen und der faltigen Mütterchen habe ich frische Luft nötig. Also trolle ich mich im Steuerbord-Seitengang nach achtern zum Deck mit dem «Pool». Nachgerade kenne ich mich in der Geographie des Schiffes aus. Als ich das Schott aufziehe, merke ich noch nicht viel vom Wind, aber kaum bin ich ein paar Meter gegangen, packt er mich an. Jetzt will ich noch mehr Wind haben: Ich finde den Niedergang zum Upperdeck hoch und im Upperdeck den zum Boat Deck, das hier das «Promenadendeck» ist. Unter den Rettungsbooten hin stemme ich mich gegen den Wind nach vorn.

Ich stehe achtern auf dem Bootsdeck und starre, die Hände um eine weißlackierte Relingstraverse geballt, auf die Hecksee. Da kommt mir Heizöldunst aus dem Schornstein in die Nase. Und schon wieder bestürmen mich Erinnerungen: Die schnelle Fahrt, der scharfe Fahrtwind, die Strudelspur der Hecksee – und nun dieser Dunst. Ich muß nur die Augen schließen und stehe auf dem achteren Deck eines Zerstörers, um die brodelnde Hecksee zu photographieren, die das Schiff wie eine gewaltige Schleppe hinter sich herzog.

Das war schon ein verrücktes Gefühl, ganz allein im harten Wind zu stehen und die starken Rollbewegungen des Schiffes in den Kniekehlen auszuwiegen und zu wissen, daß keiner es merken würde, wenn man über Bord ginge.

Für Minuten vergaß ich selber, daß im Schiff und seinen Aufbauten mehr als siebenhundert Leute auf ihren Gefechtsstationen waren: in den Funkschapps, an den Sonargeräten, an den Steuerständen der Maschinen ... Bis ich ein Megaphon quaken hörte – ein Befehl an alle Stationen.

Ich spüre wieder die alte Euphorie: Angst hoch im Hals und erstickter Jubel über die rasende Fahrt. Damals hieß es aufpassen. Die Reling war niedergelegt. Rissen einen die Seen, die über das ganze Deck hinzischten – manchmal so hoch, daß sie sich an der Brücke wie an einem Riff brachen –, die Beine weg, war man gut dran, schnell eines der stramm ausgespannten Strecktaue zu packen.

Auf dem Zerstörer «Karl Galster» bekam ich meine erste Lektion Seekrieg, und zwar tief drin im Bristol-Kanal. Aus dem Aufklärungsvorstoß war plötzlich eine wüste Schießerei auf total wehrlose Fischerboote geworden, die im grellweißen Licht der starken Scheinwerfer unseres Verbandes regungslos wie Zielscheiben auf dem Wasser lagen.

Ich sehe den Kommandanten auf der Brücke stehen im fahlen Schein, der vom Steuerpult ausgeht, den Pelzkragen hochgeschlagen, die weiße Mütze tief ins Gesicht gezogen. Ich kann mich noch heute genau an dieses Gesicht erinnern: Augen klein und scharf, wie eingekerbt in tiefen Höhlen, eine schmal vorspringende Nase, die Unterlippe meist spöttisch und herausfordernd vorgeschoben, oft sogar über die Oberlippe geschilpt.

Ein kalter Hecht war dieser Kommandant, ein Baron, von dem es hieß, er führe auch noch mit halbem Schiff zum Angriff.

Diese nächtliche Abtakelei einer ganzen Fischerflotte war eine üble Sache. Die hölzernen Boote wollten nicht von der Oberfläche verschwinden, obwohl sie von der 3,5-Flak zersiebt wurden. Der Alte explodierte vor Wut.

Ich dachte zuerst nur an die armen Schweine, die irgendwo in den kurzen Seen im kalten Wasser schwammen, zerfetzt, tot oder kurz vorm Ende. Und dann dachte ich: Was für ein Irrsinn, dieses Feuerwerk so dicht unter der Küste. Wenn wir Pech haben, verschlechtert sich das Wetter, und dann können uns die Tommies mit Kreuzern den Rückweg verlegen. Bei schlechtem Wetter sind die schneller als wir. Und außerdem kommt ja immer einer unserer hochgezüchteten Zossen ins Hinken. An hundert Stellen kann etwas zu Bruch gehen.

Aber dieser verrückte Alte ließ es darauf ankommen – wie immer. «Für mich sind das Vorpostenboote!» bellte er. Und dann der Wutausbruch, als die Fischerboote schwimmen blieben.

Als die Scheinwerfer verlöschten, war er im Grunde der Besiegte: Mindestens drei Fischerboote schwammen noch. Für den Verband war es höchste Zeit, sich davonzumachen. Die Hacken zeigen, nannten wir das damals.

«The cruel sea», diese Bezeichnung lernte ich erst später als Titel eines Buches kennen. Jetzt muß ich immer «the cruel sea» denken, wenn mir der Zerstörerraid im Bristol-Kanal in den Sinn kommt.

Das Deck ist naß, es hat geregnet. Wir werden heute nacht mindestens noch Windstärke 7–8 bekommen. Da gibt es sicher morgen im Speisesaal viel Platz an den Tischen.

Später lande ich noch einmal im «Queens Room». Das Orchester spielt in voller Besetzung. Der Haupt-Entertainer ist mitsamt einer in einen Glitzerstraßschlauch eingenähten Blondine an der Arbeit. Es ist nicht mit anzusehen, wie er sich abhampelt. Nicht nur, daß er ins Mikrophon plappert, schluchzt und jodelt, er hopst auch wie ein irrsinnig gewordener Tanzbär, das Kabel hinter sich herschleifend, durch den halben Saal, greift sich ein Saxophon, dann ein Fagott, dann eine winzige Querpfeife, Kuhglocken und Rumbanüsse, hottet wie ein wilder Affe, läßt sein Becken kreisen, verrenkt sich in allen Richtungen – aber die Horde von Abgestumpften in ihren tiefen Sesseln will ums Verrecken nicht reagieren. Auch nicht, als er sich eine Kreissäge aufsetzt und Maurice Chevalier imitiert – und auch nicht, als er eine zweite Kreissäge über die erste setzt.

In Tokyo hatten einmal vom Goethe-Institut (vom Goethe-Institut, wohlgemerkt) angeheuerte bayrische Watschentänzer großen Erfolg. Sie wurden gleichzeitig mit Leberkäse und Bier angeboten. Vielleicht wären auch diese pomadigen Angelsachsen mit Schuhplattlern plus Leberkäse, Bier und scharfem Senf in Schwung zu kriegen? Der Entertainer macht jetzt die irrsten Faxen, er verzieht sein Gesicht wie Kautschuk. Mir tut das meine weh davon. Ich kann Gott nur danken, daß er mir nicht diesen Job zugedacht hat: Possenreißen ohne Echo. Dann lieber doch Bundespräsident. Wenn der ein Scherzchen losläßt, *müssen* die Gäste lachen.

Der k.u.k. Baron hat sich neben mir postiert. Auch er leidet sichtlich. Wenn ich ihn richtig einschätze, ist er mehr dem Amüsement zugetan als ich und hier quasi im Dienst. Aber was hat er bloß jetzt vor? Er schnürt, ohne nach rechts und links zu blicken, über die total leere Tanzfläche hin – er nimmt Richtung zur Chanteuse auf, die in ihrem Glitzergewand fleißig mit dem Entertainer hottet und plärrt und sich auch nicht aus dem Takt bringen läßt, als der k.u.k. Baron jetzt vor ihr einen Kratzfuß (das kann doch nur ein «Kratzfuß» sein) macht. Mir hat es den Atem verschlagen: Dieser Alpenhirsch fordert die Paillettenschlange zum Tanze auf! Sieht er denn nicht, wohin die Dame gehört? Kapiert er nicht, daß sie im Dienst ist – sozusagen? Ist er etwa rammdösig geworden von der sanften Schaukelei? Eine Verzweiflungstat? Eine Fehlschaltung im Hirn?

Mich jammert zu sehen, wie der Baron von der Gogo-Soubrette seine Abfuhr erleidet. Um ihn zu trösten, schleppe ich ihn zur «Midships Bar» ab, die im gleichen Deck liegt.

Da entdecke ich die Indonesierin in einer Gruppe feister Amerikaner, die allesamt Jacken mit den unvermeidlichen Karos tragen. Im gleichen Augenblick sieht sie mich auch, winkt mir zu und kommt mir – im besten Mannequinstil – entgegengeschritten.

Sie möchte gern wissen, was für einem Beruf ich nachgehe. Wie noch jedes Mal, zögere ich mit der Antwort und gerate in Verlegenheit. Schließlich erzähle ich ihr, ich sei Ölbohrspezialist. Die Indonesierin ist es zufrieden und schreitet davon. Wahrscheinlich erzählt sie jetzt den Amerikanern mit den Igelbürsten, was sie herausbekommen hat. Ölbohrspezialist! Diesen Bären habe ich schon mal mit Erfolg einer Gruppe neugieriger Kurgäste in Montegrotto aufgebunden. Meine Schilderung, wie uns ein wertvoller Bohrkopf («Die werden in Amerika hergestellt!») verlorenging, fesselte alle sehr. Auch die Behauptung, ich sei Spediteur, hat man mir schon abgenommen.

Einmal, in London, wollte ein Pubgast wissen, woher ich käme. Und weil ich die Ausfragerei nun mal nicht mag, sagte ich: «Aus Finnland.» Da wurde er tiefsinnig. In der Kälte – da sei ja wohl schwer zu leben. Dann ließ er große Biere kommen und erzählte, er sei früher zur See gefahren und habe mal ein Mädel kennengelernt, eine Stewardeß, Maria mit Namen. Die sei auch aus Finnland gewesen. Ob ich die eventuell kennen würde? Ich konnte mich vage erinnern: «Groß und blond?» – «Exakt! – Maria!» Das wurde ein langer, schöner Abend.

Zu vorgerückter Stunde, als ich gerade mit dem k.u.k. Baron zum Fahrstuhl gehe, sagt ein Steward zu uns: «Good night, folks!» Darauf der Baron: «Folk yourself!»

Auf dem Spannteppich meiner Kabine liegt das neue Tagesprogramm. Der Spalt unter der Kabinentüre ist hier der Briefkastenschlitz.

Die Titelseite des Schwarzweißfolders lautet: *Festival of life for your leisure and pleasure on «QE 2» at sea tuesday 17. April 79.*

Also das Programm für morgen.

Nachmittags um halb fünf gibt es einen Ikebana-Kurs. Den will ich mir nicht entgehen lassen. Später dann Yoga. Auch Yoga will ich sehen.

Der «Cruise Director» gibt bekannt, daß er große Schwierigkeiten mit der Auswahl der Filme habe: *As people's preference in movies varies, greatly especially in these days of extremely frank «adult» pictures that the selection of films is a difficult task.*

Und dann schildert er, welche Mühe er sich immer wieder geben müsse, um *alle* Leute zufriedenzustellen. Da kann man nur gespannt sein, welche Art von Filmen seine Zensur passiert haben.

Heute nacht um vier – so geben die Navigatoren bekannt – werden die Uhren eine Stunde und dreißig Minuten lang gestoppt. Morgen noch einmal um eine Stunde dreißig Minuten. Und dann werden wir wohl weitere Stoppzeiten durch die jeweils neuen Bulletins mitgeteilt bekommen. In Wirklichkeit werden die Uhren sicher nicht gestoppt, sondern auf Zonenzeit zurückgestellt.

Mitternacht. Ich liege in der Koje. Das Riesenschiff ächzt und stöhnt. « . . . stöhnt so hohl, der brauchte wieder mal 'ne Ladung Alkohol . . .!»

Ich lasse Ideen blühen, wie sich das Schiff im Sinne von totalem Entertainment noch besser ausstaffieren ließe: Die grasgrünen Bodenteppiche auf dem Sports-Deck sind schon recht, aber die hohen Fenster aus gewöhnlichem Sicherheitsglas passen leider nicht dazu. Dazu gehörten «stained-glass windows» mit lebensgroßen Darstellungen der edleren Märtyrer. Ich würde das ganze Schiff noch intensiver entrealisieren und den Anblick des öden Meeres, das doch keiner sehen will, aus den Bulleyes gänzlich verschwinden lassen. In die Rundrahmen ließen sich allerliebste transparente Bildchen kleben. In Soho gibt es in Spezialgeschäften Kugelschreiber mit winzigen Gucklöchern inmitten, durch die man allerlei Putziges erspähen kann. Just an solche Attraktionen denke ich hier.

Wenn jetzt ein potenter Reeder käme und auf ein puristisches Konzept setzte, ein *richtiges* Seeschiff baute und Leute suchte, die mit seinem Schiff *richtig* auf See sein wollen, ob der Erfolg hätte? Oder ob der normale Reisende so stumpfsinnig und desinteressiert am Vehikel ist, das ihn transportiert – wie ihn die Luftfahrtmanager zu kennen behaupten – : nur aufs Freßtablett aus, den

Blick eher auf Zeitungsseiten als auf die Wolkenlandschaft draußen gerichtet.

Das Schiff bewegt sich heftig. Durch das Bulleye sehe ich aber, daß die See nicht sonderlich hoch geht. Es muß eine lange Dünung sein, die das Schiff so stark stampfen läßt. Das Ächzen und Stöhnen in meiner Kabine hält einen fast gleichmäßigen Rhythmus.

2400 49 46 N 06 30 W

Der Morgen findet mich so verwirrt – die Nacht war schlecht –, daß ich schon nicht mehr weiß, seit wieviel Tagen ich von zu Hause weg bin.

Ich entschließe mich, noch vor dem Frühstück nach dem Innenschwimmbad zu fahnden. Aber zuerst fahre ich ganz nach oben, um nach dem Wetter zu sehen. Alle Gänge sind verwaist. Das Schott, das vom Gang neben dem Theater nach draußen führt, ist schwer zu öffnen, der Wind drückt von außen drauf. Ich muß meine ganze Kraft aufbieten, um es aufzuwuchten. Es ist grau und neblig. Die Sicht: nicht mehr als zweihundert Meter. Das Meer: tief stahlblau.

Wenn ich mich jetzt nach links wende, komme ich direkt unter die Brücke. Ein Warnschild hängt am Niedergang: «Danger! High Winds!» – Hohe Winde? Jaja. Mich werden sie schon nicht über die Kante wedeln.

Kein Mensch unterwegs. Jetzt komme ich kaum noch gegen den Wind voran. Ich muß mich bis zur äußersten Schräglage in den Wind stemmen, um ganz nach vorn zu gelangen. Dann kann ich mich endlich, das Schanzkleid fest gepackt, aus zusammengekniffenen Augen umsehen: Die Dünung ist sehr lang. Vor dem Mast dreht die Radarantenne fleißig. Jedes Mal, wenn der Bug einsetzt, schäumt die Bugsee breit und prächtig auf. Immer wieder, in einem vorbestimmten Rhythmus, entfaltet das Riesenschiff seine Flügel aus Schaum.

Ich fahre tief ins Schiff hinab zum Seven Deck, wo das Schwimmbad liegen muß. Auf den Plänen existiert von diesem ganzen schiffslangen Deck nichts als der «inside pool», mein Ziel. Als ich mich in einer Kabine neben dem Schwimmbecken ausgezogen habe, erscheint der Bademeister und erklärt mir mürrisch, das Wasser sei nicht benutzbar.

«Warum?»

«Nur zehn Grad warm.»

«Da würde ich eher zehn Grad kalt sagen», entgegne ich und frage noch: «Warum denn so kalt?»

«Eben erst eingelassen, gestern war es schmutzig.»

Die Frage, warum es nicht schon früher eingelassen worden ist, gestern abend zum Beispiel, verkneife ich mir. Ich mache Fortschritte. Ich nehme britische Erziehung an: nicht fragen – hinnehmen. Nur im stillen schimpfe ich auf die Prospektdichter und ihre Hymnen auf die diversen «swimming pools».

Ich überschlage, wo wir um diese Zeit ungefähr sein könnten. Wir werden jetzt etwa 12 Grad westlicher Länge erreicht haben. Über die Jagdgründe der Zerstörer, mit denen ich von Brest auslief, sind wir also schon hinaus. Das Wetter war meist wie jetzt: dunstiggrau, Seegang drei bis vier. Um diese Zeit standen die Zerstörer, die vom nächtlichen Raid zurückkommenden Boote, meist schon wieder kurz vor Nanni 1, der Ansteuerungsboje zum Stützpunkt.

Herr Bleischrott gewinnt aus dem Nebel der Erinnerung Gestalt: Auch er einer von den ewigen Marinern, aber immerhin einer mit Halsorden, den er sich, wie er sich ausdrückte, «mühselig zusammengeschossen» hatte. Er hieß ein bißchen anders, aber weil er mit Schrotthandel sein Geld machte, verballhornten wir seinen Namen zu Bleischrott.

Herr Bleischrott gebärdete sich wie ein Konspirativer, wenn er zu mir kam.

Die alten Kameraden sollten davon nichts erfahren, weil ich bei ihnen ja als Nestbeschmutzer galt. Andererseits wollte er als moderner und damit vorurteilsloser Vertreter seiner Spezies erscheinen und deshalb auch mit so einem wie mir Kontakt haben.

Zu dieser zwittrigen Haltung hatte er sich erst entschlossen, nachdem wir eine böse Ramming gehabt hatten: Die Szene war ein Münchner Klub ältlicher Literaturfreunde und -freundinnen, der sich «Tukankreis» nennt und mich zu der einzigen «Lesung», die ich je absolviert habe, in die damals noch existente Nobelherberge «Regina» eingeladen hatte. In dem Saal, in dem mein Lesepult aufgebaut war, hingen schon bunte Girlanden für die anstehenden Faschingsbälle von der Decke, und das Auditorium saß nicht in Stuhlreihen, sondern um blümchengeschmückte Kaffeetafeln. Weil ich das nicht erwartet hatte, war ich beim ersten Anblick schon so irritiert und aufgebracht, daß ich das vom Verlag mit Anstreichungen unverfänglicher Schilderungen der Sturmsee präparierte Leseexemplar beiseite ließ und mir selber eine Art Kontrastprogramm zu dem Firlefanzbild im Saal in aller Eile zusammenblätterte.

Für die Kaffeetanten im Saal war das, ich merkte es deutlich, starker Tobak, und in der äußersten Ecke des Saals, wohin der von der Faschingsdekoration abgeblendete Kronleuchterschein nicht mehr reichte, hörte ich andauerndes Rumoren.

Als ich geendet hatte, erhob sich da hinten sogleich einer aus einer Männerrunde, die ich, von der eigenen Leselampe geblendet, nur schemenhaft wahrzunehmen vermochte, und begann mich heftig zu attackieren: kein Wort wahr, keine Rede davon, daß an Bord zotige Redeweisen geherrscht hätten – lauter brave, wohlerzogene Jungs – den Schild reinhalten und unbefleckt – nichts gegen realistische Schilderung, aber bitte keine Nestbeschmutzung . . .

Die alte Leier, diesmal bei gegrummeltem Beifall aus der Männerrunde. Da erkannte ich die Stimme: Bleischrott! Der alte Bleischrott mit dem Eichenlaub! Hier säßen drei Ritterkreuzträger, die könnten bezeugen, wie sauber und anständig – so ging es weiter.

Der Saubermann Bleischrott! Als er endlich außer Puste und Atem war, fragte ich ihn erst mal, warum um alles in der Welt dann bei des Großdeutschen Reiches Kriegsmarine vom Thema Nummer eins die Rede war, was doch wohl jede Art von Sauerei, die hanebüchenste inbegriffen, meinte? Und weil da der gute Bleischrott ins Stottern kam, fragte ich gleich weiter, ob er nicht bitte den üblichen Weckruf der Marine, also den, der mit «Reiße, reiße – aufstehen!» endete, rezitieren wollte – er, der als alter Fahrensmann diesen doch wohl durch und durch obszönen Weckruf selber sicherlich viele hundert Male ausgesungen hätte, ehe er die goldenen Kolbenringe an den Jackettärmeln und den Halsorden errungen hatte.

Und da paßte unser lieber Bleischrott, und die anderen aus der Runde blieben auch fein still, und als das lange Schweigen gar zu peinlich wurde, schlug ich von meiner Podiumshöhe herab mit gleißnerisch milder Stimme vor, doch lieber in der Bar direkt unter dem Saal einen zu heben.

Zum bassen Staunen der Literaturbeflissenen erhob sich die Tischrunde wie ein Mann, und ab ging es durch die Mitte – mein Verleger und sein Troß hinter den Veteranen her.

Ein Abgang, wie er auch nach vielen Proben nicht besser vonstatten gegangen wäre.

Der gute Bleischrott, der sich wegen seiner mißglückten Pflichtübung deutlich schämte, brauchte nur drei Fläschchen Bier als Zungenlöser, um allen am langen Tisch klarzumachen, daß er in jenen Zeiten bei Gott kein Kind von Traurigkeit gewesen sei, mein Verleger bekam rote Ohren davon, und meinem Lektor stand vor Staunen der Mund offen: Er hatte errinnerungsselige Veteranen unter sich noch nie erlebt, wie er mir später eingestand. Eine Offenbarung! Nur gut, daß ich mich nicht an seinen Wunsch, nur die harmlosen, mit Bleistift angestrichenen Stellen vorzulesen, gehalten hatte.

Bei Licht besehen bin ich nicht zuletzt durch eine Art Trotzreaktion auf dieses Schiff getrieben worden: Ich wollte nicht länger nur mit U-Booten zu tun haben, nicht zum U-Boot-Historiker werden – und so lockte es mich, über den letzten Luxusliner und die Geschichte der Transatlantikfahrt zu schreiben.

Ich hatte es weidlich satt, daß selbst aus totalitären

Staaten Leute zu mir gereist kamen, in der Absicht, meine Meinung über gewisse Fragen des U-Boot-Kriegs zu erfahren. Kaum zu glauben, wie viele dilettierende Marinehistoriker – und zwar solche reinsten Wassers – über die ganze Welt verstreut sind. Lästige Briefe kann man in einen großen Karton werfen und lagern lassen, aber was tut man, wenn plötzlich ein wildfremder Mann aus Warschau oder aus Budapest vor der Tür steht und sich als U-Boot-Fanatiker vorstellt?

Höchste Zeit, sagte ich mir, sich auch mal um die zivile Seefahrt zu kümmern. Zwar hatte ich vor wenigen Monaten erst eine lange Reise auf der «Otto Hahn» gemacht, aber dieser Seetörn von Rotterdam nach Durban hatte besondere Aspekte. Das war keine normale Seereise, eher schon ein Abenteuer mit futuristischer Technik.

Die «Otto Hahn» erscheint mir jetzt als ein Schiff, für das die Zeit noch nicht reif ist. Mit der «Otto Hahn» sind die Techniker, trotz des biederen Äußeren, das sie zeigt, zu weit vorgeprellt. Die «QE 2» aber hinkt der Entwicklung hinterher. Zwei Extreme: ein Schiff von morgen und eins von gestern. Beide sind, so scheint es mir, heute nicht lebensfähig: noch nicht beziehungsweise nicht mehr.

Auf dem Boden meiner Kabine liegen schon wieder Papiere: zwei Prospekte und der neue «QE 2-EXPRESS».

Ich erfahre, daß Samuel Cunard, Kaufmann und Schiffseigentümer in Halifax, von der britischen Admiralität einen Kontrakt für Postbeförderung durch Dampfschiffe bekam und seinen Atlantikliner-Dienst 1840 mit der «Britannia» begann, einem kleinen hölzernen Schiff, das nur 115 Passagiere befördern konnte. Die Jungfernreise über den Atlantik dauerte 14 Tage. Gegen die fünf Tage, die wir jetzt für die Überquerung brauchen, will mir das nicht einmal lang erscheinen: 14 zu 5 – kein imposanter Fortschritt.

Am 17. Januar 1980, so erfahre ich auch, wird die «QE 2» auf große Weltreise gehen. In nur 80 Tagen soll sie 26 Häfen anlaufen, dabei 30 000 Meilen zurücklegen. Eine Reise der Superlative: *Four continents, three oceans, four seas.* Was mag nur mit «seas» im Unterschied zu «oceans» gemeint sein?

Dabei fällt mir ein, wie ich im Zug an einem Allgäuer See entlangfuhr – mir gegenüber ein Schwarzer in amerikanischer Sergeantenuniform, neben ihm ein jüdischer Deutschamerikaner, den seine Kofferanhänger als in Zürich gelandet auswiesen. Dieser Mann versuchte, dem schwarzen Riesen Deutsch beizubringen, und zwar mit heftigen Handbewegungen: «This is a lake – not a sea. Ä Meer is ä sea – aber ä See is ä lake.»

Das erste Mal, lese ich weiter, wird das Schiff auf einer Reise durch die beiden Kanäle, Panama und Suez, fahren. Ein historisches Ereignis – und zwar eines von genau der gleichen Schlagkraft wie der Besuch Yokohamas 1975, als sich zwei Millionen Menschen am Hafen gedrängelt haben sollen, um den «Superliner» zu sehen.

Flüge zum Schiff, gleich von woher, sind gratis – unter der Bedingung, daß man mindestens sechzig Tage an Bord bleibt. Diese Konditionaleinschränkung erfährt man freilich nur, wenn man, wie ich es tue, sehr genau liest und sich nicht nur an die fett gedruckten Zeilen hält.

Den Prospektdichter der Cunard würde ich gern kennenlernen: ein um keine noch so pastose Formulierung verlegener Mann.

Aus dem Bordblättchen erfahre ich auch, daß ein Erdbeben in Jugoslawien 230 Tote gefordert hat. Dieses Erdbeben habe ich in Feldafing, unmittelbar vor meiner Abreise, *gesehen,* durch schieren Zufall: Frühmorgens im Bett liegend starrte ich gegen die Decke und beobachtete nach einiger Zeit, daß die Lampe über mir leicht pendelte. Ich sah genau hin: kein Zweifel, die Lampe bewegte sich. Kein Flugzeug in der Luft, kein Zug, kein Lastauto draußen. Totenstille. Da war mir klar: Erdbeben!

Um 11 Uhr ist laut Tagesprogramm *open house.*

Ich kann, wenn ich will, Judie Abbott, meine *social directress* treffen und *more about the «QE 2»* erfahren. Dazu müßte ich mich in der «Theatre Bar» einfinden. Zur gleichen Zeit kann ich auch «meinen» Golftrainer Mark Porter treffen oder an einer Schwimmstunde für Anfänger teilnehmen ... (Vorausgesetzt, daß der Herr Bademeister die Schwimmstunde nicht sabotiert.) Ich entschließe mich, lieber gleich jetzt und ganz allein *around the deck* zu streunen.

Der Wind hat die Deckstühle durcheinandergeschleudert. Auf den Netzen über dem Schwimmbecken liegen ein paar davon wie verunglückte Luftakrobaten herum. Im Windschatten sitzt ein einsamer Unverdrossener in dicker Windjacke mit hochgeschlagenem Kragen, den Schirm seiner karierten Mütze tief im Gesicht und liest in einem Taschenbuch – sicher ein Engländer, ein Mann vom Schlage Walter Scotts.

Vom untersten Deck, dem Quarter Deck, sehe ich, daß die See sehr hoch geht. Über der Altdünung ist sie bis zu Seegang 7 aufgewühlt. Eine vertrackte See, die das Auge täuscht. Mit einem Fischkutter möchte ich nicht gegen diese See anstampfen müssen. Der Wind kommt stracks von vorn. Da der Winddruck sich mit der Schiffsgeschwindigkeit addiert, muß ich nicht nach vorn gehen, um zu erfahren, daß ich die Schotts gegen den Wind gar nicht aufbekäme. Im Laufe des Tages werden wohl noch einige Passagiere «Würfelhusten» bekommen, wie wir früher die große Kotzerei zu bezeichnen pflegten.

Gleich ist es acht Uhr. Ich möchte gern einen Tee: was Warmes in die Kaldaunen. Mehr als einen Tee verlange ich nicht zum Frühstück ...

Die Leute, die im Gang neben dem Double Down-Room in den bordeauxroten Sesseln liegen und jetzt, am frühen Morgen, schon wieder vor sich hin gähnen, sind nicht der rechte Anblick, um einen morgenheiter zu stimmen. *Die* sollte der unermüdliche Gymnastiklehrer Mr. Eric Mason mal hochscheuchen. Ihre aufgerissenen Mäuler machen mir nun doch Hunger: Ich werde mir auch Spiegeleier bestellen, aber nur auf einem Stück Toast, ganz ohne Butter.

Am Frühstückstisch bin ich – Gott sei Dank – allein. An den übrigen Tischen nur ein paar Leute, anscheinend pennen hier fast alle «bis in die Puppen».

Graues Wetter. Die Deckstühle werden zusammengeklappt bleiben.

Nach dem Frühstück bummle ich durchs Schiff: Auf einem Tisch im Gang liegen, in kleinen Häufchen zusammengeschoben, die Bestandteile eines Riesenpuzzles. Richtig aneinandergesetzt sollen sie das Schloß Linderhof ergeben.

An einer Wandtafel ist ein Totalisator aufgemalt: «Totalisator on the ship's run». Wer einen Dollar setzt, darf mitraten, wie viele Meilen das Schiff innerhalb 24 Stunden zurückgelegt hat.

Wer dem tatsächlichen Ergebnis am nächsten kommt, erhält die ganze Kasse. Es gibt sie also doch noch, die einstmals «Pool» genannte Herrenwette, nur mit dem Unterschied, daß sich jetzt Damen beteiligen dürfen und keine Stoker mehr vor den Kesseln schuften, die man mit geschmuggelten Geldscheinen bestechen könnte.

Ich beobachte ein paar Unentwegte beim Shuffle-Board auf dem Upper Deck.

Ihr Treiben sieht eher nach verbissener Pflichtableistung als nach Amüsement aus.

In meiner Jugendzeit sind wir – Atelierkollegen der Kunstakademie –, wenn wir mit den Dampfern der Sächsisch-Böhmischen Dampfschiffahrtsgesellschaft auf der Elbe unterwegs waren, auf lustigere Bordspiele verfallen. Schinkenklopfen zum Beispiel, und zwar mit allen jungen Mädchen an Bord, vom Schreckenstein über Pillnitz bis zur Schiffslände direkt unterhalb der Brühlschen Terrasse . . .

Im «Columbia Restaurant» ergattere ich eine neue «confidential list» mit den Namen besonders wohlhabender oder renommierter Passagiere. Eine Dame L. Schweitzer wird da als «prominent theatre owner and producer» gerühmt. Die Dame Lois Higgins als «President of the International Academy of Criminology». Ob sich etwa hinter dieser opulenten Berufsbezeichnung die Pyjama-Lady mit dem Wackelkopf aus der «Midships Bar» verbirgt?

Weil es mir an Gesprächspartnern mangelt, setze ich

meinen Fuß zum ersten Mal in die Bibliothek: Risse von Schiffen unter Glas an den Wänden, zwischen vollgestopften Regalen bequeme Sessel, breite solide Tische, Leselampen mit grünen Schirmen. Hier kann ich mich in aller Ruhe über Schiffe und die Frühzeit der Passagierfahrt zwischen Europa und Amerika belesen. In den Regalen stehen all die Bücher, die ich mir längst habe kaufen wollen, aber dann doch nicht anschaffte; nicht etwa aus Sparsamkeit, sondern aus Zeitnot. Ich hatte Angst, nicht die Zeit zu finden, sie auch zu lesen. Jetzt werde ich dazu Zeit haben.

Meine eigene Kindheit war noch Schnelldampfer-Zeit. Ich erinnere mich deutlich an die Plakate mit den «Windhunden des Meeres», die an den Wänden der Gasthäuser prangten, an die weiß schäumenden Bugseen und die ranken, schnittigen Schiffe, mit der Reihe ihrer vier Schornsteine. Der Bremer «Norddeutsche Lloyd» zeigte seine stolzen Atlantikliner vor und die «Hapag» die ihren. Die Konkurrenz der beiden Hansestädte war voll entfacht.

Die Gigantomanie feierte fröhliche Urständ. Die Schiffe wurden immer größer. Die Schiffsmannschaft des Schnelldampfers «Kaiser Wilhelm II.» war schon 600 Köpfe stark. (Man zählte immer nach Köpfen, weil es um männliches *und* weibliches Personal ging.)

Gegen den Vorsprung der Bremer bot Ballin die «Amerika» auf. Statt des Zwischendecks gab es jetzt die Dritter-Klasse-Kammern für jeweils sechs Passagiere. Zum ersten Mal wurden auch Fahrstühle in ein Schiff eingebaut; üppige Wintergärten wurden angelegt, die das Schiff mit wahren Blumenkaskaden versorgten.

Die Einrichtungen der Schiffe in den Decks für die begüterten Passagiere wurden immer luxuriöser. Der 50000 Tonnen große Hapag-Dreischornsteindampfer «Imperator» trug statt einer Galionsfigur einen gekrönten Adler als Bugzier. Der hielt in seinen scharfen Krallen einen Globus und die Textbanderole darunter: «Mein Feld ist die Welt». Majestät hatte den Dampfer höchstselbst getauft. Er hatte ein Jagdzimmer im Landhausstil mit riesenhaftem offenen Kamin, ein mächtiges Hirschgeweih darüber und Fachwerk mit Klinkern an den Wänden. Das Schwimmbad war im pompejanischen Stil gehalten. Auf elektrischen Trimm-dich-Pferden konnten die Passagiere versuchen, den Fettansatz als Folge der Tafeleien im «Ritz-Carlton-Restaurant» abzugaloppieren.

Die Passagiere mästen und sie unterhalten, das war seit der Hoch-Zeit der Passagierschiffahrt vor dem Ersten Weltkrieg die Absicht der Reedereien. Damit wollten sie die Passagiere die von den Elementen drohenden Gefahren ebenso vergessen lassen wie heute, weitaus weniger kostspielig, die Luftlinien ihre «Fluggäste» mit lächerlichen Eßtabletts und der Vorführung abgestandener Filme.

Nach der «Lusitania» und der «Mauretania», die für Cunard gebaut waren, ließ die Liverpooler Reederei «White Star Line» drei Riesenschiffe auf einmal planen, 1911 die «Olympic», im Jahr darauf die «Titanic», im letzten Jahr vor dem Krieg die «Gigantic», ein jedes mit über 45 000 BRT und von Schiff zu Schiff ansteigend. Erfolgreich war nur die «Olympic». Als sie 1935 verschrottet wurde, hatte sie den Atlantik 500mal überquert.

Die Gigantomanie setzte sich auch in Deutschland fort: Die «Vaterland», bei Blohm und Voß auf Helligen, sollte um noch 5000 BRT größer werden als die «Imperator», die «Bismarck» um 6500. Und der stolzen Schiffe Schicksal: Die «Vaterland» wurde bei Ausbruch des Weltkriegs in New York interniert, fuhr dann unter dem Namen «Leviathan» als Truppentransporter und nach dem Krieg als Passagierschiff für die «United States Line». Die «Bismarck», deren Bau durch den Krieg verzögert wurde, geriet unter englische Flagge und war lange Zeit als «Majestic» das größte Schiff der Welt.

Berühmt waren die Küchen der Schiffe. Auguste Escoffier gab in den Schiffsküchen – man möchte sie nicht gern Kombüsen nennen – den Ton an. Diese Symbolgestalt französischer Kochkunst und der Schiffsküchenüppigkeit schlechthin muß zu einer Art kulinarischem Landesverräter geworden sein, als er für die Hapag zu arbeiten begann. Aber er tat es auf so raffinierte Weise, daß es ihm seine Landsleute kaum ankreiden konnten: Er folgte dem Wunsch des Hapag-Chefs Ballin und bildete das Küchenpersonal für die deutschen Schiffe aus.

Ballins Idee war es, den gut zahlenden Passagieren lieber das Beste vom Besten zu bieten anstatt verrückte Geschwindigkeiten herauszufahren. Sein Schiff sollte nur 18 Knoten laufen, dafür aber ein schwimmendes Ritz-Carlton werden. Und er hatte Erfolg: Bei solchem Luxus ließen es sich die Passagiere gern einen Tag länger gutgehen als auf den konkurrierenden Schnelldampfern, welche die Rennstrecke zwischen Bishops Rock und Sandy Hook in fünf Tagen und sechzehn Stunden zurücklegten.

Der Name Ballin taucht in der großen Ära der Transatlantikfahrt immer wieder auf. Offenbar ein höchst interessanter Mann, ein früher Repräsentant moderner Wirtschaft, der schon damals erst das Produkt – in seinem Fall die Schiffahrtslinie – schuf und dann den Bedarf weckte, indem er gewissermaßen Auswanderer produzierte. Seine Agenten müssen über das ganze Land bis in die entlegensten Gebirgsdörfer ausgeschwärmt sein und den mit ihrem Los Unzufriedenen die Vereinigten Staaten so intensiv als den Garten Eden geschildert haben, bis sie reif waren, mit der ganzen Familie und ihrer geringen Habe aufzubrechen. Dieser Zubringerdienst zu den Schiffen muß so gut organisiert gewesen sein wie in der zweiten Nachkriegszeit die Mitgliederwerbung für Buchclubs.

An diesen armen Auswanderern, die ihre letzten Pfennige für die Passage zusammenkratzten, um ihr Leben noch einmal zu beginnen, verdiente die Reederei weitaus mehr als mit den Passagieren der Ersten Klasse.

Die Karriere des großen Hapag-Generaldirektors Ballin, der gern mit Kaiser Wilhelm II. auftrat, ist kurios verschlungen: Zuerst hatte sich dieser frühe Supermanager nämlich als *Konkurrent* der Hapag einen Namen gemacht.

Für die Schiffahrt war damals Goldgräberzeit – der Atlantik eine Art Wilder Westen. Hier wie dort richtete sich das Streben der Pioniere aber bald darauf, zu einem besseren Ruf zu kommen. In die Elendsquartiere im Zwischendeck, in der Frühzeit der Transatlantikfahrt oft von Seuchen heimgesucht, kamen jetzt Licht und Luft, aber bis das Zwischendeck durch Kabinen dritter Klasse ersetzt wurde, verging noch viel Zeit.

Albert Ballin ist ein wahrhaft flexibler Unternehmer gewesen. Auch die Idee, auf die heute *alle* Reeder verfallen, Schiffe als Kreuzfahrtdampfer einzusetzen, stammt von ihm. Als er nicht mehr recht wußte, wie er den Vierschornsteiner «Deutschland», das Flaggschiff der Hapag, das 1900 das «Blaue Band» für die Hapag eingefahren hatte, einsetzen sollte, ließ er ihn 1910 umbauen.

Das Schiff, das auf einer Atlantiküberquerung für seine 16 Kessel 3000 Tonnen Kohle verbrauchte, wurde «Schüttelfrost-Dampfer» genannt, weil es durch die Maschinenleistung der stolzen 38 000 PS zu sehr vibrierte. Schon damals stellte sich heraus, daß diese Jagden ein Übermaß an Brennstoff verschlangen, die hohen Anforderungen an die Maschine die Reise ungemütlich machten und einen zu starken Verschleiß zur Folge hatten. Über und über weiß gepönt, wurde die «Deutschland» zur «Victoria Luise»; die Maschinenleistung wurde auf weniger als die Hälfte und die Passagierzahl auf ein Viertel, also knapp 500, reduziert. Der Schnelldampfer wurde zum Luxusschiff für Kreuzfahrten und beförderte eine schwerreiche «klassenlose» Gesellschaft – es gab nur noch «Erster».

Bis in die Mitte der zwanziger Jahre hat das Schiff gedient, wenn auch nicht mehr im alten Glanz. Die Alliierten hatten es bei Weltkriegsende als Beute verschmäht.

Zwei Faktoren machten dem Triumphlauf der Schiffe – dem Immer-Schneller, Immer-Größer! – ein Ende, längst ehe die großen Flugzeuge am Himmel erschienen: Der Ausbruch des Ersten Weltkriegs und das amerikanische «Drei-Prozent-Gesetz», das 1921 vom amerikanischen Kongreß verabschiedet wurde. Es bestimmte, daß pro Jahr nur mehr drei Prozent der Quote des Jahres 1903 einwandern durften, und zwar jeweils auf ein Land bezogen – also nur drei Prozent Deutsche, drei Prozent Polen . . .

Die Passagierzahlen sackten nur so zusammen.

Nach dem Weltkrieg wurde aus der «Imperator» die «Berengeria». Die Wirtschaftskrise nach dem Börsenkrach vom schwarzen Freitag von 1929 überlebte das Schiff nicht. Wie die «Mauretania», die «Olympic» und die «Majestic» wurde sie verschrottet.

Erst 1938 lief wieder ein Großschiff vom Stapel, der große Schnelldampfer «Queen Mary» mit fast 80 000 BRT – und zwar auf der Werft von John Brown am Clyde.

Auch die Franzosen hatte der Ehrgeiz gestochen. Ihr Dreischornsteindampfer «Normandie» sollte bald mit der «Queen Mary» und der «Queen Elizabeth», die 1940 vom Stapel lief, zu den drei größten Passagierschiffen gehören, die je gebaut wurden.

In St. Nazaire mußte die Werft Penhoët für diesen riesigen Neubau neue Werftanlagen errichten, vor allem mußte eine neue riesige Schleuse – die Normandieschleuse – gebaut werden. Mit knapp 30 Knoten holte sich die «Normandie» das «Blaue Band» von der italienischen «Rex», verlor es 1936 an die «Queen Mary» und gewann es im nächsten Jahr zurück, indem sie sich selber übertraf und die Rennstrecke mit fast 32 Knoten fuhr. Ihre Besatzung war 1300 Köpfe stark – viel Leute für 2000 Passagiere.

Die Normandieschleuse bildete während des Zweiten Weltkriegs für die deutsche Kriegsmarine das größte verfügbare Trockendock. Diese Schleuse habe ich oft genug abgeschritten.

St. Nazaire war mein Einsatzhafen.

Wie ich mich im Quarter Deck im Gang an Steuerbordseite nach vorn wende, sehe ich den alten Mann mit dem Hitlerbärtchen wieder, einsam und nahe den großen Fenstern im Halbdunkel einer Ecke sitzend, seinen alten Hut wie immer auf dem Kopf: ein Italiener, und zwar einer aus dem tiefsten Süden. Der Oberkellner soll ihn schon aufgefordert haben, beim Essen den Hut abzunehmen. Darüber empörte sich ein Zahnarzt aus Frankfurt samt seinem Ehegespons noch heftig, als er es mir erzählte: Zu gleicher Zeit habe eine Amerikanerin mit Lockenwicklern am Kopf unbeanstandet den Speisesaal betreten dürfen.

Der alte Italiener will, so habe ich es von ihm erfahren, seine Enkel in Amerika besuchen. Er fährt mit dem Schiff, weil er vorm Fliegen Angst hat. Jedes Mal, wenn ich ihn in seinem schon angestammten Sessel so allein dahocken sehe, halte ich an und radebreche ein paar Minuten italienisch. Das hat mir schon etwas wie Freundschaft eingebracht: Immer, wenn der alte Mann mich von weitem sieht, ob ich von vorn oder von achtern komme, winkt er mir zu.

«Come sta?» frage ich ihn jetzt.

«Bene, bene!» sagt der Alte und strahlt dabei.

«Buon divertimento», sage ich und «grazie tante!» erwidert der alte Mann.

Ich werfe noch einen Blick ins Casino. Wie sieht so ein Sündenbabel am frühen Morgen aus? Als ich die Front der slotmachines abnehme, die blinkend wie in Wehr und Waffen und präzise ausgerichtet in einer Reihe an der Wand stehen, komme ich mir vor wie ein Truppenhäuptling, der die Front seiner zum Morgenappell angetretenen Soldaten abschreitet.

An das Casino schließt sich ein langer rechteckiger Raum an mit einer Art Kassenhäuschen an der Außenwand und langen Reihen mit Hunderten glänzender Buntphotos zwischen weißen Leisten an der Innenwand: der Schauraum des Bordphotographen. Schon mache ich weiter mit Frontabschreiten: Jetzt geht es an unmäßig dicken, überständigen Blondinen und weißhaarigen Klappergreisinnen mit blitzlichtbleichen keep-smiling-Visagen und ihren meist verstört ins Objektiv starrenden Versorgern vorbei, auch an einer Schar fideler Schwestern mit bunten Mützen und mächtigen Busen. Ein Kegelklub?

Wie es sich für einen richtigen Truppenführer gehört, bleibe ich hier und da stehen und fasse eine Figur schärfer in den Blick: Die Indonesierin zum Beispiel, der Jessy den Hof macht: tatsächlich von beachtlicher Figur, überall fest im Fleisch, gute Zähne. Ihr Lächeln wirkt freilich zu gelackt, aber so grinst man nun mal für den Photographen. Die Indonesierin behauptet von sich, sie habe ein Reisebüro in Chicago – ein kleines nur, aber immerhin! «Reise und Verkehr?» fragte Jessy ostentativ belustigt nach.

Da entdecke ich mich selber und staune: verblödet dreinschauend wie der Ochs vorm neuen Tor, über mir die Stars and Stripes, neben mir den Union Jack und eine rotweiß gepönte Boje der «QE 2», den Rollstock mit Kleidersack und Kameratasche in der rechten Hand und mit der linken ein Stoppzeichen machend. Also hat mich der Bordphotograph, dem ich die Kosten gern ersparen wollte, doch erwischt. Schade: Jetzt kann er sich sein Farbbild an den Hut stecken.

Auch in den Liegestühlen im Seitengang zur «Midships Bar» liegen Passagiere herum wie Verwundete in einem Feldlazarett. Es ist mir unfaßlich, daß sie nicht wenigstens ein Buch in der Hand haben. Ihr Lesebedürfnis scheint sich auf die Speisekarten zu beschränken, vor denen sich täglich Trauben von Neugierigen bilden. Jedes Mal fühle ich mich an historische Photos von Leuten beim Lesen der Kriegserklärung erinnert. Die Suggestivkraft des Gedruckten! Auch ein Thema für Verhaltensforscher.

Es ist wie mit den Sonntagsspaziergängern, die am heimischen Seeufer, wenn sie das Platanenrondell erreicht haben, nicht etwa den Blick auf die Roseninsel genießen, sondern wie von einem Magneten gezogen auf ein am Ufer stehendes Schild zustreben und mit großer Konzentration durch eine Glasscheibe hindurch einen gedruckten Text lesen. Dabei erfahren sie nur, daß zu einer bestimmten Zeit des Jahres ein Boot zur Insel hinüberfährt, ebensogut aber könnten Inserate eines neuen Supermarkts oder der drei Feldafinger Bankfilialen unter der Glasscheibe stecken: Alle die hierher kommen, aber auch alle, würden sie lesen, ja sorgfältig studieren. Den ganzen Winter hindurch haben wir, just wie Verhaltensforscher, die Leute auf das neu aufgestellte Schild zustreben sehen und manchmal auch zugehört, wie sie den für den simplen Tatbestand äußerst weitschweifigen Text laut verkündeten.

Auch hier findet sich immer jemand, der die neu ausgehängte Speisekarte laut vorliest.

Allmählich wird es Zeit, den Presseoffizier des Schiffes, Mr. Taylor, an der «Theatre Bar» zu treffen. Dazu brauche ich zum Glück nur nach Steuerbord hinüberzuwechseln.

Mr. Taylor entpuppt sich als junger und recht unbedarfter Navigationsoffizier, der den Job als Public-Relations-Fritze, wie er gleich bekennt, freiwillig, wohl aus einer Art Gier nach Kontakten, übernommen hat. Mr. Taylor gibt mir zu verstehen, daß ich bei *dieser* Fahrt einen falschen Eindruck vom Schiff gewinnen müßte. Er schwärmt von den Weltreisen der «QE 2»: Dann erst würde das Schiff richtig «swingen».

Ich will Mr. Taylor nicht sagen, daß für mich eine Weltreise auf einem «swinging boat» eine Schreckensvision ist. Ich mache es milder und informiere ihn über meine Meinung, daß man bei einer solchen Weltreise fremde Länder kennenlernen könne – etwa wie wilde Tiere im Zoo. Die Käfige seien ja immerhin echt.

Mr. Taylor bekommt ein geschmerztes Gesicht. Aber dann legt er sich ins Zeug und haspelt heraus, was er sich offenbar selber eingetrichtert hat: «Das Schiff hat siebenundsechzigtausendeinhundertundvierzig Bruttoregistertonnen. Es schafft mit seinen zwei sechsflügeligen Schrauben zweiunddreißigkommasechsundvierzig Knoten. Seine normale service speed ist achtundzwanzigkommafünf Knoten. Es ist zwohundertunddreiundneunzig Meter lang, zwounddreißig Meter breit . . .»

Ich falle Mr. Taylor ins Wort und mache im gleichen Tonfall weiter:

«Mit fünfundzwanzigmillionenvierhundertsiebenundzwanzigtausend Pfund hatte die Bauwerft das billigste Angebot unter dreien gemacht. Die Baunummer war siebenhundertsechsunddreißig. Das Schiff hat nur drei Kessel, sehr wenig im Vergleich zur ‹Queen Mary› mit stolzen vierundzwanzig und zur alten ‹Queen› mit immerhin zwölf. Die drei Getriebeturbinen des Schiffes entwickeln einhundertzehntausend Pe Es. Gesamtzahl der Decks dreizehn, Passagierfahrstühle vierundzwanzig ...»

Herr Taylor bestaunt mich wie einen Artisten, der eben einen unvergleichlichen Trick gezeigt hat. Allgemeines Wissensgut, sage ich zu ihm, müsse er mir, wie er sicher eben bemerkt hätte, nicht unbedingt darbieten. Das hätte ich mir bereits aus meinen schlauen Büchern angeeignet.

Als ich sehe, daß sich durch diese Mitteilung das Taylorsche Staunen nicht mindern will, sticht mich der Hafer und ich doziere drauflos:

«Es wäre vermessen, dieses Schiff glückhaft zu nennen. Sein Name geisterte ja von allem Anfang an durch die Zeitungen. Eigentlich sollte es ja wohl die Tradition der ‹Queen›-Schiffe fortsetzen, aber es wurde mehr und mehr zu einer Art britischem Trauma: Schon die Schiffbauer kamen mit der Neukonstruktion nicht zurecht – oder ist das etwa *zu* hart ausgedrückt?»

Mr. Taylor scheint es die Sprache verschlagen zu haben. Gut, denke ich mir, machen wir noch ein bißchen weiter: «Es gab mit diesem neuen Typ – man wollte ja ein ‹flexibles› Schiff bauen – technische Schwierigkeiten die Menge. Damals muß reinweg alles schiefgegangen sein. Sechstausend am Bau Beschäftigte zu dirigieren und für rechtzeitigen Materialnachschub zu sorgen und diesen Nachschub auch immer gleich an die richtigen Stellen zu leiten – das wollte nicht klappen. Mit den damals neu eingesetzten Computern kam keiner zurecht. Die stifteten mehr Verwirrung, als sie nutzten. Außerdem unterbrachen wie üblich Streiks die Arbeit und machten die Konfusion perfekt. Cunard geriet in rechte Bedrängnis: Das Kreuzfahrtgeschäft neunzehnhundertachtundsechzig ging flöten, die Vorauswerbung für das Schiff wurde zum Schlag ins Wasser. Die Verspätung war bei Gott happig – und keinen Penny Schadenersatz von der Werft! Streik schließt Haftung aus. Das Schiff sollte schon im Mai neunzehnhundertachtundsechzig an Cunard abgeliefert werden, aber erst neunzehnhundertneunundsechzig wurde es in Dienst gestellt, verdammt spät. Die Jungfernreise fand am zwoten Mai statt. Vom

Stapel gelaufen war das Schiff freilich schon am zwanzigsten September neunzehnhundertsiebenundsechzig. Den Taufakt hatte Ihre Königin vorgenommen und dabei diesen Text hergesagt: ‹I name this ship Queen Elizabeth the second. May God bless her and all who ship on her.› Na, stimmt's etwa nicht?»

Mr. Taylor ist baff. Jetzt genieße ich die Kundgabe meines Wissens schon wie ein Zauberer die Wirkung eines perfekten Tricks: «Und ich weiß sogar, daß es wegen der Namengebung allerhand Gerangel gab. Ihre Landsleute, so heißt es wenigstens, haben nie richtig verstanden, was der Schiffsname eigentlich bedeuten soll. Ist es nun eigentlich nach der Königin benannt, oder besagt der Name, daß es sich um die zweite Ausgabe der berühmten ‹Queen Elizabeth›, die neunzehnhundertvierzig in Dienst gestellt wurde, handeln soll. Den Schotten zuliebe, heißt es, habe schließlich die Reederei verlautbart, es handele sich um die zweite Queen, also sei die Lesart ‹Queen Elizabeth die Zweite› falsch. Für die Schotten, die über ein kompliziertes nationales Gefühlsleben verfügen, ist Ihre Königin außerdem ja die *erste* Elizabeth und nicht die zweite, weil Schottland, als die allgemein als Elizabeth die Erste bekannte Königin regierte, noch selbständig war und von einem König regiert wurde.»

Zu viel für Mr. Taylor. Er schnappt förmlich nach Luft und macht eine Karpfenschnute dabei. Ich staune selber, wie mir das alles so glatt auf englisch über die Zunge gekommen ist. Mr. Taylor muß mich für einen Professor für Schiffsbau und Geschichte halten. Ich werde den Teufel tun, ihm zu verraten, daß ich mir das alles unmittelbar vor dem Aufbruch zur Reise und in der Bordbibliothek angelesen habe.

Wäre dieser Mr. Taylor nicht so total ahnungslos, könnte er erwidern, auch wir Deutsche hätten beim Bau unserer Großschiffe Pech gehabt: Als die neue «Bremen» und das Schwesterschiff «Europa» gebaut wurden, gab es für den Norddeutschen Lloyd Ärger: Die «Bremen» wurde nicht plangemäß zur Sommersaison 1929 fertig, da es zum Streik kam, und die «Europa», die einen Tag vor der «Bremen» vom Stapel gelaufen war, brannte im

Hamburger Hafen aus – so gründlich, daß die Reparaturarbeiten ein ganzes Jahr erforderten. Die Bausumme für beide Schiffe wurde um ein Drittel überzogen, was damals noch sehr viel war. Beide Schiffe – jedes konnte 1500 Passagiere befördern und hatte 1000 Mann Besatzung – waren aber wenigstens, als sie endlich fertiggebaut waren, erfolgreich: Viele Amerikaner wechselten auf sie über. Bis zum Anbruch der Nazizeit ging alles gut. Mit ihr kam das Ende für die deutsche Transatlantikfahrt.

Wenn ich wollte, könnte ich solchen Gedanken noch lange nachgehen, ohne von Mr. Taylor gestört zu werden. Weil es mir aber nachgerade unbehaglich wird, so pagodenstumm mit dem Presseoffizier dieses Ozeanriesen an der Bar zu hocken, frage ich ihn, wie es denn mit einem Besuch auf der Brücke und in den Maschinenräumen wäre, und lasse dabei anklingen: Für einen, der sich so gut auskennt, müßte das ja wohl leicht zu arrangieren sein ... Da macht Mr. Taylor sein Karpfenmündchen mit einem Schnapper zu. Aber an seinem entgeisterten Blick ändert sich nichts. Fast tut er mir leid: Er hat wohl immer nur mit diesen komischen unbedarften amerikanischen Reisejournalisten zu tun, von denen auch diesmal ein ganzes großkariertes Rudel samt Weibertroß an Bord ist. Wir vollführen weit über die Zeit ein stummes Spiel. Mr. Taylor läßt mich schließlich in wohlgesetzten Worten wissen, die security-rules für dieses Schiff seien äußerst streng. Kein Mensch dürfe in den Maschinenraum – keiner! Ohne Ausnahme! «Damit dort keine explosiven Mitbringsel deponiert werden können?» frage ich Mr. Taylor lauernd. Und weil der jetzt erst recht unglücklich dreinschaut, füge ich im verständnisvollen Tonfall eines Bestattungsunternehmers an: «Sie haben es eben leider nicht nur mit begriffsstutzigen Schotten, sondern auch noch mit bösen Iren zu tun.»

Der unglückliche Ausdruck verschwindet aber nicht vom wohlrasierten Gesicht meines Gegenübers. Deshalb lege ich noch ein Trostpflästerchen zu: «Für die ‹Queen›-Schiffe eigentlich nichts Neues, daß man ihre Maschinenräume hütet wie einen Banktresor.»

«So?» gibt sich Mr. Taylor jetzt neugierig.

«Bei der ‹Queen Mary›, das wissen Sie vielleicht nicht, durfte auch niemand in den Maschinenraum. Der war top secret. Aber wahrscheinlich aus anderen Gründen als hier bei Ihnen.»

Mr. Taylor guckt ausdruckslos wie ein Huhn. Er begreift nichts von meinem Text.

Ich spiele jetzt den Umgänglichen trotz meiner Enttäuschung und lasse mich gnädig zu Erklärungen herbei: «Damals sollte doch keiner dahinterkommen, daß die ‹Queen Mary› noch etliches mehr laufen konnte als die fünfunddreißig Knoten, mit der sie bei der Jungfernfahrt das «Blaue Band» gewonnen hatte. Dieser camouflierte Truppentransporter schafft bei full speed weitaus mehr – satte zweiundvierzig. Da müssen Sie sich mit Ihren achtundzwanzig verstecken. Oder wollen Sie etwa behaupten, dieses Schneckentempo sei *auch* nur markiert, und Sie könnten hier ganz anders, wenn Sie nur wollten?»

Mr. Taylor fällt dazu keine Gegenrede ein. Um die Schweigepause nicht schon wieder zu lang werden zu lassen, hänsele ich ihn ein bißchen: «Gibt es hier an Bord vielleicht auch eine Art militärischer Geheimhaltung? Hat sich der Staat etwa so sehr für dieses Schiff interessiert – bei diesen beachtlichen Subventionen –, weil er es im Zweifelsfall gut gebrauchen kann, als Truppentransporter zum Beispiel? Bei uns zulande wird ja», und da nehme ich noch einmal den Ton tröstlichen Zuspruchs an, «ähnliches getrieben. Wir unterhalten zwar für den Fall eines Falles keine großen Schiffe, aber Butterberge und sonst noch allerlei. Politiker müssen wohl aus liebgewordener Gewohnheit so denken. Per Nato sind wir jetzt ja *ein* Verein. Schiffsraumreserve und Butterreserve kämen uns allen zugute.»

Erstaunlicherweise nickt Mr. Taylor vor sich hin. Er wird damit wohl, sage ich mir, das Nato-Bündnis bekräftigen wollen. Zusehends kommt allmählich wieder Leben in ihn, schließlich stemmt er sich hoch und stottert dabei, er müsse wieder auf die Brücke. Mr. Taylor schützt also Dienstpflichten vor, um mit Anstand verschwinden zu können.

«See you later!» sage ich fröhlich.

«See you later!» antwortet Mr. Taylor dumpf.

«Pöhtähter!» sage ich hinter ihm her. Dann strecke ich erst einmal die Beine von mir, trinke meinen Bourbon aus und bedenke das Affentheater, das man auf diesem Schiff aus vorgegebenen «Gründen der Sicherheit» vollführt: Auf keinem der Pläne, weder auf Längs- noch Querrissen, sind die Maschinenräume angegeben. Nicht einmal die Brücke ist verzeichnet. Und was die dreizehn Decks des Schiffes anlangt: Auf den Plänen gibt es nur fünf. Mit der Bezeichnung «six deck» und «seven deck» ist nur das winzige Stück Grundriß für den «inside swimming pool» angegeben. Alle anderen Bereiche sind für den Passagier so streng off limits, daß sie von den Planzeichnern einfach als nicht existent behandelt wurden.

Statt dessen haben wir eben die üppige Ladenstraße, das Spielkasino, Ballräume, «Luxus»-Restaurants, Warenhauslifts an allen Ecken und Enden . . . Früher führte die «QE 2» sogar eine Kunstgalerie mit, eine schwimmende Filiale von Marlborough in der Londoner Bond Street.

Jetzt lichtet sich mein Grimm über die Geheimniskrämerei, weil ich daran denken muß, wie die Marlborough-Galerie mit ihrem superschlauen Plan baden ging. Wenn das Schiff auf Kreuzfahrt oder gar auf Weltreise ist, sagten sich die Marlborough-Leute, sind hier um die tausend Wohlbetuchte auf einem Klumpen beisammen, und die können einfach nicht weg. Wenn man ihnen nun Kunst unter die Nase hält, und sei es irgendwelche hochgemotzte Buntgraphik, schnappen sie vielleicht aus purer Langeweile zu.

Es wurde sehr wenig geschnappt. Die Kitschläden mit ihrem reichen Sortiment putziger Porzellanfiguren machten Kasse und vor allem der Duty-Free-Schnaps-Shop, hingegen wurden die Kunstinterpreten ihre Suada und die teuren Blättchen nicht los. Marlborough gab die Bordgalerie auf, aber die Überbleibsel hängen leider noch überall in Treppenfluren und Gängen: Farbige Greuel von Sutherland vor allem und jene Art von poppig bunter

Schießscheibengraphik, die nun weiß Gott passé ist, aber hier noch tüchtig dazuhilft, der Innenausstattung einen fatalen Anflug von Tineff zu geben.

Die Designer scheinen überhaupt alles darangewendet zu haben, daß in den Passagieren nicht das Gefühl entstehe, mitten auf dem Ozean zu sein. Nach der Devise «Für jeden Gusto etwas» haben sie allerlei Pop an die Wand geknallt oder Rokokomöbelchen aus dem Theaterfundus auf roten Samtboden gestellt: *Luxury with taste!*

Aber alles, was ans Element und an Schiffahrt erinnern könnte, ist eliminiert. Die Arbeitsbereiche sind hermetisch abgeriegelt: Sosehr ich auch in Gängen und Treppenfluren nach Schotts zu den Maschinenräumen suchte, ich fand keines. Statt Kessel und Turbinen muß ich mir also diese fatale Möchtegern-Mischung aus Filmarchitektur und falsch verstandenem Werkbund ansehen. Da hat mich der Grimm schon wieder. Noch einen Bourbon am hellichten Vormittag? Aber gewiß doch, sage ich zu mir selber, wenn die mich hier so verschaukeln und meine Augen fortwährend beleidigen wollen!

Warum habe ich mich nicht längst wieder an meine ganz frühen Schiffe erinnert? Warum habe ich mir vorgemacht, dieser Rieseneimer hier sei mein erstes Passagierschiff?

Weil meine alten Schiffe ganz und gar ohne Beziehung zu dieser modernen Seefahrt sind, kann die Antwort nur sein.

«Transsylvania» hieß der rußgeschwärzte, alte Dampfer, der mich samt meinem Faltboot von Constanza nach Istanbul brachte. Ich sehe den leibesgewaltigen Rumänen vor mir, der mich damals unter seine Fittiche nahm. Ich wünschte, ich hätte einen solchen Kerl auch jetzt als Tischnachbar. Dieser schnauzbärtige Rumäne wußte, wie man mit Stewards umspringt. Er brachte sie mit dröhnender Stimme dazu, mir noch mal Fleisch zu bringen, und, als ich es unter seinem mäzenatischen Blick aufgegessen hatte, ein drittes Mal. Ich hatte ihm, als ich merkte, daß er auf Melonenkerne scharf war, die Kerne meiner Melonenscheibe abgetreten, und dafür zeigte sich der immerzu schwitzende Mann nun erkenntlich. Ich mußte gewaltige Fleischportionen vertilgen. «Nur das Fleisch essen, das andere liegenlassen!» riet er mir auf französisch.

Und das Schiff, mit dem ich vor Durazzo lag: ein Küstenkolcher, der mich nach Ragusa bringen sollte. Der volle Mond war am Himmel, und die Küste sah aus wie ein Photonegativ. Damals tanzten wir, während das Schiff mit viel Winschenlärm halb entladen wurde, an Oberdeck die ganze Nacht hindurch.

Ich sollte mehr Nachsicht mit den Prospektdichtern haben. Die Engländer machen offenbar gern mit Lebensfreude Reklametamtam. Vielleicht muß man das als eine Art Autosuggestion verstehen, weil sie von Natur aus so wenig zu Allotria-Ausbrüchen neigen.

Als ich das erste Mal nach London fuhr, hatte mich ein farbfrohes Plakat mit dem Text: «Come to London and enjoy your life», das ich dreimal nacheinander in Schaufenstern Münchener Reisebüros gesehen hatte, in Bewegung gebracht. Aber als ich das dem Immigration-Officer, der mich nach dem «purpose» meiner Reise fragte, der Wahrheit die Ehre gebend, wie es sich schließlich Behördenpersonen gegenüber gehört, als mein Reisemotiv angab, schaute mich der nur sauer und zweifelnd – ganz britisch – an. Und jetzt weiß ich auch endlich, an wen mich dieser Mr. MacCarthy erinnert: Just an diesen aufgeblasenen Immigration-Officer . . . Früher dachte ich immer, das widerlich sadistische Feldwebelgebaren sei eine durchaus deutsche Eigenart. Ich dachte es so lange, bis ich «The Mint» von T. E. Lawrence las. Seitdem bin ich gerüstet.

Aber weg mit den Vorstellungen von widerwärtigen Brüllsergeanten Ihrer Majestät. Die Cunard-Werbesprüche *Once in your life, live!, After all life is to enjoy* haben die gleiche Intonation, wie das Lockplakat von damals, dem ich ja auch prompt aufgesessen bin. Diesmal bin ich gewarnt worden: Im Advertising-Geschäft erfahrene Freunde höhnten, nur ganz Blöde fielen noch auf diese Art von Prospektschwindel herein. Einer sagte hämisch:

«Luxury with taste, performance with comfort – das bedeutet: *ein* Eßlöffel Kaviar fürs ganze Schiff, aber dafür *tausend* trinkgeldoffene Hände. Also die Spendierhosen ja nicht vergessen!»

Ein anderer schüttete sich, als er den Imperativ *Once in your life, live!* las, vor Lachen aus und ließ mich wissen, auf Orgien an Bord sollte ich mich nicht spitzen, Orgien fielen ganz gewiß flach. Um diese Zeit gebe es bekanntlich Stürme. Da würden die Ladies grün im Gesicht und versteckten sich in ihren Kabinen, zu nichts anderem mehr fähig, als vor sich hin zu leiden.

Ich war selber von allem Anfang an skeptisch. Und *trotzdem* bin ich enttäuscht: *So* deprimierend hatte ich mir das Unternehmen Seereise eben doch nicht vorgestellt. Dem tristen Wetter allein kann ich die Schuld nicht geben. Insgeheim wünsche ich mir, ich könnte – schnell mal und nur zu Vergleichszwecken – auf ein russisches Passagierschiff umsteigen. Ob mich da der aus Stewards und Stewardessen gebildete Wolga-Wolga-Chor noch trister machte, oder ob gerade davon meine Tristesse umschlüge in die schiere Lebenslust?

Ich hätte es ahnen müssen, daß mir die «Queen» zum Schicksal werden würde. Mit einer Journalisten-Akkreditierung zum Besuch Ihrer Königlichen Hoheit – der leibhaftigen Queen also – in Bonn, Berlin und Bremen ging es los. Auch damals begann es harmlos: Small-talk beim britischen Botschafter in Bonn mit «Her Majesty Queen Elizabeth II and His Royal Highness, the Duke of Edinburgh», aber dann wurde das Unternehmen zur Tortur: «Parade in Honour of the Birthday of Her Majesty in the Presence of Her Majesty and His Royal Highness the Prince Philip Duke of Edinburgh» in Berlin, mit dem Flugzeug hinauf in den Norden – Hetzjagd in der Meute immer der Königin und dem Herzog nach – zu Wasser, zu Lande und in der Luft.

«Mit der Queen durch Deutschland» hieß der Untertitel des Buches, das ich über diese Hetzreise schrieb. «Auf der ‹Queen› nach Amerika» könnte ich mit Fug mein nächstes betiteln . . . Mit der Queen – auf der «Queen»! Aus der «Confidential Commend list» erfahre ich, daß

Mr. and Mrs. A. Gillison in der Kabine 2132 auf Empfehlung des Marquis of Tavistock, Director of Trafalgar House, reisen. Zum ersten Mal lese ich «Trafalgar House» – den Namen jenes Londoner Riesenkonzerns, dem die «Cunard Steam-Ship Company» und damit dieses Schiff gehört, und für die es nur ein «kleiner Fisch» ist: Nicht mehr als 5% ihres Umsatzes macht die Gruppe mit der «QE2».

Über einen anderen Nobelpassagier lese ich in der vertraulichen Liste, er sei «Executive Director American Law Endorcement Officers Association». «Law Endorcement»? Das kann nur falsch getippt sein und muß wohl «Enforcement» heißen. Ein Freudscher Vertipper?

Ich versuche, meinen Bourbon zu bezahlen. Wie schon zweimal zuvor, bringe ich den Steward damit in Verlegenheit. Er schlägt seine flache Rechte an die Stirn und zeigt theatralisch vor, wie er jetzt arbeiten muß: Umrechnen von Dollar in Pfund. Dies hier ist zwar ein englisches – aber ein Dollarschiff. Der Steward fragte mich beim ersten Mal, ob ich ihm denn nicht Dollars geben könnte. Aber da insistierte ich schon: «I want to pay with Her Majesty's money.» Der Steward sackte leicht, als hätte er einen kurzen, aber nicht allzu kräftigen Haken knapp über dem Gürtel verpaßt bekommen, in sich zusammen. Er gab sich geschlagen und nahm mein englisches Geld. Jetzt bin ich nur neugierig, wie oft sich das noch wiederholen wird.

In meiner Kabine sehne ich mich nach meiner Kammer auf der «Otto Hahn» zurück. Diese Kammer im Brückenaufbau, der auf diesem Schiff merkwürdig weit nach vorn gerückt war, wird es bald nicht mehr geben: Die «Otto Hahn» ist außer Dienst gestellt worden. Nun ist das Schiff ein monströser Schwarzer Peter, den keiner haben will. Und inzwischen ist es so gut wie beschlossen, daß das vorzüglich konservierte Schiff abgewrackt werden wird. Vorher muß der Reaktorteil ausgebaut werden – eine Arbeit, die gut zwei Jahre dauern soll.

Alles geht dahin: Die Schiffe, auf denen ich einst fuhr, gibt es nicht mehr. Minensuchboote, Räumboote, Zerstörer, U-Boote: allesamt gesunken oder verschrottet.

Auch die alten Dampfer sind weg. Die «Archsum» soll in der Biskaya gesunken sein. Als ich an Bord der «Archsum» war, hätte es uns auch erwischen können – auch in der Biskaya.

Ich liege lang ausgestreckt auf der Koje. Was wird von dieser Reise bleiben? Wie oft habe ich es schon erlebt, daß Grelles verblaßte und das im Augenblick nur flüchtig Wahrgenommene immer mehr Farbe und Kraft gewann.

Wie die U-Boote von Feindfahrt hereinkamen in der Morgenfrühe – lautlos treibende Denkmäler. Was für ein Versäumnis, daß ich damals keine großformatigen Bilder malte – aus Angst, mit den Nazimalern im «Haus der Deutschen Kunst» gleichgestellt zu werden. Einmal sah ich nachts nur einen Schein am Himmel: Lissabon war querab. Aber jetzt geht mir ein Schauer über den Rücken, wenn ich die zwei Worte «Lissabon querab» denke.

Meine letzte Seereise auf der «Otto Hahn» – die führte von Rotterdam nach Durban. Eine Reise mit viel Klagen über den Niedergang der einstigen Ideale der Seefahrer. Als sollte meine Sammlung merkwürdiger Schiffe komplettiert werden, bekomme ich nun auch noch das Zerrbild einstiger Seefahrt geboten. Was anderes als ein Zerrbild stellt denn dieses schwimmende Hotel dar? Oder kommt der miese Eindruck von meiner eigenen Verfassung?

Alleinreisen war für mich immer eine Art Flagellantismus: «Wer in die Fremde will wandern ...»

Schwamm drüber! sage ich zu mir selber, aber dann wende ich doch ein paar Gedanken an das triste Thema: Früher hielt ich diese Art von Kasteiung hin und wieder für nötig und fügte sie mir willentlich zu. Jetzt nehme ich sie einfach hin.

Einmal, in einem miesen Hotelzimmer in Wien, fühlte ich mich vom Alleinsein bis zu Suizid-Gedanken deprimiert. An der Decke hing eine nackte Glühbirne. Die Litze war so verkrumpelt, daß sich in Abständen flockiger Staub an ihr festgehängt hatte. Auch auf die Fassung hatte sich Staub gelegt. Seit dieser Wiener Hotelnacht ist mir Wien vergällt und eine nackte Glühbirne an der

Decke Symbol fürs Alleinsein geworden – Horrorsymbol.

Mir selber zum Hohn, sage ich laut vor mich hin: «Es ist nicht gut, daß der Mensch allein sei.» Damit habe ich mir wie mein Hund den Knochen wieder zurechtgelegt, damit ich ihn noch ein bißchen benagen kann: Ist es wirklich nicht gut, das Alleinsein auf Reisen? Habe ich nicht noch jedes Mal, wenn es nach einer Alleinreise ans Bilanzieren ging, festgestellt, daß sie mehr Ertrag gebracht hatte als Reisen zu zweit?

Meine erste große Reise vor Kriegsausbruch: mit dem Faltboot die Donau hinunter bis ins Schwarze Meer – mutterseelenallein. Da mußte ich, weil ich die Landessprachen nicht verstand, wochenlang mit mir selber reden, mit meinen großen Zehen oder mit den Daumen, auch mal mit den kleinen Fingern oder gar mit meiner verrußten Petroleumlampe. Sogar an Wassermelonen habe ich damals das Wort gerichtet und an Schaumflokken auf dem Segeltuchdeck meines Boots. Trotz Heulen und Zähneklappern, das mich oft genug befiel – als mir eines Nachts das Boot zertrümmert und alles, was nicht im Bergsteigerzelt gestaut war, gestohlen wurde, zum Beispiel –, wurde aus der Reise ein Buch: «Tage und Nächte steigen aus dem Strom.»

Hier soll ich fürs Alleinfahren bestraft werden. Singles sind allen Oberkellnern verhaßt. Für sie gibt es extra Katzentischchen. Dort sollen sie über ihre Lebensführung nachsinnen und innere Einkehr pflegen. Hier hingegen gibt es, wie ich mich mit Halsrecken überzeugte, keine Katzentische. Also bin ich kurzerhand an diesen großen Rundtisch gesetzt worden. Kurzerhand und zur Strafe für Aufsässigkeit. Trotzdem werde ich mir das Alleinfahren nicht austreiben lassen, vielmehr die Alleinfahrermühen auf mich nehmen, so lange es noch geht. Der letzte Trip durch Afrika vor einem halben Jahr war auch nicht gerade ein Zuckerschlecken. Ich hätte dabei leicht verschüttgehen können. Aber auch in Afrika hatte die Verlorenheit ihre Würze.

«Segen der Erde» und «August Weltumsegler» – für mich sind das nicht nur zwei Buchtitel, sondern die Pole, zwischen denen mein Dasein nicht zur Ruhe kommt. Durch Afrika würde ich freilich schon jetzt nicht mehr allein reisen. Als ich die «Otto Hahn» in Durban verließ, fühlte ich mich aufgeschmissen und ausgeliefert. In Nigeria hätte mir keiner mehr vom Pep des Alleingangs reden dürfen, und in Benin war ich vollends am Ende.

Ich weiß, was für starke Wirkungen entstehen, wenn man in aller Tristesse auf sich selber zurückgeworfen wird. Aber dann kommt der Punkt, wo das Risiko zu groß wird. Wenn ich hier verschwinde, habe ich mir in Afrika manchmal gesagt, wird das kein Mensch erfahren. Hinterher sah alles noch risikoreicher aus: Die beiden Fernschreiben, die ich als Standortmeldungen über deutsche Botschaften an meinen Münchner Verleger geschickt hatte (weil wir zu Hause keinen Telexanschluß haben), waren in den Papierstößen eines Lektors verschwunden. Niemand wußte, wohin es mich verschlagen hatte.

Wenn ich auf See ging, wollte ich entfliehen, weg sein, zu mir kommen. Die See war meine Zuflucht. Auf See fand ich Beschwichtigung. Auf See war ich immer von den Menschen getrennt, von jener Gattung, von der allzu viele herumvegetieren. Aber hier? Hier fällt es mir schwer, allein zu bleiben, wenn ich mich nicht in meiner Kabine einschließen will. Hier werde ich andauernd mit besonders abschreckenden Exemplaren dieser Spezies konfrontiert.

Ich komme mir fremd vor wie der Mann vom Mond und bestaune meine Mitpassagiere: Wie wohl sich diese Leute im Pferch befinden! Was sie sich alles gefallen lassen! Die englische Familie hatte es doch glatt hingenommen, daß ihr ungefragt ein Wildfremder an den Familientisch gesetzt wurde.

Immer wieder wird meine Absicht, allein zu sein und zu versuchen, mich mit mir selber zu verständigen, durchkreuzt: Kaum hocke ich mich in irgendeiner Ecke nieder, kommt auch schon einer dahergelaufen und ruft: «Hello!» Mr. Taylor erscheint oder Jessy mit seinem Photographen Lecomte. Ich muß dann jedesmal «Don Quichote und Sancho Pansa» denken.

Schön, ich könnte in meiner Kammer bleiben, aber da sehe ich die See nicht. Die Bulleyes sind so eingesetzt, daß ich mich schon gehörig strecken und verrenken müßte, wenn ich den Seegang dicht beim Schiff sehen wollte.

Für mich wird diese potemkinsche Seereise mit jedem Tag symbolhafter: Diese Scheinwelt hat nichts mehr mit der Seefahrt, wie ich sie noch erlebte, zu tun. Eine Epoche ist dahingegangen. Was jetzt noch kommt, wird mich nichts mehr angehen. Wenn mein ehemaliger Alter hier wäre, würden wir im Duett elegische Reden führen. Dem Alten ist sei langem klar, daß seine Zeit vorbei ist.

Die letzte Reise auf der «Otto Hahn» war eine elegische Reise. Von Wehmut überschattet? Nein, das nicht. Wir gaben uns kregel, den ganzen Tag über. Erst abends, wenn der Alte endlich genug hatte vom Herumstehen auf der Brücke und wir in seiner Kammer unterm Steuerbord-Brückennock beim Bier saßen, kam sein Überdruß an der modernen Seefahrt in halben Sätzen, zögernden Sätzen, zutage. Dann klang seine Rede nach Resignation: «Das hat eben alles keinen Stil mehr» oder: «Das ist doch schon lange nicht mehr der wahre Jakob.»

«Vielleicht», gab ich dann zu bedenken, «sind wir ganz einfach alt geworden», und dann war eine Weile Ruhe. Aber ich merkte, wie es im Kopf des Alten arbeitete. Und dann protestierte er – erst zögernd, schließlich heftig und zählte auf, was es früher alles nicht gegeben hatte in der christlichen Seefahrt, jetzt aber unerfreulicher Usus ist. Und zum Schluß noch mal: «Das hat eben alles keinen Stil mehr.»

Auf der «Otto Hahn» genoß ich tagtäglich die wuchtigen Formen der Winschen, Poller, Klüsen, Schwanenhälse. Hier gibt es zwar auf dem Vorschiff ein paar ordentliche Winschen – aber sonst? Nicht einmal ein solch imposantes Insignium der Seefahrt wie ein Reserveanker – auf der «Otto Hahn» war er senkrecht auf dem Oberdeck festgelascht – ist hier zu sehen.

Hier interessiert sich offenkundig kein Mensch für den

technischen Teil der Atlantikfahrt. Aber was staune ich darüber noch? Ich weiß aus alter Erfahrung, wie gleichgültig es dem Normalpassagier ist, wie die Kraft produziert wird, die das Vehikel, dem er sich anvertraut hat, fortbewegt. Auch den normalen Luftpassagier interessieren die Musterungen der Innenverkleidung der Flugzeugkabine und die von den Stewardessen verteilten Tageszeitungen allemal mehr als die Schubkraft der Turbinen. Vor allem aber interessiert ihn, was es zu essen und zu trinken gibt.

Ich dagegen – kein «normaler» Passagier –, ich bin es gewohnt, mit dem Schiff, auf dem ich fahre, aufs intensivste verbunden zu sein. Wenn die Maschinen angelassen wurden, alles Metall zu zittern begann und dieses Zittern auch den eigenen Körper durchlief, hatte ich immer das Gefühl, mit den pulsenden Maschinen verwachsen zu sein. Auch die Wellenschläge, die das Schiff trafen, erfühlte ich mit dem ganzen Körper, gleich ob ich auf der Brücke stand oder in meiner Koje lag. Immer war ich eins mit dem ganzen Schiff. Auf dem U-Boot war dieses Gefühl am stärksten. Jetzt spüre ich durch meine Sohlen nicht das geringste. Ich könnte ebensogut auf Beton stehen.

Manchmal blicke ich über mein Whiskyglas hinweg auf die graue See und lasse Visionen aus dem Dunst wachsen. Noch als wir Cherbourg anliefen, habe ich mich gegen die Flut der Erinnerungen gewehrt, jetzt aber überkommt sie mich mit Gewalt: Da draußen liegt unser Hauptkampffeld. Aber wie anders bot es sich damals dar. Unsere Augenhöhe war gering – ein Nichts im Vergleich zur Höhe dieses Decks. So, wie ich jetzt, haben nur die Jungs auf den Hilfskreuzern über die See hinblicken können. «U-Bootsturm» – das klang großartig nach Höhe, aber in Wirklichkeit war das nur ein wie von einer Brustwehr aus Stahlblech geschützter, nach achtern offener Stand, kaum mehr als zwei Meter über den Grätings des Oberdecks. Schon mittlere Sturmseen konnten uns den Blick total verstellen. Nur wenn eine See das Boot auf ihrem Rücken emportrug, wurde der Blick wieder frei.

Mittagessen: Mr. MacCarthy ist nun doch zur Vernunft gekommen. Jetzt bin ich am Tisch mit der Nummer five O five. Das ist in Chicago eine berühmte Zahl: Diese Nummer trägt das U-Boot, das von den Amerikanern gekapert worden ist und jetzt im «Museum of Science and Industry» liegt.

An meinem neuen Tisch sitzen zwei Schweizer Studentinnen, die ein «girl-scout-camp» in Ohio als Reiseziel haben. Sie müssen sich beide allerlei Allotria von dieser Seereise versprochen haben. Jetzt hocken sie flügellahm am Tisch: seekrank. Kaum, daß sie ein bißchen am Essen naschen.

Außer ihnen gehört noch eine sehr verdrehte Schraube zur Runde, die sich als «barrister» und als «specialist in trusts» bezeichnet: mager und großäugig und in gedruckten Leoparden gekleidet. Mindestens dreimal am Tage wechselt sie ihre Brille. Sie hat bemerkenswerte Modelle im Gepäck: wahre Bulleyes und zierliche goldene Lesebrillen mit halben Gläsern, die sie ganz vorn auf der Nase – fast auf der Nasenspitze – trägt, auch schwarze Hornbrillen, wie sie in Stummfilm-Zeiten das Markenzeichen für Harold Lloyd waren. «Heute abend», so verkündet sie, «erscheine ich im full dress.» Ich bin schon jetzt gespannt, was für eine Brille dazugehören wird.

Auch eine jugendliche, sehr dicke Amerikanerin sitzt mit am Tisch. Sie hat bei Ford in Köln gearbeitet und weiß zu berichten, daß es in Deutschland mehr als vierzig Automuseen gäbe. Daß ich kein einziges davon kenne, will sie mir nicht glauben.

Ich frage sie, warum sie das Schiff statt eines Flugzeugs für ihre Rückkehr ins gelobte Land gewählt habe.

«To avoid the cultural shock . . .» ist ihre Antwort. Sie sei schon zweimal von Europa zurück nach Hause – nach Amerika – geflogen, und da habe sie jedes Mal diesen Schock erlebt. So – mit dem Schiff – erschiene ihr das Reisen natürlicher.

Sie wird wohl den Zeitschock meinen, die Gute, den jet-leg, denke ich mir. Wahrscheinlich hat sie Angst vorm Fliegen. Ich kenne genug Leute, die insgeheim Angst vorm Fliegen haben, obwohl sie sich besonders tough geben. Ein Gesellschaftskolumnist ist darunter, der vor lauter Flugangst zum Psychopathen geworden ist: Die Flugangst hat bei ihm noch ganz andere Ängste gefördert. Jetzt besteht er eigentlich nur noch aus bibbernder Angst: Angst vor Krebs, Angst, er könnte mal tot daliegen in seinem Appartement und keiner würde es merken. Ein Angstflagellant, der mit bösartigen Artikeln seinen Defekt zu kaschieren versucht.

Gegen die Flugangst gibt es heute therapeutische Kurse, vierzehntägige Seminare mit einem Rundflug als Krönung des Ganzen und zur Probe, ob die Seelenmassage auch die erwartete Wirkung gezeigt hat. Wenn mein Schreiber giftiger Gesellschaftskolumnen aber erfolgreich an einem solchen Kurs teilnähme, würde er wahrscheinlich für den Verleger seines Magazins an Wert verlieren, quasi entschärft – was wäre er da nütze? Fliegen ist gefährlich! bekam ich auf diesem Schiff schon ein paarmal zu hören. Darauf könnte man erwidern: Auch Wasser hat keine Balken. Oder gegenfragen: Ist die Seefahrt wirklich so sicher? In meinen alten «Gartenlauben»-Bänden wimmelt es von xylographierten Schiffskatastrophen mit ganzen Scharen in den Fluten Versinkender.

Nicht nur beim Untergang der «Titanic» ging es um eine Tausender-Zahl. Als der kanadische Passagierdampfer «Empress of Ireland» sank, verloren 1204 Menschen ihr Leben, als die amerikanische «General Slocum» brannte, gab es 959 Tote. Der Erfinderehrgeiz scheint sich deshalb dezennienlang auf Rettungsmittel aus Seenot konzentriert zu haben. Im Atlantik zu versinken, zählte zu den großen bürgerlichen Ängsten.

Auch in jüngster Zeit haben sich wieder schwere Schiffskatastrophen ereignet, aber noch mehr Schiffsunfälle, als die Seefahrt tatsächlich getroffen haben, sind durch die Zeitungen gegeistert. Das kommt daher, daß nicht alle Schiffsuntergänge «echt» sind. Die Versicherer Lloyds stehen bisweilen vor jener Art von Rätseln der Seefahrt, die sich nur mit Hilfe gewiefter Detektive lösen lassen. Das Verschwinden ganzer Schiffe mitsamt Ladung gibt solche Rätsel auf – zumal dann, wenn die Sinkposition zugleich eine der tiefsten Stellen des Atlantik bezeichnet und das Schiff unter liberianischer Flagge fuhr. Es kann dann gut sein, daß sich die Detektive den Besatzungsmitgliedern, die sich von einem anderen gerade des Wegs kommenden Dampfer vollzählig retten ließen, nach dem Einlaufen an die Fersen heften, um zu beobachten, wieviel Geld die Burschen springen lassen: Schmiergeld fürs Schnauze-Halten über das, was sie mit eigenen Augen gesehen haben ...

So hat erst kürzlich der Tanker einer amerikanischen Reederei auf der Fahrt von Kuwait nach Italien in Durban einen nicht programmgemäßen Stop gemacht und dort stiekum dieÖlladung gelöscht und durch reines Meerwasser ersetzt. Prompt geriet das Schiff vor der westafrikanischen Küste in Brand und sank. Der Kapitän eines zur Hilfe herbeigeeilten englischen Dampfers wunderte sich gar sehr, wie schmal sich der Ölteppich von knapp 200000 Tonnen Öl an der Sinkstelle ausnahm. Die Detektive von Lloyds schwärmten wieder einmal aus: Es ging um ansehnliche Summen.

Das System der Oberkellner – oder wie die Typen vom Schlage eines Mister MacCarthy sich hier nennen mögen –, die Passagiere für die ganze Zeit der Überfahrt in eine bestimmte Tischrunde zu plazieren, erscheint mir despotisch. Fünf Tage, das bedeutet fünfzehn Mahlzeiten, also fünfzehnmal die gleichen Visagen und der Zwang, Unterhaltungen mit Leuten zu führen, die mich nicht für einen Sechser interessieren – oder, was noch bedrückender ist, die erwarteten Unterhaltungen zu verweigern.

Das Schiff ist bei weitem nicht ausgebucht, also könnte es auch nichts ausmachen, wenn jeder sich dorthin setzte, wo es ihm gefiele. Aber das wäre gegen die Regel und gegen den Beschäftigungsanspruch von Mr. MacCarthy und seinen Mannen. Die teilen ein, und das Volk hat zu gehorchen, basta!

Wie mag sich solcher Zwang aber erst bei Kreuzfahrten auswirken? Wie ertragen die Passagiere viele Wochen hindurch die gleiche Tischgesellschaft? Mit dem Nachdenken, warum das hier so idiotisch gehandhabt wird, kommt mir die Erleuchtung: Kleinere Tische würden den Stewards mehr Arbeit abfordern. Aber vor allem würde bei freier und wechselnder Platzwahl – wie in einem Restaurant – nicht die feste Bindung an einen bestimmten Steward entstehen, aus der erst die Verpflichtung, ein ordentliches Trinkgeld am Ende der Reise zu berappen, kommen kann.

Mein neuer Kellner ist Spanier. Ich frage ihn, woher er stamme.

«Aus Vigo!»

Immer treffe ich Leute aus Vigo, der Stadt, nach der ich mich, obwohl ich sie gar nicht kannte, gesehnt habe wie kaum je nach einer anderen, und zwar von der nächtlichen Reede her, als mein U-Boot sich klammheimlich von einem internierten deutschen Frachter versorgte. Wir konnten in dieser Nacht das Land riechen, und einige meinten auch die roten Lampen der Bordelle am Hafen zu erkennen. Die Straßenbahnen waren auf jeden Fall zu sehen, sie rissen mit ihren Stromabnehmern lange Funkenreihen aus den Oberleitungen.

Der Kellner vor ihm war ein Cypriot aus Famagusta, der mir erklärte, er könne nicht wieder nach Hause: Famagusta hätten jetzt die Türken in Besitz, und er sei Grieche.

Der spanische Kellner freute sich, daß ich ihn als Spanier erkannt hatte. Das war nicht schwer, er hatte mich laut und deutlich mit «Señor» angeredet.

O über die babylonische Sprachenverwirrung unserer Zeit. Der spanische Matrose auf der «Otto Hahn», den ich gefragt hatte, wie lange er schon an Bord sei, gab mir zur Antwort: «Dos Jahres, mein Herr», und der Nachenschiffer in Kaschmir gab Ditti, was immer sie auch fragte, «Don't mention, Sir» zur Antwort.

Um mir Abwechslung zu verschaffen, steuere ich den «Double Down Room», den Ballsaal für die weniger feinen Passagiere, an: Da soll jetzt der Ikebana-Kurs stattfinden.

Weil der Himmel so grau ist, und wohl auch, weil sich keiner fand, der die Beleuchtungsbatterie einschaltete, ist die Szene in Halbdunkel gehüllt. Dort, wo sich auf der Tanzfläche das fahle Zwielicht von den beiden Fensterfronten trifft, steht an einem Tisch die Blumenhändlerin, die ihren Laden achtern im gleichen Deck hat. Weit von ihr weg in tiefen Sesseln sitzen um die Tanzfläche herum ein paar Familienmütter und Witwen, die lernen wollen, wie man abgeschnittene Blumen nicht in Vasen, sondern in künstliche Schwämme steckt, denn viel mehr weiß auch die Floristin mit den Bergen von knallbunten Blumen und Grünzeug auf ihrem Tisch nicht anzufangen.

Die Vorführung bekommt dadurch großen Unterhaltungswert, daß die Floristin jedes Mal, wenn sie, um mit Blumen und Grünzeug zu hantieren, den Tisch loslassen muß, von den starken Bewegungen des Schiffes aus dem Stand gebracht wird und sich nur unter Mühen mit Stützschritten nach allen Richtungen hin abfangen kann. Die Zuschauerinnen – diesmal kurioserweise alle mit mächtigen Busen – haben gut lachen. In ihren tiefen Sesseln sehe ich sie mehr liegen als sitzen. Über einige, deren BHs nicht richtig konstruiert sind, ist die Busenfülle breit hingeflossen: Muttis, die sich auf höchst passive Weise unterhalten.

Als ich dann durch den Double Down Room nach achtern gehen will, um die verrückten Tontaubenschützen oder die Golfspieler in ihrem Käfig zu photographieren, sehe ich ein Bild, dem ich in Gedanken die Qualität «für Götter» zubillige: reiche Beute für meine Kamera. Während ich spanne, auslöse und wieder spanne, höre ich Mr. Mason ununterbrochen mit geölter Stimme auf seine Yoga-Debütantinnen einreden, denn um Yoga *muß es* sich hier handeln. Soviel weiß ich schließlich aus Illustrierten, daß diese sich hier am Boden verrenkenden Ladies gerade den «Lotossitz» probieren. Die Stabilisatoren verhindern nicht das Rollen des Schiffes – sicher ist es dabei mit dem von Mr. Taylor eingeräumten drei Grad nach jeder Seite nicht getan –, und so kippen die überwiegend übergewichtigen Damen trotz ihrer breiten Hinterteile immer wieder bei ihren Verrenkungsversuchen um. Nicht allein dieses am Boden Herumkugeln und das schrille Juchzen, das dabei ausgestoßen wird, bringt mich zum Lachen, erst recht der papageienbunte Aufputz der Kursteilnehmerinnen. Nur eine einzige hat einen richtigen dunkelblauen Trainingsanzug an, die anderen sind in Pullover und Pyjamahosen – oder wie heutzutage der Fummel heißen mag, den sie an den fülligen Leibern haben. Lotossitz: Ich habe Lotosblüten oft in natura bewundert: eine Augenweide. Aber diese Szene ist nichts fürs Auge, nur was fürs Zwerchfell.

Als ich schon achtern an der frischen Luft bin und nach diesem Anblick kaum mehr Lust auf die um viele Grade weniger komischen Tontaubenschützen verspüre, stelle ich erst fest, daß nicht ein einziges attraktives Wesen bei den Yogaübungen anzutreffen war. Die hübschen Damen an Bord meiden offenbar sportliche Anstrengungen.

Jetzt ziehen Jogger daher, genauso bunt, Männlein und Weiblein. Sehe ich mir die an und blende ihr Bild auf das der Lotossitzerinnen, so bekommt mein altes Vorurteil, daß Sport eine vor allem für den Mittelstand geeignete Kasteiung sei, neue Nahrung. Nach den Joggern erscheint Jessy in dem ihm eigenen Schleichgang. Er stellt sich wortlos neben mich, nimmt meine Blickrichtung auf die Rücken der Jogger auf und schüttelt den Kopf. Auch Jessy ist sich für diese Art künstlicher Strapazen zu gut.

Ich habe mich, wenn ich durch ein Kaufhaus gestreift bin, immer wieder gefragt: Wie kann man seinen Mitmenschen nur so knallbuntes Zeug andrehen? und mir das so erklärt: Schrankspiegel von der Größe, wie wir sie zu Hause hatten, oder gar die dreiteiligen, in denen man sich von allen Seiten und unendlich vervielfacht betrachten konnte, gibts in modernen Wohnungen nicht mehr. Damen sehen sich leider nicht mehr im Ganzen, und da ihnen zwei Meter hohe Spiegel fehlen, erfahren sie nicht, daß sich ihre resedagrünen oder kanariengelben Hosen mit ihren scharfvioletten oder leuchtorangenen Pullovern beißen. Und die Augenpein, die sie anderen bereiten, empfinden sie nicht: Sie sehen sich selber nicht.

Woher aber kommt der neuerliche Hang zum Grellen überhaupt? Nur zum Teil erklärt die Entwicklung besonders augenquälender Anilinfarben das Bild der Yogadamen und der Jogger, grellbunt wie die Ikebanablumen. Der Wunsch nach solchen schrillen optischen Signalen muß primär vorhanden sein. Ich will nicht glauben, daß ihn die Industrie mit ihren scheußlichen Produkten erst weckt. Desmond Morris schuldet uns noch einige Erklärungen.

Ich suche in meiner Kabine herum, um dem heftigen Knarzen, das mich um den Schlaf bringt, endlich auf die Spur zu kommen. Wer mich bei dieser Suchaktion beobachten könnte, müßte mich für übergeschnappt halten, wie ich mit dem Ohr an einer Spindkante entlang vom Zehenstand bis in die tiefe Kniebeuge hinuntergehe, dann wieder mit schiefgelegtem Kopf im Kreis herum lausche, hier gegen eine Füllung drücke, dort mit der Faust gegen eine Leiste schlage.

Alles vergebens: Es knarzt und ächzt weiter. Ich hocke, stumpfsinnig vor mich hin starrend, wie im Bauch einer riesengroßen Baßgeige, der ein verrückter Riesenmusiker Krächz- und Stöhntöne entlockt. Irgendwo schlagen Schotts mit heftigem Geknall, irgendwo draußen auf dem Gang scheppert es: Der Drummer ist also auch verrückt.

Als ich davon genug habe, peile ich – halb automatisch – den Fahrstuhl an, drücke wie aus Versehen den Knopf Quarter Deck und steuere, ganz automatisch schon, die «Midships Bar» an.

Ich muß, ob ich will oder nicht, an einer Reihe von Schläfern vorbei, die mit offenen Mündern wie Erschossene in Liegestühlen aufgebahrt liegen. Einer sabbert, mindestens drei schnarchen laut in verschiedenen Rhythmen.

Als ich bequem in meinem Sessel sitze – diese dämlichen Barhocker meide ich natürlich –, lese ich wie in einem Brevier die passende Stelle in meinem Cunard-Prospekt nach: *Eine Kreuzfahrt mit der «Queen» (QE 2) ist immer ein Erlebnis besonderer Art. Es begeistert und entspannt. Allenthalben Stil, Niveau und Atmosphäre, wie sie nur auf diesem Schiff erwartet werden können, in der kultivierten Eleganz der Gesellschaftsräume, in den eleganten oder gemütlichen Bars, im Spielkasino . . .*

Ich finde es nachgerade komisch, eigentlich sogar absurd, daß ich für den Schiffstransport berappen mußte. Mir kommt es wie späte Anpassung, Überläuferei und gänzlich verfehlt vor: Über Musikdampferpassagiere habe ich mich stets ausgiebig mokiert und behauptet, nichts könnte mich auf einen solchen Eimer bringen. Und bisher war es auch immer so, daß die, denen das Schiff gehörte, dafür berappten, wenn ich an Bord war – und wenn es des Großdeutschen Reiches Kriegsmarine war, die mich besoldete, kärglich zwar, aber auskömmlich.

Meine Sperre gegen das Bezahlen auf Wassertransporten funktionierte bislang immerhin so gut, daß ich mir zum Beispiel venezianische Gondelfahrten nicht erlaubte. Und nun das hier! Jetzt setze ich ganze Scharen in Unterbeschäftigung und Brot – sogar der Gähner am Schalter «Lost properties» lebt mit von den Zechinen für mein passage ticket.

Ich rede mir zum Selbsttrost ein, diese beschauliche Art der Fortbewegung sei gegenüber einer Jet-Reise geradezu human. Aber gleich meldet sich Widerspruch in mir: Beschaulich? Dieses Dauerentertainment – beschaulich? Hier liegt der Hase im Pfeffer: Nichts gegen eine Atlantiküberquerung zu Schiff. Es brauchte keine Dienstgeschwindigkeit von über 28 Knoten zu fahren, was immerhin mehr als 50 Stundenkilometern entspricht, meinethalben könnte die Reise als eine richtige Schiffsreise auch eine Woche, zwei Wochen dauern.

Aber das hier ist doch gar keine Schiffsreise. Ich bin fünf Tage und fünf Nächte in einem großen Hotel eingesperrt, das mir nicht gefällt, weil ich nun mal den verjährten Pomp und die Rudel halbserviler Bediensteter nicht mag. Daß ich in Southampton einstieg und in New York von Bord gehe, macht nicht viel mehr Unterschied, als wenn ich eine Luxusherberge durchs Hauptportal betreten und durch ein anderes verlassen würde: Ich fühle mich nicht auf See – und bin es doch. Und dieses Dilemma ist es, das mich nachgerade krank macht.

Das Vertrackte ist, daß ich hier eingeschlossen bin. Ich kann, obwohl mir das Getue von Besatzung *und* Passagieren zum Hals heraushängt, nicht auf und davon. Ich kann nur die immer gleichen Runden drehen und danach den Hintern auf den immer gleichen Barsessel schieben.

Vielleicht habe ich mir insgeheim eine Reise von solcher Verdrießlichkeit gewünscht. Was immer mir an Bord dieses Schiffes an Unangenehmem widerfährt, bestätigt meine alte Aversion gegen Musikdampfer. Vielleicht sollte ich sogar eine gewisse Zufriedenheit daraus keltern, daß alles so ist, wie ich es mir gedacht hatte. Oder ist es noch um etliche Grade schlimmer? Noch weiter von eigentlicher Seefahrt entfernt, als ich wähnte? Mit der Ausreise ging es los: Was für eine Enttäuschung war das doch. Nicht ein Funke Dramatik, nicht einmal ein Anflug von Stil. Und dann das Auslaufen von Cherbourg! Öder ließ sich das nicht inszenieren. Ich habe viele Bilder von Aufbrüchen in die Neue Welt im Kopf. Alte Photos und alte Filme. Aber was ich hier zu sehen bekam, hatte nicht eine Spur von Ähnlichkeit damit. Das war ganz und gar glanzlos, das sah nach schlechtem Gewissen aus. Die Verdrossenheit der Besatzung, die bei aller Servilität spürbare Aufsässigkeit der Bediensteten – da kam genug zusammen, um das Gefühl, nicht willkommen zu sein, entstehen zu lassen.

Der k.u.k. Baron weckt durch seine Attitüde meinen Neid. Er scheint ganz und gar eins mit sich selber zu sein – self-contented. Entweder versucht er, am Rande der Tanzfläche vom Queens Room dazustehen wie ein Rayonchef (und gleicht doch eher einem Stück wurmstichigen Chippendale), oder er bewegt sich mit lässiger Sicherheit durch die Decks.

Auf die schöne Indonesierin, die sich gegen Abend auffallend oft mit einem wohleingeübten Colgatelächeln im sarongähnlichen Gewand zeigt, scheint er es abgesehen zu haben. Meinem Weltbild entspräche er eher, wenn er sich mit einer der amerikanischen Blackglama-Witwen statt mit der Indonesierin befaßte. Aber er ist eben ein schwer katalogisierbarer Typ, nicht unähnlich dem maître d'hotel des Winter-Palace-Hotels in Luxor, einem Landsmann von ihm, der auch so eine abgelebte Schäbigkeit lässig zur Schau trug und alle Gäste spüren ließ, daß ihm nichts, aber auch gar nichts an der menschlichen Natur fremd sei.

Immer wieder mal hinkt mir eine der amerikanischen Veteraninnen über den Weg und erwidert freundlich meinen Gruß. Für diese Uraltladies spricht, daß sie sich einen Teufel darum scheren, ob sie in ihrem Karnevalsaufzug belächelt werden oder nicht. Sie sind sich ihrer selbst ganz sicher. Nicht eine hat darauf verzichtet, ihr weißes Haar violett zu tönen, obwohl dieses Violett eine der scheußlichsten aller nur denkbaren Mißfarben ist.

Der Kursus über Börsenspekulation, den eine ebenfalls Violettgetönte leitet, wird vor allem von diesen alten Vogelscheuchen frequentiert. Dabei sehen die meisten von ihnen just so aus, als wüßten sie alle nur erdenklichen Tricks schon seit Ewigkeit.

Jessy kommt in die Bar. Wir beginnen über den köstlichen Zufall zu meditieren, daß wir beide über die gleichen Reiseerlebnisse berichten sollen. Dem französischen Photographen, Monsieur Lecomte, der Jessys Text illustrieren soll, macht diese Art von Motivsuche, scheint es, keinen Spaß. Er will von New York mit der nächsten Maschine nach Japan weiterfliegen. Er nimmt seinen Job bitterernst: um den Preis einer so vergrämten Miene, wie er sie tagtäglich zur Schau stellt, täte ich das nicht.

Jessy beklagt sich überall – auch bei Mr. Taylor hat er sich schon ausgeweint –, wie schlecht er sich von Cunard behandelt fühlt. Seine Kabine behagt ihm nicht. Mr. Taylor wird dafür kaum Verständnis gezeigt, sondern wahrscheinlich nur so stupid dreingeschaut haben, wie ich es an ihm erlebt habe. Jessy hält ihn für einen Flegel. Ich versuche, ihm zu erklären, daß der Junge schließlich

Navigationsoffizier sei und der Fehler bei der Reederei liege, die zwar viele Dutzend Leute bezahlt, obgleich für sie hier an Bord fast gar nichts zu tun ist, aber niemanden für Public-Relations-Kontakte angestellt hat.

Ich tröste Jessy damit, daß er sich gestern abend an Kaviar delektieren durfte, wie er mir erzählt hatte, während ich ein costoletta alla milanese vertilgen mußte, das nach nichts, aber auch nach gar nichts schmeckte, nicht einmal nach Salz. Daraufhin höhnt er, ich hätte mir diese Schiffsklasse und das Restaurant «Tables of the World» schließlich selber ausgesucht, um den berühmten Normalreisenden kennenzulernen, der ihn zum Beispiel nicht die Bohne interessiere. Und das hätte ich nun davon ... «Alles auf einmal kann der Mensch eben nicht haben», beschließt er unser Gespräch.

Dann will er aber doch wissen, was für eine Kabine *ich* denn hätte.

«Ganz ordentliche Außenkabine», gebe ich breitpampig zur Antwort.

«Außenkabine?» Das will ihm nun gar nicht schmekken. Ich sehe es seiner säuerlichen Miene deutlich an. «Wieso? Sie haben doch nur Touristenklasse?» hakt er ein. «Sozusagen – aber ‹Transatlantikklasse› heißt es in der feineren Cunard-Terminologie.»

Jessy bringt jetzt nur noch ein schnelles Kopfschütteln zustande, dann schlägt er einen gegenseitigen Kabinenbesuch vor. Er will – professionelle Neugier? – mein Quartier sehen und mir das seine vorführen. Insgeheim bin ich neugierig, sein Prunkgemach kennenzulernen.

Zuerst wandern wir zu mir. Jessy sieht sich in meiner Kabine musternd um und sagt: «Nicht zu glauben! Schön, menschlich und geräumig.»

Ich traue meinen Ohren nicht. Hat er wirklich «schön, menschlich und geräumig» gesagt?

Dann laufen wir, wortlos wie Jogger, eine lange Strecke nach achtern – treffen auf den Wegweiser zur Synagoge, die ich mir immer noch nicht angesehen habe –, bis Jessy «Also, hier!» sagt, mir seine Kabine aufschließt und sich mit einem «Bitte sehr: Erste Klasse!» wie ein Empfangschef verbeugt.

Ich kann es nicht fassen: Ich stehe in einem schlecht beleuchteten Container der kleineren Sorte. Hier gibt es, so angestrengt ich mich auch danach umschaue, keine Fenster, kein Bulleye – nichts.

«Und in dieser Kiste wohnen Sie?» plappere ich verlegen los. Jessy vollführt ein stummes Spiel: Er verdreht die Augen nach oben.

«Und dieser komische Hühnerstall soll Erste Klasse sein?»

«Für einen Hühnerstall *ist* er Erste Klasse – mit elektrischem Licht, Radiogedudel . . .»

« . . . und ohne Raum für unnötige Bewegungen», ergänze ich. Monsieur Lecomte, der Photograph, so erfahre ich, habe die gleiche primitive Innenkabine – er reise ebenfalls Erster Klasse.

Eben noch glaubte ich, Jessy wollte mir eine besondere Artigkeit erweisen, als er meine enge Kabine «schön» und «menschlich und geräumig» nannte. Dieser Dampfer ist nach dem Prinzip der Jolly-Hotels in Italien eingerichtet: große Empfangshallen mit gewienerten Marmorfußböden, protzige Restaurants, zum Ausgleich dafür statt normal dimensionierter Räume nur Schlafwagenkabinette. Die großen Säle darf Jessy auch hier nach Belieben benutzen, und zum Essen geht er ohnehin in eines der feineren Restaurants an Bord. Aber das will ich ihm jetzt nicht sagen. Er schaut allzu verbittert drein.

Im übrigen will er mir noch immer nicht glauben, daß ich die billigere Passage habe. Erst der Blick auf die Tikkets überzeugt ihn, daß seine Passage das Dreifache der meinen kostet.

Da habe ich etwas entdeckt, und nun höhne ich, was Jessy denn eigentlich wolle. Schließlich habe er diese schöne Kabine doch ganz für sich allein. Bei Kreuzfahrten müsse dieser Container sogar als Behausung für zwei Personen dienen.

Jessy schaut mich zweifelnd und verständnislos an. Da klopfe ich gegen die linke Wand über seiner Koje und frage gespielt naiv: «Was haben wir denn hier Schönes? Das sieht ja ganz nach einem zweiten Heiabettchen aus!

Und hier sind auch die schönen Scharnierchen dafür. So klappt mans aus der Wand heraus – und so hängt man es fest.»

Jessy ist während meiner Vorführung so weit zurückgewichen, wie es der enge Raum nur zuläßt.

«Voilà!» mache ich – perfekt, als hätte ich in solchen Vorführungen Routine. Auf Jessys Gesicht malt sich Unglauben. «Das ist doch die Höhe!» bringt er endlich hervor.

Jetzt greife ich nach einem Prospekt, der auf Jessys Koffer liegt, und murmele vor mich hin: «Das werden wir gleich haben. Ich hab doch was von Doppel-Innenkabinen im Kreuzfahrt-Programm gelesen . . . Hier stehts!» kann ich endlich Jessy verkünden: *«Acht Tage Kreuzfahrt auf der ‹QE 2›: Im Preis enthaltene Leistungen: Unterbringung in Doppel-Innenkabinen mit WC, Dusche und voller Verpflegung. Linienflug Frankfurt–London–Frankfurt in der Economy-Klasse. Transfer Flughafen–Southampton–Flughafen. Im Preis nicht enthalten: Trinkgelder, Getränke, Ausflüge usw. Hafen- und Flughafentaxen. Bessere Kabinen auf der ‹QE 2›: siehe Seite vierzehn und fünfzehn.»*

Als ich ausgelesen habe, will Jessy den Prospekt auch sehen. Er liest den Text Zeile um Zeile nach, als traue er mir auch diesmal nicht.

«WC und Dusche sind doch vorhanden?» frage ich süffisant.

«Ja», bestätigt Jessy kleinlaut.

«Also ist das eine *Doppel*-Innenkabine.»

«Ganz offenbar», räumt er ein, «ich kann mir nur nicht vorstellen, daß sich hier Leute freiwillig zu zweit einsperren lassen. Die müssen ja lebensmüde werden.»

Ich weide mich an Jessys Niedergeschlagenheit und lange mir einen anderen der Prospekte, die bei Jessy so reichlich auf seinem Koffer herumliegen wie in meiner Kabine. Wie ein Fernseh-Werbespotter intoniere ich schmalzig: *»Ihre Kabine an Bord der ‹Queen› entspricht dem Niveau eines Luxushotels. Sie ist so geräumig, elegant und stilvoll im Design, wie man sie nur auf diesem Schiff erwarten kann. Über fünfundsiebzig Prozent aller*

Kabinen bieten Blick aufs Meer. Alle sind klimatisiert, haben Bad oder Dusche, WC, große Schrankräume, Telephon und Teppichboden. Ihr Steward oder Ihre Stewardeß umsorgen Sie.»

«Den Steward habe ich überhaupt noch nicht zu sehen bekommen», sagt Jessy leicht aufbegehrend.

«Dafür», tröste ich ihn, «haben Sie es näher zur Synagoge als ich in meiner Vorschiff-Kabine.»

«Die Synagoge? Die ist immer geschlossen.» Jessy hat jetzt soviel klagendes Tremolo in der Stimme, daß einer glauben könnte, nur das sei es, was ihn ernstlich bekümmert.

Ich weiß nicht, warum ich mich in der Szene wohlfühle, ja sie sogar genieße. Ich blättere in den bunten Heften weiter und stoße auf eine Stelle, die ich noch nicht kennengelernt habe. Sie ist so schön, daß ich sie auch vorlesen muß: *«Die Auswahl der Abfahrten, Ziele und Preise beeindruckt. Noch selten war die Möglichkeit so greifbar nahe – verwirklichen Sie sich einen Traum ... Die Reise mit der ‹QE 2› ist eine attraktive Flucht in eine andere Welt, in der Sie frei von äußerlichem Drang und hektischem Tempo des Alltags sind. Nur Ihr Vergnügen und Ihr Wohlbefinden zählen.»*

«Wohlbefinden wie in Sing Sing», respondiert Jessy. Da muß ich ihm aber widersprechen: «Ohne Tageslicht – so ein Kabuff käme in Sing Sing doch wohl nur bei Strafverschärfung in Frage.»

Ich bin aufgestanden und lese wie ein Pfarrer für seine Gemeinde weiter: *«Auf einigen ausgewählten Atlantikreisen bietet Cunard eine vollständige Rundreise an. Einen Tag verbringen Sie in New York und reisen dann mit der ‹QE 2› zurück. Diese interessante Möglichkeit einer erholsamen und obendrein attraktiven Reise nach New York und zurück schließt auch einen ganzen Aufenthaltstag in New York ein.»*

«Einen ganzen langen Tag?» stellt sich Jessy staunend.

«Gewiß – und im Preis inbegriffen ist auch noch Entscheidungsfreiheit über die Verwendung dieses ganzen Tages: *Sie unternehmen eine Stadtrundfahrt oder kön-*

nen Einkäufe machen, wie Sie wollen ... und alles für einen bemerkenswerten Preis.»

«Aber welchen denn?»

«Ja, das hängt eben ganz davon ab ...», sage ich sibyllinisch zögernd, und dabei denke ich: zweimal über den Atlantik – nur zum Zeittotschlagen, zum Futtern und Entertained-Werden. Luxury in beiden Richtungen. Da müßte mir einer schon viel Geld unter den Teller legen, um mich *dafür* zu gewinnen ...

Später denke ich: Kein Zweifel, Transatlantikfahrten könnten selbstverständlich viel billiger sein, als sie jetzt angeboten werden. Man brauchte zum Beispiel nur die Schar der Servilen drastisch zu verringern und auf einiges an Luxury zu verzichten.

Entwürfe für «billige» Schiffe – moderne Passagierschiffe frönen dem alten Sozialprestige. Die brauchen auch Billigreisende Smokingträger als Background, vor dem sie sich als Arrivierte erst voll entfalten können. Ein Rest der alten Beziehung von Herr und Sklave bleibt zur Genugtuung der Oberschicht erhalten. Auf diesem Schiff wird der Unterschied wieder sinnfällig wie kaum sonst: Wer viel zahlt, wohnt hoch oben. Die am höchsten plazierten Suiten sind die teuersten. Ich muß doch sehen, daß ich wenigstens *eine* in aller Ruhe besichtigen kann.

Als ich mir Auslauf im Schiff verschaffe, sehe ich von ferne den k.u.k. Baron. Er aber sieht mich nicht. Irgendwo las ich mal über einen Vertreter seiner Art: «Der Charme hüllt ihn ein wie eine Wolke billigen Parfüms.»

Ich teile die Passagiere zur Abwechslung und versuchsweise in eindeutige und undurchsichtige Leute ein. Jessy würde es sicher verdrießen, daß ich ihn zur ersten Kategorie zähle. Mit dem k.u.k. Baron verhält es sich schon anders. Ich könnte ihn mir in vielerlei Masken vorstellen, wie Sacha Guitry sie in seinem Film «Le roman d'un tricheur» verkörperte. Was eigentlich in ihm steckt, weiß ich nicht. Ich vermute aber, daß er für solche Überraschungen gut ist, wie jene Schokoladenweihnachtsmänner, die sich, löst man das bunt bedruckte Stanniol, als braune Osterhasen entpuppen: umgerüstete Restbestände. (Für Schokoladenfabriken müssen spezielle Artisten für zweideutige Formen tätig sein, die geschickt genug sind, die hochgestellten Hasenlöffel so auszubilden, daß sie auch noch als plastische Form für die Kapuze des Weihnachtsmannes gelten können.)

Aus der schönen Indonesierin werde ich auch nicht recht klug. Wo treibt sie sich nur den lieben langen Tag herum? Ein Nachtvogel, der das kalte Tageslicht scheut? Seis drum! Ich will mir den Kopf nicht von der schönen Dame verwirren lassen. Keine Eskapaden!

Lecomte gehört, obwohl er ein seltener Vogel ist, auch zu den Eindeutigen.

Die Stewards hingegen würde ich allesamt zu den Undurchsichtigen zählen.

Mr. Taylor wäre dann wieder ein Prachtbeispiel der Eindeutigkeit.

Ich lasse mich in einen der um die Tanzfläche postierten Sessel nieder und versinke gleich so tief, daß sich meine Beine fast waagerecht abstrecken. Ich hasse weiche Möbel und arbeite mich wie in plötzlichem Erschrekken, gänzlich in diesem Pfuhl zu versinken, schnell wieder hoch. Hier werde ich nur mehr im Damensitz auf Sessellehnen zu sehen sein.

Da kommt die schöne Indonesierin auf mich zugewallt, läßt sich in meinen Sessel sinken, verdreht den Kopf zu mir hoch und macht mir unter ständigem Wimpernschlagen neckische Vorhaltungen. Sie hat sich bei Jessy über mich erkundigt. Nun bin ich der Blamierte, weil sie weiß, daß ich nichts mit der Ölbohrerei zu tun habe. Wahrscheinlich hat Jessy mir aus Eifersucht den Ölnimbus abgeschminkt. Ich habe ihn schon dieser Dame regelrecht auflauern sehen.

Vielleicht ist Schriftsteller noch besser als Ölbohrspezialist? Sollte ich jetzt nicht ein bißchen auftrumpfen? Aber weiß der Teufel, was die schöne Indonesierin sich unter einem Schriftsteller vorstellt.

Mir fehlt eben der rechte drive. Angst vor einer Abfuhr? Kaum.

Ich fühle mich angeknackt. Außerdem deprimiert mich diese Umwelt zutiefst. Auch mein Routineflirten kommt mir allzu abgekartet vor.

Alles, was ich so dahinrede, klingt für meine eigenen Ohren albern. Wer uns aber so dicht beieinander sitzen sieht, muß uns für zwei halten, die sich gefunden haben.

Ein Steward rettet mich aus der Situation: Er will etwas von mir. Also stehe ich von meiner Sessellehne auf. Zu meinem Staunen teilt mir der Steward mit, daß er eines meiner Bücher kennt. Gleich werden mir alle Stewards um etliche Grade sympathischer. Eine Art Komment verbietet es, mich sichtbarlich zu freuen, aber insgeheim genieße ich die Mitteilung des Stewards doch. Schade nur, daß die Indonesierin sich davongemacht hat und nicht mehr hören konnte, was der Steward mir eben zu sagen hatte.

Der Westwind, gegen den wir andampfen, ist nicht von schlechten Eltern. Er summiert sich mit dem Fahrtwind von unserer 28-Knoten-Fahrt zu einer Stärke, gegen die ich kaum noch ankomme, wenn ich draußen nach vorn laufen will. Ich muß mich gehörig gegen den Wind einstemmen. Meine Wetterjacke wird aufgeblasen wie ein Luftballon. Lange halte ich das nicht aus. Zwei Runden, und ich bin froh, daß hinter mir das Schott krachend ins Schloß fällt. Und nun zurück in die Kabine und nachlesen, was Joseph Conrad über den Westwind schrieb:

«Er ist ein Barbar nordischen Typs, gewalttätig, aber nicht hinterlistig, wild, aber nicht böswillig; man kann ihn sich vorstellen, wie er mit mächtigen Gliedern herrisch auf den bunten, goldenen Wolken des Sonnenuntergangs sitzt; über seinen Knien liegt ein zweischneidiges Schwert, er hat sein zerzaustes, goldlockiges Haupt vorgeneigt, über seine Brust fließt ein flammender Bart; prächtig, und riesenhaft, mit donnernder Stimme, geblähten Wangen und grimmigen, blauen Augen spornt er seine Stürme zur Eile an.»

In «Spiegel der See», dem Band, den ich jetzt in Händen halte, ist der Westwind Conrads großes Thema – ein langer, feierlicher Hymnus.

«Der Westwind regiert sein Reich, über dem die Sonne nicht untergeht, auf eine Art, für die das vorherrschende Nordatlantikwetter typisch ist. Diese Provinz bildet das Herz eines Weltreiches. Kein anderes Gebiet des Westwindes ist so dicht mit Generationen schöner Schiffer und kühner Männer bevölkert. Hier, innerhalb der Bollwerke seiner Herrschaft, haben sich Heldentaten und Abenteuer abgespielt. Die besten Seeleute der Welt sind im Schatten seines Zepters geboren und aufgewachsen; vor den Stufen seines stürmischen Thrones lernten sie, kühn und geschickt mit ihren Schiffen umzugehen.

Verwegene Abenteurer, schwer arbeitende Fischer, die weisesten und tapfersten Admirale der Welt haben auf die Zeichen an seinem Westhimmel gewartet, Flotten siegreicher Schiffe hingen an seinem Atem. Er hat in seiner Hand Geschwader kriegsnarbiger Dreidecker durcheinandergewürfelt und aus reinem Spaß Flaggen, die durch altüberkommenen Ruhm und seit jeher makellose Ehre geweiht waren, in Fetzen gerissen. Er ist ein guter Freund und ein gefährlicher Feind, gegen untaugliche Schiffe und kleinmütige Seeleute kennt er keine Gnade. In seiner königlichen Art hat er sich um alles Leben, das seiner impulsiven Staatsführung zum Opfer fiel, nur wenig gekümmert; er ist ein König, der ein bloßes, zweischneidiges Schwert in der Rechten hat. Der Ostwind ist als Eindringling in die Gebiete des Westwetters ein Tyrann mit reglosem Antlitz; hinter seinem Rücken hält er einen scharfen Dolch versteckt, mit dem er insgeheim zustößt.»

Ich blättere ein paar Seiten weiter und finde dies:

«Der Westwind führt seine autokratische Herrschaft, ob vierzig Grad nördlich oder vierzig Grad südlich des Äquators, immer mit offenherziger, großmütiger und aufrichtiger, barbarischer Rücksichtslosigkeit. Denn er ist ein großer Autokrat, und um ein großer Autokrat zu sein, muß man ein großer Barbar sein. Ich bin zu sehr durch seine Gewalt geformt worden, als daß ich mich noch gegen ihn aufzulehnen vermöchte. Und was wäre denn eine Auflehnung innerhalb der vier Wände eines Zimmers gegen die stürmische Herrschaft des Westwindes? Ich halte dem Gedenken des mächtigen Königs die Treue. In der einen Hand hält er ein zweischneidiges Schwert, und mit der anderen belohnt er diejenigen seiner Hofleute, die alle verborgenen Zeichen seiner Gemütsstimmung achtsam zu lesen gelernt haben, mit großen durchgesegelten Tagesstrecken und wunderbar schnellen Reisen. Wir Tiefwasserleute rechneten schon immer damit, daß er eines von drei Jahren für jeden, der auf dem Atlantik oder unten im Süden längs der ‹Vierziger› zu tun hatte, besonders lebhaft ausfallen ließ. Man mußte schon das Bittere mit dem Süßen nehmen, und es ist wohl wahr, daß er mit unserem Leben und Glück unbesorgt spielte. Aber er war doch immer ein großer König, und er verstand es, über die großen Meere zu herrschen, wo, strenggenommen, niemand etwas zu suchen hatte, es sei denn, er suche Abenteuer.»

Ich komme mir, wie ich wieder Cashew-Nüsse knabbernd und irgendein Mixgetränk süffelnd vor den großen Fenstern sitze, merkwürdig deplaziert vor.

Ich lausche auf die gedämpften Schiffsgeräusche, ich nehme Gesprächsfetzen und ein grelles Lachen aus dem halbdunklen Barraum auf, aber vom Windsausen, vom Zischen und dem Bratfettgeräusch, das sonst die schaumige Bugsee an der Bordwand macht, ist hier nichts zu hören: Die hohen Scheiben aus Sicherheitsglas sorgen dafür, daß die Urlaute der See nicht bis an meine Ohren dringen.

Das wäre mein erstes Schiff, dessen Brücke mir verschlossen bliebe. Was für ein merkwürdiger Mensch ist nur dieser Kapitän mit der Ordensschnalle, der mir immer wieder von den Titelseiten des «QE 2-EXPRESS» auf dem Teppichboden meiner Kabine entgegengrinst? Früher sind die Kapitäne alle nasenlang übers Schiff gelaufen, haben sich dem Volk gezeigt und Sicherheit und Wohlwollen ausgestrahlt. Dieser Kapitän ist bisher nur als Coverboy auf den täglichen Mitteilungsblättern sichtbar geworden. Heute abend soll ich ihn nun in natura besichtigen dürfen. Der Kapitän hat zu einem Empfang im Columbia Room eingeladen: Ich muß mich in meinen Smoking werfen.

Aber vorher sehe ich dem Atlantik zu, wie er draußen öde vorbeizieht. Die Scheiben sind regenbeschlagen und verdreckt, das macht den Anblick noch trister. Nur hier und da zeigen die Seen ein paar Schaumköpfe, aber auch die sind nicht weiß, sondern von der Farbe zu lange getragener Unterwäsche.

Wir laufen direkt gegen die See an. Die Stabilisierungstanks helfen da wenig. Das Schiff stampft stark. Diese paar Brechseen können es nicht sein, die das Schiff so stark bewegen. Eine sehr lange Dünung, die man von dieser Höhe herab und in diesem diffusen Licht kaum sehen kann, verursacht das Stampfen.

Ich wünsche mir, daß der Seegang zunimmt und daß es ungemütlich wird für das Narrenvolk auf diesem Schiff, daß es die Seefahrt zu spüren bekommt und die Illusion los wird, es bevölkere ein riesiges Hotel, nicht einen Dampfer. Ich würde gern noch mehr grünlich verfärbte Gesichter sehen.

Ich wünsche, daß wir in einen ordentlichen, handfesten Sturm kommen.

Was für eine Empfindung zwischen Angst und Hochgefühl war das, als die «Archsum» im schweren Sturm beigedreht war: Ich wußte, ich war der einzige, der sich eine so extravagante Verfassung leisten konnte. Den anderen killten die Hosen, und Miß Mabel, die der einzige Passagier war und nach Kairo wollte, kam fast um vor Angst. Eins war klar: Wir mußten schon Glück haben, wenn wir diesen Sturm heil überstehen wollten; die marmorierten Wände, die auf uns zukamen, waren für dieses Schiff zu hoch.

Die «Archsum» war für Algier, Port Said, Beirut und Famagusta bestimmt. Es wurde eine Reise, die es in sich hatte. Mitten in der Biskaya war die Hölle los. Der schlimmste Sturm dieses Jahrhunderts, der Tage zuvor schon manchen der holländischen Deiche zerstört und viele Schiffe in Seenot gebracht hatte. Unser Schiff mit seinen 100 Metern Länge und über 3500 Tonnen Tragfähigkeit hatte keine Chance mehr, gegen die Riesenseen anzukommen. Es mußte beidrehen. Diese Reise ging nur mehr up and down. Das Schiff arbeitete dabei so hart, daß einem angst und bange werden mußte.

Moderne Schiffe sind in extremem Seegang noch viel gefährdeter als die alten Segelschiffe, die sich mit einem Sturmsegel im Ruder halten ließen. Aber was soll die Schiffsführung eines kleinen Dampfers schon machen, wenn aus irgendeinem Grund die Maschine aussetzt oder beim heftigen Durchdrehen die Schraube von der Welle fliegt?

Wir hatten die meiste Angst vor einem Verrutschen der Ladung. Vor allem die Oberdecksladung – diese Menge bunter Fässer mit irgendeiner verdammten explosiven Flüssigkeit – beäugte ich von der Brücke aus immer wieder mit großer Sorge. Zeitweise war von den Fässern unter einem Teppich aus weißschäumender Gischt gar nichts mehr zu sehen. Immer wieder brachen sich allerschwerste Seen über dem Vorschiff und stauchten es weg. Das Dröhnen der Salven gegen den Schiffskörper klang wie irres Höllengelächter. Wenn die Brecher sich auf die Back stürzten, herrschte minutenlang nur zischende Flut und wühlende Brandung auf den Decks. Es war, als würden wir mit voller Kraft durch den Tumult jagen, so scharf knallten Güsse an die Fenster der Brücke, aber wir machten nicht einen Meter Fahrt über Grund. Grüne Wände wanderten auf uns zu, so hoch, daß mir der Atem stockte bei der Vorstellung, unser Bug würde nicht rechtzeitig angehoben und die ganze ungeheure Last bräche auf unser Schiff herab – eine Nußschale im Vergleich zu diesem Riesenzossen hier.

Das Schiff schlingerte fürchterlich. Der Lärm war ungeheuer. Das Zuknallen der Türen klang wie Kanonenschüsse. Die Türen festzurren, selbst das half noch nicht. Die Türen mußten festgezurrt *und* festgekeilt werden. Es gab nichts Warmes mehr zu essen: Kochen war unmöglich geworden. Corned beef, Wurst, trockner Käse – Verpflegung wie im Krieg. Überall hingen Sachen zum Trocknen. Es war schwer, einen trockenen Fleck zu finden. Alles schwamm. Die Luft roch nach Gammel. Im Salon herrschte ein grausiges Chaos. Obwohl die Möbel festgezurrt waren, hatten sich doch ein paar Stücke losgemacht. Drei Stühle schossen wie verrückt von einer Seite auf die andere.

Damals litt ich körperlich mit dem Schiff. Ich empfand die Schläge der Seen als gräßliche Quälerei und staunte, daß die Verbände noch hielten, daß keine Nieten wegplatzten.

Wenn so ein Dampfer erst mal Wasser macht, wird es kritisch.

Als sehr merkwürdig lebt das An- und Abschwellen der Sturmgeräusche in meiner Erinnerung. Manchmal, wenn sich eine riesige See vor uns hoch wie ein vierstökkiges Haus aufbaute, war es plötzlich so still wie im Zirkus, wenn vor dem dreifachen Salto mortale die Musik aussetzt, aber dann brach der infernalische Sturmlärm um so heftiger wieder los: ein Lärmtohuwabohu aus Schmettern, Schaben, Trommeln, Fauchen, Pfeifen.

Ein solcher Sturm überstieg die Kräfte meiner Phantasie. Und jetzt waren wir mittendrin. Die Großsprecher unter den Leuten waren still geworden. Die Sturmsee war kein Meeresanblick mehr: Draußen vor den Fenstern der Brücke war das Chaos, wie es der Schöpfung vorausgegangen ist. Die Vorstellung, daß irgendwo festes Land sein könnte, daß Herdfeuer in Häusern an der Küste brannten, war auf einmal ganz unwirklich. Wir waren in eine in Raserei geratene Kraterlandschaft aus Wasser geraten, und ich fühlte mich wie unter einem Häuflein Überlebender einer Weltkatastrophe. (Richtig begriffen habe ich es trotz aller Erklärungen bis heute nicht, wie sich die ungeheuren Kräfte in den Sturmseen bilden. Auch daß Seen nicht wandern, obwohl wir von «wandernden Seen» reden.)

Der Alte hatte eine überaus trockene Art, wenn er von den schwersten Stürmen seines Lebens erzählte: «Am schlimmsten war es mal auf der Reise vom Panama-Kanal nach Japan mit der ‹Main Ore› – achtzigtausend Tonnen Deadweight. Innerhalb einer Stunde ging der Wind von noch handiger Stärke in schweren Orkan über. Obgleich es ein Klotz von Schiff mit über dreihundert Meter Länge und fünfzehn Meter Tiefgang war, kamen so gewaltige Seen übergerollt, daß der dreißig Tonnen schwere Reservepropeller vorn auf dem Backbord-Hauptdeck versetzt wurde, seine Eisenlaschings waren total verbogen. Dasselbe passierte mit dem neun Tonnen schweren Anker auf der Back. Auch ein paar Windhutzen wurden zusammengeschlagen, Geländer verbogen. Die Farbe an der Reling schälte sich ab, der Decksaufbau achtern auf dem Poopdeck riß an seinen Ecken ein. Nach knapp zwei Stunden wars nur noch eine gewöhnliche Sturmsee . . .»

Der Chief der «Otto Hahn», der mit in der Runde saß, warf ein: «Sozusagen kurz, aber gründlich!» und tat, als hätte er wunder was für einen Witz gerissen.

In der Offiziersmesse der 9. Unterseebootsflottille in Brest stellte sich eines Tages beim Mittagessen heraus, daß keiner aus der großen Schar der Bootsoffiziere und auch keiner vom Stab, außer dem Alten, den Namen Joseph Conrad je gehört hatte. Ob das heute anders ist? Muß ein Schriftsteller etwa zwangsläufig in dem Maße in Vergessenheit geraten, indem sein Objekt keine Leidenschaften mehr weckt?

Ich wäre gern Seemann geworden. Seemann gehört zu dem Dutzend Berufen, die ich versäumt habe. Architekt wäre ich auch gern geworden. Filmregisseur, Zirkusinszenator, Kunstschreiner, Holzbildhauer. Auch Eisengießer, Schweißer – aber kein Akkordschweißer, sondern einer wie Calder. Und natürlich Schriftsetzer . . . Aber damit ist die Liste noch längst nicht komplett.

Insgeheim beneide ich Joseph Conrad: Erst als Kapitän fahren und dann Schriftsteller werden, was für ein Leben! Fast empfand ich es als Trost, als ich kürzlich las, daß der vergötterte Conrad von seinem Kapitänspatent für große Fahrt nicht gerade exzessiven Gebrauch gemacht hat:

Conrad, der eigentlich Korzeniowski hieß und, Sohn

eines polnischen Landadligen, aus dem tiefsten Polen stammte, hatte als Segelschiffkapitän nur ein Jahr lang das Kommando über eine Barke, dann hängte er sein Patent an den Nagel und war nur noch Schriftsteller. Als er den Dienst als Seemann quittierte, war er erst 37 Jahre.

Beim Lesen Joseph Conrads spüre ich am deutlichsten die Entfremdung moderner Schiffsführung von den alten Tugenden der Seefahrer. Die See ist längst nicht mehr der große Lehrmeister wie zu seinen Zeiten, die alte Auf-Gedeih-und-Verderb-Verbindung der Seeleute besteht nicht mehr. Die See, die hinter den trüben Scheiben dieses Schiffes vorbeizieht, ist nicht mehr die «unergründliche, herzlose See» Joseph Conrads.

Wenn er die See als ein lebendiges Wesen schildert, dessen Charakter es zu ergründen gilt, ist das wie ein Widerhall aus dahingegangener Zeit: «Die See war niemals nach dem Vorbild der gütigen Erde irgendeiner Menschenrasse treu, Tapferkeit und schwere Arbeit und Selbstaufopferung haben auf ihr kein Merkmal hinterlassen, niemals und nirgends hat sie eine Herrschaft als endgültig anerkannt und sich der Sache ihrer Herren angenommen wie der Erdboden, wo die siegreichen Menschenvölker Wurzel schlagen, ihre Kinder wiegen und ihren Toten Mäler setzen konnten. Mann oder Volk – wer sein Vertrauen auf die Freundschaft der See setzt und der eigenen Stärke und Tüchtigkeit vergißt, ist ein Narr! Das Meer kennt kein Mitleid, keine Treue, kein Gesetz, kein Gedenken; es ist, als wäre es für menschliche Tugenden zu mächtig und zu groß. Seine Unbeständigkeit kann menschlichen Zwecken nur durch unverzagte Entschlossenheit und schlaflose, bewaffnete, argwöhnische Wachsamkeit, in denen eigentlich immer mehr Haß als Liebe liegt, dienstbar erhalten bleiben.»

Im Krieg war das für mich wie ein Evangelium. Diese Zeilen hatte ich damals fest im Sinn. Den Suchblick auf meinen Sektor von 90 Grad gerichtet, skandierte ich Conrads Sätze mit stummen Lippen – und jetzt, beim Wiederlesen, bin ich der von damals: Ich halte mein Gesicht den peitschenden Wasserschnüren entgegen, die der

Bug unseres Boots beim harten Einstampfen aus der grünen See reißt: «Unverzagte Entschlossenheit und schlaflose, bewaffnete, argwöhnische Wachsamkeit ...»

Mr. Taylor erscheint, teilt mir, Vorwurf in der Stimme, mit, er habe mich schon überall gesucht, und überreicht mir einen Aktendeckel, auf dem *thumbnail descriptions* mit Bleistift geschrieben steht. Er behauptet, «that will be of interest for you ...»

Thumbnail descriptions – das werden wohl über den Daumen gepeilte Informationen sein. Ich lese mit einiger Neugier: *Die Fläche, die auf diesem Schiff pro Passagier zur Verfügung steht, ist 72 square feet groß. Auf der ersten «Queen Elizabeth» war sie nur 47,75 square feet* – und plappere vor mich hin: «Wer wollte da nicht von Fortschritt reden?»

Mr. Taylor blickt mich fragend an: Er versteht kein Deutsch. Ein Gin Fizz ist ihm aber recht, also bestelle ich zwei.

Das Ruder wiegt 80 Tonnen, jeder der vier Anker wiegt 12 1/2 Tonnen. Die Ankerketten sind 2200 Fuß lang. Das Schiff kann 6413 Tonnen Treiböl bunkern, lese ich weiter.

«Das ist wohl für die Amerikaner bestimmt?» frage ich Mr. Taylor. Schier begeistert nickt Mr. Taylor zustimmend: «Ja, die amerikanischen Journalisten lieben solche Zahlen und Statistiken.»

Jetzt ist der rechte Augenblick, um Mr. Taylor zu erklären, daß ich statt immer neuer Statistiken und Zahlenvergleiche doch lieber die Maschinenräume dieses erstaunlichen Dampfers, «of this amazing ship», kennenlernen würde. Sogleich bekommt er wieder diesen merkwürdig entgeisterten Ausdruck zwischen Erschrekken und Stumpfsinn. Auch diesmal stoße ich bei ihm auf taube Ohren, schlimmer noch: Mr. Taylors Gesichtsausdruck wird gequält, dann redet er einfach über mich hinweg.

Jetzt sind die Stabilisatoren sein Thema: Dank den Stabilisatoren, behauptet Mr. Taylor wieder, soll das Schiff nur noch Rollbewegungen bis zu 3 Grad machen können. Wers glaubt! 3 Grad, das ist fast nichts. «Aber doch nicht, wenn das Schiff quer zur See fährt?» gebe ich zu bedenken.

«Doch!» beharrt Mr. Taylor.

«Gegen das Stampfen nützen Ihre Stabilisatoren aber anscheinend gar nichts», sage ich, eine Spur weniger freundlich, «meine Kammer geht jedenfalls ganz schön up and down, und der Krawall ist auch beachtlich.»

Mr. Taylor ist irritiert, weil er mich auf einmal grinsen sieht. Er kann nicht wissen, daß ich statt «beachtlich» eigentlich «nicht von schlechten Eltern» sagen wollte und mich jetzt die wörtliche Übersetzung «Not from bad parents» amüsiert.

«Ja, im Vorschiff ist das leider so», bedauert Mr. Taylor in seinem üblichen pomadigen Tonfall.

Dann versorgt er mich aus einer zweiten Informationsmappe: *Die «QE 2» verfügt als erster Passagierdampfer über die für die Satellitennavigation nötigen Einrichtungen. Der Satellit, der die Navigationssignale gibt, umkreist die Erde in einer Höhe von sechshundert Meilen . . .*

«Großartig!» falle ich Mr. Taylor ins Wort. «Diese Einrichtungen möchte ich mir eben liebend gern einmal ansehen, Satellitennavigation kam in meinem Seefahrerdasein noch nicht vor. Ich kenne nur Decca – und den üblichen Behelf: Mitkoppeln und natürlich astronomische Navigation. Satellitennavigation – wie die funktioniert, kann ich mir denken, aber ansehen würde ich mir die Anlage schon verdammt gern. Wie wäre es denn, wenn ich Sie, um der Langeweile zu entgehen, gelegentlich an Ihrer Arbeitsstätte auf der Brücke besuchte?» frage ich.

Mr. Taylor tut so gequält, als würde ich ihm die Haut in kleinen Stücken abziehen. Der Kapitän habe strenge Order gegeben: Kein Mensch auf die Brücke. «No exception. It's a rule!» gibt er zur Antwort.

Wie ich das höre, bin ich sofort bereit aufzugeben, «It's a rule!» Dagegen, das weiß ich, hilft kein Wünschen, kein Argumentieren. «It's a rule!» Damit bin ich schon ein paarmal außer Gefecht gesetzt worden.

Im Bostoner «Ritz» wollte ich, von einer langen spätabendlichen Fernsehsendung und der Sommerhitze total erschöpft, im coffeeshop – wohlgemerkt im coffeeshop, nicht im Restaurant – etwas zu essen und zu trinken haben, bekam aber nichts, weil ich zu meinem Khakihemd, von einem erstklassigen Schneider gemacht, keine Krawatte trug. Auf meine empörte Frage, wem denn der verrückte Einfall, mir als Hotelgast Essen und Trinken zu verweigern, gekommen sei, erhielt ich zur Antwort: «It's a rule!»

Aus! Keine Diskussion: It's a rule.

Mr. Taylor sitzt verlegen auf der Sesselkante. Er hatte wohl mehr Widerspruch erwartet und nicht, daß ich mich jetzt mit meinen eigenen Gedanken statt mit ihm beschäftige. Mit einem knappen Gruß macht er sich davon.

Hungrig bin ich damals in Boston nicht in die Falle gegangen, ich doch nicht! Der versnobten Bande habe ich gezeigt, wo Barthel den Most holt. Hier gings freilich um Bier, nicht um Most, und geholt hab ichs gleich um die Ecke. Ich bin also hoch und wieder raus aus dem Hotel, schräg gegenüber gabs ein «MacDonald's», aber für diese Art von american food kann ich mich nicht erwärmen. Deshalb latschte ich auf meinem Trottoir weiter und um die Ecke. Da entdeckte ich einen jüdischen «Delikatessen»-Laden, der um diese Stunde – der berühmte jüdische Erwerbssinn – noch auf hatte, und fünf Minuten später saß ich, Füße hoch, in einem tiefen Sessel in der stinkfeinen Halle des «Ritz», links zwei Bierdosen in Reichweite auf dem Teppich, rechts zwei und vor mir eine weiße Tüte neben der anderen: aufgeschnittenes Brot, Brötchen, Schinken, Wurst, Gurken . . . alles dreifach eingewickelt.

Man muß sich seiner Umgebung, ihrem Stil und ihren Regeln, eben anpassen. Nur hier an Bord will mir das noch immer nicht gelingen. Ich mache das übliche Theater zwar mit, aber ich finde es affig, viel zu überzogen – im Grunde unerträglich.

Daran ist auch die Attitüde der Restaurant-Stewards schuld. Die meisten sehen aus wie Luftwaffengeneräle, das heißt, diese Art von Dinnerjackets mit goldgeflochtenen Schulterstücken lassen an einstigen Militärpomp denken, ihre auf der Brust reich gefältelten Hemden hingegen eher an brasilianische Bandleader. Diese Brüder spielen ihre Rollen allesamt hundsmiserabel. Sie schlampen. Sie werden mit ihrer Neigung zur Faulheit nicht fertig und lassen allzu deutlich durchblicken, daß ihnen ihr Job keinen Spaß macht. Sie imitieren zwar Devotheit, aber im Grunde sind sie dickfellig und halb aufsässig: Dienst nach Vorschrift, aber auch kein Jota mehr. Die perfekte Leck-mich-am-Arsch-Haltung. Und von mir wird verlangt, daß ich so tue, als merkte ich das nicht. Zu meiner Rolle gehört Sich-dumm-Stellen, auch Dickfelligkeit, aber eine andere Art Dickfelligkeit als die der Stewards: eine Art abweisende Überheblichkeit. Zu meiner Rolle gehört vor allem ein unablässiges faire semblant. Ich muß so tun, als ob ich das Ganze nicht durchschaute, als ob ich nicht wüßte, daß ich diese im Grunde aufmüpfige Bande nur mit ihrer Hoffnung auf dicke Trinkgelder zur geschauspielerten Devotion bringe.

Vieles kommt zusammen, daß mir das Leben auf diesem Zossen zuwider wird. Nicht mal ein Zeitung gibt es. Wenn ich unterwegs bin, schaue ich allerdings kaum je in Zeitungen, und auf anderen Schiffen habe ich auch keine Zeitung gehabt. Daß sie mir hier fehlt, hat seinen Grund: Ich fühle mich ja eher in einem öden Hotel als auf einem Schiff. Von einem öden Hotel dieser Preiskategorie erwarte ich die Lieferung einer Zeitung als den mindesten Service.

Dafür gibts doch diesen hübschen handlichen «QE 2-EXPRESS», sage ich mir. Zu diesem Einwand kann ich nur lachen: ein unübertrefflich jammervolles Produkt des Informationsgewerbes. Den Menschen, der die Texte für dieses läppische Bordblättchen zusammenstellt, würde ich gern mal sehen. Ich stelle ihn mir so verschlafen wie die Bewacher des Schalters «Lost properties» vor. Da lobe ich mir die Prospektdichter, die verstehen sich auf Kunst und Geschäft.

Und Mr. Taylor fällt mir auf die Nerven. Als ich ihn zufällig vor einer Fahrstuhltür treffe, sage ich zu ihm, um ihn zu tratzen, ich hätte unter die Leute gebracht, daß sich tief unten im Schiff eine Division Vietnamesen abrackere, und zwar in Treträdern, die alle auf die Schiffswelle gekoppelt seien. Die armen Kerle, die Cunard von den Amis gekauft habe, dürften nicht erfahren, daß der Krieg aus ist – nur *deshalb* sei der ganze untere Bereich so hermetisch abgeschlossen.

Daran hat Mr. Taylor vorerst zu schlucken.

«Das könnte doch was sein für Ihre amerikanischen Journalisten?» sage ich noch obenhin. «Wenn die erst mal Lunte riechen . . .»

Mr. Taylor atmet tief durch. Wenn er jetzt wenigstens schauspielerische Fähigkeiten entfaltete. Aber wie er den Verzweifelten spielt, ist nur zum Lachen.

Und nun passiert, was ich nicht erwartet habe. Mr. Taylor erklärt, er wolle noch einmal mit dem Kapitän reden, er glaube nunmehr doch, daß in meinem Fall eine Ausnahme gemacht werden könne – schließlich sei ich ja doch Seemann . . . Jetzt ist es an mir, zu staunen: Diese armen, unermüdlichen Vietnamesen, was die fertigbringen!

Ich würde mich gern mit Mr. Taylor über Schiffsunfälle unterhalten, aber dafür ist er wahrscheinlich zu unbedarft. Selbst wenn er schon welche erlebt haben sollte, sind Schiffsunfälle für ihn sicher ein Verschweigethema. Darüber redet man nicht.

Ich habe auch einmal Bilder von Schiffsunfällen aus alten Jahrgängen der «Gartenlaube» gesammelt wie die Familie Gibson von den Scilly-Inseln ihre Strandungsphotographien. Früher hatten alte Kapitäne gern Bilder von Schiffsunfällen an der Wand. Das Vergnügen am Dasein läßt sich durch den Anblick des Verhängnisses, das andere getroffen hat, durchaus steigern.

Ich schnitt das Thema «Vergnügen am Unglück anderer» einmal im Gespräch mit dem Alten an. Er fand: «So perverse Gedankengänge sollte man Kapitänen nicht unterstellen. Sturmbilder mit mächtigen Seen geben eben besonders eindrucksvoll die Schönheit der See wieder. Solche Bilder dienen einfach der Erbauung . . .»

«Auch wenn inmitten ein schwer angeschlagenes Schiff zu sehen ist?» fragte ich dazwischen.

«Die Schiffe», sagte der Alte, «sind auf solchen Seelandschaften nur Attribute. Sie dienen lediglich dazu, die Höhe der Seen zu veranschaulichen.»

Da unterstellte ich, sagte ich, wahrscheinlich anderen meinen eigenen schlimmen Charakter. Ich jedenfalls hätte, was nie vorher geschehen war, nach dem zweiten Herzinfarkt ein paar Wochen lang Todesanzeigen aufmerksam gelesen und immer dann eine Art Genugtuung – sicher eine recht schnöde – empfunden, wenn der schwarzgerandete Text mit den Worten «Plötzlich und unerwartet» begann und der so abrupt Hingeschiedene es auf etwa sechzig Jahre gebracht hatte.

So drastisch wie damals von Malern und Stechern werden heutzutage Schiffsunfälle freilich nicht mehr dargestellt. Die moderne Photographie sieht das Unglück nüchterner. Aber auch heute geben die meisten Unfälle auf See manches Rätsel auf. Sie sind nur schwer zu rekonstruieren. Da wird vertuscht und verfälscht, daß es nur so eine Art hat. Fast immer geht es um Riesensummen. Das Hin und Her der Seeamtsverhandlungen ist für den Laien nur schwer zu verstehen. Schon das Verhalten von Bergungsschleppern muß einem Binnenländer Hekuba sein: Es kommt vor, daß sie sich bis ganz in die Nähe eines Havaristen heranarbeiten und dann doch lange Zeit untätig bleiben, manchmal so lange, bis nichts mehr zu retten ist. Da waren eben noch Leute an Bord, das Schiff war noch nicht aufgegeben, doch die Funkverhandlungen mit der Reederei versprachen nicht genug Gewinn. Auch wenn im Gespräch mit dem Alten das Thema «Bergungsschlepper» aufs Tapet kam, meinte er, ich kolportierte lästerliche Verdächtigungen. Es gebe ja internationale Schiedsstellen, «Lloyd's Arbitration» zum Beispiel oder das deutsche Seeschiedsgericht. Wenn ein Berger von einem in Seenot befindlichen Schiff unbillige Zusagen auf Bergungslohn einholen, den Kapitän gewissermaßen erpressen wolle, werde später der Lohn durch Schiedsspruch reduziert. Im übrigen gelte: No cure – no pay!

Viele der spektakulärsten Schiffsunfälle – auch solche aus neuester Zeit – sind kaum zu begreifen: Da karren zwei Schiffe im weiten Rund der Kimm bei schönem Wetter so lange aufeinander los, bis es kracht. Präziser hätte die Stelle einer Kollision, wäre sie beabsichtigt gewesen, nicht berechnet werden können. Hinterher fragt man sich, wie um Himmels willen konnte das geschehen? Hier war kein enger Schiffahrtsweg, sondern so viel Platz nach allen Seiten, wie sich der Mensch nur vorstellen kann.

Mich können Nachrichten von solch absurden Kollisionen nicht mehr erschüttern, seit ich einmal erlebt habe, wie es fast dazu gekommen wäre. Nur mit knapper Not entgingen wir damals der Kollision. Im Interesse des Chiefmate, der das Kommando hatte, will ich das Schiff nicht nennen. Die See war still, die Sicht konnte nicht besser sein. Ringsum absolut klare Kimm. Die Reinheit des Anblicks wurde nur gestört durch einen Massengutfrachter, der direkt auf uns zuhielt. Unser Erster zeigte auch dann, als der andere schon ziemlich nahe war, keine Spur von Nervosität. «Nerven wie Schwebebahnseile» zeichneten ihn aus. «Liberianer», murmelte er unter dem Glas hindurch, «die Herrschaften müssen ausweichen!»

Unser Erster hatte recht: Die Ausweichpflicht lag bei den anderen. Aber der Steuermann auf dem «Liberianer» dachte gar nicht ans Ausweichen. Jetzt wurde es brenzlig. Aber unser Erster hielt Kurs und Fahrt bei, er sprang zum Hebel fürs Typhon und ließ das Signalhorn dröhnen. Die Wirkung war erstaunlich: Der andere schlug einen Haken von fast 90 Grad. Wir dampften an seinem Heck vorbei.

«Das hätte ins Auge gehen können!» sagte ich so gleichmütig wie möglich zum Ersten.

«Komischen Fahrstil haben diese Leute!» war die Antwort. Der Erste verhielt sich kommentgemäß: Nur kein Nervenflattern spüren lassen. Erst als eine halbe Stunde vergangen war, sagte er: «Ich wette, die haben auf der Brücke Karten gespielt!» Ich sagte: «Als Ursache für eine gepflegte Ramming vermutlich kaum ausreichend – oder?»

Wenn mehr Seefahrer über ihren Beruf schrieben, müßten höchst interessante Geschichten zutage kommen. Sie tun es nicht. Wahrscheinlich hindert sie daran das Gefühl, so etwas schicke sich nicht. Piloten verhalten sich nicht anders. Leute, die schreiben, gelten als verdächtig, als unseriös. Sooft ich auch nach dem Flugkapitän Braunburg bei anderen Piloten fragte, bekam ich Antworten mit einem Beiklang von Geringschätzung. Und gerade er hat dem Berufsstand der Piloten durch seine Bücher über das Fliegen Ansehen verschafft.

Zum Glück habe ich ein paar alte Zeitungen, die ich aus Zeitnot noch nicht lesen konnte, auch solche mit Meldungen und Artikeln über die «QE 2», mitgebracht. Die schleppe ich in den Außentaschen meiner Jacke mit mir herum. Darin finde ich auch was über Reisegruppen-Animateure. Solche Gaudiburschen, die den Passagieren ständig sagen können, was sie jetzt unternehmen sollen – Yoga oder Ikebana, Kino oder *a little walk around the deck* –, fehlen noch an Bord. Sie erst würden das Maß des Dauerentertainments vollmachen.

Ein erfahrener Animateur äußert sich in meiner Zeitung als Interviewpartner: «Der Durchschnittsbürger will also auf der einen Seite aus seinem mechanisierten Alltagsleben ausbrechen, Neues erleben, sich entspannen, endlich das tun, wozu er sonst keine Zeit hat, vielleicht auch keinen Mut. Gleichzeitig will er aber nicht auf seinen gewohnten Lebensstil (Essen, Sauberkeit, Sprache) und auf eine gewisse Sicherheit verzichten. Dem Touristen etwas zu bieten und andererseits einen Ausgleich herzustellen zwischen dessen Wünschen und Einstellungen, ist demgemäß also die Hauptaufgabe eines Animateurs.»

Nachgerade wird mir klar, worin für manchen die Reize von Kreuzfahrten bestehen. Ich kann sie mir nur als entsetzliche Cauchemars vorstellen.

Und nun erfreue ich mich gleich noch an einem Zeitungsartikel über das Schiff. «Eine City mit allen facilities urbanen Lebens an Bord», lese ich da und finde auch das komisch. Die meisten Passagiere kommen sicher aus Städten. Im Wechsel, im Ungewohnten sollte doch der

Reiz einer Reise liegen. Die «schwimmende Stadt» wird zum Nonsens, wenn einer eine Seefahrt unternimmt, um der Stadthektik zu entfliehen.

Ich werde mit meinem Verdacht wohl recht haben, daß die Leute, die hier so tun, als wären sie Wohllebe gewöhnt, zu Hause in eher miesen Verhältnissen leben und auf solche Schiffe nur gehen, um einmal zu zeigen, was sie sich leisten können. Deshalb werden wohl auch die Bekleidungsvorschriften gar nicht als Zwänge empfunden, sondern als willkommene Aufforderung, die teuren Plünnen, die sonst nur im Schrank hängen, vorzuzeigen. Wo sonst könnten die alten Schachteln aus irgendeinem texanischen Nest ihre verrückten Takelagen, diese tief ausgeschnittenen und grellfarbigen, bodenlangen Abendkleider allabendlich vorführen?

Eine solche Schau ridiküler Roben habe ich bisher nur in Montegrotto, einem Thermalbad, erlebt, wo wir uns alljährlich meiner halbmaroden Knochen wegen in der «stillen Zeit» des Jahres einfanden.

Als wir letztes Mal dort waren – das heißt das letzte Mal, ehe es mich beinahe erwischt hätte und ich dann wochenlang im Ospedale Civile in Padua herumlag –, erlebten wir ein denkwürdiges Weihnachtsfest «auf italienisch»:

Drei Tage vor dem Heiligen Abend war einem etwa siebzigjährigen glatzköpfigen, immer äußerst korrekt daherkommenden Deutschen, dem man den Beamten zweifelsfrei ansah, die Frau im Hotel gestorben. Die Direktion gab sich alle Mühe, das so schlecht zu den Festvorbereitungen passende triste Ereignis zu vertuschen und den plötzlich zum Witwer gewordenen Beamten zur Heimkehr mitsamt Leiche zu bewegen.

Aber die italienischen Beamten, die in diesem Fall in Aktion zu treten hatten, waren anscheinend nicht gesonnen, vor den Feiertagen ihre Arbeit zu leisten – oder was der Grund der Verzögerung auch sein mochte. Die Leiche kam in ein Kühlhaus, der Witwer blieb uns erhalten.

Am nächsten Morgen stand er in seinem hoteleigenen Kapuzenbademantel in der Bäderabteilung herum und beklagte sich auf deutsch bei den schulterzuckenden italienischen Fangomenschen, er sei von der schwarzen Schiefertafel mit der Zeiteinteilung gestrichen worden, habe aber noch fünfmal Fango und fünfmal Massage gut. Da ihn keiner verstand oder nicht verstehen wollte, beklagte sich der großgewachsene Mann mit hoher weinerlicher Stimme – seine Vermummung machte den Auftritt noch absurder – bei mir: «Meine Frau ist gestern gestorben, aber meine Kur ist doch noch nicht fertig. Ich habe noch fünfmal Fango gut, und die streichen mich hier einfach.»

Am dritten Morgen lief er mir wieder über den Weg: «Der Masseur weigert sich einfach. Der will mich nicht massieren. Ich habe doch noch fünf Massagen gut.»

Es war nicht zu fassen: Dieser tütelige pensionierte Ministerialrat, oder was immer er auch war, wollte trotz meiner mit aller Milde vorgebrachten Erklärung nicht verstehen, daß die Italiener als wohlerzogene Katholiken kaum imstande seien zu verstehen, daß gerade jetzt vor Weihnachten . . . daß kein Italiener, dem die Frau gerade gestorben sei, auf den Gedanken käme . . . Die schwierige Interpretation brachte mich ins Stottern.

Der Masseur nahm mich später beiseite und fragte mich mit zögernder Hilflosigkeit, ob sich die Deutschen in puncto Pietät tatsächlich so ganz anders verhielten als seine Landsleute.

Der Witwer blieb, wie in Trotz erstarrt, bis ins neue Jahr. Von der Direktion hätte er sicher eine erkleckliche Summe erpressen können, wenn er *vor* der Weihnachtsfeier oder doch wenigstens *vor* der Silvesterparty verschwunden wäre.

Wieder mal Zeit zum Essen. Die Brillenschlange ist nicht erschienen. Die Schweizerinnen auch nicht. Ich kann sie also nicht im full dress bewundern. Wahrscheinlich seekrank. Statt Konversation zu pflegen bessere ich mein Englisch mit Hilfe der Speisekarte auf: «Red Currant Jelly» ist also rotes Johannisbeergelee. Das gibt es zur Pfefferminzsoße, die wiederum zur gebratenen Lammschulter gehört. «Cranberry», die Preiselbeere hingegen, figuriert unter den «Tempting Starters». Und als Nachtisch kann ich mir, wenn ich will, «Strawberries», Erdbeeren mit crême fraiche oder ein «Gooseberry-Jelly» bestellen.

Während ich auf das Erscheinen des Stewards warte, lese ich in meinen alten Zeitungen den Artikel über die «QE 2» weiter:

«Die bloße einfache Überfahrt auf der ‹QE 2› kostet je nach Saison und Kabine 1 750 bis 8 310 Mark ... In einer Erster-Klasse-Kabine mittlerer Kategorie kostet die Reise 3 500 Mark.» So genau erfährt man das aus den Cunard-Prospekten nicht. Da werden die Preise eher schamhaft verschwiegen. Ich lese auch, daß die «QE 2» eines der schnellsten Atlantikschiffe sei, die je gebaut wurden. Das ist ein Gemeinplatz, den ich so nicht gelten lassen möchte. Inzwischen weiß ich es besser.

Mit dem großen Menschheitstraum von einst, das Meer zu bezwingen, hat das hier alles nichts mehr zu tun. Während der Blütezeit der Dampfschiffahrt diente das Aufgebot von wirklichem Luxus dazu, die Illusion von Triumph über die Elemente zu erwecken, und die Geschwindigkeit war einer der Aspekte von Luxus. Und heute? Die Reise mit diesem Riesenschiff ist zum irrationalen Anklammern an die Vergangenheit geworden, wofür wir uns die inzwischen längst abgegriffene Bezeichnung «Nostalgie» zugelegt haben.

Ein Traumschiff also, das die Vergangenheit wieder zum Leben bringen soll? Dieses Schiff ist als Oceanliner fast so absurd wie eine Postkutsche auf der Brennerautobahn. Von der prospektgerühmten vielgerühmten Gastlichkeit kann keine Rede sein, und der als «einmalig» gerühmte Service ist nur lässig vorgeführter Drill. Wo bleibt da der «Luxus»?

Ich wende wieder einmal in Gedanken den Begriff «Luxus» hin und her. Was ist überhaupt Luxus? Ein Betäubungsmittel? Nur ein Placebo? Wo beginnt der Luxus?

Wenn ich behaust bin, Kleidung und Essen habe, ist dann nicht schon alles, was darüber hinausgeht, der pure Luxus? Kein absoluter Begriff also, vielmehr wird er von jedem als etwas anderes empfunden.

Im U-Boot-Stützpunkt hatten wir während des Krieges eine hochbetagte Köchin. Sie hatte als junges Mädchen schon für Aristide Briand gekocht und war eine Meisterin ihres Fachs. Wer auch immer zu uns zum Essen kam, konnte nur staunen. Wir bekamen für unsere kleine Einheit die gleichen Lebensmittelquantitäten wie jede andere in der Flottille, kauften auf dem schwarzen Markt ein paar Gewürze dazu und hatten eben diese uralte Zauberin. Das ging eine Weile gut.

Eines Tages erklärte sie unter Tränen, sie halte die Schikane nicht mehr aus. Was sie für die Mannschaft heimlich extra kochen müsse, könne kein Mensch essen. Da erfuhren wir, daß der Küchenmaat sie zu Labskaus und Königsberger Klopsen zwang. Genauso wie zu Hause wollten es die niederen Dienstgrade haben. Unsere Luxustafeleien waren ihnen zuwider – «bis obenhin».

Was also ist Luxus? Am Ende gar das Bedientwerden? Das Nichtstun? Die Befreiung von der Alltäglichkeit?

Ich sollte dem Vater der englischen Familie auf den Zahn fühlen. Aber was würde ich schon von ihm erfahren? Schlagwörter.

Nochmals läuft mir Mr. Taylor über den Weg, hält mir ein Büschel Papiere hin und fragt, ob mich das interessiere: *Basic Catering Requirements* lese ich und frage mich gleichzeitig, wann hat Mr. Taylor eigentlich Dienst?

«Aber natürlich!» sage ich. Sein nicht erlahmender Eifer muß schließlich belohnt werden. Her mit dem Papierkram! Wenn ich mich für die technischen Anlagen schon nicht interessieren soll und die Brücke off limits ist, werden wir uns eben an Gedrucktes halten.

Ich lasse mich also in den nächsten Sessel fallen und lese. Dabei erfahre ich, daß wir für eine Hin- und Rückreise über den Atlantik reichlich mit Eß- und Trinkbarem versorgt seien, wobei als Hinreise die Route New York–Southampton gilt: Alles, was das Schiff an Proviant in den Kühlräumen hat, stammt aus Amerika.

Mich interessieren die Posten «Caviar» – davon haben

wir 150 englische Pfund, und «Kosher food» 650 Pfund. Beides erscheint mir wenig, verglichen mit unseren 5000 Pfund «Ice Cream».

Wozu wir 35 850 «Cutlery» (Stahlwaren) und 26 200 Kopfkissenbezüge brauchen, bleibt mir ein Rätsel. Wir haben eine Wäscherei an Bord. Oder sollte etwa für den Fall vorgesorgt werden, daß die mal streikt?

Mr. Taylor will ich lieber nicht fragen. Er sitzt so plüschohrennett neben mir. Jetzt sagt er mit deutlich hörbarem Stolz, es seien 41 verschiedene Whiskysorten an Bord und 43 Zigarrenmarken.

«Na bitte!» entfährt es mir. «Aber es gibt leider keine Maschinenräume und keine Brücke.» Mr. Taylors Gesichtszüge nehmen wieder ihren hilflosen Ausdruck an.

«Verzeihung. Ich habe nur laut *gedacht.*»

Nun gut, sage ich mir, viel kann da oben sowieso nicht los sein. Keine große Leistung, diesen Zossen querüber zu steuern. Ausweichmanöver sind nicht nötig: Weit und breit kein Schiff zu sehen. Unser Dampfer schippert straight ahead auf dem Großkreis dahin. Mr. Taylor wird sich, wenn er da oben Dienst tut, nicht gerade überarbeiten müssen.

Dann sticht mich doch der Hafer, und ich frage ihn: «Wieso braucht man, um sechshundertfünfzig Pfund *Kosher food* zu verarbeiten, *threethousandsixhundredforty items of Kosher crockery*? – was koscheres Küchengeschirr bedeutet.

Mr. Taylor weiß das nicht, aber er will sich danach erkundigen. Der gute Junge!

Ich könnte ihn noch fragen, warum seine Bestandslisten so interessante Posten wie zum Beispiel Särge und deren Stückzahl verschweigen. Bei Kreuzfahrten, könnte ich ihm sagen, kommt man doch gar nicht ohne einen ordentlichen Vorrat davon aus. Das Durchschnittsalter der Passagiere ist beachtlich hoch, und die längsten Reisen dauern drei Monate; was für einen Bedarf an Särgen kalkuliert denn da ein umsichtiger Cruise Director ein?

Mr. Taylor macht heute einen so zutraulichen Eindruck, daß ich es nicht wage, ihn schon wieder in Verlegenheit zu stürzen, so frage ich ihn nur: «Welchen von den einundvierzig Whiskies wollen wir denn jetzt probieren?»

An der Library gehe ich später vorbei: Ich brauche heute abend kein Buch. Die Cunard-Prospekte bieten genug an Poesie und Belehrung:

Erregung schwebt wie Elektrizität im verschwenderischen Casino auf dem Upper Deck. Der Club ist eine reisende Version des berühmten Sportsman Club of London und hat seine eigene reizvolle Bar. Sie können Roulette, Blackjack oder mit Würfeln spielen und das bei Einsätzen von nur einem Dollar. Versuchen Sie es eines Abends und Sie erhalten einen echten Geschmack vom «High Life» auf hoher See.

Im «Sportsman Club Casino» wird von halb vier nachmittags an gejeut und dann wieder ab zehn Uhr abends. Ich könnte also, wenn ich nur wollte, mein Geld nachmittags *und* abends verspielen: Mehr an Service kann keiner erwarten.

Es ist auch erhebend zu lesen, wie sehr sich alle freuen, daß ich an Bord bin. Diese allumfassende Freude vom Kapitän bis herunter zum Tellerwäscher! 950 Männer und Frauen: Offiziere, Köche, der Hotelmanager und der «Mannschaftskapitän» mit all ihren Assistenten, Stewards und Stewardessen geraten vor lauter Freude aus dem Häuschen, wenn sie mir nur helfen können, dieses herrliche Leben zu leben.

Und der Golflehrer freut sich, der Saunamensch, der Masseur, der Tontaubenschieß-Fritze – alle, alle, alle! Nur – und das ist doch erstaunlich: Kein einziger Ingenieur, kein Dieselheizer, kein Maschinenwärter freut sich. Die underdogs hat der Texter rigoros von der allgemeinen Freude ausgeschlossen: Kein schöner Götterfunken darf bis in die Maschine dringen.

Cunard hat mich so gut mit Werbematerial versorgt, daß ich begierig in immer neuen Prospekten blättern und dabei immer neue Werbe-Imperative entdecken kann. Darunter diesen: *Arbeiten Sie, wie Sie es niemals vorher getan haben!*

Und in kleinerer Schrift darunter: *Wenn Sie arbeiten*

müssen, könnten Sie dazu keinen besseren Platz finden. Heben Sie den Hörer ab, wählen Sie 848 und Stenotypistinnen, Diktiergeräte, Tonbandgeräte, Film- und Diaprojektoren, Filmleinwände und Wandtafeln können die Ihren sein.

Die Versuchung ist groß in mir, den ganzen so angepriesenen Rummel in meine Kammer kommen zu lassen.

Daß ich nicht lache! Die Werbepoeten sind schon ausgewachsene Spaßvögel. Erst hieß es *Once in your life, live!*, und nun diese schnöde Aufforderung, an Bord zu schuften ...

Eigentlich sollte ich mir die Cunard-Offerte zunutze machen und an einem Manuskript in meiner Tasche arbeiten, wie ich es mir vorgenommen habe, aber ich entschließe mich, dem Cunard-Imperativ zu trotzen, mit meinem schlechten Gewissen fertig zu werden und diesen Dampfer samt dem Schiffsvolk so genau in Augenschein zu nehmen wie nur möglich.

Ganz unten steht, wo ich mich, wenns nicht klappt, beschweren kann. Mit dem Zahlmeisterbüro soll ich mich in Verbindung setzen. *Je rascher Sie es uns sagen, desto schneller können wir Abhilfe schaffen* ... Ein wichtiger Tip.

Und jetzt kommt mir plötzlich die echte Queen in den Sinn: Als sie mit ihrem Duke of Edinburgh durch Deutschland reiste und ich in der Journalistenmeute immer mit, sah es ganz so aus, als sei sie vor allem mit Mampfen beschäftigt. Für die Königin, hieß es damals in den Blättern, sei die Deutschlandtournee eine einzige Schlemmerreise. Wenn sie im Buckingham-Palast nichts Besseres vorgesetzt bekommt als das, was die Küche hier fabriziert, wird das wohl gestimmt haben. Damals schrieb ich: «Wahrscheinlich steht ihr der Sinn längst nach einem ordentlichen Irish-Stew.» Ich sollte mir auch einmal ein Irish-Stew servieren lassen.

Von weitem sehe ich die englische Familie wieder an ihrem großen Rundtisch versammelt. «Luxury», muß ich denken und auch, ob diese Reise das Richtige für die fünf Kinder ist? Jetzt werden die ohnehin schon viel zu dicken

Gören wochenlang mit Essen vollgestopft, und was die herrlichen Distraktionen anbelangt, so habe ich die Kinder bisher nur Puzzle legen sehen. Die halbwüchsigen Töchter sind schon zu fett, als daß sie noch Tischtennis spielen könnten. Die Mutter – das muß man ihr nachrühmen – war fleißiger. Ich habe sie bei Yoga und Jogging gesehen.

Die Kapitänsparty im «Queens Room» beginnt. Der Kapitän, diese baumlange ölige Type in viel zu kurzem weißen Dinnerjacket, anscheinend von der Stange, Ordensspange an der linken Brust, empfängt wie der König von Spanien: Er hat sich vier Stufen hoch aufgebaut, sozusagen im Halbprofil. Der Purser steht ihm in zwei Meter Abstand gegenüber – zwei Stufen tiefer.

Der Kapitän trägt zum Affenjäckchen mit blauen Schulterstücken, goldenem Knopf und vier Goldstreifen eine steifgestärkte Hemdbrust und eine Smokingschleife. Seine Haare wirken überlackiert. Die Deckenlampen spiegeln sich in der akkurat zurechtgestrichenen schwarzen Pracht, die von einer hell leuchtenden Lausebahn in Hälften geteilt wird.

Sein Haushofmeister, der Purser, ist, wie um des Kontrasts willen, weißhaarig und rosig. Sein Jackett ist blau mit einem Silberstreifen. Auch er hat sich eine Smokingschleife vorgebunden.

Plötzlich habe ich die Indonesierin an meiner Seite. Sie trägt einen sehr durchsichtigen Fummel, kurioserweise hochgeschlossen: Unter dem Kinn bildet der blumenbedruckte Chiffon eine dichte Krause nach dem Muster alter Kreppapiere um Blumensträuße.

Der Bordphotograph hat schon die große Kamera vorm Gesicht. Ich brülle über den Redelärm aus dem Ballsaal hinweg dem Zahlmeister meinen Namen ins bereitwillig hingehaltene Ohr – ich brülle, weil mir das Ohr immer noch hingehalten wird, ein zweites Mal. Der Zahlmeister nickt endlich und brüllt quer über den Gang in Richtung Kapitän: «Mister and Misses Puckem!»

Der Kapitän zerrt sich ein abscheuliches Freak-Grinsen aufs Gesicht und hält mir seine Rechte wie ein Stück

Tauschhandelsware entgegen. Ich grapsche danach, es blitzt, blitzt noch mal.

«Hello, Mister Puckem!» orgelt der Kapitän im tiefsten Baß. Dann reicht er, so läuft anscheinend das Ritual auf amerikanisch, seine große Flosse der Indonesierin hin und röhrt: «Hello, Missis Puckem!»

Rasch zieht er seine Hand zurück, als habe ihn die Angst überfallen, sie könnte ihm abhanden kommen, faßt sich, als müsse er jetzt seine sehr lang geratenen Arme wie die einer Stockmarionette irgendwie arretieren, mit beiden Händen an die Spitzen seiner lächerlich kurzen Dinnerjacke und tut so, als wolle er sie schnell mal glattziehen. Dabei ist das Stück, tailleneng wie ein Damenkorsett der Jahrhundertwende, brettsteif gestärkt.

Das nächste Paar trabt noch nicht an, und so gehe ich auf den Kapitän direkt zu: «Ich würde Sie gern», werfe ich lässig hin, «mal auf der Brücke besuchen.»

Der Kapitän bringt seinen Körper von der Hüfte an in leichtes seitliches Schwanken, und es sieht aus, als wolle er unerwartete Bewegungen des Schiffes so mit Anstrengung ausgleichen. Das dauert eine Weile an, bis er endlich hervorbringt, er glaube nicht, daß das möglich sein werde.

Fürs Glauben gibts Kirchen, möchte ich ihm am liebsten sagen – und auch: Ist das aber ein schrulliger Dampfer! Statt dessen starre ich ihm schräg hoch auf den Mund, als könne daraus noch etwas kommen. Aber Mr. Brooks preßt die schmalen Lippen zusammen und sieht auf einmal aus wie das trotzige Kind, das seine Suppe nicht essen will. Nun stellt er auch das Hin- und Herschwanken ein und richtet seinen Blick entschieden in die Tiefe des Ganges. Aber weil da noch immer niemand erscheint, reißt er plötzlich den Mund auf und röhrt: «Have you enough to eat, Mister Pucke?»

Ich bin so perplex, daß ich nicht einmal «yes» oder «no» sagen kann. Vor lauter Verlegenheit dreht da dieser stocksteife Mann eine halbe Pirouette und läuft auch noch rot an. Wortlos knetet er alsdann seine Hände und schießt schließlich abrupt, wie von einem Tritt in den

Hintern in Schwung gebracht, auf ein Paar los, das sich in großer Kriegsbemalung nähert.

«Mister and Misses Grünspänn», ruft der Purser.

«Hello, Mister Grünspäk», dröhnt der Kapitän. Diesmal schäumt er vor Begeisterung fast über.

Die Grünspans bringt das sichtlich in Verlegenheit. Ich stehe in fünf Meter Abstand hinter dem Zahlmeister, lasse mir nichts von der Szene entgehen und grinse.

Da stockert die kaum noch gehfähige Pyjama-Lady aus der «Midships Bar» heran und bleckt schon von weitem den Kapitän mit ihren kostspieligen Jacketkronen an.

Als sie endlich Hand in Hand mit Mr. Brooks dasteht, blitzt es. Schon morgen früh wird das Farbphoto an den Photowänden neben dem Casino unter 500 anderen mit der ewig gleichen Szene, aber wechselnden Akteuren hängen. Nicht zuletzt für den Photographen ist diese Farce ja arrangiert. «Mister and Misses Herrschel!» höre ich in meinem Rücken, und dann wie ein verstümmeltes Echo: «Hello, Mister Ersch!»

Die Szene ist bei Hofe abgeguckt, aber hier als Schmiere inszeniert. Der als Haushofmeister figurierende Zahlmeister scheint schwerhörig zu sein, und deshalb trompetet jeder Neuankömmling seinen Namen beim zweiten Mal selber so laut, daß der Kapitän, in seiner Baumeslänge unmittelbar vor den jeweiligen Delinquenten stehend, ihn unmöglich überhören kann. Das Ritual verlangt jedoch, daß er sich dämlich stellt und so tut, als habe er nichts vernommen. Erst wenn der Haushofmeister das, was er von dem zugebrüllten Namen aufgenommen hat, weiterbrüllt, hört der Kapitän offiziell zu. In der Art, wie er aus zwei verschiedenen Namen einen dritten zur Begrüßung bildet, zeigt sich Routine. Ich bin noch gut weggekommen. Mit Mr. und Mrs. Mendelssohn wird ruppiger verfahren. Der Kapitän begrüßt sie: «Hello, Mister Son!»

Die vier Tänzerinnen, die sich «Sweet Elegance» nennen, fungieren als eine Art Ehrenjungfrauen. Sie geleiten die aufgeputzten Passagiere zu den Gruppen von Schiffsoffizieren hin, die alle in ihren steifgestärkten weißen Leinenjäckchen erschienen sind. Einige tragen dazu schwarze Bauchbinden, zwei, drei sogar gefältelte Philipinohemden. Alle stehen steif, Glas in der Rechten, herum und blicken ausdruckslos in die Gegend: Schiffsoffiziere bei einem befohlenen Empfang.

Unter den Passagieren sieht man viele weiße Smokings. Auch Kombinationen aus weißen Smokingjacken mit phantastisch großen Schmetterlingsschleifen und schwarzen Hosen dazu sind vertreten. Ein Mitpassagier, der ein auffallendes rotes Käppi zu einem Jackett aus Silberlamé trägt, ist auch mit von der Partie. Ich habe ihn schon ein paarmal von weitem beobachtet. Stets trug der schon leicht geschrumpfte Alte dieses rote Käppi und mimte den Jovialen. Jetzt erfahre ich von ihm, daß er «jüdischer Gesangskünstler» sei und schon zum sechsundfünfzigsten Mal über den Ozean fahre. Für diese Leistung heischt er sichtbar Anerkennung. Ich frage auch erstaunt: «Sechsundfünfzigmal?»

«Ja, kein Mal weniger», antwortet der alte Herr.

Der Anteil jüdischer Passagiere unter dem Schiffsvolk ist auffallend groß. Haben Juden besonders viel Geld oder besonders viel Angst vorm Fliegen? Oder werden sie besonders stark von Nostalgie bewegt? Wollen sie einfach lieber nach der Väter Art reisen als mit modernen Jets?

Jessy hat sich in ein schwarzes Samtgewand im Smokingschnitt geworfen. Auch die Band trägt heute abend schwarze Smokings anstatt ihrer üblichen blauen, aber sosehr sich die zwölf Musiker auch anstrengen, sie bringen nichts in Schwung.

Nahe am Tanzparkett hat eine Gruppe mittelalterlicher Amerikaner – eine Herrenpartie aus Texas – die Polstersessel zusammengerückt. Diese Leute hätten jetzt einen speziell auf Amerikaner gedrillten Animateur verdammt nötig, um in Fahrt zu kommen. Ohne einen Leithammel, der sie aufs Parkett führen und ihnen die Sprünge vormachen müßte, sind sie nicht zu gebrauchen. Der Bandleader, der sich eher schon verzweifelt als routiniert da vorn abhampelt, schafft es jedenfalls nicht, diese trägen Wänste aus der Tiefe ihrer Sessel hochzuhieven.

Unter den älteren Amerikanern überwiegen die Damen deutlich: allesamt Witwen. Die gleiche Sorte, die wir in Kashmir trafen: wohlfrisiertes, violett getöntes weißes Haar unter verrückten Hütchen, großgeblümte oder pinkfarbene Kleider. So waren sie selbst noch in unwegsamen Bergregionen unterwegs – keine unter siebzig. Und wir wußten, wenn wir dieser grotesken Gruppe begegneten, nie, ob wir diese zähen alten Frauen bewundern oder bemitleiden sollten, die irgendwo in Texas oder Minnesota zum Dach der Welt aufgebrochen waren und ihr Amerika überdeutlich mit sich herumschleppten. Einige malmten Kaugummi ihren Prothesen zum Trotz.

Wenn ich es mir nur eingestehen wollte: Sogar diese Reise verhilft mir zu neuen wichtigen Erfahrungen. Warum nur nimmt sich kein Verhaltensforscher dieses Schiffsvolk vor? Die Graugänse wollen mir als Ausweichobjekte recht kümmerlich vorkommen. Da haben sich diese Provinzamis in Schale geworfen, rote Smokingjacketts, weiße, silberdurchwirkte, ja sogar karierte mitgeschleppt – und dabei doch wohl beabsichtigt, sich zu amüsieren –, und nun liegen sie da herum, als könnten sie ohne fremde Hilfe nicht mehr weiter.

Was sehe ich! Die Indonesierin hat sich einer Runde Specknacken, amerikanischen, etwas weiter weg von der Tanzfläche im bergenden Halbdunkel, beigesellt. Über das rechte Ohr hat sie sich eine große rote Blüte drapiert, ihr bloßer Busen schimmert fahl. Donnerlüttich, denke ich, was bei mir «kaum zu glauben» bedeutet. Ist die Tropenschöne etwa im Dienst?

Jetzt erhebt sie sich und schreitet bis in die Mitte des Parketts direkt auf Jessy zu. Als sie schon nahe heran ist, vollführt sie extrem gedehnte Bewegungen, läßt ein «Hello!» über ihre grellgeschminkten Lippen schmelzen und streicht Jessy bewundernd über die Vorderfront seines Samtjacketts. Und schon ist sie wieder ins Halbdunkel zu ihren Amerikanern neben dem Orchesterpodium entschwunden.

Jessy bleibt bemerkenswert lange, rechte Hand in der Hosentasche, salopp also, aber doch deutlich verlegen, mitten im Saal stehen. Über der Szene leuchtet grün die Queen in ihrer Nische. Die Band spielt dazu die passende Melodie, und ich summe mit: «Es grünt so grün ...»

In dem Rudel Journalisten, in dem ich wie die Meute hinter dem Fuchs dem Original dieses grünen Gipses nachjagte, hieß die Queen «die Themseliesel». In Bonn beim britischen Botschafter wurde ich ihr vorgestellt.

«No picture taking, no tapes – it's a social occasion», waren wir alle vorher ermahnt worden. Ich stand da und wußte nicht, was ich sagen sollte. Da geschah ein Wunder: Im Fenster hinter der Queen fuhr direkt in ihre rechte Schulter hinein ein Rheinkahn, der weiß auf schwarz den Namen «Elizabeth» zeigte. Ich brauchte Madame nur zu bitten, sich zum Fenster umzudrehen und die Vorbeifahrt als Huldigung entgegenzunehmen. Es sah ganz so aus, als sei ich es gewesen, der das arrangiert hatte.

Wenn ich Mr. Taylor offenbarte, daß ich seine Königin kenne, würde er mich sicher mit ganz anderen Augen ansehen und mir nun endlich wenigstens die Brücke zeigen. Vielleicht sollte ich es mal im Gespräch einfließen lassen.

Der tütelige jüdische Sänger geht mir wegen seiner Gefallsucht – er hält ständig, als sei das sein Markenzeichen, eine Rose in der Hand – so auf die Nerven, daß ich jedesmal wegsehe, wenn er meinen Blick und damit auch mein Kameraobjektiv sucht. Anscheinend kennen ihn die Stewards allesamt.

«Wo steckt denn Lecomte?» frage ich Jessy.

«Der telephoniert wie immer.»

Das unausgesetzte Telephonieren scheint Lecomte ein Gefühl von Wichtigkeit zu geben. Oder treibt ihn die schiere Eifersucht dazu? Jessy ließ mich wissen, er sei mit einer schönen Farbigen verheiratet. Einen Ehemann hätte ich zuallerletzt in ihm vermutet.

Immer wieder gerät mir Mr. Brooks in den Blick. Er überragt einige seiner Offiziere um Haupteslänge. Auf Mr. Brooks habe ich einen Piek. Ich kann ihn mir nicht als den «wirklichen Befehlshaber» dieses Schiffes vorstellen, er wirkt auf mich eher wie der Frühstücksdirektor einer gut durchorganisierten Verwaltung.

Ich werde nicht recht klug, welche Obliegenheiten außer Händeschütteln und Herumstehen für Kapitän Brooks übrigbleiben. Mit der Mannschaft hat er offensichtlich nichts zu tun. Es gibt, wovon ich noch nie gehört habe, einen Mannschaftskapitän auf diesem Schiff. Mit dem zivilen Teil der Besatzung, den Stewards zum Beispiel, kann er auch nicht viel zu schaffen haben, denn das Schiff hat einen Hoteldirektor.

Auf größeren Passagierschiffen hat es zwar schon immer einen «Stellvertretenden Kapitän», den «Stuff Captain», gegeben, oder die Stelle des 1. Offiziers war doppelt besetzt. Hier aber erscheint mir der «Aufsichtsrat» besonders vielköpfig.

Kapitän Brooks wird sich wohl durch seine gesellschaftlichen Verpflichtungen ausgelastet fühlen dürfen. Für die Navigation hat er schließlich seine Offiziere. Gerade sehe ich ihn an den überhell beleuchteten Schaufenstern der Ladenstraße vorüber nach achtern schreiten, immer die Ordensschnalle an der Brust.

Ich bin gegen das Zurschaustellen von Kriegsorden allergisch, und seien es nur bunte Bändchen, und begreife nicht mal jene Leute, die sich die Rosetten ihrer Verdienstorden anstecken. Ganz hübsch für die Vitrine zu Hause, aber wie kann man den bunten Klimperkram nur ernst nehmen, da doch jedermann weiß, wie leicht man zu so einer Reversgarnierung kommt, und wie viele Totalnullen damit herumstolzieren. Wie schlimm muß es um die stehen, die solche Dekorationen brauchen, um sich imposant zu geben. Sie gleichen den Negerhäuptlingen auf vergilbten Photos aus der Kolonialzeit, die sich stolz und in den Posen ihrer Vorbilder, der großen europäischen Monarchen, mit Epauletten, Zweispitz und der Brust voll Orden ablichten ließen. Bokassa ist es gelungen, diese Harlekinade bis in unsere Tage fortzuführen.

Wenn ich diesen Kapitän mit meinem ehemaligen Alten vergleiche, kann ich nur den Kopf schütteln. Der Alte blieb auch später der Seefahrt treu und führte zuletzt, bis zu seiner Pensionierung, das Nuklearschiff «Otto Hahn».

Nur im «äußersten Notfall» – so drückte er sich selber aus – zog der eine Uniformjacke an. Wenn vor dem Einlaufen die Lotsen an Bord kamen, zum Beispiel. Sonst trug er, wie er das gewohnt war, verwaschene Hemden und möglichst vergammelte Pullover. Er bekundete die gleiche Aversion, die ich gegen ladenneue Sachen habe. Schließlich würden ihn die Leute an Bord ja kennen, war seine, die eigenen Kleidersitten entschuldigende Erklärung.

Aber gerade darin hatte er sich getäuscht, und ich konnte ihm beim abendlichen Bierklön in seiner riesengroßen Kammer mit leicht schadenfrohem Vergnügen berichten – es war am fünften Tag der Reise von Rotterdam nach Durban –, daß eine von den frisch angeheuerten Stewardessen sich auf linkisch vertrauensvolle Weise an mich gewendet und nach allgemeinen Erkundigungen über die Bordroutine auch gefragt hätte, was denn eigentlich der weißhaarige ältere Herr, mit dem ich in der Messe am Tisch sitze, auf dem Schiff tue. «Nicht viel! hättest du sagen müssen», dröhnte der Alte. Aber am nächsten Tag trug er unterm alten Pullover ein weißes Hemd.

Im Kriege verhielt sich der Alte ganz so wie Conrads «old man». Nach dem Auslaufen schien er erleichtert, daß «der ganze Hafengammel» nun endlich wieder mal vorbei war, aber während der ersten Tage der Reise wollte er nicht angesprochen werden, und er ließ im Boot alles seinen Gang gehen. Der Captain in Joseph Conrads «Spiegel der See» igelte sich nach Verlassen des Hafens ein und überließ alle Arbeit seinem Obersteuermann (der niemand anderes als Joseph Conrad war): «Immerhin blieb bei aller Größe meiner Illusion (der Befehlshaber zu sein) die Tatsache bestehen, daß der wirkliche Befehlshaber noch da war und mein Selbstvertrauen stützte . . .» Der Alte pflegte in diesen Tagen zu sagen: «Schließlich habe ich ja erstklassige Spezialisten.»

Als der Krieg schon vier Jahre gedauert hatte, ertrug er, inzwischen zum Flottillenchef avanciert, den Wechsel aus der Urlaubsfreiheit in den Dienstbetrieb, aus der Uniform in die Gammelklamotten noch schlechter. «Man sollte am besten gar nicht mehr in Urlaub fahren», war damals seine Rede. «Urlaubsverzicht, das wäre das gescheiteste. Raus aus den Kartoffeln – rin in die Kartoffeln . . . Das verträgt doch keiner. Die Männer kommen ja total erledigt wieder.»

Wenn es nur die Wechseldusche zwischen Heimat und Front gewesen wäre! Schon ein solcher Schockwechsel hätte gereicht, um jedem die Nerven zu ramponieren. Aber es war noch schlimmer: Wer in Urlaub fuhr, geriet vom Regen in die Traufe. Statt Wasserbomben Luftminen. Statt Alarmglocken Alarmsirenen. Die Urlauber erzählten von Luftangriffen mit Bordkanonen und MGs auf Züge mitten in Deutschland.

Aus purer Neugier pirsche ich mich an eine dichtgedrängte Gruppe heran. Über Schultern spähend entdecke ich als ihren Mittelpunkt den jüdischen Sänger: Ich hätte es mir denken können. Eine der von Cunard angestellten Chanteusen, die in großer, blitzeschießender Abendrobe erschienen ist, fragt ihn, woher er komme. Der Alte, mit seiner Rose beschäftigt, hat sie nicht verstanden, und so fragt sie ein zweites Mal. Sicher will sie wissen, welche Engagements er hatte. Der alte Herr antwortet nur: «Aus Lodz», und erntet damit großes Gelächter.

Nach einer Stunde Herumguckens, hier ein bißchen Gequatsche, dort ein mühsames Gelächter, weiß ich mit Gewißheit, daß sich kein Spaßvergnügen mehr entwikkeln wird. Stimmung so ausgelassen wie im Kontakthof vom Palais d'amour an der Reeperbahn, hätte mein old man gesagt, der wahrscheinlich schon nach den ersten zehn Minuten wieder gegangen wäre. Im Sich-Verdrükken hatte er eine besondere Routine entwickelt. Zum Kapitän eines solchen Dampfers wäre er so geeignet wie . . . Die Gedanken stocken, bis mir «wie ein toter Hund zum Beißen» wieder einfällt, unser Spruch aus Kriegszeiten. Der Alte und Kapitän Brooks, zwei äußerst verschiedene Repräsentanten ein und desselben Berufsstandes.

«War nicht die Welt», sage ich im Abgehen noch zu Jessy. «Ein wahrer Wort ward nie gesprochen», höre ich ihn hinter mir.

Später sitze ich, wie ich das nun schon gewöhnt bin, wieder an meinem Stammplatz und sinniere, den Blick nach draußen, vor mich hin: Nirgends ein Schiffslicht, auch kein Stern, nur grauschwarze Ödnis mit einem Schimmer Violett darin. Erst nach langem Hinsehen erkenne ich die feine Tonabstufung, durch die sich die Kimm abzeichnet: Die See ist fast schwarz. Nachtmeer. Nur hier und da wie trübe Basiliskenaugen ein paar Schaumstellen.

Zugleich mit der dunklen Fläche des Nachtmeers sehe ich als fahle Projektion auf der Glasscheibe vor meinen Augen den Barkeeper hantieren: Er schüttelt gerade in seinem silbernen Shaker einen Drink zurecht, wahrscheinlich für die Dame, von der ich nur einen bleichen, tiefen Rückenausschnitt und ein langes signalrotes Kleid zu sehen bekomme.

Diese Überblendung durch einen Spiegeleffekt ist eine Übertragung meiner gestörten Empfindungen ins Optische: Ich bewege mich über den Atlantik und fahre doch nicht zur See. Der rote Fetzen hat sich mir wie eine Capa vor den Blick gehängt. Im Ohr habe ich das Geklingel der Eisstücke im Shaker, nicht das Stampfen und Wuchten von Schiffsmaschinen. Wenn ich das Bild vor meinen Augen fixieren könnte, würde ich es mir mit einer schwarzen Leiste einrahmen und es «Blick vom Luxusliner» nennen.

Ich komme mir, wie ich so dahocke, fragwürdig vor, buchstäblich fragwürdig: Was habe ich hier verloren? Ich bin zu den Amis unterwegs, aber diesmal ohne rechten Grund. Am Ende, beschwichtige ich mich, ist das Unternehmen doch zu was nütze. Ich kann mir jetzt besser vorstellen, wie damals die großen Truppentransporter über den Atlantik karriolten. So wie jetzt wird die See meistens ausgesehen haben, nur haben damals mehr Augenpaare auf die See gestarrt. Außer den Leuten auf der Brücke verschwendet hier keiner einen Blick nach draußen. Ich wette, daß die schöne Indonesierin, wenn ich sie fragte, nicht mal sagen könnte, was für ein Wetter herrscht.

Wie sich in dieser Gegend die See dem Blick vom U-Bootsturm darbot, das weiß ich.

Damals, im Frühjahr 1942, blieb für die ordensgeilen Kommandanten nach der Rückkehr von der Feindfahrt kaum Zeit, sich in Paris richtig auszuvögeln. Die Edelpuffs in Paris hatten schlechte Zeiten. Brennstoff, Proviant und neue Torpedos ins Boot – ein bißchen Flickschusterei von der Werft, und ab ging die Post: Marschfahrt zur amerikanischen Ostküste. Die meisten Kommandanten waren auf amerikanische Dampfer so scharf wie die Jesuitenpatres aufs Himmelreich. Die Amis karrten vor ihrer Ostküste wie die blöden Hammel durch die Gegend. Sie machten kaum einen Versuch, sich der Attakken durch die U-Boote zu erwehren.

«Hasenschießen» – wie man das allgemein nannte –, genau das war es.

In der Flottille herrschte eine verrückte Euphorie: Die Amis sind ja Klapsmänner! Das sind doch keine Seeleute! Mit diesen Kaugummifressern werden wir allemal fertig. «Viel Feind, viel Ehr», der hehre Spruch aus den Zeiten Wilhelms II. hatte eine ganz neue Bedeutung bekommen: Die Halsorden waren billig geworden. 100 000 Bruttoregistertonnen war die Marke. Vor der Ostküste hatte man sie schnell zusammengeschossen. Und bei 200 000 Tonnen gab es das Eichenlaub zum Ritterkreuz.

«The entry of America into the war» – so lese ich es noch heute immer wieder und staune über die vage Formulierung, die nicht deutlich macht, daß wir, «Das Großdeutsche Reich», den Amerikanern den Krieg erklärt haben. Die Rede Hitlers vor dem Reichstag am 11. Dezember 1941 habe ich wieder und wieder gelesen. Ein wichtiges, heute kaum mehr glaubhaftes Dokument für den Haß und die Anmaßung, die damals grassierten – auch für das schnöde, blasphemische Sichberufen auf die «Vorsehung» und den «Willen des Allmächtigen».

Ein Jungrezensent, der sich des «Boots» annahm, hatte mit Hilfe des Kalenders festgestellt, daß wir, als das Großdeutsche Reich mit Italien und Japan den USA den Krieg erklärten, gerade auf See waren. Er warf mir vor, keine Zeile von der tiefen Depression, die diese Nachricht doch auslösen mußte, zu Papier gebracht, ja die Kriegserklärung an die USA gänzlich unerwähnt gelassen zu haben. So ungenau sei wahrscheinlich das ganze Buch, folgerte der Ahnungslose. Das klang bösartig, aber ich nahm mir die Kritik dennoch zu Herzen und kramte nicht nur in der eigenen Erinnerung, sondern fragte auch den Alten, wie das denn damals war, wie wir denn reagiert hätten, als uns die Funknachricht erreichte. «Gar nicht», sagte der Alte, «wir waren froh, daß endlich klare Verhältnisse herrschten.»

Klare Verhältnisse, das hieß: Jetzt konnten wir amerikanische Kriegsschiffe, die entgegen den Völkerrechtsregeln Geleitdienste für die Briten leisteten, angreifen und waren nicht mehr in der Bredouille, wenn sich ein Handelsschiff, das offenkundig Kriegsmaterial transportierte, als USA-Dampfer zu erkennen gab.

An das ungeheure Potential, das nun gegen uns mobilisiert werden würde, dachten wir nicht. Keiner von uns kannte die USA. Amerika, das war nur eine große, grüngetönte Landmasse auf dem Atlas – natürlich ein ganzer Kontinent –, aber wennschon! «Die dämlichen Amis», das bürgerte sich schnell ein. So war das nun mal: Daß wir nun auch mit den Amerikanern im Krieg waren, ließ uns absolut gleichgültig. Vielleicht wirkt Geschichte auf jene, die unmittelbar an ihr teilhaben, ganz anders, als die Historiker sie später schildern.

Wenn ich *jetzt* an diesen ordensscharfen Verein denke, fühle ich mich hundert Jahre von ihm entfernt. Aber das Boot ist wieder ganz da – und ich sehe die Bilder, die uns das Meer damals zeigte, so deutlich, als hätte ich sie gestern erst in mich aufgenommen.

Jetzt sieht die See draußen vor den Fenstern langweilig und öde aus. Mein Standpunkt ist zu hoch. Dieses Monstrum von Schiff verdirbt mir auch noch den Anblick der See. Viele hundert Stunden habe ich meinen Blick auf die See gerichtet gehalten und alle ihre Gesichter gesehen, jetzt muß ich die Augen schließen, wenn ich «wirkliche» Bilder von der See bekommen will. Wir blickten nicht *auf* die See herab, wir konnten die hochdünenden Wogen von unten sehen: Der herrlichste Anblick, den die alte Erde bieten kann. Nur war keine Zeit, sich Hochgefühlen hinzugeben. Wir mußten vielmehr jede Falte dieser Urlandschaft durchspähen und konnten uns nicht der Schönheit der düsteren Hänge mit den weißgezähnten Kämmen hingeben.

Es ist halb elf. Also muß das Casino aufmachen. Ich fahre zum Upper Deck hinauf und wechsele im Upper Deck nach der Steuerbordseite hinüber. Schon stehe ich im Eingang zum Casino mitten unter einer Schar alter Knacker mit plissierten Hemden und Bauchbinden nach Art der Toreros und einem Troß phantastisch herausgeputzter alter und uralter Ladies mit überreichem Glitzerschmuck. Eine mit einem Diadem wie eine Kaiserin.

Wo hält sich dieses Volk nur während des ganzen lieben langen Tages verborgen? Nachtvögel, die erst um diese Stunde munter werden? Geriatrischer Brillantenkreuzer – jetzt und hier wird der Spottname sinnfällig.

Ich ziehe inmitten der karnevalesken Schar ins Casino ein. Und nun zähle ich erst mal die slot-machines, die einarmigen Banditen. Es sind 62, ein tüchtiger Happen Las Vegas mitten auf dem Atlantik, in der Wasserwüste statt in der Sandwüste. Der schwarzbärtige Casinomanager heftet sich aufgeregt gestikulierend an meine Fersen. Er hat die Kamera in meiner linken Hand erspäht und ängstigt sich nun, ich könnte Aufnahmen von seiner Kundschaft machen. Ich tratze den düsteren Stutzer, indem ich die Kamera hin und wieder leicht anhebe, worauf er, als wolle er hands up machen, seine Arme hochreißt.

Seit ich in Macao war, bin ich gegen die Versuchung zu spielen gefeit. In Macao habe ich – ich war das erste Mal in einem Spielkasino – auf Anhieb tüchtig gewonnen. Dann bin ich schlafen gegangen in mein üppiges Hotel, das der Spielbank gehörte. Nachts überkam mich das Gefühl, ich hätte eine Glückssträhne, und ich sagte mir, es hieße sicher das Glück mit Füßen treten, wenn ich nicht wieder aufstünde, mich anzöge und mit dem Lift hinunterführe, um den Gewinn zumindest zu verdoppeln. In Macao hat die Spielbank rund um die Uhr auf. Prompt verlor ich den Gewinn wieder und noch einiges dazu.

Hier kann an drei Tischen Blackjack und an einem Tisch Roulette gespielt werden. Der Minimum-Einsatz ist fünf, der maximale 200 Dollar. Mit vergeblichen 200-Dollar-Einsätzen kann man schnell eine Menge Penunzen loswerden.

Woran mag es liegen, daß die Damen, die an den Blackjack-Tischen den Betrieb regeln sollen, heute untätig vor sich hin gähnen, daß die Smokinggreise und die Nerzgreisinnen sich auf die slot-machines gestürzt haben? Ist heute ein Spartag, der nur kleinen Einsatz erlaubt? Nach welchen Ritualen läuft das? Einen der Glatzköpfigen fragen? Da wendet sich schon einer von der slot-machine weg und mir zu, grinst und entblößt dabei ein prächtiges Nußknackergebiß und sagt baßtief: «Hello!», geradeso, als ob wir uns kennten. Ich bringe meine Frage an, warum es heute alle Welt mit den einarmigen Banditen hielte. «No special reason, just for fun!» ist die Antwort. Und dann kommt noch: »Nur so – aus reinem Jux.» Das war akzentfreies Deutsch. Mein Gegenüber gibt sich ungefragt als jüdischer Rechtsanwalt aus Frankfurt zu erkennen, der noch rechtzeitig vor den Nazihäschern nach den USA entfliehen konnte. Für ihn, erfahre ich, habe das hier alles einen Hauch von Nostalgie und deshalb einen starken Reiz: Die vergangenen Zeiten . . . Er mache diese Fünfeinhalb-Tage-Reise nur, um sich wieder einmal wie ehedem zu fühlen.

Endlich ein ehrlicher Mann, denke ich mir und versuche noch mehr zu erfahren: «Aber ist das ganze Schiff nicht doch nur ein kompletter Anachronismus?« frage ich ihn.

«Doch, natürlich», gibt er zu, «gerade das reizt mich ja. Ich habe diese Überfahrt schon Dutzende von Malen gemacht.»

Der Rechtsanwalt redet jetzt wie ein Buch über den Stimmenwirrwarr hinweg: «Natürlich war das früher eine ganz andere Sache, damals, als sich die ‹Queen Mary› und die ‹Normandie› ums ‹Blaue Band› stritten. Als die ‹Normandie› im Jahre neunzehnhundertfünfunddreißig zur Jungfernfahrt auslief, hielt die ganze Welt vor Spannung den Atem an. So war das damals! Jedes Jahr gabs neue Rennen um das ‹Blaue Band›. Ja, das ist längst vorbei: die Siegeszüge, die Paraden durch die Straßen des Zielhafens. Aber ich hab das alles noch erlebt. Jetzt lebe ich von diesen Erinnerungen, und so eine Reise frischt sie wieder auf. Was einem hier geboten wird, ist längst nicht mehr das, was es früher war, nur so ein schwacher Abglanz davon.»

«Welche Überfahrten waren denn die schönsten – nach Ihrem Geschmack?» frage ich in meinem höflichsten Interviewertonfall.

«Die mit den Schiffen des Norddeutschen Lloyd, ganz ohne Frage», erwidert der Anwalt, ohne zu zögern.

Weil ich über diese Antwort ein vermutlich erstauntes Gesicht mache, erklärt er eilfertig: «Da war eben alles aus Holz – Mahagoni – und nicht so wie hier.» Dabei läßt er seinen Blick demonstrativ herumwandern: «Nicht so viel Plastik, und nicht dieser Stilwirrwarr – vielmehr Unstilwirrwarr. Damals hatte eben alles noch die große Linie.»

Der Rechtsanwalt schwärmt mit leuchtenden Augen. Jetzt kann ich ihm nicht sagen, was mir auf der Zunge liegt, daß die Ausstattung der Dampfer des Norddeutschen Lloyd nämlich von Paul Ludwig Troost stammte; dem gleichen Paul Ludwig Troost, der außer Schiffen das Braune Haus in der Münchner Brienner Straße recht luxuriös einrichtete und zum ersten Großarchitekten des Dritten Reiches aufstieg.

Weil es aber jetzt an mir ist, das Gespräch in Gang zu halten, sage ich: «Holz ist eben leider zu feuergefährlich für den Schiffsbau.»

Da hakt der Rechtsanwalt sofort ein: «Dieses Plastikzeug hier, das ist doch noch viel gefährlicher, das brennt doch wie Zunder!»

Er will es mir nicht glauben, daß heute nur noch nichtbrennbares Material verwendet wird. Vielleicht kann ich ihn auch deshalb nicht überzeugen, weil ich mir selber nicht ganz glaube. Wenn ich den Blick über die vielen Teppiche, Vorhänge und den sonstigen textilen Fummel wandern lasse, kann ich mir nicht vorstellen, daß dieses Schiff absolut feuersicher sein soll.

Ehe ich mich fortbegebe, blicke ich um mich, während der Anwalt eine Münze nach der anderen einem einarmigen Banditen ausliefert, ohne von diesem dafür den geringsten klingenden Trost zu erhalten.

Jetzt haben sich Nerzgreisinnen, wie vor Alter räudige Hühner auf ihren Stangen, auf die hohen Hocker um einen Roulettetisch gruppiert. Die niedrighängende Lampe zeichnet die Faltengesichter überscharf und bleich aus der Dunkelheit heraus: Da wartet allerlei einträgliche Arbeit auf die Leichenschminker diverser «funeral homes».

Draußen, von hier aus gänzlich unsichtbar, tost nun der Atlantik. Die Stabilisatoren sorgen dafür, daß das Schiff nur wenig rollt. Von seinen Stampfbewegungen merkt man hier mitten im Schiff kaum etwas. Außerdem sind die Veteraninnen hier auch von einer äußerst widerstandsfähigen Sorte und keine jungen Mädchen aus der Schweiz, denen schon schlecht wird, wenn es ein bißchen up and down geht.

Ich möchte nicht wissen, wie viele von ihnen nicht nur einen, sondern zwei bis drei Männer überlebt haben, die ihr Dasein mit Dollarraffen zugebracht haben. Eine sehe ich gerade mit sehnig dürrem Arm über den grünen Filz langen und die eben gewonnenen Jetons wie mit schuppiger Hühnerklaue zusammenscharren. Das Grinsen, das sie dabei zeigt, ist schierer Frankenstein: eine gespenstische Szene. Wenn ich nicht schwere Träume haben will, muß ich schleunigst hinaus aus dieser Selbstentblößungsgalerie.

Mal nachsehen, wie es im Deck darüber bei den nicht ganz so reichen Leuten aussieht. Ich fahre mit dem Fahrstuhl hoch, tue ein paar Schlenderschritte und erlebe gleich die nächste gespenstische Szene: Im Double Down Room tanzt ganz allein auf einer riesigen Tanzfläche ein einzelnes Paar zur gedehnten Musik einer Combo. Aber das Paar ist nicht Mann und Frau, vielmehr führt da eine langhälsige Greisin, wie ein Lämmergeier aus harten Augen um sich spähend, eine viel kleinere verwachsene Alte, die sich bei jedem Schritt hoch auf die Zehenspitzen heben muß, um der Führung des spindeldürren Geiers folgen zu können. Beide haben bodenlange Kleider an, die Lange ein rotes, die Bucklige ein safrangelbes.

«Zwei alte Tanten tanzen Tango – mitten in der Nacht, mitten in der Nacht . . .» summt es in mir. Ich hatte mir Kreislers alte Tanten besser konserviert vorgestellt.

Entschlossen steuere ich den nächsten Lift an, verschwende keinen Blick mehr an den Discorummel vor der «Theatre Bar» und fahre ins Number Two Deck hinunter. Einen Augenblick lang weiß ich nicht, ob ich mich nach rechts oder links wenden muß, und memoriere: gerade Kabinennummern Backbord, ungerade Kabinennummern Steuerbord, erspähe eine ungerade und mache mich in diesem vereinsamten Zuchthausgang auf den Weg nach vorn. Um die kreisförmig angelegte Midships-Lobby trolle ich mich mit schleppendem Cowboygang herum und schlurfe mit leicht hängendem Kopf weiter, bis ich den schmalen Nebenkorridor finde, der zwischen Innenkabinen hindurch zu meiner Behausung führt: Jetzt müßte ich diesen Weg auch schon im Zustand der Volltrunkenheit finden können. Vielleicht wäre es auch besser gewesen, mich richtig vollaufen zu lassen. Ich nehme mir vor, im Duty-free-Shop eine Flasche Bourbon zu kaufen, damit ich für alle Fälle einen Schluck in meiner Kammer habe.

In meiner Koje liegend hege ich böse Wünsche: Irgend etwas sollte dem Schiff passieren. Wenn wir schon nicht in einen richtigen Sturm geraten – mit Strandung ist ohnehin nicht zu rechnen –, sollte es wenigstens Bombenalarm geben.

Weil mich der Schlaf flieht, lasse ich mir durch den Kopf gehen, was ich mir in der Bibliothek über den Kampf um das «Blaue Band», die begehrte Trophäe für die schnellste Atlantiküberquerung, angelesen habe.

Seit 1856 war es im Besitz britischer Schiffe. «Persia», «Scotia», «Servia» hießen die ersten Dampfer, die es gewannen. Aber um die Jahrhundertwende gaben die Deutschen vor den Engländern in der Atlantikfahrt den Ton an: Cunard war abgeschlagen, und fast ein Jahrzehnt hielten deutsche Schiffe den Rekord und durften das «Blaue Band» zeigen.

Die Engländer übertrumpfen, das war ganz nach dem Geschmack des großmannssüchtigen Kaisers Wilhelm II. Nach seinem bescheidenen Großvater sollte der neue Doppelschraubendampfer, das auf der Stettiner Vulcan-Werft gebaute Schiff, größer als das größte Schiff der Briten, «Kaiser Wilhelm der Große» getauft werden. Groß und stark sollte der Vierschornsteindampfer sein. Seine 28000 PS waren gut für 21 Knoten. Als es im Herbst 1897 bei den Hoboken Docks festmachte, wurde es frenetisch bejubelt: Es hatte das «Blaue Band» für Deutschland errungen.

Zum Wettkampf mit den Briten kam bald der Wettstreit zwischen den beiden großen deutschen Reedereien: Norddeutscher Lloyd gegen Hapag. Das hieß auch: Bremen gegen Hamburg. «Deutschland» und «Kaiser Wilhelm II.» waren die nächsten siegreichen Atlantikrenner. Dann bauten die Briten ihr Riesenschiff «Mauretania» und holten sich 1906 prompt die Trophäe zurück.

Ich sehe wieder die lithographierten Plakate des Norddeutschen Lloyd und der Hamburg-Amerikanischen-Packetfahrt-Actien-Gesellschaft vor mir, die noch in meiner Kindheit die Wände der Kneipen und Gasthöfe schmückten. In Italien, das noch immer ein Auswandererland war, findet man noch heute die Farbphotos großer italienischer Schiffe, die längst nicht mehr im Dienst sind, in den Bars ...

Durch meinen Halbschlaf ziehen weiße Schiffe wie ein Geleitzug. Ihnen folgt eine bunt zusammengewürfelte Gesellschaft von Joggern: in knallbunten T-shirts, vielfarbige Turnschuhe an den Füßen, und auf den Köpfen poppig signalfarbene Jockeymützen.

Die alten Damen vom Roulettetisch schwanken mit den Bewegungen des Schiffes wie Wasserleichen im Seegang hin und her.

24^{00} 50 22 N 24 35 W

Meine Wünsche haben sich erfüllt. Nach der Beaufort-Skala haben wir jetzt Sturm. Keinen schweren, aber immerhin einen an der unteren Grenze.

Überall schlagen Schotts. Wenn ich aus Versehen das Schott zu meinem WC beim Duschen offen lasse, knallt es mit einem gewaltigen Krach ins Schloß. Ich kann mich kaum auf dem WC halten: Schiffe in der Linienfahrt gehen nun einmal nicht von ihrem Tempo ab.

Während der Nacht hat es mich einige Male, wenn der Bugsteven schwer einsetzte, in der Koje hochgehoben. Das Schiff empfing so heftige Schläge, daß die ganze Kabine ins Taumeln geriet. Und jetzt geht die See so hoch, daß sie manchmal sogar an mein Bulleye schlägt. Durch die Schlieren hindurch erscheint sie ganz und gar grau, nur ein bißchen Marmorgeäder von den Kämmen der Brechseen darin. Aber auch dieses wird von meinem Bulleye zu einem fahlen Grau gefiltert.

Wenn das so weitergeht, sage ich mir, werden noch einige Leute mehr «Würfelhusten» bekommen. Ich beeile mich mit dem Anziehen, weil ich wissen will, wie es bei diesem Wetter im Schiff aussieht.

«Tables of the World» ist fast leer. Am Frühstückstisch stoße ich nur auf die dicke junge Amerikanerin. Von ihr erfahre ich, daß die Schweizerinnen gegen die Seekrankheit Spritzen bekommen haben. Das wußte ich noch nicht, daß es heute gegen Seekrankheit Spritzen gibt, ich habe immer nur von Tabletten gehört. Früher ließ man die Lords sich in aller Seelenruhe auskotzen. Auf U 96 hatten sich einige während einer Sturmfahrt in dieser Gegend hier leere Konservendosen mit einem Bändsel um den Hals direkt unter das Gesicht gehängt – wie Gasmasken. Die so nervenberuhigenden Papiertüten gab es für Marinesoldaten nicht.

Überall sitzen statt der Gäste Kellner in ihren roten Jacken mit den schwarzen Aufschlägen müßig herum und lesen die Bordzeitung.

Morgens auf dem U-Boot in dem winzigen Raum im vorderen Sektor der Stahlröhre, der sich O-Messe – also Offiziersmesse – nannte. Der Kommandant mit dem Leitenden auf dem mit schwarzem Wachstuch bezogenen «Sofa», das eigentlich die Koje des Leitenden ist. Der I WO und der II WO, die auch hier schlafen, an der Gegenseite der schmalen Back, ich selber auf einem Klappstühlchen an einer Schmalseite. Wache hat der Obersteuermann.

Der Kommandant will den Kalenderspruch wissen. Der Kalender hängt über dem Schreibpult neben seiner Koje. Der II WO holt das Blatt. Der Kalender versorgt uns mit praktischer Lebensphilosophie, mit Pfennigweisheiten und Moralsprüchen. Manchmal lesen wir – im Vorgriff, wie der Kommandant das nennt – abends daraus vor und amüsieren uns wie über ein Witzblatt.

Einen dieser Sprüche habe ich noch in der Erinnerung: «Wer schwankt, fällt leicht um.»

«Prägnant, prägnant!» höhnte der Leitende, als ihm der Erste den Spruch vorlas, und wir wurden uns darüber einig, daß der Verfasser in Dingen der Seefahrt beschlagen sein mußte: Ein rechtschaffener Mann, der uns aus der Seele gesprochen hat.

Nach dem Frühstück – Rühreі aus Eipulver, Dosenbrot und einem Kaffee, den wir «Negerschweiß» nannten – blieben wir immer noch eine Weile maulfaul hocken. Über die Bordlautsprecher kam Plattenmusik. Ich habe noch die schmelzende Stimme im Ohr, die unser Funker morgens bevorzugte: «Liebst du mich? Noch gestern hast du diese Frage verneint . . .», und ich sehe auch den kurzgeratenen II WO wieder, Baby-Officer genannt, wie er dabei die Augen verdreht.

Und nun bin ich weg von diesem Dampfer und wieder

ganz auf dem Boot: «Sie mit Ihren zwanzig Lenzen! Sie!» spottet der Leitende, und der II WO fordert sich einen theatralischen Seufzer ab. Der Kommandant winkt müde und bedeutet uns, daß er die gepflegte Elegie der Morgentafel nicht durch solche Demonstrationen durchbrochen haben möchte.

So sitzen wir eine gute Viertelstunde, bis sich der Kommandant mit allen Zeichen des Widerwillens hochstemmt: Er muß jetzt Kriegstagebuch schreiben und eine Stunde später Fähnrichsunterricht erteilen – eine Pflicht, die ihm zuwider ist. Der Backschafter kommt zum Abbacken.

Als ich auf dem Weg nach achtern durch die Zentrale komme, sehe ich, daß der runde Ausschnitt des Turmluks immer noch von schwarzer Nacht ausgefüllt wird. Die Luft, die von oben kommt, ist kalt und feucht. Ich verspüre nicht die geringste Lust, aufzuentern. Lieber sehe ich dem Alten ein Weilchen beim Koppeln zu. Dabei lange ich mir von Zeit zu Zeit ein paar Backpflaumen aus der Kiste, die aus Gründen der Verdauungsförderung in der Zentrale für jedermanns Zugriff aufgestellt ist. Hin und wieder spähe ich durchs Kugelschott, ob das Lichtsignal am WC, unsere «Verkehrsampel», noch brennt. Als die rote Lampe aus ist, krame ich aus meinem Spind im U-Raum, wo meine Koje ist, Waschlappen und Seife hervor und bin mit schnellen Schritten am Schott zum WC, ehe noch ein anderer bemerkt hat, daß «Schangs» ist. Die kleine Lampe hat der Leitende gebastelt. Sie leuchtet auf, sobald von innen der Verschlußhebel auf «Besetzt» gestellt ist: eine liebenswürdige Erfindung, die die Mühsal des Alltags erleichtert. Wir brauchen uns nun nicht mehr in Ungewißheit und Zweifel von einem Ende des Boots durch den engen Gang zum anderen zu winden wie früher, um dann schließlich doch vor verschlossenem Schott zu stehen. Das rote Stoppsignal erspart uns jetzt den Weg. Jedesmal fühle ich mich dem Leitenden für diese Einrichtung zu Dank verbunden.

Fast vierzig Jahre ist das nun her. Manchmal vermag ich nicht zu begreifen, daß ich, wenn ich die Augen schließe, wie auf einem Film jede Bewegung des Alten beobachten kann. Sogar die Veränderungen in seinem Tonfall, wenn er morgens mit allen Zeichen des Widerwillens redete, hat meine Erinnerung bewahrt.

Von der Höhe des Bootsdecks herab sieht der Seegang nach nichts aus, aber ich möchte jetzt nicht da unten im Bach liegen. Aus Schwimmerperspektive sind solche Seen riesige wandernde Gebirgszüge.

Einmal hat man mir den Geschmack davon vermittelt, wie es ist, wenn man «mutterseelenallein» im Wasser treibt. Und die See ging bei weitem nicht so hoch wie jetzt: Ich hatte mich in einem Schlauchboot bei einigermaßen bewegter See aussetzen lassen, um Aufnahmen von Schnellbooten aus tiefer Perspektive zu machen. Die drei Boote sollten einen großen Bogen fahren, und dann so dicht wie möglich auf mich zukommen. Den Bogen bemaßen die Boote aus Jux aber so groß, daß sie hinter der Kimm verschwanden. Da schwabbelte ich nun: kein gutes Gefühl. Solche Späße waren bei der Marine hoch im Schwange. Und als die Boote dann wirklich herangebraust kamen, schmissen mich die Bugwellen um ein Haar samt den Kameras ins Wasser. Das hätte erst ein Hallo gegeben!

Im Windschatten eines Davits starre ich senkrecht nach unten auf den weiß gischtenden Wasserwulst, der an der Bordwand entlangtost. Er hat gewaltige Dimensionen: 66000 Tonnen Verdrängung und 28 Knoten Dienstgeschwindigkeit sind keine Kleinigkeit.

Mit lauter Stimme skandiere ich Mörikes Hexameter gegen das Getöse an:

Rastlos donnernde Massen auf donnernde
Massen geworfen
Aug' und Ohr – wohin retten sie sich im Tumult?

Auf der Steuerbordseite des Bootsdecks lasse ich mich vom Wind nach achtern schieben. Wenn mich jetzt einer sähe, wie ich hin und wieder ins Leere trete, müßte er glauben, ich übte einen besonders exzentrischen Eingeborenentanz.

In den beiden Schwimmbecken ist kein Wasser mehr. Man hat es aber nicht etwa abgelassen, es ist vielmehr über Nacht von den starken Bewegungen des Schiffes hinausgeworfen worden.

Fast direkt über unserer Hecksee steht eine bleiche Sonne am Himmel, verwischt wie das Auge eines toten Kalbs.

In den Innengängen sind die Staubsaugerbrigaden unterwegs. Der Seegang kommt den gelbgewandeten Putzteufeln zupaß: Kein Mensch steht ihnen im Weg. Ich frage mich, wo die Passagiere um diese Zeit stecken mögen. Wahrscheinlich liegen sie in ihren Kojen und vegetieren vor sich hin wie Patienten in einem großen Krankenhaus. Ein Hospitalschiff?

Joseph Conrad hatte unter den Stürmen, die er durchlebte, manche als nicht sehr verehrungswürdig in Erinnerung: «Boshafte Wildkatzen, die ihre Krallen in das mit dem Tode ringende Leben schlagen.»

Von solchen Empfindungen wird Mr. Brooks samt seinen Mates weit entfernt sein. Diesem Schiff mögen die Atlantikstürme begegnen, wie immer sie wollen: drohend, «gemessen, wie ein Besuch», düster, gewalttätig oder bösartig. Dieses Riesenschiff hat von ihnen kaum noch etwas zu befürchten.

Die tobenden Seen können es nicht mal vom Kurs abbringen, es ist stark und auch massig genug, um sie wie eine riesige Pflugschar zu teilen, zu zerspellen, niederzumachen und plattzuwalzen zu einer breiten weißgrünen Bahn, die aussieht, als wäre sie von einem gigantischen Bügeleisen durch den zottigen Velvet der See gezogen worden.

Hier auf dem Achterdeck stehe ich halbwegs im Windschatten. Auch hier spüre ich wie vorn in meiner Kabine ein schwerfälliges Auf und Ab. Auch hier ist das Schiff nicht ganz tot.

Immer, wenn ich das Schiff umrunde, bleibe ich gern hier achtern stehen. Die Hecksee ist für mich ein philosophisch stimmender Anblick. Die gewaltige Schleppe aus brodelndem Wasser, die das Schiff hinter unserem Heck herschleift, ist eine höchst vergängliche Spur. Das rastlos schaffende Meer saugt sie schon in Sichtweite wieder in sich hinein. Von einem Flugzeug aus könnte man sie noch länger sehen. Wie eine gerade Schneckenkriechspur ...

Die Hecksee spricht eine andere Sprache als die gischtende Bugwelle, die einen triumphalen Sieg über das Element suggeriert, wenn sie von der gewaltigen Pflugschar des Schiffbugs hochgeworfen und zu riesigen Wasserschollen gespalten wird.

Immer wieder bin ich versucht, gegen die schnelle Vergänglichkeit unserer Spuren auf dem Wasser die Dauer der Spuren des Menschen auf der Erde zu setzen. Aber ich weiß, daß diese Dauer nur relativ ist. Schließlich und letzten Endes verschwinden nicht nur die in den Lehm gedrückten Karrenspuren in Regen und Wind, auch Häuser brechen nieder, und selbst gut bewehrter Beton geht nach und nach zu Bruch. Auf der festen Erde wird uns nur – eine Gnade? – die Illusion von Dauer gewährt. Ich habe nichts so Deprimierendes gesehen wie die riesigen Gebirge aus Maschinenschrott, rostrote Alpenzüge, die im Hafen von New Jersey zur Verschiffung bereitlagen.

Aber sogar die von der Natur selber geformten Gebirge sind nicht ewig, sondern nur langlebig. Gegen alles Aufragende richtet sich eine unbegreifbare Tendenz zur endgültigen Nivellierung. Die durch nichts unterbrochene flache Horizontlinie, die Kimm, ist also das wahre Sinnbild der allgewaltigen Naturkraft. Angesichts der unendlichen Horizontlinie wird die eigene Existenz zum Nichts.

Einsam stehe ich da und lasse, den Blick immer noch starr auf die Hecksee gerichtet, meiner Phantasie die Zügel: Wenn bei diesem Wetter einer nach achtern über die Kante geht, merkt das keiner. Die brodelnde Hecksee hat für mich den gleichen Lockungssog wie Tiefen unter mir. Ich kann jeden verstehen, der sich diesem Sog nicht widersetzen kann, über das Schanzkleid – die Kante – klettert und sich fallen läßt. Nachts ist diese Lockung am stärksten. Sogar von der «Otto Hahn» ist einmal einer nachts über die Kante gegangen – ein Maschinenassistent. Darüber wurde tunlichst wenig gesprochen. Aber als ich es hörte, mußte ich mir zwanghaft vorstellen, wie einem zumute sein muß, der plötzlich, wenn er ins kalte Wasser einschlägt, wieder zu sich kommt und gar nicht mehr ersaufen will, sondern nach dem Wiederauftauchen in der strudelnden Hecksee um sein Leben kämpft und schreit und dabei sein Schiff immer kleiner werden sieht, bis es gänzlich in der Nacht verschwindet. Wie lange so einer wohl kämpfen mag?

Ich versetze mich in die Lage der ehemaligen Gegner. Von so einem Deck herunter gesehen, ist ein U-Boot winzig wie eine Tarantel – auch aufgetaucht kaum zu sehen in den Falten der See. Wie müssen sie uns gehaßt haben! Ob die Herren Gegner auf ihren großen Zossen auch einmal daran gedacht haben, in welch drangvoller Enge wir hausen mußten? Fünfzig Mann in einer stählernen Seekriegsröhre, deren Konstrukteure keinen Gedanken an die Lebensbedürfnisse der Besatzung verschwendet hatten. Es gab nicht einmal einen Platz zum Aufhängen der total durchnäßten Klamotten. Während langer Sturmperioden war das Boot eine einzige Schimmelpilz-Zuchtanstalt.

Erst später, als der Krieg vorbei war, erkannte ich, wie heimtückisch unsere Attacken waren, fast so heimtückisch wie der Anschlag mit Minen. Das war kein offener Kampf, sondern ein Überlisten und plötzliches Zuschlagen aus dem Dunkeln. «Ritter der Tiefe», mit so hehren Begriffen haben wir alle unsere Skrupel übertönt.

Als ich wieder im Schiff bin, setze ich mich auf den erstbesten Stuhl. Ich bin so erschöpft, als hätte der Wind mir alle Kraft aus den Gliedern geblasen. Fünf Minuten bleibe ich so hocken, dann rapple ich mich hoch und steuere meinen Stammplatz an. Ich kann sicher sein, daß ihn mir niemand weggenommen hat.

Jammerschade, daß Mr. Taylor sich nicht blicken läßt. Ich habe neue Informationen aus meinen Archivzeitungen zusammengetragen: «A poor performer» hat man das Schiff nach seinen ersten zwei Jahren genannt. Unternehmensberater hielten es vor nahezu zehn Jahren schon für richtig, das Schiff aufzugeben. Aber 1977 warf es einen ordentlichen Profit ab: Neun Millionen Pfund strich die Trafalgar House Ltd. ein, die Gesellschaft, der Cunard gehört.

Aber dann kam die Ölkrise. Das Schiff konsumiert 500 Tonnen pro Tag im Nordatlantikdienst bei 28 Knoten Fahrt und 300 Tonnen auf Kreuzfahrten bei 24 Knoten. Die Brenner verjubeln zwar nur «low grade oil», aber auch ordinäres Bunkeröl ist heute teuer genug.

Cunard ist, als es endlich aufwärtszugehen schien, in eine neue Bredouille geraten. Für die Briten würde der Entschluß, die «QE 2» aus dem Linienverkehr zurückzuziehen, den Nationalstolz hart treffen: Cunard fährt seit 1840 und bis heute auf der Nordatlantikroute. Heute ist die «QE 2» das einzige Schiff im Liniendienst zwischen USA und Europa.

Neben der Ölkrise machen auch die trade-unions der Reederei Schwierigkeiten. Als das Schiff 1977 auf der Werft der «Bethlehem Steel Corporation» in Bayonne, NJ, überholt werden sollte, gab es Stunk mit den Gewerkschaften.

Es sieht ganz so aus, als würde Mr. Taylor auf diesem Schiff nicht alt. Nautiker haben Sorgen. Immer mehr müssen die Hoffnung fahrenlassen, je Kapitän zu werden. In dem Maße, wie die Schiffe größer werden, schrumpft die Zahl der Stellungen für sie zusammen. Wenn ein 200000-Tonnen-Schiff in Dienst gestellt wird anstelle von zehn Schiffen mit 20000 Tonnen, werden neun Kapitäne überflüssig. Nicht gerade verlockende Aussichten für die jungen Leute.

Wenn mich nicht alles täuscht, wird das Wetter schlechter. Mr. Taylor hat längst die neue, automatisch ausgedruckte Wetterkarte in Händen gehabt. Er weiß, wie das Wetter werden wird. Mich läßt man im unklaren.

Der Wetterkartenschreiber hat mich immer wieder fasziniert: Über einen Funkempfänger werden Impulse aufgenommen, die, auf dem über ein Papierrollenband laufenden Zeilenschreiber ins Graphische übersetzt, schließlich das Kartenbild ergeben. Der Vorgang behielt für mich, obwohl ich die Technik genau kannte, etwas von Magie und Geisterschrift: «Und schrieb und schrieb an weißer Wand ...»

Eines meiner Objektive, ausgerechnet das Universalobjektiv, ist blockiert. Ich laufe zum Photographen Lecomte. Mich treibt die Hoffnung, er könnte einen Trick finden, die Blockierung wieder zu lösen.

Lecomtes Innenkabine wirkt noch enger als die Jessys, weil er aus seinem Gepäck ein wahres Tohuwabohu gemacht hat. Kaum Platz mehr zum Stehen, geschweige denn zum Niederhocken.

Monsieur Lecomte grapscht mißmutig nach meinem Objektiv, da klingelt das Telephon: Paris ist an der Leitung. Ich weiß, daß ich aufgeben muß, verziehe mich also mit Rückwärtsschritten und den beschwichtigenden Gesten eines Amateurschauspielers wieder aus der Kabine, dabei mit überdeutlichen Lippenbewegungen «Midships Bar» flüsternd, und fahre im nächsten Lift hoch zum Quarter Deck.

Dort, wo gestern schon um diese Stunde lang ausgestreckte Schnarcher in den Liegestühlen lagen, ist heute kein Mensch zu sehen. Als ich den Blick über die leeren Liegestühle bis hin zur nachgemachten Galionsfigur gehen lasse, rennt mich ein Jogger fast um. Er trägt ein Käppi aus bunten Segmenten, anscheinend die neueste Joggermode.

Was ist das für ein sonderbares Schiff: Steinalte Roulettetunten und verrückte Jogger.

Kein Maschinenzittern durchläuft dieses Schiff. Nur am Schornsteinqualm und an der weißen gischtenden Hecksee läßt sich erkennen, daß tief unten Maschinen arbeiten. Wenn Qualm und Hecksee nicht wären, könnte man meinen, es werde auf magische Weise durchs Wasser bewegt, mit seiner Fracht von Verrückten in fünf Decks und dem Arbeits- und Bedienevolk in vielen Decks darunter.

An großen Baustellen macht man neuerdings Gucklöcher in die Bauzäune, damit die Vorbeigehenden sehen, was da vorgeht. Hier hat man sich nicht einmal zu einer Andeutung von Guckloch in die Maschinenräume verstanden. Bei jedem Auto sieht man den Motor, bei Flugzeugen die Düsen – hier aber ist von der Antriebsmaschinerie nicht das geringste zu entdecken. Für mich entsteht dadurch ein Gefühl der Irrealität, das mich den ganzen Tag über in leichter Benommenheit hält und mich nachts nur dünnen Schlaf finden läßt.

Als wir mit U 96 bei Schlechtwetter an einem Geleitzug Fühlung hielten und der Kommandant nicht mehr von der Brücke ging – eine Ewigkeit lang –, habe ich mich gefragt: Wie lange kann ein Mensch ohne Schlaf aushalten? Er kann es verdammt lange, wenn er mit Koffein angereicherte Schokolade knabbert und, wenn die nicht mehr gegen das Schlafbedürfnis hilft, sich mit Pervitin anfüllt.

Der Alte erzählte, er habe einmal Pervitin geschluckt, um sich vom Schlaf nach X Stunden nicht übermannen zu lassen, aber kaum hatte er es hinuntergeschluckt, sei das Boot von einer «Thunderland» angegriffen worden, und sie mußten unter Wasser. «Aus der Traum – der Geleitzug ging uns durch die Lappen.» Alle hätten sich dann nach der Jagerei erst mal ordentlich ausgepennt, nur er hätte keine «Schangs» dazu gehabt wegen des vielen Pervitins.

Einer hätte mal kontrollieren müssen, wie viele Stunden Schlaf der Kommandant während des Fühlunghaltens an einem Geleitzug fand. Wie wenige wäre richtiger gesagt. Das bißchen Langliegen hin und wieder konnte ihm ja kaum helfen. Der kippt uns noch aus den Pantinen, wenn er so weitermacht, dachten wir damals. Was der mit sich treibt, das hält ja kein Mensch aus.

Ich staune, was alles durchs Gemüt zieht, wenn ich so allein vor den trüben Panoramascheiben hocke. Ich sollte mir einen antüdeln, gleich jetzt am Vormittag. Ich sollte zwar Leute ausfragen, aber das Ausfragen habe ich satt. Was käme auch schon dabei heraus, wenn ich mir das Schwulenpärchen vornähme, das so oft, beide in Kamelhaarmänteln mit geschlungenen Gürteln und dicken Wollschals, an mir vorbeistreicht – dazu noch ein paar Zahnärzte und Rechtsanwälte oder die Steinreichen in den zuoberst gelegenen Penthouse-Suiten? Was solls! Die paar Worte, die ich hin und wieder mit dem alten Italiener tausche, bewegen mich mehr als die Palaver nach Journalistenart. Und außerdem sind heute kaum Leute zu sehen.

Nicht zum Säufer werden, ermahne ich mich, schon gar nicht aus Tristesse. Aber dieser trübe Vormittag ist wirklich nicht erheiternd. Ich muß achtgeben, daß ich nicht das Opfer einer Depression werde.

Eine Elegie mit Heulen und Zähneklappern schon am frühen Vormittag anstimmen? Wohl kaum, aber in Ruhe aufzählen, darf ich ja wohl, was mir in letzter Zeit zugemutet wurde: Endoprothese rechts, Lungenembolie, später dann der Herzinfarkt – ein Rückwandinfarkt, mit dem man schließlich fertig werden konnte, und ein halbes Jahr darauf der happige, mit Klinikinternierung, die gar kein Ende nehmen wollte. Immer wieder um ein Haar davongekommen.

Zum Glück habe ich in meiner Windjacke «Spiegel der See» stecken. Jetzt ziehe ich den bananengelben Leinenband heraus und streichele über ihn hin. Mir kann ja keiner zusehen.

Die Schiffe, auf denen Joseph Conrad seine ersten großen Erfahrungen mit der See machte, waren Segelschiffe.

«Hier spricht ein Mann der Masten und Segel, dem die See kein schiffbares Element, sondern ein vertrauter Gefährte ist», hat er sein eigenes Verhältnis zur See beschrieben. Die moderne Dampfschiffahrt aber hat er verpönt: «Die Maschinerie, der Stahl, das Feuer, der Dampf haben sich zwischen den Mann und die See gestellt ... Das moderne Schiff ist kein Spielzeug der Wellen mehr. Wir wollen gern sagen, daß jede seiner Reisen ein triumphierender Fortschritt ist, es bleibt aber trotzdem fraglich, ob es nicht doch ein höherer und menschlicherer Triumph ist, ein Spielzeug der Wellen zu sein, sich dennoch zu behaupten und sein Ziel zu erreichen.»

Der große Joseph Conrad, mein Lehrmeister, hätte wohl die Hände vors Gesicht geschlagen, wenn er zu sehen bekommen hätte, wie tief die von ihm gefeierte Seefahrt, sein Lebenselement, gesunken ist.

Triumphierender Fortschritt, damit meinte er sicher Stückgutdampfer, schwarzverrußte und von rostroten Striemen gezeichnete Schiffe, die redlich gegen Wind und See anknüppelten und in ihrem Wesen durchaus noch mit den alten Karavellen verwandt waren, nicht mit diesem monströsen Hotelkasten, für den die See nurmehr eine Art Gleitschiene ist.

Ich muß nur ein paar Seiten umblättern, um die Sätze zu finden, mit denen Conrad der alten Seefahrt nachtrauert und seine Resignation über die neue und ihre Seeleute ausdrückt: «Unsere alten Schiffe werden nicht die Vorfahren ihrer Schiffe, sondern nur Vorgänger sein, deren Leben vorüber und deren Geschlecht vergangen ist. Der zukünftige Seemann wird nicht unser Nachkomme, sondern nur unser Nachfolger sein, einerlei, was für ein Fahrzeug er noch so geschickt bedient.»

Kaum blicke ich von meinen Buchseiten hoch, sehe ich auch schon in der Tiefe des Seitengangs den Mann herankommen, auf den mir Conrads Text wie gemünzt erscheint: Mr. Taylor. Also doch. Ich werde ihn nicht fragen, ob er diesen Autor kennt. Sein ganzes Wesen nimmt wohl die negative Antwort schon vorweg: ein Seemann neuen Schlags, ein Pflichterfüller ohne eine Spur von Passion für seinen Beruf – ganz einer von den tristen Kerlen, die ich zu Dutzenden kennengelernt habe, die lieber in einem Büro der Reederei herumhockten und in der freien Zeit an ihrem Auto herumfummelten, anstatt zur See zu fahren, im Innern aufsässig und zutiefst unzufrieden mit ihrem Beruf.

«Hello!» quetscht Mr. Taylor aus sich heraus. Ich komme hoch wie ein Jüngling, greife nach seiner rechten Hand und schüttele sie kräftig, damit er wach wird. (Mein Buch habe ich längst wieder in die Windjackentasche geschoben.)

Wie mir das Wetter gefalle, will Mr. Taylor von mir wissen. «Couldn't be better», sage ich so beiläufig wie prahlerisch zu ihm und frage ihn, was für Wetter denn gemeldet sei. «Increasing», antwortet Mr. Taylor knapp und macht dazu ein besorgtes Gesicht. Increasing. Mir solls recht sein.

Mr. Taylor hat sich nicht hingesetzt. Deshalb biete ich ihm in aller Förmlichkeit einen Stuhl an. Aber er lehnt ab und macht eine vage Handbewegung nach vorn. Wahrscheinlich hat er Wache gehabt und will sich auspennen. Soll er. Wir reden sicher besser miteinander, wenn Mr. Taylor ausgeschlafen ist.

«See you later!»

«See you later!»

Ich hätte Mr. Taylor nach der genauen Position des Schiffes fragen können. Daß ich es unterließ, ist kein großes Versäumnis: Ich habe, so gut es geht, mitgekoppelt, wobei ich die Dienstgeschwindigkeit des Schiffes auf 28 Knoten abrundete. Nach meiner groben Rechnung müßten wir etwa 49 36 Nord 32 12 West erreicht haben.

Etwa in dieser Gegend – während des Kriegs wurde statt mit dem Koordinatensystem mit Marinequadraten gearbeitet – sollten wir 1941 eine Art Polizeikordon bilden, weil ein ostwärts gehender Geleitzug vom B-Dienst gemeldet war. Vorpostenstreifen im Quadrat XZ abdampfen hieß das. Die Chancen, die avisierten Dampfer zu finden, waren trotz angespanntem Ausguck minimal:

Das Wetter war schlecht – Regenschauer, Dunst, dazu eine hohe Altdünung. Bei diesem schlechten Wetter konnte ganz in unserer Nähe ein Riesengeleit durchrauschen, ohne daß wir etwas gemerkt hätten: Wir hatten ganz einfach nicht genug Gesichtshöhe auf unserem, wie zum Hohn «Brücke» genannten Ausguckstand.

Damals kriegten wir das Wetter voll in die Visage. Wir beneideten die Italiener: Sie hatten geschützte Brücken, wir nur eine Art Brustwehr gegen die Schläge der See. Wir waren nach der Maxime «Gelobt sei, was hart macht» hautnah mit dem Element verbunden. Wir fuhren mehr *im* Wasser als auf dem Wasser.

Während wir auf unserem Vorpostenstreifen hin- und herkarrten, verschlechterte sich das Wetter. Ich erinnere mich ganz genau, wie sich der Nordatlantiksturm, der uns dann wochenlang zusetzte, entwickelte. Zuerst ging über die Flanken der feierlich daherwandernden Dünungswogen nur ein Schauern. Dann rauhten die Windstöße sie mehr und mehr auf. Bald rissen sie ihnen auch die weißen Kämme weg. Die Kontraste von tiefem Flaschengrün und leuchtendem Weiß schwanden. Alles ging in einem trüben Grau unter. Es war merkwürdig, zu sehen, wie der Sturm die See hochkächerte und sie zugleich niederbügelte.

Ich brauche nur die Augen zu schließen und bin wieder auf dem U-Boot. Zur gleichen Jahreszeit – im gleichen Seegebiet, nur das Wetter ist schlechter als jetzt. Ich räkele mich zurecht, mache mich ordentlich dick und schwer, pumpe mich voll Luft, spreize die Ellenbogen ab, damit ich im Brückenumgang festklemme.

«Karabinerhaken einpicken!» befiehlt der I WO. Dazu sind die Griffstangen am Sehrohrbock da und Ösen am Schanzkleid. Sicher ist sicher. Man kann nie wissen, ob nicht plötzlich eine Riesensee herangerauscht kommt. Der Anschnallgurt mit Drahtstropp und Karabinerhaken, der einen wie ein Faßring umschließt, soll davor bewahren, aus der Brückenwanne gewaschen zu werden.

Diese verdammten olivgrünen, von Nässe glänzenden Gummiklamotten. Hätten sie die nur besser konstruiert! Jedes Mal die schweißtreibende Zerrerei, nur weil gewisse Idioten in den Zeugämtern nicht wußten, was es mit nassen Klamotten auf sich hat. Wenn man schon im feuchten Lederzeug steckte, war es eine schiere Qual, die Gummijacken anzuziehen. (Die Flieger hatten vernünftige Kombinationen.) «Diese Scheißkerle sollten mal mitfahren», ging damals die Rede, «die Ärzte auf die Schlachtbänke, die Blutrichter ins Zuchthaus, die Intendanturfritzen in nasse Klamotten.» Und hatte man das Zeug erst mal am Leib, schnürten einem die Gummibünde an den Handgelenken die Blutzirkulation ab.

Beim bloßen Gedanken an Alarm konnte einen schon grausen. Immer die Angst, sich mit all dem Zeug zu verheddern. Das Gefühl für den eigenen Leib war gestört, man kam sich vor wie eine Litfaßsäule oder wie eine Kartusche, die gerade in den Turm paßt: Da durfte sich nichts, aber auch gar nichts absperren, sonst wäre der Fluchtweg, die Aluminiumleiter hinab ins Innere, für die anderen versperrt worden. Wenn Flieger aus dem dicht mit fußligen Wolken bedeckten Himmel herabstießen, gings um jede Sekunde.

Im Boot wars bei Sturm auch ein schlimmes Leben. Der Schmutt konnte nicht kochen. Zwar hatte ohnehin keiner Hunger, aber auf die Dauer wurde der kalte Dosenfraß zum Schlangenfraß. Und schlapp wurde man auch. Die Angst und die ständige Muskelanspannung zehrten an einem.

Im ganzen Schiff keine Trockenanlage. Immer die gleiche Scheiße: Schon *vor* der Wachablösung, also noch vor dem Aufentern, machte einen der Gedanke krank, daß man in nasse Klamotten fahren mußte, in total widerspenstige nasse Klamotten.

Die Matratzen begannen nach Moder zu stinken, und auf jedem Stück Leder wuchs weißer Schimmel. Der Frischproviant war längst vergammelt: Zitronen, Zwiebeln, Frischbrot – alles mußte über Bord gekippt werden.

Was haben wir nicht alles klaglos hingenommen. Fluchen war erlaubt. Aber auch zum Fluchen kann man die Lust verlieren. Ich muß nur an die Wachablösung um vier Uhr früh denken. Der ganze Jammer der Welt konnte einen da überkommen. Damals nahm ich mir vor: Nie mehr vor Tag aufstehen, aber daran habe ich mich dann nicht gehalten.

Wenn ich an die Nazizeit zurückdenke, kommt mir immer wieder das vermaledeite Aus-dem-Schlaf-gerissen-Werden als typisch in die Erinnerung. Im Jungvolklager, im Arbeitsdienst, in der Kaserne hieß es vor Tau und Tag schon: Raus aus den Fallen! Verglichen mit damals ist mein Leben jetzt bequem und durchaus erträglich.

Ich werde staunend gewahr, daß ich ohne Angst, sogar ohne Bammel zur See fahre. Unter den Veteranen gibt es Maulhelden, die von sich behaupten: Angst? Richtige Angst hätten sie nie gehabt. Zugegeben, manchmal spürte man die Angst nicht mehr, so sehr mußte man mit ihr leben. Aber sie saß fest in einem drin, tief in den Eingeweiden wie ein Krebs, der nicht immer schmerzt.

Gewiß, da war auch dieses merkwürdige Gefühl der Entspannung in großer Gefahr, dieses Ganz-ruhig-Werden, wenn sich die Situation so zugespitzt hatte, daß es kein Zurück mehr gab und nur noch ganz bestimmte Befehle zu geben waren. Wenn das Schicksal unbeirrbar ablief, konnte man sogar eisig kalt werden. Aber das ist es ja nicht, was die Maulhelden meinen.

Natürlich hatten wir, sobald der Sperrbrecher abgedreht war und uns allein gelassen hatte im weiten Rund der Kimm, jede Menge Angst. Auch noch die uneingestandene Angst zerrte an den Nerven, die vor neuen Abwehrwaffen des Gegners vor allem. Immer mußte man sich fragen: Was mögen die Tommies für neue Geräte haben, welche neue Taktik können sie ausgeheckt haben?

Unseren eigenen Geräten, die uns Radarortung durch den Gegner signalisieren sollten, mißtrauten wir. Zu viele Gerüchte gingen um, daß Boote, die sich auf ihr «Metox» verlassen hatten, ungewarnt erwischt worden waren.

Es wurde von neuen Ortungsgeräten gemunkelt, die auf Wärme reagieren, also auch bei Nacht und Nebel funktionieren würden – solche, die Dieselabgase orten könnten. Das Wort «Infrarot» hörte ich damals zum ersten Mal. Dabei machte uns das gegnerische Radar schon genügend zu schaffen. Die Wellenlänge spielte in allen Erwägungen eine Rolle. Der Gegner ortete mit kurzen Wellen, das war sicher.

Unser Warngerät «Metox» war aus *vielen* Gründen nicht der wahre Jakob. Jeder, der in der Nähe des Funkschapps war, hörte das Gezirpe des «Metox» mit und konnte sich seinen Vers darauf machen.

Das war in den ersten beiden Kriegsjahren anders. Fuhr das Boot aufgetaucht, konnten sich nur der Kommandant und die Brückenwache ein Bild von der Gefahr machen. Die Leute im Boot aber wußten nicht, was anlag. Jetzt aber erfuhren es eine Menge Leute. Sie brauchten nur ihre

Ohren aufzusperren. Wenn die Ortung lauter wurde, sah es mies aus. Das Gerät war alles andere als perfekt. Und eben leider auch psychologisch schlecht.

«Was müssen denn die Piepels wissen!» lautete die Rede des Alten. «Was ich nicht weiß, macht mich nicht heiß und schont die Nerven. Wenn es prekär wird, merkt ohnehin jeder, was los ist.»

Nun lassen die Erinnerungen mich nicht mehr los: Einer von den Assen ist zurückgekommen, Wimpel am ausgefahrenen Sehrohr. Es ist Lubitsch. Lubitsch mit dem Ritterkreuz und der komischen Haartracht: pomadisierter Poposcheitel. Lubitsch hat eine Neigung zur Eleganz, sogar das Bordpäckchen trägt er noch mit Pfiff. Und wie er das Champagnerglas hält, das ich ihm in die Hand gedrückt habe! Endlich gibts bei einer Begrüßung mal wieder eine Champagnerflasche und Blumensträuße. Nie kam Lubitsch unrasiert von Feindfahrt. Schon 1931, das wußte ich aus seiner Konduite, fuhr er als WO auf U-Booten: Kleinbooten. Als er das Ritterkreuz bekam, wurde vor allem gelobt, wie geschickt er sich immer der Verfolgung nach Angriffen entzogen hätte.

Lubitsch berichtet der Runde in der O-Messe der Flottille: «Wir hatten zuerst mit einem Einzelfahrer zu tun. Der drehte plötzlich hart ab. Nanu, habe ich mir da gesagt. Er konnte uns auf keinen Fall gesehen haben. Plötzlich entdeckten wir vor dem Dampfer an Steuerbordseite mehrere Rauchwolken. Das war schon verrückt, dieser Dampfer hat uns direkt zu einem Geleitzug hingelotst.»

«Was sicher nicht seine Absicht war», brummt der Alte.

«Wohl kaum», antwortet Lubitsch leicht irritiert. «. . . sprach der Ochse, als man ihn melken wollte», quatscht ein blutjunger WO dazwischen und erntet dafür, obwohl der Alte gleich vergrämt guckt, ein paar Lacher.

Aufschreiben! kommandiere ich mir, alles aufschreiben, was Lubitsch sagt.

Lubitsch ist deutlich aus dem Konzept geraten. Er räkelt sich erst mal ordentlich in seinem Sessel zurecht und trinkt einen Schluck Bier.

«Der Dampfer sollte sicher in den Geleitzug aufgenommen werden?»

Der Alte versucht, Lubitsch wieder in Schwung zu bringen.

«Ja, wir stellten mehrere Zerstörer fest. Also stark gesicherter Geleitzug. Ich hab erst mal Fühlung gehalten, Kurs und Fahrt bestimmt und mich dann vorgesetzt, um eine günstige Angriffsposition zu bekommen. Wegen der Zerstörer mußten wir ja äußerst vorsichtig operieren. Wir sind dann, als wir weit genug vor dem Geleit standen, unter Wasser gegangen. Ich hab durch die Zentrale ins Boot gegeben: ‹Vor Geleitzug – zwei Zerstörer.› Und dann: ‹Zehn Dampfer mindestens.› Ich hab auch runtergegeben, wie die Sicherung aufkam, und dann: ‹An Backbordseite passiert Zerstörer – Zerstörer kommt frei.› Die Männer haben so erfahren, wie sich die Situation entwikkelte. Und ich immer: Sehrohr raus – Sehrohr rein. Mittlerweile waren es sechzehn Dampfer. Und dann: Rohre bewässern – alle Rohre fertig zum Schuß. Da lief der zwote Zerstörer direkt auf uns zu, und ich mußte auf Tiefe gehen. War aber wohl Zufall. Wir hatten jedenfalls die Sicherung durchbrochen und waren mitten im Geleitzug, frei von Fegern und Seitenzerstörern. Äußerst sparsamer Sehrohrgebrauch war geboten . . . Und dann kam der große Augenblick, wo das Boot von allen Seiten von Dampfern umgeben war. Jetzt mußte ich die beste Schußposition ausbaldowern: Wo konnte ich am besten nach allen Seiten schießen, daß heißt möglichst viele Dampfer auf einmal erledigen . . . Der LI hat seine Sache gut gemacht. Wir mußten ja wegen Seegang Null besonders sorgsam Tiefe halten. – Dann zackten plötzlich zwei Dampfer aus. Ich konnte die Leute an Deck sehen. Aber gleich wieder Sehrohr rein. Das ging nur so: Sehrohr raus, Sehrohr rein. Und dann: Erstes Rohr los, zweites Rohr los . . . und so weiter. Ergebnis: vier Dampfer in kürzester Zeit. Also das war schon verrückt: Ich stehe hier, und drei Dampfer kippen mir richtig entgegen. Einer hier, einer da.»

Lubitsch zeigt auf den Fußboden. Dann erhebt er sich schnell aus dem Sessel und gibt mit dem rechten Fuß an, wo die Dampfer sanken. Es sieht aus, als probiere er einen neuen Tanzschritt.

«Der vierte ging übers Heck weg . . . Also das ging schon verrückt zu: Ich schneide den ersten Dampfer an und springe sofort um und gleich Rohr zwo los. Der erste Dampfer – wumm! Treffer Mitte. Gleich darauf wieder wumm! Der zwote – der dritte – und wumm! – der vierte. Mir war klar: wenn ich da reinhalte, geht einiges hoch. Die Dampfer überlappten zum Teil richtig. Das war wie auf eine Mauer schießen. Der ganze Spaß hat gestoppte zwo Minuten gedauert. In zwo Minuten vier Dampfer. Geschätzte Tonnage: zwanzigtausend. Eine einzige Kesselexplosion beim vierten Dampfer, der übers Heck wegging . . . Na – aber nun kamen die Zerstörer mit Wut heran. Die Seitenzerstörer mit hoher Fahrt auf uns zu. Die wußten ja nun, wo das Boot steht . . . Und dann das Übliche.»

«Das heißt, Saures», sagt ein anderer WO, den ich auch nicht kenne.

«Kann man wohl sagen», bringt Lubitsch mit einer Art Lachstoß hervor und läßt sich wieder in seinen Sessel fallen.

«Der war immer für schneidige Sachen mit Köpfchen. – Übrigens alter Handelsschiffsoffizier», sagt der Alte später, als Lubitsch verschwunden ist. «Ausgeglichener Typ, herzlich, aufgeschlossen und optimistisch – war immer so.»

Das Meer sieht alt aus. Alt und fremd, und die trüb beschlagene Scheibe macht seinen Anblick noch trauriger. Im Kapitel «Das Wesen des Gegners» hat Joseph Conrad im «Spiegel der See» geschrieben: «Wer das Alter der Erde erfahren will, der schaue bei Sturm auf die See.» Die Sturmseen beschrieb er als altersgrau, stumpf und blind, als wären sie noch vor der Schöpfung des Lichts erschaffen worden. Joseph Conrads Sätze im Gedächtnis, sehe ich, wenn ich durch die verschlierten Fenster hinausblicke, die See zugleich mit meinen und mit seinen Augen. Keiner hat so intensiv wie er die Sturmsee zu beschreiben vermocht.

Auf einem guten Schiff in schwerer See: Es gibt nichts Herrlicheres auf dieser Welt. Das U-Boot vom Typ VII C war so ein gutes Schiff; es mochte zahllose Mängel haben, aber im Sturm war es ein Stehauf, dem auch die schwersten Prankenschläge der See nichts anhaben konnten. Es trug keine Aufbauten, aus denen die brüllenden Seen so gern Kleinholz machen. Seine Seetüchtigkeit war uneingeschränkt. Gewiß, mit voller Fahrt gegen an war nicht möglich, weil unser Auftrieb gering war und die Gefahr des Unterschneidens dadurch groß. Aber die Stirn bieten konnten wir den tobenden Elementen eben doch; und das im wahrsten Wortsinn: Wir hielten unsere Gesichter den Peitschenhieben aus Sturmstößen und Flugwasserwürfen hin, bis sie krebsrot geschlagen waren und die Augen uns fast zuquollen.

Der Triumph des Standhaltens und Überdauerns – nirgendwo habe ich ihn in so reiner Gestalt erleben können wie auf dem U-Boot.

Der ständige Wechsel vom tiefen Einsinken in Wellentäler zwischen Gebirgszügen, weißgekrönt wie schneebedeckte Alpenmassive, zu heftigem Emporfahren zu den Gipfelhöhen der gewaltigen Seen war atemberaubend. Wenn wir huckepack genommen wurden von einer besonders riesigen See, bot sich uns der Ausblick über die fremdeste Landschaft dieser Erde hin: weißgraue, vergreiste, marmorgeäderte Sturmseen – bis in alle Ferne gestaffelt, eine pathetisch feierliche Urlandschaft. Dazu das Gebrüll der sich brechenden Wassermassen, das scharfe Sausen des Windes, das Dröhnen gegen unseren Turm. Dazu auch die scharfen Peitschenhiebe aus Flugwasser in unsere Gesichter und die schweren Schläge überkommender Wogenfetzen auf unsere gekrümmten Rücken.

Manchmal ließen haushohe Seen, die das Boot hochgetragen hatten, es plötzlich seitwärts wegrutschen, so daß die Brücke in extreme Schräglage geriet, als sollten die vier Leute ausgekippt werden. Tonnenschwere Brecher drückten das Vorschiff weg, tief in den Wasserleib hinein. Wenn es wieder hochkam und die gischtenden Wassermassen abgeschüttelt hatte, pfiff und sirrte der

Sturm auf dem Netzabweiserseil so lange, bis sich der nächste Brecher aufs Vorschiff stürzte. Das war die gewohnte See nicht mehr, sondern ein Urweltanblick: gewaltige grauschiefrige, schneeschaumgekrönte Gebirgsketten, dunkle wassernebelverhangene Schluchten – aber alles in Bewegung, die Gebirge, die Schluchten –, die weißen Gletscher, die Wände aus weiß und grün gesprenkeltem Marmor, die Hänge aus grauem Gestein – alles wanderte uns entgegen.

Kaum noch vorstellbar, daß es irgendwo festes Land gab, daß da unten im Boot die Maschinen arbeiteten, unablässig im gleichen Takt, und daß unter einem in der Stahlröhre ein halbes Hundert Menschen atmete.

Ich brauche nicht zum Mond zu fliegen, ich kann mir die Mondlandschaft vorstellen, seit ich vom U-Bootsturm aus die Sturmsee, das Urbild aller Landschaften, erlebt habe: Eine erstarrte Sturmsee – was anderes wird die Mondlandschaft sein?

Ich sollte mir wohl komisch vorkommen, weil ich mit jedem Blick nach draußen die U-Boot-Fahrerei heraufbeschwöre. Dabei habe ich nur ein paar Fahrten, wenn auch gesalzene, mitgemacht. Aber ich habe, während für die anderen die U-Boote nach dem Kriege erledigt waren, dreißig Jahre hindurch weiter auf U-Booten zugebracht, das heißt nicht physisch, aber doch mit allen Sinnen. In den Stunden nämlich, in denen ich am «Boot» arbeitete. Und da gewannen Ereignisse, die in Wirklichkeit scheinbar ohne viel Wirkung auf mich vorübergegangen waren, mehr und mehr lastendes Gewicht. Alles wurde noch deutlicher, schärfer und setzte mir noch mehr zu als zur Zeit des tatsächlichen Ablaufs.

Noch Dezennien nach dem Krieg bin ich immer wieder eingestiegen und habe mit geschlossenen Augen nach jedem Hebel, jedem Ventil gesucht und wie ein Blinder die Formen jedes Aggregates ertastet, bis ich wieder ganz und gar in der Stahlröhre zu Hause war und mich gegen die Achterlastigkeit mühsam nach vorn hangelte. Auch wenn ich für die Augen anderer nur an meinem Arbeitstisch saß.

«Es ist wahrscheinlich nicht das beneidenswerteste

Geschick, am Leben geblieben zu sein, um darüber zu schreiben», heißt es bei Conrad. Früher habe ich mich einmal von diesem Satz deprimieren lassen. Jetzt ist es anders: Ich fühle das Dasein schon wieder bis in alle Fibern. Mich stört nur das Gefühl, unbeholfen herumzustolpern, wenn ich über das Bootsdeck gehe. Das kommt nicht nur vom Schlechtwetter, sondern auch davon, daß ich zu diesem Schiff keine Beziehung bekomme. Seine Bewegungen sind mir fremd. Ich selber bin fremd hier an Bord. Fremd und überflüssig.

Was ist das überhaupt für ein Schiff? Ein Traumschiff? Ein nostalgisches Relikt? Ein Stück technischer Irrationalität? Oder nur ein technischer Ladenhüter, der mühsam in Betrieb gehalten wird? Immerhin, die Längsstabilität der «QE 2» ist infolge ihrer gewaltigen Abmessungen ausgezeichnet. Bei so schwerer See hätte sich unser VII-C-Boot wie ein Schaukelpferd bewegt. Unter Wasser war die Längsstabilität sogar ungemein leicht störbar. Schon ein einzelner Mann, der von achtern nach vorn ging, konnte die Lastigkeit des Boots verändern.

Den Kopf voller Gedanken: Die Unsinnigkeit dieses Schiffes macht mir zu schaffen. Erleben wir eine industrielle Revolution, eine Abkehr von obsessiven Fortschrittsvisionen? Sind die Defizite solcher Riesenzossen nötig, um uns auf den rechten Weg zu bringen und uns den Aberwitz unserer Aufgeblasenheit unter die Nase zu halten? Oder mußte der Ölhahn erst halb zugedreht werden, damit dieser Aberwitz offenbar wurde? Der Größenwahn der Techniker: ein interessantes Kapitel. (Immerhin verdanken wir ihm so imposante Konstruktionen wie den Eiffelturm.)

Dieses Schiff ist zweifellos das Resultat einer genealogischen Fehlentwicklung, zu der industrielle Potenz immer tendiert. Es wird an seiner Größe sterben. Die wenigen Großschiffe, die noch über die Meere fahren, zeigen allesamt schon Entartungserscheinungen: Sie sind weiß geworden, man hat sie umgepönt, und nun durchpflügen sie als Amüsierdampfer die See.

Mit Rummel, ausgeklügelten Hilfen zur Selbstbetäubung, Scharen von Verrückten und Desequilibrierten zu

Kreuzfahrten auf Schiffe zu locken, wenn schon mit der dem Schiff bestimmten Aufgabe, dem Passagiertransport, kein Dollar mehr zu verdienen ist, das scheint zur Leitidee der Reedereien geworden zu sein. Die über und über weiß gemalten Schiffe gleichen, so hygienisch einwandfrei, wie sie sich darbieten, schwimmenden Irrenhäusern. Riesige Therapiestationen für Zivilisationskranke sind sie, wenn auch zu fragen bleibt, ob diese Art von Therapie anschlägt.

Das Geschäft jedenfalls scheint gut zu laufen. Der Unterhaltungsfirlefanz ist zum eigentlichen Sinn des ganzen Unternehmens pervertiert: *luxury with taste.* Und die Verrücktheit der Dauerunterhaltung auf See hat für die Veranstalter den Vorteil, daß sich niemand verdrükken kann.

Bei diesen Kreuzfahrten findet im großen statt, was ich schon am heimischen Starnberger See für eine Absurdität und törichte Treibstoffvergeudung hielt: die nächtlichen Tanzfahrten der großen Ausflugsdampfer, auch sie weiß gepönt. Da wurde auf dem Dampfer herumgetollt, und dabei machte er auch noch Fahrt – bis an die südlichste Lände nach Seeshaupt, obwohl kein Mensch hinausschaute.

Das deutsche Kreuzfahrtschiff «Europa», die alte «Kungsholm», wird in der Überschrift einer meiner Zeitungsartikel «Eine schwimmende Festung gehobenen Deutschtums» genannt. Ja, da kommt wohl vieles zusammen, wenn reiche Unternehmer, Chirurgen, Zahnärzte – reich an Zeit und Geld – ihre Smokings einpacken und samt «Begleitung» zu den Abfahrtshäfen fliegen, um sich «noch ein paar schöne Tage» zu machen.

«Da wird eine windige Liegestuhl-Exklave zur einsamen Sandbucht auf einer Insel, die Taverne zur lauschigsten Tanzbar der Welt, die Begegnung mit anderen Nachtschwärmern auf dem schlafenden Schiff – sie im Abendkleid barfuß, er im Smoking, ihre Sandaletten am kleinen Finger – zur Verschwörung. Und am nächsten Vormittag: *Tontaubenschießen mit Sprechverbindung»*, lese ich.

Rio, die Karibik, Leningrad, das Polarmeer, Kapstadt,

die Seychellen, Indonesien – so ein Amüsierdampfer treibt sich überall herum. Das Durchschnittsalter der Passagiere, so erfahre ich, habe sich auf 55 «verjüngt». Hier auf diesem Schiff kann es nicht unter 60 liegen.

Ich erinnere mich, daß in unserem Heckwasser ein Kreuzfahrtschiff folgte, als ich mit der «Archsum» unterwegs war: Wohin wir auch kamen, war alles für die Kreuzfahrer vorbereitet, das heißt, alle Banditen der Umgebung hatten sich zusammengefunden, um sie ordentlich auszunehmen. In zwei Häfen, in Beirut und Famagusta, habe ich erlebt, wie die Kreuzfahrer vom Schiff gingen und «wahrgenommen» wurden. Die Zeit für die Landexkursion war viel zu kurz bemessen, als daß die Kreuzfahrer – wie sonderbar das nach Kreuzritter klingt – Märkte besuchen und Preise vergleichen konnten. Schon auf dem Schiff hatten sie sich wohl in einen wahren Kaufrausch versetzt. Die Kaufwütigen verließen sich an Land auf ihr Geschick im Handeln und rafften los. Sie boten ein Drittel der geforderten Preise, waren stolz, wenn sie am Ende die Hälfte bezahlen mußten, und ahnten zu ihrem Glück nicht, daß das einer vierfachen Überzahlung entsprach.

Für Monsieur Lecomte ist das Telephon an Bord von äußerster Wichtigkeit. Er gehört wohl zu den Leuten, die ohne Telephon nicht mehr leben können. Es vergeht kein Tag, an dem er nicht mit der Redaktion und seinem Büro in Paris sowie mit New York, wo er verbandelt zu sein scheint, telephoniert.

Ich habe einen Satz von Claudio Magris, den ich so oft lesen mußte, um hinter seinen Sinn zu kommen, auswendig gelernt: «Die Zukunft, ihre Herrschaft, bedeutet, daß die Verwandlung des Lebens zu seiner Essenz geworden ist.» Gewiß, wir sind innerlich nur allzu bereit, die Welt nach Kriterien der Nützlichkeit zu verändern. Aber wenn Nützlichkeit tatsächlich die Devise der Zukunft sein sollte, hat dieses Schiff keine Zukunft.

Der Schock vor der technischen Zukunft der Schiffahrt steht offenbar nicht mehr bevor. Die Schiffbauer scheinen kapiert zu haben, daß «immer größer, immer schneller» nichts mehr einbringt – schlimmer noch, daß es zu unabsehbaren Katastrophen führen muß.

Wie wird es um die Zukunft der Schiffahrt schlechthin bestellt sein? Seit ich mit dem Nuklearschiff unterwegs war und auf dieser Reise erfahren habe, daß dieses perfekt instandgehaltene Schiff außer Dienst gestellt werden muß, habe ich eine wichtige Lektion gelernt. Das große Experiment mit futuristischer Technik, das der zehn Jahre lang Millionen verschlingende Betrieb dieses Schiffes darstellte, ist so gut wie mißglückt. Ein paar Aktenordner mit Betriebserfahrungen, die hundertfach schon von reaktorgetriebenen Einheiten anderer Marinen gemacht wurden, sind das ganze Resultat: Makulatur in kürzester Zeit. Heute will es nur noch keiner zugeben, im Gegenteil, selbst die Irrsinnskosten des unkonventionellen Abwrackens eines Atomschiffs mit verstrahlten Teilen werden kurzerhand zum Forschungsauftrag gehörig erklärt.

Das Schiff sollte vor allem fremde Häfen öffnen, aber die wirklich wichtigen blieben ihm aus Angst vor dem Risiko verschlossen. Einen «Anschlußbau», das heißt ein zweites Schiff, in das die Erfahrungen aus dem Betrieb der «Otto Hahn» eingebracht werden könnten, wird es nicht geben. Also aus und vorbei.

Das Schiff wartet – Sinnbild deutscher Hybris – auf die Schneidbrenner.

Ich sehe schon wieder Kohlefeuerungen unter Schiffskesseln in Funktion und Schornsteine mit dicken Qualmwürmern. Kohle statt Uran. Der Nostalgie wäre allemal Genüge getan.

So habe ich in irgendeiner Zeitung gelesen, man beschäftige sich schon wieder ernsthaft mit dem Bau großer Bulkcarriers mit kohlebefeuerten Kesseln und Heißdampfturbinen. Die Pläne von Schiffen für die Bauxit-Fahrt seien schon bis zu Ausschreibungen an japanische Bauwerften gediehen, und ein großer Bulkcarrier mit Kohlefeuerung verschlinge nach dieser Notiz weniger Betriebskosten als ein Bunkeröl verbrennendes Schiff. Nur die Baukosten seien höher. Es ging um ein Schiff von

120000 tdw mit einer Turbine von 23000 PS. Vergleichsrechnungen seien kompliziert, weil 1,6 Tonnen Kohle zwar den gleichen Heizwert wie eine Tonne Bunkeröl haben, bei Kohlefeuerung aber die Hälfte der Heizkraft durch den Kamin davonfliege, außerdem müsse der große Raumbedarf für die Kohlevorräte ins Kalkül gezogen werden.

Heizöl ist nun mal überaus praktisch: platzsparend und mit Hilfe von Pumpen leicht transportabel. Der Abschied von Heizöl fiele also schwer.

Ich habe Stunden gebraucht, bis ich dahinterkam, warum ich mich auf diesem Schiff beim Anblick des sturmgefurchten Meeres so irritiert fühle. Es ist nicht nur die Höhe des Decks, es ist die hermetische Abschließung von den scharfen Geräuschen der See und der dröhnenden Orgelmusik des Sturms. Es ist das Geräuschvakuum, das alles so unwirklich macht. Ich sehe einen Film, der schlecht projiziert wird, und um das Ganze noch ärger zu machen, ist auch der Ton weg.

Nur eine Scheibe trennt mich von dem Lärm, den Wind und See machen, aber dieses Glas entrückt mir alles bis zur Unwirklichkeit. Dabei ist der Lärm da draußen ungeheuerlich. So eine Sturmkakophonie kann einen ganz benommen machen. Wenn eine Serie kurzer Seen gegen den U-Bootsturm schlug, konnte das klingen, als feuere ein Geschütz im Salventakt.

Wie aufmerksam ich auch alles Gedruckte studiere, nirgends ist von den Maschinen die Rede. Nicht nur für Mr. Taylor, auch für die Werbefritzen von Cunard existieren sie nicht. Sogar von der Brücke, dem Cockpit des Schiffes, ist nirgends ein Bild zu finden. Ich werde Mr. Taylor wohl noch näher auf den Pelz rücken müssen, um herauszufinden, was diese Geheimniskrämerei tatsächlich bedeutet. Gestern abend hat er sich leider nicht sehen lassen, und vorhin hatte er es zu eilig.

Da erscheint er schon wieder, prompt wie der Teufel aus der Kiste.

«How are you this morning?» frage ich Mr. Taylor im

Ton gleißnerischen Frohsinns, um gleich weiterzufragen, wie es denn seinem wertgeschätzten Kapitän auf seiner wohlgehüteten Brücke an diesem trüben Morgen ergehe. Mr. Taylor verschmäht es, auf meinen munteren Ton einzugehen, er macht ein besorgtes Gesicht.

Da erscheint auch Monsieur Lecomte und setzt sich zu uns. Ich erschrecke ihn sichtlich, als ich ihm erkläre, alle Welt – die Funker auf allen Schiffen – könnte seine Gespräche mithören. Monsieur Lecomte kann es nicht fassen. Ich muß Mr. Taylor unser französisches Palaver übersetzen, damit er Monsieur Lecomte das Faktum bestätigen kann.

Monsieur Lecomte gerät ganz aus dem Häuschen. Das sei doch eine Cochonnerie, das hätte man ihm doch sagen müssen. Wie er sich denn die Telephonverbindung von Bord eines Schiffes vorgestellt habe, frage ich ihn, ob er etwa glaube, das Schiff spule wie ein Kabelleger eine Drahtleitung quer über den Atlantik aus sich heraus?

Ich stecke einen bitterbösen Blick ein, aber ich tue so, als wolle ich ihm Wunder was für einen Trost spenden, als ich hinzufüge: «Natürlich hören die Funker ihre Geheimnisse nur, wenn sie Empfangsschaltung für die hier benutzte Frequenz eingelegt haben.»

Als Monsieur Lecomte sich zurückgezogen hat, hält mir Mr. Taylor ein amtlich korrektes Gesicht entgegen und erklärt, der Kapitän erwarte mich in einer Stunde auf der Brücke.

Potztausend! Das klingt ja wie ein Gerücht. Mr. Taylor beharrt mit ernster Miene: «In einer Stunde.» – «Wie finde ich da bloß hin?» frage ich ihn und bemühe mich um Ernsthaftigkeit. «Durch den ‹Queens Grill›», schlägt Mr. Taylor vor, «und dann den Niedergang hoch zum officers wardroom. Die Brücke liegt direkt darüber.»

Mr. Taylor steht jetzt so linkisch herum, als wolle er mir noch etwas ganz Vertrauliches sagen, wisse aber nicht, wie er es anstellen solle. Erst als ich ihn aufmunternd anblicke, bringt er hervor: «Sie sollten das möglichst niemandem weitersagen.»

Muß ich mir jetzt hochgeehrt und vor den liebwerten Kollegen ausgezeichnet vorkommen? Ich werfe Mr. Taylor eine Art Verschwörerblick zu und verspreche, auf die Minute pünktlich zu sein.

Draußen scheint es heller zu werden. Die See ist jetzt stahlblau, das Geäder der Schaumköpfe fast weiß.

Ganz in meiner Nähe kotzt ein etwa zwölfjähriges Mädchen, beide Arme gegen das Stück Außenwand zwischen zwei Fenstern gestemmt, auf den Teppichbelag.

Die Kinder haben anscheinend am meisten unter Seekrankheit zu leiden. Ich frage mich, ob die fünf Blagen meiner siebenköpfigen englischen Familie die Reise wie ihre Eltern und auch heute noch als luxury und sich als vorzüglich entertained empfinden mögen. Ich habe gestern keins der Orgelpfeifenkinder auf dem Schiff entdeckt. Bei solchem Wetter sparen die Gesellschaften eine Menge Lebensmittel ein.

Bis zum Rendezvous auf der Brücke habe ich noch eine Menge Zeit. Deshalb mache ich mich erst mal auf den Weg zu meiner Kabine. Das Knarzen, das mich nachts so stört, ist – oder bilde ich mir das nur ein? – noch lauter geworden. Ich krieche wieder einmal herum und schlage mit der Faust gegen die eingebauten Schränke und Verkleidungen, aber das Knarzen geht davon auch diesmal nicht weg. Nirgendwo arbeitet das Schiff so heftig wie hier. Aber in diesem Teil des Schiffs hat das Dasein wenigstens noch einen Anhauch von Seefahrt: Ich kann das Ab- und Anschwellen der Bugsee hören, überlagert freilich von diesem ständigen vermaledeiten Knarzen.

Man hat mir wieder Papiernes unter dem Schott hindurchgeschoben! Diesmal ein kleines, feines Briefchen: Der Herr Kapitän bittet mich um 10.30 Uhr auf die Brücke. Das wußte ich zwar schon, aber nun bekommt das Unternehmen einen offiziellen Anstrich: Es wird eine Art Sonderaudienz. Ich beginne, meine Siebensachen zu präparieren. Auf das Universalobjektiv muß ich verzichten, das ist immer noch blockiert. Aber ich habe den Weitwinkel und das Normalobjektiv, dazu noch den Superweitwinkel. Ich versorge mich mit Schwarzweißfilm und Farbfilm. Wer weiß, was es da oben und von dort oben aus zu sehen gibt.

Zehn Minuten vor der Zeit mache ich mich auf. Ich fahre erst einmal zum Bootsdeck hoch. Während ich aber sonst das nächste Schott nach draußen gesucht habe, bin ich diesmal auf Entdeckungen aus und habe Glück dabei. An der Wand unter Glas und in einem Rahmen aus schwarzem Leder: *The personal standard of Her Majesty Queen Mary given from Her Majesty to the ship which bore her name* – und daneben auch unter Glas und im Lederrahmen: *The personal standard of Her Majesty Queen Elizabeth Queen mother given from Her Majesty to this ship which bore her name.* Die Flaggen sind aus acht Feldern zusammengesetzt – eine sehr hübsche Applikationsarbeit.

In einem Schaufenster im Quergang zwischen Parfumflacons und französischen Cognacflaschen eine Sammlung von Trophäen: ein riesiger Pokal, vom «Daily Telegraph» dem «Social and Athletic Club» der «Queen Elizabeth» im Jahre 1961 gestiftet, daneben von der «Yokohama Football Association» ein ähnliches scheußliches Monstrum. Hinter den Trophäen hängen Urkunden aller Art in den Schaukästen: Auf Farbphotos bedanken sich die beiden Blindenhunde Queeny und Lina bei der Crew und den Passengers der «Queen Elizabeth 2». Dann eine Ehrenurkunde zum Dank dafür, daß sich die «QE 2» an der Errettung von Passagieren des französischen Linienschiffs «Antilles» (19 828 Tonnen am 9. Januar 1971) beteiligt hat, nachdem das Schiff auf der Mustique-Insel, Grenadines, Westindien, gestrandet und durch Feuer zerstört war. *A similar message was sent by Mr. John Davies, Secretary of State for the Department of Trade and Industry.*

Zwei Schaufenster weiter liegen eine Uniformjacke und ein Degen samt Scheide aus dem «American Civil War 1861–1865» von der «John Judkyn-Memorial-Exhibits-Organisation» entliehen. Auch Papiergeld gibt es zu betrachten und ein Notenheft mit dem Titel «Gymnast Zouaves quickstep».

In Höhe der shopping arcade gehe ich einen Flur mit Luxuskabinen entlang und dringe in die feineren Regionen vor.

Hier kostet die Passage pro Nase 4000 Dollar.

Ein Steward von der dickwanstigen, aber dennoch wieselflinken Art kommt mir – schwarze Hose, weißes Dinnerjäckchen, wie der Kapitän es trug – entgegen und balanciert ein Tablett mit Gläsern auf den fünf ausgestreckten Fingern seiner Rechten. Er heischt deutlich Bewunderung, kommt er doch aus dem «Queens Grill», dem allerfeinsten Restaurant an Bord, auf dessen dicke Teppiche ich nun meinen Fuß setze.

Je höher man auf diesem Schiff steigt, desto nobler die Umgebung. Unmittelbar über dem «Queens Grill» liegen die sündhaft teuren Suiten. Herrschaften, die sich dieselben leisten, pflegen das alte Reitergefühl gegenüber dem Fußvolk: Höherstellung – Erhabenheit durch weitere Perspektive. Von hier oben sieht die Welt tatsächlich anders aus. Ein Abglanz der goldenen Jahre der Passagierschiffahrt ist noch zu spüren.

Ohne daß sie das wüßten oder gar wollten, bilden die niederen Massen – von hier aus gesehen – wie in der großen Ära der Atlantikfahrt das Podest, das nötig ist, um die soziale Überlegenheit der Luxusklassenpassagiere sichtbar werden zu lassen. Nur unter ihresgleichen müßten sie sich ja entsetzlich öden.

Der dreimonatige Queen-Elizabeth-Trip rund um den Globus, so las ich, *zählt zu den teuersten Törns der Welt: Die luxuriösesten Suiten, zwei Penthäuser für acht Personen, kosten insgesamt 480000 Mark.* Nicht gerade ein Sozialtarif.

Wenn «normale» Erste-Klasse-Passagiere im «Queens Grill» essen wollen, der nur für Passagiere der Suiten und Penthouses zugänglich ist, müssen sie einen happigen Zuschlag bezahlen.

Die Stewards hier oben sind so fein, daß sie mir nur mit knappen Gesten bedeuten, wohin ich mich wenden muß, statt mir ordentlich Auskunft zu geben. Deshalb finde ich den Eingang zum officers' wardroom nicht so rasch. Ich muß noch einmal fragen und werde nun, ehe ich Antwort bekomme, so skeptisch gemustert, als wollte ich den Zugang zum Fort Knox erkunden.

Endlich entdecke ich das schmale, durch nichts gekennzeichnete Schapp, von dem alle Weghelfer geredet haben. Und nun den Niedergang hinauf (auf Schiffen heißen nun mal alle Treppen «Niedergänge», was mir immer, wenn ich einen *hinauf*steige, komisch vorkommt) und jetzt einfach dem Stimmengewirr nach: Es kann nur aus dem officers' wardroom kommen. Direkt darüber soll die Brücke liegen. Aber wo ist der Niedergang? Ich taste mich einen Winkelgang entlang: Zum Teufel, irgendwo muß es doch nach oben gehen. Da finde ich endlich im Halblicht einen neuen Niedergang, lasse ein Schott aufschwingen und gelange in eine geräumige Kabine: Sieht ganz nach dem Privatgemach des Kapitäns aus. Da hängt ja auch sein komisches Dinnerjäckchen am Haken – aber ohne Ordensschnalle. Demnach steckt Mr. Brooks beim Umziehen die Ordensschnalle jedesmal ans neue Jakkett.

Ich habe mich verlaufen. Ein Glück, daß Mr. Brooks gerade nicht «zu Hause» ist. Aus der Tiefe des Raums erscheint ein weibliches Wesen. Kein Zweifel: die Sekretärin des Kapitäns, mit der ich schon zweimal telephonierte. Während ich meine Entschuldigung herunterhaspele und erfahre, daß ich mich nicht als Eindringling betrachten müsse, weil dies das Büro des Kapitäns und nicht sein Privatgemach sei, bewundere ich die Löwenmähne der etwa Fünfundzwanzigjährigen, sage mir, Löwenmähne ist nicht präzise, weil bei den Löwen nur männliche Tiere diese gewaltigen Mähnen haben. Trotz des Staunens über diese Mähne, die mich zu allem Überfluß an eine alte Zeitungsannonce erinnert, bekomme ich mich soweit in die Gewalt, daß ich dem Mähnengirl erkläre, ich wolle zur Brücke hoch.

«Zur Brücke?» fragt sie erstaunt.

«Ja, zur Brücke. Ich habe eine Verabredung mit dem Kapitän – just auf der Brücke.»

Da macht mir die Löwenmähnige große Augen, als wäre ich wer weiß was für ein ausgefallenes Exemplar. Ich sehe, wie ich in ihrer Achtung um viele Grade steige, und ich erfahre endlich, daß der Kapitän schon auf der

Brücke ist. Ich müsse nur durch dieses Schott gehen, den kurzen Gang entlang, dann durch ein zweites und sei schon an der Treppe zur Brücke. Sie sagt tatsächlich «staircase».

Ich staune, wie klein und eng diese Brücke ist. Kein Vergleich mit der weiträumigen Brücke der «Otto Hahn». Der Kapitän hat sich mittendrin aufgepflanzt. Er hat, ich traue meinen Augen nicht, vollen Wichs an. In der weißen Mütze steckt sogar, wie es die Bekleidungsvorschrift im Kriege erforderte, ein Mützenbügel, und siehe, da ist auch die obligate Ordensschnalle. Er steht in seiner hageren Länge da wie eine Karyatide, die mitten in den Raum plaziert wurde, um mit ihrem Kopf die weißgemalte Decke zu tragen.

Als der Kapitän mich bemerkt, ruft er mir nicht etwa einen Gruß zu, sondern führt sofort sein Glas – ein Seeglas, kaum größer als ein Operngucker – vor die Augen und späht geradeaus durch das Fenster vor seiner Nase: Ohne Zweifel will er in dieser Pose photographiert werden. Ich tue ihm den Gefallen und drücke drei-, viermal auf den Auslöser, dann wechsele ich die Seite und auch die Kamera: Ich brauche die mit dem Farbfilm. Die hochroten Backen des Kapitäns wollen farbig abgelichtet werden. Als der mich an seiner rechten Seite spürt, läßt er das Glas sinken: Ich soll ihn auch mit unverdecktem Profil haben. Als ich die Kameras in ihre Tasche zurückstecke und nun, gewissermaßen nach getaner Arbeit und Pflicht, mit dem Kapitän reden will, blickt er mich von seiner Leuchtturmhöhe herab so erstaunt an, als entdecke er mich soeben erst und dröhnt: «How are you, Mister Pucke?» Ich versichere ihm, daß ich mich wohl befinde und jetzt ein paar Fragen an ihn richten wolle. Da tut doch der baumlange Kerl, als hätte er mich gar nicht gehört, legt sein Glas auf einem Paneel unter den vorderen Fenstern ab und bellt: «See you later, Mister Pucke!» und ist auch schon verschwunden. Schade, daß ich ihn nicht mit der Kamera von hinten erwischt habe, wie er den Kopf einzog, um unbeschadet durch den Schottrahmen zu kommen.

Der zweite Offizier, ein kleiner schwarzhaariger Wuschelkopf, der wie ein italienischer Straßenhändler aussieht, verdreht die Augen nach oben. Ich gäbe was drum, wenn ich erfahren könnte, was das im Klartext heißen soll. Ihn zu fragen verbietet mir – leider – der Takt. Ich darf nicht einmal sagen: «Was war das bloß für ein verrückter Auftritt?»

Der Zwote gießt sich aus einer dicken Kanne Kaffee ein und zuckt, als die Tasse voll ist, leicht mit den Schultern. Ob ich auch eine Tasse haben wolle? Ja, ich will gern, aber mit viel Milch. Eigentlich sollte ich überhaupt nicht Kaffee trinken. Ein ordentlicher Schluck Whisky wäre mir ohnehin lieber, um mit der Verblüffung über die Szene, die sich hier eben abgespielt hat, fertig zu werden, aber Whisky ist hier nicht zu haben.

Ich will vom Zwoten etwas über Satellitennavigation erfahren, weil ich da gänzlich unbeschlagen bin. Aber vorläufig – der Milchkaffee ist noch zu heiß – atme ich erst einmal tief durch und richte meinen Blick durch die vorderen Fenster.

Auf wie vielen Brücken ich schon gestanden habe! Stundenlang stehen und geradeaus starren. Was für ein Gefühl! Nachts ist es am schönsten. Auf der «Otto Hahn» habe ich ungezählte Nachtstunden auf der Brücke verbracht. Zuerst, wenn man durchs Schott kommt, sieht man nichts außer ein paar Leuchtzeichen auf dem Instrumentenpult und die magische grüne Zeichnung auf dem Radarschirm neben dem Pult. Und natürlich die Kompaßscheibe, und als Gegengruß für das «Guten Abend, meine Herren!» bekommt man nur ein zweistimmiges Knurren. Aber dann, wenn sich die Augen an die Dunkelheit gewöhnt haben, wird man des Rudergängers gewahr, der nicht am Ruderstand, sondern weiter vorn hinter den Frontfenstern steht und Ausguck hält. Die automatische Steuerung ist eingelegt. Beim spähenden Umherschauen entdeckt man dann den Wachhabenden als unbewegliche Silhouette gegen eins der Fenster. Die Erinnerungen treffen mich wie die Lichtbalken eines Drehfeuers . . .

Vom Kartenhaus bekomme ich hier nichts zu sehen. «She is the first passenger vessel to be equipped to navigate by space satellite . . .», läßt mich der Wachhabende wissen und tut dabei so stolz, als hätte niemand anders als er dieses Navigationssystem erfunden.

Was nützt mir die Kunde? Ich kann mir darunter nicht viel vorstellen. Der Wachhabende offeriert mir noch mehr Informationen: «The satellite is orbiting the earth six hundred miles up.» Ich weiß nicht, ob sechshundert Meilen in diesem Fall viel oder wenig sind, ob ich staunen oder mit den Schultern zucken muß. In der Raumfahrt kann ich nicht auch noch zu Hause sein. Ich bin schon froh, wenn ich die alten Verfahren noch halbwegs im Kopf habe. Mir geht das mit dem technischen Fortschritt zu schnell. Der alte «Schinkenknochen», mit dem früher die Position bestimmt wurde, ist mir lieber als ein Computersystem, das ich nicht kapiere.

Ich habe gerade meine Tasse am Mund, als ich im Schottrahmen den Kollegen Lecomte ausmache. Kein Zweifel: Wo eben noch Mr. Brooks verschwand, steht jetzt Monsieur Lecomte.

«Un peu trop tard!» rufe ich ihm wie eine Begrüßungsformel zu, leichten Hohn in der Stimme. Aber bei mir denke ich: Eben doch ein tüchtiger Mann, dieser Lecomte! Wie mag er sich nur bis hierher durchgefunden haben? Von seiner Tüchtigkeit legt er gleich eine neue Probe ab: Der zweite Offizier, der es sich eben hinter dem Fenster mit der rotierenden Scheibe – draußen regnet es – bequem gemacht hat, muß auf Monsieur Lecomtes Geheiß seine Kaffeetasse absetzen und hinter das winzige Steuerrad treten, weil Monsieur Lecomte das so will. Aber das genügt ihm noch nicht. Er macht dem Zwoten gestenreich vor, daß er den Kopf einziehen, den Oberkörper vorbeugen und angespannt auf die See hinausstarren solle. Immer noch nicht richtig: Der Zwote soll nur mit der linken Hand ans Steuerrad fassen und die rechte zum Spähen in die Ferne über den Augen halten. Halb verdattert, halb belustigt macht der kleine Wuschelkopf alles mit.

Monsieur Lecomte ist außer Rand und Band. Er schießt wie ein Springteufel hin und her, visiert aus allen Ecken den Zwoten an, der denkmalhaft erstarrt die befohlene

Pose einhält, stößt ein empörtes «Plus bas!» aus, das ich mit «Head down!» übersetze, dann löst er endlich aus, und mit Hilfe seines Kameramotors gleich ein Dutzend Mal.

Daß ich Monsieur Lecomte beim Einrichten einer neuen Pose sage: «Nie und nimmer stellt sich ein Schiffsoffizier so ans Steuer – außerdem ist die automatische Steuerung eingeschaltet . . .», hört er nicht.

Jetzt ist es an mir, die Augen zu verdrehen und von der Brücke zu verschwinden. Über Satellitennavigation werde ich mich ein andermal oder anderswo unterrichten müssen. Wer weiß, wie lange der Springteufel hier noch herumtollt.

Im Deck der Penthäuser, an denen ich beim Rückweg vorüberkomme, hängen Miró-Drucke, Singier-Drucke, Klee-Reproduktionen an den Wänden. Auch Dufy ist reichlich vertreten. Dufy paßt am besten auf Schiffe, weil er immer wieder Schiffe gemalt hat, Segelregatten vor allem, aber auch große schwarze Überseedampfer, die freilich unter seinen Pinseln ihre Kompaktheit verloren und meist in festlichem Aufputz, über die Toppen geflaggt, erscheinen.

Jessy ist wütend. Er wollte auch auf die Brücke, es wurde ihm aber verwehrt. Jetzt schimpft er: Sogar Kamerafritzen habe er beim Anlaufen von Cherbourg auf der Brücke gesehen. Wieso durften die und er nicht?

Ich kann ihn aufklären: «Hier an Bord wird ein Fünfzehnminuten-Film mit Toni, genannt ‹Lofti› gedreht. Es handelt sich um ein, wie man mir sagte, Televisions-Segment, das zeigen soll, wie junge Leute ihren Beruf erlernen und ‹how other kids live, work and play›.»

«Na und?» fährt mir Jessy dazwischen. «*Ich* könnte denen schon erzählen, was das hier für ein Affenstall ist, und ich werde es in meinem Blatt auch tun, darauf können Sie sich verlassen!»

Den Anblick der Leute in den Liegestühlen findet auch Jessy unerträglich. Im Flugzeug müsse er offene Schnarchmünder nur im Vorbeihangeln auf dem Weg zur Toilette ertragen. Aber hier falle der Blick auf diese sabbernden Herumhänger, wohin man ihn auch wende.

An meinem Tisch hat sich als Ersatz für zahlreiche Seekranke ein knorriger blauäugiger Alter mit einer Nase wie ein Geierschnabel eingefunden. Er könnte ein Häuptling aus der Schutztruppe Lettow-Vorbecks sein. Ob er Mr. MacCarthy um Erlaubnis zum Tischwechsel gefragt hat oder sich etwa einfach die Freiheit dazu genommen hat?

Der Geierschnabel schnarrt, nachdem er mich eine Weile beäugt hat, auf deutsch los, und ich erfahre in wenigen Minuten:

In New York geboren, aber Eltern aus Württemberg. Siebzig Jahre alt. Nie im Leben ein Flugzeug benutzt. Nur Schiffahrt kommt in Frage. Desinteressiert an Vergnügungen – und zwar aus Prinzip. Den ganzen Tag in der Kabine. Nur zum Essen hier oben.

Punkt und aus.

Jetzt mampft der Schutztruppler nur noch in sich hinein. Mir ist das so recht. Ich bin froh, wenn ich, statt Konversation machen zu müssen, meinen eigenen Gedanken nachhängen darf: Wenn ich mit jemanden ins Gespräch komme, fühle ich mich sogleich als Interviewer. Ich will ergründen, warum er hier Passagier ist. Gewöhnlich endet es dann schnell mit «See you later!», und mir schwant, daß Jessy und Lecomte meine einzige Dauergesellschaft bleiben werden.

Das Schlimme ist, daß ich mich nicht nur elend fühle, sondern mir immer noch nicht ganz im klaren bin, warum mich diese Art von Seefahrt so ankotzt. Vielleicht drückt es etwa ein Antislogan wie dieser von mir eben erfundene aus: «Die Seefahrt mit der ‹QE 2› ist wie Alpinismus mit der Bergbahn, sicher und bequem, ganz ohne Abenteuer.»

Das Schiff, dahinter komme ich mehr und mehr, ist ein Zwitterwesen: halb amerikanisch, halb europäisch. Der amerikanische Anstrich macht das Schiff für die Amis attraktiv, für unsereinen aber fremd. Amerikanische Juden hinwiederum scheinen in diesem Schiff ein rudimentäres Stück Europa zu sehen und schätzen es deshalb. Mich aber stört überall die Halbheit. Ich ziehe klare Verhältnisse vor: Ich will auf einem amerikanischen Dampfer *oder* auf einem englischen fahren, nur nicht auf einem anglo-amerikanischen. Nichts Halbes und nichts Ganzes – das paßt auf dieses Schiff. In puncto Technik ist es mit seinen abgeriegelten Maschinenräumen ohne jeden Pep: ein langweiliger Kasten.

Dabei wird mir die Zeit nicht etwa lang. Im Gegenteil: Ich werde nur mit der Unruhe im Bauch nicht fertig. Beim Lesen bin ich unkonzentriert. Dann lege ich das Buch weg und tigere lieber wieder durch die Decks. Auf diesem Schiff irritieren mich zu viele Geräusche. Sie lassen mich, ohne daß ich das wollte, aufmerken und lauschen. Außerdem bin ich, fürchte ich, zum richtigen Lesen nachgerade zu verblödet – eingelullt wie ein Wiegenkind von der ständigen leichten Stampfbewegung, abgestumpft von der Monotonie der leeren Gänge, deprimiert auch vom Anblick der schlapp in den Sesseln hängenden alten Frauen und alten Kerle.

Ich kann den alten Steward, der schon etliche Male mit einem vollen Bierglas hinter der den Transport geschickt verbergenden Rechten meinen Weg kreuzte und sich offenbar durch stetiges Saufen in einem stets gleichen Grad der Besäufnis zu halten scheint, schon verstehen: Wer soll das hier auf die Dauer aushalten! Die fünf Tage, die ich überstehen muß, sind keine Zeit, aber für luxury with taste ist es eben schon viel zu lange.

Vom bloßen Herumtigern wird mein Zustand nicht besser. Trotz des Auslaufs, den ich auf den Decks habe, verstärkt sich das Gefühl der Klaustrophobie, an dem ich, ohne es mir eingestehen zu wollen, leide, zunehmend.

Warum fühle ich mich hier beengter als früher auf Kriegsschiffen, auf denen in der Tat kein Kubikmeter Raum vergeudet war? Es muß daran liegen, daß ich unter eine Sorte Mensch geraten bin, die ich *nirgends* ertragen könnte. Anderswo würde ich ihr einfach davonlaufen, basta, aber hier kann ich ihr nicht entkommen. Die Metapher «Wir sitzen alle in einem Boot» bekommt für mich eine neue, diesmal recht ungemütliche Bedeutung.

Langeweile, rühme ich mich gern, habe ich in meinem ganzen Leben noch nicht gehabt. Das Gefühl hohler Ödnis, das mich jetzt halb krank macht, ist wohl auch nicht Langeweile, sondern simpler Mißmut. Dagegen hilft nur eins: die «Midships-Bar». Ich kann mir doch nicht die Visage im «Beauty-Parlour» bearbeiten lassen, Tontauben schießen oder in einer Art Zelt aus Netzwerk Golfbälle gegen im Wind flatternde große Lappen schlagen!

«Sie sollten den Computer photographieren statt Wachoffiziere», rate ich Monsieur Lecomte, als er an der Bar erscheint, «der kommandiert nämlich hier.»

Während ich dies sage, ziehe ich ein Informationsblatt der Companie aus der Tasche, das mir Mr. Taylor beim letzten Plausch ausgehändigt hat, und lese vor: *«Her computer system is the first of its kind in a merchant ship: It combines technical, operational and also commercial functions at sea.»*

«Commercial functions?» fragt Monsieur Lecomte in seinem grauenhaften Englisch.

«Tauschhandel ist da sicher nicht gemeint, aber komisch klingt das schon», sage ich. «Hier steht, was der Computer nun wirklich alles macht: *data logging, alarm scanning, machinery control, weather routing, the prediction of fresh water requirements, and the control of food stocks on board.»*

Monsieur Lecomte fordert höflich: «Veuillez répéter çela, s'il vous plait?» Dann murmelt er mit leicht verblödetem Ausdruck nach: *«The prediction of fresh water requirements?»*

«Es könnte ja sein», sage ich und versuche ihm zu helfen, «daß es versalzenen Kaviar gibt, und dann während der Nacht alle Welt am Wasserhahn hängt, um das angepriesene köstliche Naß zu schlürfen. Jetzt speichert man einfach den Salzgehalt pro Tonne Kaviar in den Computer und die Anzahl der Kaviarkonsumenten, dann weiß der Kapitän, wie viel fresh water required wird, und kann sich beruhigt schlafen legen. Wenn für die Besatzung Salzhering – herreng sour – auf dem Speiseplan steht, wird genauso verfahren . . . Mehr an Luxus kann der Mensch doch nicht erwarten. Voilà encore un chiffre, qui va vous intéresser . . .»

Monsieur Lecomte blickt gequält drein, aber ich tue,

als lese ich Interesse aus seiner Miene, und offenbare ihm:

«Das Ruder wiegt achtzig Tonnen. Und der Ölvorrat sechstausendvierhundertdreizehn Tonnen. Das ist doch höchstinteressant und wissenswert!»

Wie Monsieur Lecomte mich, anstatt eine Reaktion zu zeigen, nur anstarrt, lasse ich ihm noch einen Happen zukommen: «Vier Anker hat das schöne Schiff, wahrscheinlich zwei in Reserve, und jeder wiegt zwölfeinhalb Tonnen, was natürlich gar nichts ist im Verhältnis zum Ruder. Um so bemerkenswerter ist die Länge der Ruderketten: zwotausendzwohundert Fuß. Wieviel das in Metern ist, müssen Sie, bitte schön, sich selber ausrechnen.»

Und wie zur Entschuldigung füge ich noch an: «Alles von Mister Taylor bezogen. Mister Taylor erachtet solche Detailkenntnisse als äußerst wichtig. Sie sollten sich auch mal mit ihm unterhalten.»

Da bedenkt mich Monsieur Lecomte mit einem irritierenden Blick und verschwindet.

Apropos Luxus: Die Sichthöhe! Das wäre der wahre Luxus gewesen. Von meinen etwa dreißig Metern Augenhöhe ist die Kimm 10 bis 11,4 Seemeilen entfernt. Vom U-Bootsturm aus gesehen, war die Kimm nur 4,7 Seemeilen weg. Das heißt: bei gutem Wetter. Aber hier im Nordatlantik war gutes Wetter selten. Wenn die Seen hoch gingen, sah man im Wellental nur Steilhänge um sich herum.

Alles wurde versucht, um den Ausguck höher hinaufzubringen. Zuerst wurde er auf einem dicht unterm Sehrohrkopf festgemachten Bootsmannsstuhl mit dem Sehrohr hochgefahren, aber damit waren nur ein paar Meter gewonnen, und wenn die See nicht ruhig war, schlug das freistehende Sehrohr mit seiner zusätzlichen Last so heftig aus, daß wir vor Beschädigungen Angst bekamen. Seefernaufklärung aus der Luft wäre der wahre Jakob gewesen, aber die paar Heinckel und FW 200, die wir dafür hatten, waren allenfalls für den Vergleich mit der an allen Seiten zu kurz geratenen Decke gut.

Also wurde weiter probiert. Die Geräte, die irgendwelche Marinebauräte erfanden, glichen den Darstellungen verrückter Flugapparate in alten Bänden der «Gartenlaube»: große auffaltbare Drachen, die vom schnellfahrenden Boot mit einem darunterhängenden Ausguck hochgelassen werden sollten, und zerbrechliche Rotorflieger, die auch wie Drachen am Drahtseil hochzuschleppen waren. Die armen Kerle, die daran hingen, konnten ihr Seeglas keine halbe Minute lang ruhig halten. Die beamteten Tüftler im Oberkommando der Kriegsmarine wußten sicher nicht, *wie* ruhig – eisern ruhig – man sein Glas beim Hintasten über den Sektor der Kimm, den man abzusuchen hat, halten muß. Auf den Scheiß-Hermann zu fluchen, war am Ende alles, was uns blieb.

Von der Höhe dieses Decks herab guckten wir Hirsakker in die Brücke, huckepack genommen von einer Wahnsinnssee, wie ich vorher noch keine erlebt hatte.

Die Leute, die sich auf Hirsackers Brücke drängten, reckten uns ihre bleichen Gesichter entgegen wie Vögel im Nest, wenn sie Fütterung erwarten. Ein absurdes Bild. Ich mußte mich zusammenreißen, um auf den Auslöser zu drücken, nachzuspannen und wieder zu drücken. Vor erschrecktem Staunen hätte ich es fast vergessen.

Hirsacker ist bald nach dieser Sturmbegegnung erschossen worden, verurteilt wegen «Feigheit vor dem Feind». Schwache Nerven im falschen Augenblick – vielleicht gar noch ein Ehrgeizling unter den Offizieren, der sich durch die entsprechende Meldung einen Blumentopf gewinnen wollte. Das genügte für die Blutrichter.

Ich werde den Alten fragen, wie hoch die höchsten, gemessenen Seen waren. Ich weiß nicht einmal, wie die Höhen der Wassergebirge gemessen werden. Man sagt, schwer beladene Schiffe könnten glatt in der Mitte durchbrechen, wenn sie vorn und achtern von Riesenseen hochgehoben werden: Schiffe sind ja nicht wie Brücken konstruiert. Die «Melanie Schulte», ein Erzfrachter, soll so verlorengegangen sein – in Sekundenschnelle weg von der Oberfläche.

Nichts beunruhigt den Seefahrer so sehr wie das Verschwinden von Schiffen ohne letzte Funkmeldungen, die Nachricht von der Ursache des Desasters geben. Die «Melanie Schulte» gab kein Zeichen. Auch der Untergang der «München» ist ein Rätsel. Sie war in ihrer Modernität ein kurioses Schiff: ein Lash-Schiff von knapp über 37 000 BRT, dessen Heck die Form eines Katamarans hatte. Zwischen die Rumpfteile konnten Schwimmcontainer einfahren, die dann von einem starken Portalkran aus dem Wasser gehievt und bis in ihre Position transportiert wurden. Allein schon durch seinen riesigen Kran wirkte das Schiff toplastig. Noch bedenklicher konnten einen die Reihen der großdimensionierten Schwimmcontainer an Oberdeck stimmen: Oberdeckladung hat immer den Teufel, bei schlechtem Wetter raubt sie einem den Schlaf.

Die «München» befand sich auf ihrer 62. Ausreise von Bremerhaven nach Savannah, als sie am 12.12.1978 bei den Azoren in einen Orkan geriet. Das Schiff hatte 28 Menschen an Bord und trug 83 Leichter – vierkantige, schwimmfähige Container – von je 600 Tonnen Tragfähigkeit. Drei dieser Leichter wurden aufgefunden, dazu vier leere Rettungsinseln, zwei Schwimmwesten, zwei Rettungsringe, eine Funkboje, von der auch Signale aufgefangen worden waren. Die Besatzung blieb verschollen trotz der größten Rettungsaktion der Seeschiffahrt, an der zeitweilig 29 Schiffe aus 12 Nationen und 13 Flugzeuge beteiligt waren, darunter fünf Fernaufklärer vom Typ Brequet Atlantic, die auf dem Luftwaffenstützpunkt Lajos auf den Azoren stationiert waren. Gesucht wurde erst in Streifen von 20 Seemeilen, dann in zwei Seemeilen Breite über eine Fläche von 1500 x 1100 Kilometern.

Etwa drei Stunden vor dem SOS hatte der Funker seinem Kollegen auf der deutschen «Karibe» mitgeteilt, an Brücke und Bullaugen seien Schäden entstanden, hatte aber keine bemerkbare Eile oder gar Aufregung verspüren lassen. Mit Verspätung meldete ein sowjetisches Schiff, es habe eine Meldung der «München», daß 50 Grad Schlagseite entstanden sei, aufgenommen. Diese Nachricht ist bei Hapag Lloyd als nicht ganz glaubhaft bezeichnet worden, man dachte wohl an die üblichen Überschätzungen in extremen Lagen. Die Katastrophe muß dann sehr schnell abgelaufen sein, das läßt sich aus der eiligen SOS-Meldung des Funkers schließen. Sie wurde nur von dem griechischen Frachter «Maria» aufgefangen, der zufällig sein Empfangsgerät noch eingeschaltet hatte. Die einleitenden zwölf Zeichen, die auf allen Schiffen das automatische Empfangsgerät ansprechen, das dann Funkalarm klingeln läßt, hatte der Funker der «München» nicht gegeben. Diese Eile läßt auf plötzliches Kentern schließen. Denkbar ist, daß die Eisenbeladungen in den Leichtern übergegangen sind und dem Schiff eine extreme Schlagseite gegeben haben. So mag eins zum anderen gekommen sein. Kumulierung mit Wassereinbrüchen über eingeschlagene Bullaugen oder Brückenschäden ist möglich. Vielleicht waren die Stabilisierungsflossen ausgefallen. Merkwürdigerweise waren an den drei gefundenen Leichtern Schäden nicht festzustellen. Die Art der Zurrung und Verankerung galt als sicher. Auf keiner der Reisen vorher war ein Leichter losgeschlagen, doch war das Schiff noch nie in einen Orkan geraten. Denkbar, daß die drei Leichter im Orkan von der See herausgebrochen wurden, der schwere Portalkran kann sich auch aus seiner Zurrung in achterlicher Position losgerissen und den Casco aufgerissen haben . . .

Die Tragödie scheint für immer ungeklärt zu bleiben.

Die U-Boote, dessen werde ich mir von Stunde zu Stunde mehr bewußt, werde ich nie mehr los.

Ich brauche nur die Augen zu schließen, und schon bin ich wieder in der Zentrale der Tauchröhre U 96: Es ist Nacht. Die Diesel saugen einen frischen Luftstrom durch das geöffnete Turmluk herab. Mit kleinen gurgelnden und zischenden Tönen schwappt unter den Flurplatten das Bilgenwasser hin und her.

In der Zentrale sind die Lampen abgeblendet. Kein Schein darf durch das offene Turmluk nach oben dringen und uns einem Flugzeug verraten. Im ungewissen Licht sind die Umrisse zweier Männer zu erkennen. Sie hocken auf den Lenzventilen und schälen Kartoffeln. Sonst ist niemand in der Zentrale. Der Kartentisch ist verwaist. Zirkel, Radiergummi und Stifte liegen ordentlich aufgereiht an der rechten Kante. Die Stoppuhr baumelt über dem Kartentisch hin und her wie ein Perpendikel.

Jetzt erscheint der Zentrale-Maat von achtern. Er bückt sich und hebt eine Flurplatte hoch, um die Bilge zu peilen. Wenn ich mich durch die Zentrale hindurcharbeite, nicke ich ihm fast automatisch freundlich zu.

Es ist, als würde die ungewisse Beleuchtung den Raum nach allen Seiten weiten. Die Rohrleitungen, Ventile und Gestänge an Decken und Wänden sind nicht mehr deutlich zu erkennen. Der Sehrohrschacht ist eine dunkle Masse. Dahinter verliert sich der Raum in ungewisse Tiefen. Nur die grün phosphoreszierenden Richtungsanzeiger an der Decke schimmern aus der Dunkelheit heraus. Sie sollen, wenn alles Licht ausgefallen ist und die vom Schrecken verwirrten Leute die Orientierung verlieren, den Weg zum Turmluk weisen.

Nach vorn begrenzt ein fahler Lichtschein, der das Rund des Kugelschottrahmens erfüllt, den Raum. Die Lichtscheibe, die von der Lampe im Funkschapp und von einer kleinen Lampe im Gang gebildet wird, sieht aus wie ein großer Vollmond.

Der wachhabende Funkmaat sitzt, die Muscheln des Kopfhörers an den Ohren, tief zusammengesunken über einem Buch. Er stützt sich dabei auf die Tischplatte, die rechts und links von ihm seine Apparate trägt, wie auf Krücken auf.

Vor der Kommandantenkoje, die dem Funkraum gegenüberliegt, ist der Vorhang zugezogen. Aus schmalen Schlitzen dringt Licht, also schläft der Kommandant nicht. Vielleicht liest er oder er schreibt im Liegen Briefe. Weiß der Himmel, wann die ihre Empfänger erreichen werden. Meine Füße verfangen sich in ein paar Kleidungsstücken, die aus dem Horchraum herausgefallen sind, wo sie zum Trocknen aufgehängt waren. Ich staue alles wieder zurecht: Socken und Seestiefel und meine Nordpolfahrermütze, die nur Augen und Nase freiläßt, und die jetzt der erkältete I WO unter dem Südwester trägt, wenn er auf Wache ist.

Auch die Offiziersmesse erscheint größer als sonst. Aber hier kommt es von der aufgeräumten Leere. Hinter der Back auf der Sitzbank schläft röchelnd der Leitende. Er hat seinen Vorhang nur halb zugezogen, so daß ich im Schein der kleinen Leselampe sein hintenübergebeugtes Gesicht deutlich sehen kann, über dem die an einer kurzen Kette aufgehängte Uhr hin- und herbaumelt, schneller als die über dem Kartentisch: ein eilfertiges Pendel. Der Mund des Leitenden steht offen. Auf seinen geschlossenen Augenlidern zeichnen sich als kleine Erhebungen die Pupillen ab. Sie sind ein wenig der Nasenwurzel zugekehrt. Wie der Leitende so daliegt mit den vom Schlaf leeren Zügen, sieht er aus wie ein Ertrunkener.

Der II WO ist auf Wache. Die Unterkoje ist zugezogen. Der I WO schläft hinter dem Vorhang seiner Wache entgegen, die er bald antreten muß.

Schon geht das Schott zum Bugraum lärmend auf. Der Schlafatem des Leitenden überhastet sich. Mit einem gurgelnden Laut wirft er sich auf die andere Seite und schläft nach einem lauten Schnaufer weiter.

Mit zerzaustem Haar kommt ein Mann von vorn in die O-Messe gestolpert, grüßt mich noch ganz verschlafen, mit mühsam offengehaltenen Lidern, und zieht den Vorhang zur Koje des I WO zurück: «Fünfzehn vor voll, Herr Leutnant!»

Gleich darauf kommt das völlig ausdruckslose Gesicht des I WO aus der Schattentiefe der Koje in den Lichtschein. Der I WO preßt die Lider so heftig zusammen, daß sich sein Gesicht verzieht. Nun kann ich beobachten, wie der Geist in unseren I WO langsam zurückkehrt und ihn ganz allmählich wieder befähigt, seine Umwelt zu erfassen. Endlich beginnt er zu schimpfen, aber vor lauter Trockenheit im Halse unterlaufen ihm dabei krächzende und piepsende Töne. Mit einem Bein findet der I WO aus den zerwühlten Decken heraus. Er schiebt dieses Bein staksig über das Kojengitter und wälzt dann schwerfällig den Körper nach. Der ganze Vorgang sieht aus wie die Zeitlupenaufnahme eines Hochsprungs. Unwillig brummend fährt der I WO in die Lederhosen und langt sich einen Seestiefel vom Boden. Mit einer Socke und dem linken Seestiefel bekleidet, sucht er den anderen Stiefel, den der Seegang unter die Back verlagert hat. Ich will ihn durch mein Zusehen nicht weiter reizen und gehe weiter nach vorn durch die OF-Messe hindurch bis zum Bugraum.

Zwei schwache Lampen geben im Bugraum nur halbe Helle. Schwerer saurer Dunst schlägt mir entgegen: Eine Mischung aus Schweiß, Öl, Bilge.

Drei schattenhafte Gestalten torkeln wie Betrunkene vor den Torpedorohren. Der Matrose Schwalle wird gerade geweckt und grunzt protestierend. Dann setzt er sich auf, flucht: Er will sich nicht ins Unabänderliche schicken.

Das Boot rollt. Ich höre Putschreden: «Unsozial! Uns auf die Barrikaden treiben . . . Mitten in der Nacht.»

Einer reißt gähnend den Mund auf. Erst nach einigen vergeblichen Ansätzen kommen die neuen Maschinen- und Brückenposten in die Stiefel. Ich erkenne Frenssen und Bornoch.

Das Boot rollt wieder.

«Holpriges Wetter, was?» höre ich Frenssen.

Die Brückenposten ziehen Isländer an und schlingen sich noch Handtücher um den Hals, damit nicht Wasser von oben eindringen kann.

Im U-Raum ist inzwischen Bootsmaat Abels geweckt worden. Er erscheint mit verdrossenem Gesicht in der Zentrale. Die neue Brückenwache versammelt sich hier: Zwei Mann, ein Unteroffizier und der I WO. Im ungewissen Licht erscheinen sie in ihrem schweren Ölzeug plump wie Taucher. Es wird kaum geredet. Abels gähnt. Dann durchläuft ein Frösteln seinen Körper. Der I WO wischt sich die Augen aus. Frenssen putzt sein Glas.

Der Zentrale-Heizer hat Kaffee gemacht. Langsam schlürfend hält der I WO mit beiden Händen, die schon in dicken Lederhandschuhen stecken, eine angestoßene Tasse unter sein Gesicht. Er benutzt den heißen Kaffeedampf zu einem Gesichtsbad. Einer nach dem anderen trinkt. Sie wiegen dabei in den Kniekehlen die Bewegungen des Bootes aus, so daß kaum ein Tropfen Kaffee überschwappt. Ab und zu schielt der I WO nach der Uhr, die am Sehrohrschacht angebracht ist.

Auf einmal erscheint der Kopf des Kommandanten im Kugelschott. Der Alte hat keine Mütze auf. Seine Haare sind wirr. So von hinten beleuchtet, wie jetzt, sieht der Alte aus, als habe er eine Art Gloriole. Als merke er selber, daß die ihm gar nicht steht, zieht er den Kopf ein und kommt in die Zentrale gestiegen. Er nickt jedem Ablöser zu, dann macht er ein paar plumpe Schritte zum Kartentisch hin.

Als die Ablösung vorbei ist und der Obersteuermann sich betont zackig als abgelöst gemeldet hat, lehnt der Alte immer noch mit dem Bauch am Kartentisch, schon gute zehn Minuten. Er hält sich dabei unnatürlich gerade und starrt von oben herab auf das Kartenblatt.

Endlich stößt er einen leisen, aber doch scharfen Pfiff zwischen die geschlossenen Zähne hindurch aus, und dann kommt: «Hach, Dampfer – verdammt noch mal, wo sind bloß die Dampfer?» Ein Anflug von Spott zeigt sich auf seinem Gesicht. Plötzlich knallt er den Zirkel hin und wendet sich an den Zentralegasten: «Ja, machen Sie uns ein Kujambelwasser, aber mit viel Zucker – und überhaupt reichlich Beeilung!»

Der Angeredete erhebt sich verstört von den Flutverteilern und verschwindet nach achtern.

Der Kommandant langt sich seine Pfeife aus der Gesäßtasche – stochert mit einem Metallstäbchen, einer Stopfnadel nicht unähnlich, in dem schwarz verkohlten Kopf und nimmt dann das breitgekaute Mundstück zwischen die Zähne. Dann schaut er hoch nach dem Lederkissen und hockt sich auf der Kartenkiste zurecht, den Rücken gegen das Handrad des vorderen Tiefenruders gelegt, und verschließt sich wieder – an der kalten Pfeife saugend – ganz in seinem Grimm.

Ich nehme mir vor, während ich mich durch das Horizontal- und Vertikallabyrinth dieses Schiffes in Richtung meiner Kammer bewege, mal wieder Travens «Totenschiff» zu lesen.

Als ich gerade aus dem Fahrstuhl aussteigen will, entschließe ich mich aus lauter Jux, also durchaus nicht in der Erwartung, tatsächlich schwimmen zu können, ins Deck 7 hinabzufahren.

Das Wasser im Swimming-pool hat wieder nur 10 Grad. Es ist frisch eingefüllt worden. Diesmal freilich, weil es während der Nacht aus dem Pool herausgesprungen ist. Es wird also nichts aus der Schwimmstunde des Herrn Eric Mason und auch nichts aus den Schwimmübungen für meine Knochen: Ich werde als ein träger Sack in Amerika ankommen.

Mr. Taylor ruft mich in meiner Kabine an. Er will mich schon wieder sehen. Ich versichere ihm eilfertig, daß ich sofort an den gewohnten Tisch im Gang vor der «Midships Bar» komme.

Als der Steward zwei Whiskys vor uns hingestellt hat, Mr. Taylor aber noch immer kein Wort über die Lippen bringt, taste ich mich ungeduldig vor: «Ceterum censeo: Die Maschinenräume müssen besucht werden.»

Er stoppt die Handbewegung, mit der er sein Glas greifen wollte, auf halbem Wege ab und bedenkt mich mit einem verzweifelten Blick.

Wenn ich Mr. Taylor ernstlich ärgern wollte, brauchte ich nur meine Geschichte von den vietnamesischen Kriegsgefangenen, die unten im Schiffsbauch wie weiße Mäuse gehalten werden, zu wiederholen.

Jetzt ändert Mr. Taylor erstaunlicherweise seinen Gesichtsausdruck, er setzt ein feines Tauschhandelslächeln auf und rückt auch schon mit einem Vorschlag heraus. Ich solle mir doch den Maschinenraum, der nichts anderes zu bieten habe als die entsprechenden Anlagen auf allen anderen Schiffen der Welt, aus dem Kopf schlagen und dafür lieber nach dem Essen an einer Führung durch die beispielhaften und exzeptionell großzügig angelegten Küchenräume teilnehmen, an einer Führung, die er extra für die amerikanischen Journalisten vorbereitet habe.

«Vorbereitet, damit alles ein bißchen anders aussieht als tagtäglich . . .» Mr. Taylor wechselt sofort wieder den Ausdruck. Jetzt verzieht er das Gesicht, als habe er in eine Zitrone gebissen. «Natürlich mache ich da mit», beschwichtige ich ihn, «it will be a great pleasure to me!» Und Mr. Taylor geht ab.

Das Zahnarztpaar aus Frankfurt kommt heranpromeniert, beide wie von einem Lebkuchenbäcker als zwillingshafte, nur durch Rock und Hose unterscheidbare, gebackene Figuren erdacht, und beklagt sich bei mir – ausgerechnet bei mir – ausgiebig über das Schiff. Sie finden das Essen miserabel und das ganze viel zu britisch, wollen dennoch, weil sie vorausbezahlt haben, mit dem gleichen Schiff zurückfahren. Hin und zurück 6000 Mark für zwei Personen finden sie ein Heidengeld, und fragen: «Wo ist da der angemessene Gegenwert?»

Ich denke bei mir: Darf ein deutscher Zahnarzt Ausdrücke wie «angemessen» gebrauchen, wenn sichs um Preise handelt?

Die beiden haben mich schon die ganze Zeit beobachtet. Sie wissen, wann ich, so behaupten sie, Cordhosen, wann schwarze Hosen und wann Blue jeans anhatte.

Warum sie denn nicht fliegen, frage ich, von so viel Interesse an meinem Aufputz nervös gemacht. Die Antwort ist verblüffend: Aus schlechter Erfahrung – oder aus glücklicher, ganz wie man es nehme, schon dreimal hätten sie es erleben müssen, daß Flugzeuge, die sie knapp versäumt hatten, abgestürzt oder in Brand geraten seien. Nun wollten sie das Schicksal nicht länger versuchen.

Als ich wieder allein bin, frage ich mich: War das geflunkert? Dreimal knapp davongekommen? Machen die sich interessant? Oder kann es das wirklich geben? Komische Leute.

Mit seinem wohlgerundeten Bäuchlein gleicht der Zahnarzt meinem hingeschiedenen Rechtsanwalt: Prototypen arrivierter Besitzbürger. Man ist wer. Man kann sich eine solche Reise leisten, auch ein Sortiment von Abendkleidern, Nerzmantel, Nerzjacke, Smoking. Nein, man trumpft nicht auf, gehört nicht zu der lauten Art, ist vielmehr Leser von «Zeit» oder «Sonntagsblatt», kulturbeleckt. Weiß, wie man sich im Ausland zu benehmen hat, und hier ist ja Ausland.

Mein hingeschiedener Rechtsanwalt renommierte auch gern und gab mit wichtiger Miene dumme Sprüche zum besten: «Jeder Mandant hat den Anwalt, den er verdient.»

Wenn *der* das Verbum «verdienen» aussprach, war Gefahr in Verzug. Einmal fuhr er trotz seiner Körperfülle in einem alten VW statt in seinem Mercedes in meinen Hof. Ich ahnte nichts Gutes. Es dauerte dann eine Ewigkeit, bis er zu der Sache kam, für die er sich die kuriose Camouflage ausgedacht hatte: Er wollte ein gehöriges «Strumpfbandgeld», mehr als das Honorar ausmachen würde, abschleppen. Schwarzes Geld: Jeder Mandant hat den Anwalt, den er verdient.

Eigentlich sollte ich jeden Morgen dem Schöpfer Himmels und der Erden danken, daß auch ich «fern den Geschäften» bin. Ich sollte milder über wichtigtuerische Embonpointbesitzer denken und mich selber ein bißchen mehr kasteien, auf daß ich nicht werde wie einer von ihnen ...

Da fällt mir ein, daß ich noch immer nicht die Synagoge gesehen habe. Zweimal habe ich es schon versucht, stets war die Tür verschlossen. Offenbar versammeln sich meine jüdischen Mitpassagiere lieber im Spielcasino als dort unten im Schiff.

Fürs erste gerate ich wieder einmal in die Ladenarkaden. Alle Läden sind geöffnet, die Schaufenster gleißen vor üppiger Beleuchtung, aber wie gewöhnlich ist kein einziger Kunde zu sehen. Kein shopping auf See – für die Inhaber der Geschäfte eine hundsmiserable Reise. Was gibt es in den Läden aber auch für fürchterlichen Schnickschnack! Fast nur überflüssiges Zeug. Einzig und allein der Spirituosenladen erweckt Vertrauen. Aber ich werde mich schön hüten, mich zollfrei zu besaufen.

Die amerikanische Pressetante von Cunard ist die einzige, die ich hier oben schon zweimal gesehen habe – und zwar, wie sie völlig abwesend auf eine Kollektion schrecklich geformter und ebenso schrecklich bemalter Porzellanfiguren aus Deutschland starrte, die im größten Schaufenster neben Produkten der Kopenhagener Manufaktur dargeboten werden. Ich glaubte im spiegelnden Glas zu sehen, wie verzückt ihr Blick war. Und da – ich traue meinen Augen kaum – steht sie wieder, wie aus dem Nichts herbeigezaubert. Mehrere hintereinandergestaffelte Scheiben hatten sie mit ihren Spiegelungen meinem Blick verborgen. Sie merkt nicht, daß ich auf leisen Sohlen hinter ihr vorbeischleiche.

Ich würde gern einen Film über das groteske Verhalten der Gattung Mensch machen. Darin käme der etwa fünfzigjährige Passagier vor, der tagtäglich an Mr. Masons Gymnastikstunde teilnimmt und sich nach jedem Armheben umständlich die aus dem Bund herausgerutschte Trainingsbluse wieder zurückstopft und geradezieht und damit Mr. Mason zur Verzweiflung bringt.

Es kämen auch die beiden fülligen Hühnchenfresserinnen aus dem Restaurant «Tables of the World» ins Bild, die ihre Hühnerkeulen wie Mundharmonikas vor ihren Zahngehegen hin- und herführen, die Hühnerkeulen aber immer wieder auf den Teller zurücklegen, weil sie mitten im Zubeißen ein augenscheinlich unwiderstehliches Mitteilungsbedürfnis überfällt, und sie sich unter animierendem Zureden einen Finger nach dem anderen – alle zehn Finger der Reihe nach – ablecken, dann wieder die Hühnerteile benagen, wieder innehalten und wieder von links nach rechts die zierlich gespreizten Fingerchen – eins nach dem anderen – ins fettumschmierte Mündchen stecken.

Ebenso würde ich gern den verwitterten Renommisten, der sich an der «Midships Bar» so wichtig macht, wie fünfzig aussieht, aber sicher ein Dezennium jünger ist, heimlich filmen – und zwar, wenn er sich vom Barschemel rutschen läßt und sich dann die Hosen hochzieht. Er faßt dazu nicht etwa mit beiden Händen nach dem Hosenbund, sondern legt den Handrücken der Rechten quer über den Bauch, zugleich den der Linken auf den Rücken in die Nierengegend. Und nun hoch damit! So verrät sich ein Mann, der viele Jahre lang mit schmutzigen Händen gearbeitet hat.

Auch müßte ich den schnürenden Pirschgang des k.u.k. Barons auf den Film bannen und die neuerdings so suchenden Blicke der schönen Indonesierin. Den ganzen Streifen würde ich dann Professor Konrad Lorenz vorführen und fragen, ob das nicht doch eine andere Sache wäre als seine ewigen Graugänse.

In Gedanken über diesen Film steuere ich automatisch meine Kabine an: erst der Fahrstuhl, dann Wechsel zur Steuerbordseite ... dann wacker fürbaß in Richtung Bug ...

Über Lautsprecher wird «unsere» neue Position bekanntgegeben: Seit gestern mittag ist das Schiff 714 Meilen gelaufen – ein beachtliches Etmal.

Die See zeigt ein deutlich verändertes Bild. Mag sein, daß der Sturm nachgelassen hat, aber wahrscheinlicher ist, daß wir aus dem Sturm hinausgefahren sind: Das Schiff ist etwa viermal so schnell, als wir es im Kriege waren.

Die See ist ruhiger geworden, aber sie dünt noch so sehr, daß sich die Kämme brechen. Zu den faszinierenden Anblicken dieser Welt gehört der einer alten Sturmsee, die sich noch bäumt und zuckt, aber schon keine Kraft mehr hat. Der Sturm ist schwächer geworden, aber die Seen arbeiten noch, sie geben ein schwaches Echo des Sturms, der hier durchzog. Bald wird dort, wo sich jetzt noch weiße Kämme bilden, nur noch eine Dünung gehen. Schon jetzt sind dic Elemente wieder säuberlich getrennt: kein fliegender Gischt mehr, keine Nebel aus Flugwasser. Oben der gelichtete Himmel und unten die See, die ihre eigentliche Farbe zurückgewonnen hat: das tiefe Flaschengrün des Atlantiks. Die See sieht nicht mehr so alt aus wie gestern.

Das im Sturm vergreiste Meer gewinnt immer wieder seine Jugend zurück. Das Gesetz von Sein und Vergehen gilt nicht für die See. Beim ersten Morgenlicht bietet sich täglich eine neue Wogenlandschaft dar, unberührt wie eine Wüste, die noch kein Mensch sah. Die Erde aber wird älter und älter. Gebirgsstöcke schwinden mit den Jahrmillionen zu Wüstensand dahin. Vielleicht ist es diese ewige Wandlung und Erneuerung, die das Meer für den Menschen zu einem so fremden Element macht.

Wüste und Meer – die Urlandschaften der Erde. Einer Biophase, las ich, verdankten wir unser bißchen Leben.

Wenn sie zu Ende geht, wird alles wieder beim alten sein: Sandwüste und Wasserwüste.

In der Riesenkombüse ist jede Ecke für den Presserundgang blitzblank gewienert. Der Küchenchef sieht aus, als laufe er für ein Waschmittel Reklame: kein Fleckchen an Hose, Jacke, Halsknoten, Kochmütze. Ein gewaltiger Mann mit stattlichem Leibesumfang und hochrotem Gesicht. Die amerikanischen Journalisten bedrängen ihn hart. Der Küchenchef ist von Anfang an in der Verteidigung: Nein, es gebe keine Fliegen. Alles absolut sauber. Nicht seine Schuld, wenn sich Kellner in Hafenkneipen herumtreiben und sich dabei infizieren.

Ich merke auf: Warum wird hier der Teufel in kräftigen Strichen an die Wand gemalt? Der Küchenchef ist in der Bredouille. Ich habe nicht alles verstanden, was ihm die Presseboys verpaßt haben. Es müssen ein paar harte Schläge dabeigewesen sein, die ihn an die Seile getrieben haben. Jetzt flüchtet er sich in Zahlen: «Neunhundert bis tausend Mahlzeiten täglich. In der Küche arbeiten hundertfünfzig Leute. Siebenundzwanzig davon sind neu.»

Mit den Neuen hat der Küchenchef anscheinend seine liebe Not: sie müßten mit allem Nachdruck zu absoluter Sauberkeit angehalten werden. Er betont immer wieder, *wie* sauber hier alles sein müsse und *wie* schwer das den Leuten beizubringen sei. Jetzt erst entdecke ich die Warnschilder an den Wänden: «Wash your hands!», «Keep raw meet and cooked meet separate!». Daß es darauf ankommt, ist mir auch neu.

Der Küchenchef ist meinen Blicken gefolgt und erklärt mir sprudelnd hastig: «Nicht einmal die gleichen Messer dürfen für rohes und gekochtes Fleisch benutzt werden.» Ich muß an Freibank-Fleisch denken, das nur gekocht genossen werden darf. In München gibt es in der Nähe des Viktualienmarkts eine große Freibank, in der die Hausfrauen um billiges Fleisch Schlange stehen. Aber hier?

Allmählich kann ich mir aus Satzbrocken der Fragen und Antworten zusammenreimen, daß das Schiff außer von technischen Zusammenbrüchen und Streiks auch noch von grassierenden Infektionskrankheiten heimgesucht wurde. Meine Vorstellung, daß man durch die blödsinnige Betastekontrollen ohne besondere Schwierigkeiten Reagenzgläschen mit Bazillen schmuggeln könnte, war also gar nicht so abwegig.

Infektionsgefahr: Der Küchenchef gibt sich alle Mühe, von dem unerquicklichen Thema wegzukommen. Er zeigt plötzlich wie ein Taschenspieler einen Goldzahn auf seiner flachen rechten Hand vor, verzieht seinen Mund nach rechts und zeigt auf seine Zahnlücke rechts oben: Aha, dahin gehört er. Er muß ihn sich beim Vorschmecken für die Journalistenmeute ausgebissen haben. Er würde, wenn einer das von ihm verlangte, auch mit Koteletts jonglieren oder mit gefrorenen Hühnern auf den weißen Bodenfliesen Boccia spielen, nur mit dem Hygienethema soll ihm keiner mehr kommen.

Ich bringe ihn aus der Bredouille. Ja, ich mache ihn richtig glücklich, indem ich frage, woher denn der viele Proviant stamme, den er hier verarbeite.

«Alles aus USA. Das Fleisch kommt auch aus Amerika, nur das Lammfleisch ist britisch», antwortet er sofort. Damit hat er sein Fahrwasser wiedergefunden: «Milch wird für siebenundzwanzig Tage frisch mitgeführt», höre ich ihn dozieren, als ich mich schon von der Gruppe entfernt habe und zwei chinesischen Tellerwäschern zuschaue, die mit ihren gelben Handschuhen unglaublich schnell, mit maschinenhaft exakten Bewegungen die Essensreste von den Tellern und Platten streichen: reichliche Mahlzeiten für die Möwen.

Kurz ehe ich mich auf die Reise machte, schrieb mir ein unbekannter Holländer, er sei auf dem Dampfer «Bennekom» gefahren, den U 96 am 31.10.1941 auf der Position 50° 51′ Nord 24° 15′ West versenkt habe.

Den 24. Längengrad haben wir schon lange hinter uns. Der Versenkungsort der «Bennekom» liegt etwas nördlich von unserer Route. Die «Bennekom», so schrieb der Holländer, hatte 5998 BRT. In dem großen Konvoi, in dem das Schiff fuhr, mögen sich die Besatzungen halbwegs sicher gefühlt haben. Niemand ahnte, daß wir an der Grenze der Sicht Fühlung hielten und mit unseren

Kurzsignalen, die der Gegner wohl damals noch nicht einpeilen konnte, zehn Boote heranführten. Aber ehe noch ein anderes Boot den Konvoi erreichte, schlug der Alte los: drei Dampfer in einem einzigen Anlauf, darunter die «Bennekom».

Auf der Reise vorher hatte das Boot 6214 Seemeilen zurückgelegt und nichts ausgerichtet.

Und jetzt will dieser verrückte Holländer von mir die Adresse des Alten erfahren und ihn «mit seiner ganzen Familie» nach Holland einladen. Der Gute kann nicht wissen, wie sehr sich der Alte gegen diese Art von Veteranen-Verbrüderung sträubt.

Auch solche Briefe, und sie sind nicht so selten, tragen dazu bei, daß ich den Zwang, mit U-Booten zu leben, nicht loswerde.

Als uns nach der Attacke auf den Konvoi ein Britenzerstörer böse am Wickel hatte, setzten wir auf den Bold, eine neue Erfindung, die kaum erprobt war. Das wie eine Kartusche geformte, vierzig Zentimeter lange Ding von etwa halbem Torpedodurchmesser war mit einer chemischen Substanz gefüllt, die im Wasser ein stark ausgedehntes Bläschenfeld entwickeln sollte. Auf dieses Bläschenfeld würde das feindliche Asdic, so hieß es, genauso reagieren wie auf die Masse eines U-Bootes: Die Ortungsstrahlen würden von diesem Bläschenfeld reflektiert werden. Um den Bold auszustoßen, hatte man uns eigens ein Bold-Ausstoßrohr eingebaut. Im Schatten des Bläschenfelds sollte sich das verfolgte Boot absetzen können. Ein Täuschungsmanöver, das Dummköpfe auf der anderen Seite voraussetzte. Die Boldwirkung sollte etwa eine Viertelstunde vorhalten. Wenn die Täuschung gelang, das heißt, wenn das Boot sich in Schleichfahrt absetzen konnte, war das eine ganz schöne Zeit. Uns reichte sie jedenfalls, um uns zu verdrücken. Aber nie wird einer wissen, ob wir das Fortkommen tatsächlich dem Bold oder nicht doch dem Geschick des Alten verdankt haben.

Ich muß mir vom Alten einmal erklären lassen, wie die Stabilisatoren funktionieren. Mein Bild davon ist vage, und Mr. Taylor will ich nicht fragen, um ihn nicht bloßzustellen: Nautiker haben von der Schiffstechnik gewöhnlich wenig Ahnung.

Die für Landratten ungewohnten und ihre Innereien so heftig attackierenden Bewegungen der Schiffe in unruhiger See waren für die Reedereien seit Beginn der Passagierschiffahrt das große Problem. Mancher Passagier, der sich von Europa bis Amerika durchgekotzt hatte, wollte die Tortur nicht ein zweites Mal ertragen und wurde schon deshalb eine leichte Beute der Luftlinienwerber.

Aber ehe es einen sicher funktionierenden Luftlinienverkehr über den Atlantik gab, blieb dem, der den anderen Kontinent erreichen wollte, nichts übrig, als die Seekrankheit zu erleiden. In den Zwischendecks muß es, wenn so ein alter, rank gebauter Dampfer in Sturm geriet, gar fürchterlich ausgesehen haben. Mit der Entlüftung war es schlecht bestellt, und Gekotztes stinkt gemein. Vielköpfige Familien, die in sturmgebeutelten Schiffen lethargisch in ihrer eigenen Kotze hocken – so klingen die Beschreibungen der Sturmreisen aus dieser Zeit. Sie malen Bilder wie aus dem Infernum.

Ich merke, wie ich den gleichen Trieben folge, die pensionierte Kapitäne dazu brachten, sich Bilder von Schiffsunfällen malen zu lassen, und die Gibsons veranlaßten, ihre Kameras auf den Klippenkanten der Scillies aufzubauen: das eigene Wohlbefinden durch die Vorstellung vom Ungemach anderer zu steigern. Ich will es intensiver genießen, daß ich ruhig in meinem Sessel sitzen und auf die dünende See hinausblicken kann.

Um mir Bewegung zu verschaffen, drehe ich Runden unter den Rettungsbooten hin und lasse mich dabei richtig durchblasen. Für Augenblicke komme ich mir vor wie ein Jogger, der zu Fuß nach Amerika unterwegs ist, und zwar immer dann, wenn ich gerade auf der Steuerbordseite in Fahrtrichtung laufe.

Dann irre ich ziellos, wie so oft durchs Schiff: vom «Queens Room» in den «Double Down Room», schließlich lasse ich mich wieder in der «Midships Bar» nieder, weil das einer der wenigen Orte ist, an dem mich das elektronisch verstärkte Geplärr der Entertainer, die schon jetzt überall am Werk sind, nicht erreicht.

Da kommt einer der Manager heran und fragt mich, ob ich nicht in eine größere Kabine umziehen wolle, es seien so viele frei – eine Offerte von Cunard. Ich könnte dann im «Princess Grill» essen. Ob mir das recht sei.

Ich staune: Cunard nimmt sich meiner an.

«Natürlich recht!» sage ich.

Ob ich gleich umziehen wolle?

Natürlich will ich.

Irgend jemand muß plötzlich Gewissensbisse gehabt haben. Der Kapitän? Der Hotelmanager? Dabei war ich im Vergleich zu Jessy doch großzügig untergebracht ...

Der Manager ist zufrieden und fügt hinzu, auch «die beiden anderen Herren» würden umziehen. Cunard schlägt vor, daß wir dann gemeinsam im «Princess Grill» lunchen und dinnern.

«Na, wer sagts denn!» plappere ich vor mich hin.

Meiner Kammer gegenüber fehlt in der Sperrholzwand des teppichbelegten Gangs ein Stück. Erst als ich unmittelbar vor der Lücke stehe, bemerke ich, daß da eine Schiebetür halb offensteht. Ich schiebe sie vollends auf. Stimmengewirr schlägt an mein Ohr. Jetzt wird es von Plattenmusik und Grölen übertönt. Ich halte den Blick zu Boden gerichtet. Was sehe ich: Zigarettenkippen und zerquetschte Coca-Cola-Dosen bedecken den Zementboden über und über. Der Gang ist etwa anderthalb Meter breit. Ich zähle pro laufenden Meter zwanzig Kippen. Und über die Bordlautsprecher sind wir immer wieder gemahnt worden, keine Zigarettenkippen wegzuwerfen.

Unsicher wage ich mich weiter, dem Stimmengewirr nachgehend, bis ich auf einmal im Schottrahmen zu einer Art Messe der Stewards und der Küchenpiepels stehe. Herr im Himmel, wie sieht es denn hier aus! Eine Räuberhöhle. Bierlachen und leere Bierdosen überall. Ein paar Dutzend Augenpaare starren mich an.

Ich registriere in Sekundenschnelle, daß auch der Plattenspieler ausgesetzt hat. Zwei junge Stewards, die eben noch miteinander getanzt haben, stehen wie angewurzelt da, sie halten sich noch umschlungen und starren mich an.

Eine Flasche rollt quer durch den Raum und schlägt polternd ein paarmal an. Das Schiff hat leicht übergeholt. Auch ein paar Bierdosen setzen sich in Bewegung. Einem alten Steward – es ist der Dicke mit dem Bierglas hinter der Hand – zieht ein Spuckefaden aus dem offenen Mund.

Im Hinterkopf habe ich eine fast deckungsgleiche Filmszene: Ein Frontbums aus dem Ersten Weltkrieg, in dessen Tür plötzlich der Divisionär mit seinem Adjutanten erscheint, und alles erstarrt schlagartig, als sei der Film plötzlich stehengeblieben.

Noch immer ist es beängstigend still. Ich kann doch jetzt nicht einfach brüllen: «Weitermachen! – Go on, folks!» Ich wünschte, ich könnte in den Boden versinken. Endlich bringe ich eine Art Kopfnicken zustande und höre mich «excuse me» murmeln. Ich wünschte, es würde irgend etwas passieren und der Bann sich lösen, der hier alle, auch mich, getroffen hat. Eines ist sicher: Ich habe hier nichts zu suchen. Ich muß hier raus, so schnell es nur geht. Aber es ist, als wollten meine Glieder sich nicht rühren. Ich muß mich anstrengen, um die paar Rückwärtsschritte zu tun, die mich wieder in den verdreckten Gang bringen.

Ich vollführe sie unter neuem automatischen Nicken und «excuse me».

Draußen atme ich erst einmal tief durch. Verdammt noch eins! Wo bin ich nur schon einmal so angestarrt worden? In der Ginza war das, in Tokyo, als ich zu früh am Abend eins der vielen Tanzhostessen-Lokale betrat. Vor den zahllosen starren Blicken bin ich genauso zurückgewichen. Der Unterschied ist nur: Dort hatte man auf Leute wie mich gewartet, hier aber habe ich einen verbotenen Einblick getan.

Ich hätte es wissen müssen, daß die Mannschaftsmesse nur ganz vorn im Schiff sein kann. Auf allen Schiffen ist das so. Kein Wunder, daß ich die Eingänge in die Gegenwelt bislang nicht gefunden habe: Sie sind so raffiniert getarnt wie Tapetentüren in alten Schlössern – ein Stück Sperrholzwand, das man aufschieben kann.

Simpel. Simpel und absurd: Das bißchen Wand aus

Sperrholz trennt zwei Welten. Einen stärkeren Kontrast kann es nicht geben. Auf meiner Seite sauberer Teppichboden, auf der anderen der schiere Schweinestall. Hermetisch von uns, den Passagieren, getrennt hausen hinter solchen Sperrholzwänden und in tieferen Decks an die tausend Menschen. Von ihrer Existenz weiß ich weniger, als man anno Tobak von den Zwischendeckspassagieren erfahren konnte.

Da ist mir, als hörte ich mit dem fernen Maschinensummen und dem Lärmen der See an der Bordwand den Torpedomechanikersmaat Zeitler singen:

«Ein jeder Propeller
ruft surrend ‹Rotfront!›
Wir schützen die Sowjetunion ...»

Weil ihm an dieser Stelle der Text ausgeht, fängt Zeitler gleich einen neuen Kampfgesang an:

«Nach Bayern nach Bayern, da wollen wir hinein
Der Faschist soll unsre Waffen spüren
Wir schlagen alles kurz und klein.
Max Hölz, der soll uns führen.
Max Hölz, Max Hölz, wie ihr ihn kennt,
Der führt sein rotes Regiment.»

Zeitler gerät davon ganz außer Puste und Atem. Als er wieder genug Luft hat, erklärt er: «Das hat mein Alter immer gesungen – aber prima – so zu Schalmeienmusik. Kennt Ihr gar nicht mehr? So silberne Dinger wie altmodische Autohupen – aber prima! Richtig blöde von der HJ, daß die das nicht übernommen haben.»

Merkwürdig, daß mir hier und jetzt so ist, als hörte ich Zeitlers Stimme. Keiner seiner Gesänge war für die Ohren von Parteibonzen bestimmt. Unsere Platten waren es schon gar nicht. Die «Grammophonplatten» von U 96! Wir hatten nicht nur sogenannte schräge Musik reichlich, sondern richtige englische Kriegssongs. Schade, daß wir sie nie einem originalen Tommy vorspielen konnten. Ich dachte manchmal: Wenn wir vielleicht eines Tages einen aus dem Wasser fischen, muß der Funker gleich, damit der Mann über den Schock wegkommt und sich heimisch fühlt, «It's a long way to Tipperary» auflegen.

Ich hatte immerhin schon einmal auf solche Weise

verblüffenden Erfolg. Das war sehenswert, wie die vier französischen Kriegsgefangenen, die in der Wiese vor dem Haus am Wald in Feldafing, in dem ich meine Bude hatte, neue Masten für die Isar-Amper-Werke setzen sollten, sich plötzlich selber setzten – auf ihre Hintern und die Köpfe nach allen Richtungen schief hielten wie Vögel, weil ich, ohne mich selber auf dem Balkon sehen zu lassen, mein altes Grammophon «His Master's voice» in Stellung gebracht hatte mit einer dicken «lauten» Nadel im Tonabnehmer, und nun von der Höhe meines Balkons herunter Lucienne Boyer «J'attendrais» schmetterte: mein letzter Urlaub.

An diesem Vormittag wurden keine Masten mehr gesetzt: Ich hatte dutzendweise französische Platten. Charles Trenet vor allem.

Meine neue Kabine ist gegen die alte der schiere Luxus: Zwei Betten und zwei Bulleyes: Nur wer im Luxus lebt, lebt angenehm ...

Jetzt könnte ich auch Sekretärinnen beschäftigen. Platz dazu ist vorhanden. Ebenso für Privateinladungen – Champagnerparties zum Beispiel. Radio zum Geräusche-Übertönen fehlt nicht.

Der Steward meiner alten Kabine wollte es nicht glauben, als ich ihm sagte, daß ich umgezogen werden würde (Passivform aus Höflichkeit). Er wollte eine Transferierungsbescheinigung haben.

«Wozu denn das?» fragte ich ihn. Da hatte er, wie zu erwarten, die Antwort «It's a rule!» parat.

Ich mußte ihm erklären, daß mein ganzes Leben daraus bestehe, und immer daraus bestanden habe, alberne Regeln zu brechen, daß ich überhaupt nur infolge ständigen Regelbruchs noch am Leben sei. «Hundred times at least I would have been a dead man, if I would have followed foolish rules.»

Die Bulleyes in der neuen Kabine sind allerdings auch nicht zu öffnen. Ich gäbe etwas darum, wenn ich sie nur einen Spalt aufbekäme. Also, Frischluft gehört nicht zum Luxus. Ich wende einen flüchtigen Gedanken daran, wie luxuriös ich zu Hause lebe, wenn ich allein die Frischluft bedenke, die mir im Übermaß zur Verfügung steht – tags wie nachts. Aber dann lasse ich mich auf die mir nächste der beiden Kojen sinken und staune über mich selber: Wie bereitwillig ich meinem Prinzip, unter «normalen» Menschen zu leben und mich nicht in die Bereiche langweiliger Snobs zu verziehen, untreu geworden bin. Such is life, sage ich zu mir selber. Ich will jetzt von Skrupeln nichts wissen. *Once in your life, live!* So geht der Text.

Als ich schon eine gute Stunde auf der neuen Koje langliege, werde ich die Bilder aus dem Hades noch immer nicht los. Diesem Schiff wird nachgerühmt, die Klassentrennung funktioniere dank eines ausgeklügelten Systems von Niedergängen und Aufzügen auch ohne viele Sperrschilder.

Wie gut funktioniert aber erst die Trennung der Lebensbereiche der Passagiere und der Besatzung – nur haben die Prospektpoeten dafür keinen Superlativ gefunden. Ich müßte hier anheuern, wenn ich das Leben der anderen Hälfte kennenlernen wollte. Aber als was? Die Station «Lost properties» würde mir gefallen oder die des Bibliotheksverwalters ...

Ich staune, wie ruhig das Schiff trotz der immer noch hochgehenden See liegt. Die Stabilisatoren wirken Wunder. Solche Anlagen hätten wir auf unseren Zerstörern nötig gehabt. Die waren in puncto Stabilität keine guten Schiffe. Zu rank, zu schlank. Zerstörer hatten wenig Tiefgang. Sie fuhren nicht *durch* die Seen, sondern wie Korken obenauf. Zudem waren sie toplastig, auf Geschwindigkeit gebaut und nicht auf Stehvermögen in schweren Seen. Ein Wunder, was sie trotzdem aushielten.

Die verdammten Schiffsbauer! Sie selbst brauchen dieses schreckliche Schlingern nicht mitzumachen. Auf dem U-Boot hatten wir einen Krängungsanzeiger, eine Art Lot, unter dem die Gradunterteilung hin und her lief. Einmal zeigte das Ding vierzig Grad an. Da half nur Festklammern und wieder Festklammern. Die Schotts waren entweder nicht aufzukriegen, oder sie flogen einem nach dem Aufklinken gleich entgegen. Ohne Schlingerleisten zu essen, war eine Unmöglichkeit. Die Suppenterrinen mußten mit Bändseln an der Decke aufgehängt werden. Wir wollten den eigenen Augen nicht trauen, als wir sahen, wie schräg sie im Raum hingen: auch Krängungsanzeiger. Alles, was nicht ganz fest war, trieb sich auf dem Fußboden herum. Wenn der nur trokken gewesen wäre, hätte man der Veranstaltung noch komische Seiten abgewinnen können. In Kästen und Spinden ein wüstes Durcheinander. Einem war eine Parfümflasche ausgelaufen: «Wo ist bloß die verdammte Nutte? Hier stinkts ja wie im Puff!» brüllten die Leute.

Sturmfahrten auf einem Zerstörer brachten Beulen, Schrunden, gequetschte Finger ein. Dabei mußte man ständig hellwach sein, wenn man nicht schlimmer verunglücken wollte. Die Reling war niedergelegt, auf dem Oberdeck waren nur Strecktaue gespannt. Es war verdammt gefährlich, das Oberdeck auch nur zu betreten. Mehr als einer war dabei schon weggewaschen worden. Einen Mann wieder aufzufischen, der außenbords trieb, war sehr schwer – wenn sein Verschwinden überhaupt bemerkt wurde. Bei Seegang und aus hoher Fahrt heraus war kaum an die Stelle zu kommen, wo der Mann schwimmen mußte. Der Drehkreis, den ein Zerstörer dabei abfahren mußte, hatte einen großen Radius. Bei unklarer Sicht bestand wenig Hoffnung, den Mann wiederzufinden.

Trotzdem empfanden wir damals Stolz auf diese Schiffe. Sie waren rassig. Und wie sie die Schnauze wegsteckten, tonnenweise das Wasser auf die Back nahmen, und wie der Bug gleich wieder hochbrach, das war schon eine tolle Sache – wenigstens fürs Auge. Was wir dabei auszuhalten hatten, daran darf man nicht denken.

So ein Schiff war ein wahrer Stehaufmann. Nicht unterzukriegen. Und dabei machte es noch Affenfahrt. Kein Wunder. Der ganze Blechkasten war ja bis obenan voll Maschinen gepackt, keine alte Seekuh wie so ein Passagierdampfer.

Auf dem U-Boot gab es nicht mal im Schlaf Entspannung. Auch das sorgsamste Festkeilen in den Kojen nützte meistens nichts. Man wurde so rigoros hin- und hergewälzt, daß sich die Installationen zum Festklemmen des Körpers (aus Matratzenteilen oder Kartons) schnell wieder lockerten. Und dann das verdammte Fahrstuhlgefühl, wenn das Boot plötzlich wegsackte, dieses Gefühl, den Magen direkt hinterm Gaumensegel zu haben.

Am schlimmsten war es, daß die Regelmäßigkeit der Bewegungen, die vollgestaute Frachter selbst bei bösem Seegang noch haben, völlig fehlte. Man wußte nicht, nach welcher Richtung sich das Schiff neigen würde. Plötzlich trat man ins Leere. Der Boden rutschte weg. Das Boot torkelte, und man vollführte blödsinnige Stützschritte. Dann wieder verharrte das Boot so lange in extremer Schräglage, daß einem totenelend wurde. Getaucht war das Boot eine einzige empfindliche Waage. Die Trimmgewichte, das waren die wachfreien Leute. Wenn das Boot besonders schnell von der Oberfläche weg mußte und der Befehl: «Alle Mann voraus!» kam, fungierten wir als Laufgewichte, und zwar im wahrsten Sinn des Worts: Wir mußten – was haste, was kannste – durchs Boot nach vorn jachtern, um die Vorlastigkeit zu erhöhen. «Räume voraus!» war harmloser. «Alle Mann voraus!» klang *immer* nach Bredouille.

Allein das «normale» Dasein war schon eine entsetzliche Anstrengung. Man brauchte nicht außerdem noch irgendwelche strapaziösen Aufgaben wie Munition mannen erfüllen zu müssen, um ans Ende seiner Kraft zu kommen.

Merkwürdig: Im Krieg war ich sowohl bei den Jägern als auch bei den Gejagten. Und jetzt lasse ich mich durch die Gegend kutschieren wie ein Stück Frachtgut.

Als ich beim Durchqueren des Restaurants «Tables of the World» meinem spanischen Steward ein Trinkgeld in die Hand drücke und ihm, weil es ihm die Sprache verschlägt, zu verstehen gebe, daß ich hinfort nicht mehr an seinem Tisch, sondern im «Princess Grill» mein Essen bekäme, radebrecht er auf englisch, ich solle seinen Freund Fernandez schön grüßen, der arbeite im «Princess Grill» – ein sehr guter Bursche: Fernandez. Wenn ich die Blicke, die ich dabei bekomme, richtig deute, wird mir Fernandez warm ans Herz gelegt.

Wie mag das Schiff aus der Perspektive eines Kellners aussehen? Erscheinen wir da etwa alle miteinander als verrückt reiches Narrenvolk, das sich seine Zeit mühsam mit kindischen Juxen zu vertreiben sucht?

Gern würde ich erfahren, wie die andere Hälfte der Menschenmasse dieses Schiffes lebt, jene, die sich zwar nicht gerade abschuften, aber doch für uns, die Passagiere, in Brot und Arbeit stehen. Auf neuen Schiffen, Tankern und Containerschiffen vor allem, lebt die Besatzung fürstlich. Noch der einfache Decksmann hat eine Einzelkammer «mit allem Tschißlaweng». Aber hier kann nicht jeder spanische Kellner und jeder chinesische Tellerwäscher eine eigene Kammer haben. Tanker haben fünfzehn bis zwanzig Mann Besatzung, hier sind es tausend. Ihr Lebensbereich bleibt auf den Schiffsplänen genauso verborgen wie die Maschinenräume. – Nun, einen Blick habe ich in diese Sphäre immerhin getan.

Wenn ich auf diesem Dampfer als Steward angeheuert hätte – angenommen, ich wäre jünger und weniger marode –, wäre diese Reise, das weiß ich genau, wenigstens so real, wie ich mir eine Seereise vorstelle. Ein paar Monate auf einem solchen Schiff kellnern und dann darüber schreiben, warum lassen sich die Jungdarsteller in den Redaktionen solche Chancen, der Wirklichkeit modernen Lebens habhaft zu werden, entgehen? (Die tüchtige Vicky Baum hat es, ehe sie ihre «Menschen im Hotel» schrieb, immerhin getan und vor Ort als Zimmermädchen gearbeitet.) Wenn ich sie mit ihren deutlichen Bauchansätzen im Qualm hocken und darüber nachbrüten sehe, was man denn zur Abwechslung mal veranstalten könnte, kommt mir das Grausen.

Im «Princess Grill» werde ich mit Jessy, Lecomte und einem jüngeren Franzosen, der für «Vogue» schreibt, an einem Tisch plaziert, der auf einer Art erstem Rang, also mit gutem Blick über das ganze Restaurant hin, steht.

Dieser «Princess Grill» soll das angenehmste Restaurant an Bord sein. Nur hundert Plätze. Die meisten sind leer. Die Innenarchitektur ist mit «halb pompös» am besten umschrieben. Ich sitze wie in einer mit rotem Samt ausgeschlagenen Bonbonniere. Die Decke besteht aus Aluminiumrosten, und so wirkt der Raum wie eine hybride Mischung zwischen Flugzeug- und Schiffsausstattung. Die roten Portieren vor den Fenstern wollen nicht zu der nur funktionellen Decke passen, auch nicht die von unten her indirekt beleuchteten, auf roten Samtfeldern stehenden Palmen. Jeder Tisch hat sein Kristallchristbäumchen, das ich schon einmal in einem Prospekt der Cristallerie Daume gesehen habe. Es leuchtet, als sei Weihnachten. Wie das? frage ich mich und entdecke, daß die Christbäumchen von unten her beleuchtet werden, und zwar durch Löcher, die ihnen zuliebe mit der Stichsäge in die Tischplatten geschnitten wurden.

Die Stewards sind von einem Filmausstatter erfundene feine Herren mit plissierten Hemdbrüsten und riesigen Smokingschleifen, die Hemdbrüste blau in einem Ton, den Tucholsky blausa genannt hätte, und auch in orange: Weihnachten mit einem Schuß Karneval. Der Obersteward – seinen Rang verrät mir nicht ein Abzeichen, sondern seine Würde – versorgt mich, als ich das Gewicht des Kristallchristbaumes auf unserem Tisch prüfe, mit der Nachricht, daß schon fünf dieser schweren Dinger geklaut worden seien. Daraufhin sehe ich mir den Mann genau an. Unsere Blicke kreuzen sich: Wir haben uns blitzschnell verständigt: Er kann den Kitsch auch nicht leiden. Jetzt kann ich mich bequem zurechtsetzen. Mir fällt ein, daß ich den Kellner Fernandez von seinem Freund aus den «Tables of the World» grüßen soll. Aber wo steckt dieser Fernandez? Die Gentlemen, die mich bedienen, sind zweifellos Engländer. Der Empfangschef mag kein Engländer sein, sein Rüschenhemd spricht dagegen, aber Fernandez ist er sicher nicht – wahrscheinlich ein Cypriot. (Er könnte der Bruder eines Mannes aus Famagusta sein, der mir weiterhalf, als ich von der «Archsum» abgemustert hatte.)

Ich will ja Grüße, die mir aufgetragen wurden, gern übermitteln – aber meine beiden Stewards sind so distinguiert, daß ich nicht wage, sie nach dem spanischen Kollegen Fernandez zu fragen. Auch der blonde, schlaksige Boy kann nicht Fernandez sein . . .

Der «Vogue»-Mensch beklagt sich, daß die Hinweislampe für die Toilette, die man von unserem Tisch aus dicht neben dem rot ausgelegten Niedergang sehen kann, in den Farben bleu, blanc, rouge gehalten sei. Es soll wohl witzig empört klingen, aber selbst bei einem Franzosen, der zum Journalistenvolk gehört, kommt der Witz kaum heraus, wenn es sich um seine Flaggenfarben handelt.

Monsieur Lecomte schaut fürs erste nur verbiestert um sich. Das ist wohl seine Art, die Umwelt genau in Augenschein zu nehmen und sie auf ihre Qualität als Motiv zu prüfen.

Kein Löffelklimpern, kein Geschirrklappern, kein Stimmengewirr aus der Pantry. Nobelrestaurant vom Boden bis zur Decke! Nicht einmal lautes Lachen stört die vornehme Gedämpftheit.

Hier *muß* das Essen zum Ritual werden. Und wird es auch – und was für ein Ritual! Jessy wird wie von selbst unser Oberzeremonienmeister und tut so, als lasse er sich auch zu Hause von einem halben Dutzend Leuten bedienen. Außerdem ist er durch seine immer leicht verdrossene Miene (wer kennt schon die Welt so gut wie ich!) und durch seine lässig beiläufigen Gebärden für diese Rolle prädestiniert. So gut wie er würde allenfalls noch der k.u.k. Baron in dieses absurde Ambiente passen.

Kaum gedacht, hat er auch schon seinen Auftritt. Ich beobachte, wie er Stufe um Stufe, immer höher, über der Brüstung erscheint, wie er im Eingang verhält, als müsse er erst einmal Witterung aufnehmen. Schultern gehoben, Hände in den Smokingtaschen, Ellenbogen nach hinten gedrückt, so führt er uns, statt weiterzugehen, erst einmal sein Profil vor, und gibt uns Gelegenheit, seine Indianernase zu bewundern.

Lecomte reißt sich als erster von dem Anblick los und bestellt Kaviar für alle. Die pleenies, die er dazu haben möchte, gibt es nicht. Man muß sie sich, so werden wir mit einer Höflichkeit, die deutlich die Grenze zur Herablassung berührt, schon am Tage vorher wünschen – tunlichst.

Ich lasse mich nicht lumpen und bestelle, in plötzlicher Erinnerung an Kaviarausschweifungen, die ein Ostberliner Briefmarkengraphiker seinen Freunden gern bietet, Wodka dazu. Kaviar mit Wodka: Das fängt nicht schlecht an. Cunard hätte schon früher ein Einsehen haben sollen.

Der Walldorf-Salat, zu dem ich mich eingedenk der ärztlichen Ermahnungen entschließe, übertreibt im Sinne meines Arztes: Er besteht nur aus halben Walnußkernen, mit Mayonnaise vermengt und hübsch auf Salatblätter hindekoriert.

Zum Hauptgang, einem Rindsfilet, bringt der Steward mir Worcester-Sauce unaufgefordert mit. Ich weiß schon, warum das Saucen-Geschäft von Heintz Ltd. so gut läuft. Nur wenn man ein so fades Fleischstück mit scharfen Saucen überschwemmt, läßt es sich kauen.

Noch will ich es nicht wahrhaben, aber ich ahne doch, daß auch hier die Küche nicht besser ist als im «größten schwimmenden Restaurant der Welt». Und ich bin nicht einmal besonders kritisch. Was das Essen anlangt, gehöre ich nicht zu den Leuten, die für Feinfraß wer weiß wie weit fahren, und der gute Wolfram Siebeck tut mir immer leid, daß er sogar berufsmäßig als Feinschnabulierer figurieren muß.

Ich bin auch nicht mäkelig. Ich möchte schlichtweg anständiges Essen vorgesetzt bekommen. Eine Linsensuppe kann, zumal wenn ich sie selber mache, eine verdammt gute Sache sein und manches hinter sich lassen, was für Nepp in berühmten Nobellokalen aufgetischt wird. Mit dem, was ich hier zu essen kriege, läßt sie sich gar nicht vergleichen.

Während ich verdrossen herumsitze und mich von der Mousse au chocolat, die ich bestellt habe, ahnungsvoll enttäuscht fühle, ehe sie noch auf dem Tisch erscheint, gehe ich mit mir ins Gericht: Was erwartest du dir eigentlich? Das ist ein englisches Schiff. Die Rohprodukte für die Küche stammen, wie du inzwischen weißt, aus den USA. Sie kommen also schon ohne allen «flavor» an Bord. Und dann wird das fade Zeug auch noch englisch gekocht ... Was kann dabei schon entstehen? *Haute cuisine* heißt es im Prospekt, fahre ich mir in die Parade, immer und ewig ist davon die Rede. Ich kann den Schmonzes auswendig. Gemach! stoppe ich den Deklamator, um ihm mit einem feinen Alec-Guiness-Grinsen zu entgegnen: Wie denn, wenn *haute cuisine* nur die Vorteile neuer Schiffsbautechnik anpreisen und auf die von der Regel doch durchaus abweichende Plazierung der Küche hoch oben im Schiff hinweisen wollte: Haute cuisine? Früher lag die Werkstätte der Köche tief im Schiffsbauch, erst die Verwendung von Aluminium im Schiffbau hat es möglich gemacht, sie so hoch oben zu plazieren . . .

Zwei der in erdrückend großer Zahl herumstehenden Stewards stürzen herzu und fragen nach meinen Wünschen. Jessy sieht mich, schräg von der Seite her, zweifelnd an. Ich würde den Stewards am liebsten sagen, sie sollten doch Platz nehmen, sie täten mir einen Riesengefallen damit, denn müßig dastehende Leute irritieren mich, wenn ich selber sitze, aber Herumstehen ist die Hälfte ihres Lebens, ich weiß es. Vielleicht sind nicht einmal die vielen Ober-, Mittel- und Unterstewards, die in leicht vorgeknickter Haltung herumstehen, an meiner Irritation schuld, die so weit geht, daß ich den Löffel mit der Mousse selbstvergessen vor die Lippen halte, statt ihn in den Mund zu schieben.

Was ist es dann? Es wird wohl das ganze Arrangement sein: Die Absurdität dieses Nobelrestaurants mit den viel zu vielen servilen Geistern mitten im Nordatlantik. Die Lautlosigkeit, in der hier alles vor sich geht. Es fällt nicht ein einziges lautes Wort. Und selbst wenn ich jetzt einen Löffel fallen ließe, um die paar Soft-talker, die auf ihren Orchestersitzen unter uns tafeln, hochzuschrekken, hätte ich keinen Erfolg: Der Löffel fiele auf lärmschluckenden Samt. Ich weiß sekundenlang nicht, wo ich bin. *Luxury with taste* ist offenbar nicht das Richtige für mich, für Jessy hingegen durchaus. Jetzt muß der Sommelier, der als einziger nicht mit Plissee herausgeputzt ist, vorgebeugt warten, bis von Jessy, der den Inhalt einer neuen Flasche prüft, den Blick auf «Unendlich» eingestellt, die Wangen eingesogen und den Mund gespitzt, ein Nickzeichen kommt, das das Einschenken erlaubt.

Abgekartet. Reine Schmiere. Was sollte denn dieser

unablässig durchgeschüttelte Wein schon taugen? Daß der Kork in Ordnung war, hatte der Sommelier schon mit einem schnellen Zahnarztschnüffeln festgestellt. Hinter den Schotts, außerhalb unserer Sicht, grinsen sich die Stewards, die Zeugen dieses Schauspiels sind, Minuten später doch bloß an. Sie agieren nach Vorschrift, sie spielen die Rollen, für die sie bezahlt werden, aber eben nur auf dieser Bühne, außerhalb der Samtbonbonniere lassen sie dann ihre Stewardmasken fallen und haben ihren Jux. Der, mit dem ich den Blick gekreuzt habe, totsicher.

Ich weiß es zuverlässig von einem Koch, was mit einem Filet, das ein nörgelnder Gast zurückwies, geschah: Der Küchenjunge spuckte darauf. Dann wurde es zum zweiten Mal serviert. Als es noch einmal mit einer Reklamation in die Küche zurückkam, durfte auch der Saucier draufspucken. Einmal hätte es ein Gast sogar geschafft, auch noch die Spucke vom Küchenchef mit zurückgeliefert zu bekommen. Die deliziöse Rache der Malcontenten an ihren Kritikern. Um wie vieles besser sind da die Köche dran als Autoren gegenüber mäkelsüchtigen Kritikern! Wenn ich das jetzt Jessy mitteilte, hätte er seinen Spaß dran, aber ich bin viel zu sehr in meine Gedanken versponnen und mit der Beobachtung der anderen Gäste beschäftigt, als daß ich jetzt auch noch reden möchte. Außerdem parliert der «Vogue»-Mensch munter genug drauflos.

Nur als blinder Passagier könnte ich wohl auf diesem Schiff stilvoll fahren. Dann müßte ich in einem der Rettungsboote hausen statt in meiner Luxuskabine, brauchte auf jeden Fall Komplizen, und die sind allemal schwer zu finden. Außerdem habe ich gerade in meinen Zeitungen eine Nachricht über das Schicksal eines blinden Passagiers überflogen, die mir nicht gefallen wollte. So lustig, sage ich mir beschwichtigend, wäre das Geschäft am Ende doch nicht, und vieles würde mir entgehen.

In meiner Kabine suche ich nach dem Zeitungstext und lese ihn noch mal: «Rotterdam. Ohne langes Federlesen hat der griechische Kapitän eines unter liberianischer Flagge fahrenden griechischen Schiffes vier blinde

Passagiere auf hoher See einfach über Bord werfen lassen. Das berichtete gestern das Büro der Internationalen Transportarbeiter-Föderation (ITF) in Rotterdam. Der griechische 11 500 Tonnen große Frachter ‹Sam Governor› ist vor einigen Tagen in den holländischen Hafen eingelaufen. Die niederländischen Behörden haben eine Untersuchung eingeleitet und inzwischen auch Interpol eingeschaltet. Denn der beschuldigte Kapitän und einige ebenfalls beschuldigte Offiziere sind ‹rechtzeitig› von Bord gegangen und befinden sich gegenwärtig in ihrer griechischen Heimat.»

Der Verfall der Sitten bei der christlichen Seefahrt nimmt bedenkliche Formen an.

Um zehn Uhr abends soll ich mich mit einem älteren Steward an der «Theatre Bar» treffen. Der Mann ist an Bord zweifach berühmt: Während des Kriegs soll er viermal «im Bach gelegen» haben und außerdem die meisten «overtime sheets» zusammenbringen. Mister Afferhov hat das Treffen vermittelt. Er will, weil er sich offenbar auf eine spannende Geschichte spitzt, auch dabeisein.

Mister Afferhov ist der Mann, der für die Versorgung des Schiffs mit Gesöff und Nahrung zuständig ist – sicher ein angenehmer Job.

Nach allem, was ich aus Gesprächen heraushörte, sind die Leute auch auf diesem Dampfer darauf aus, overtime sheets auszufüllen. Dasselbe Theater wie auf der «Otto Hahn». Der Seemann tut den Tag über möglichst nichts, was dennoch bares Geld bedeutet, aber am Abend wird er munter: «overtime» wird besonders gut bezahlt.

Ich bin zu früh dran und hocke mich im Quarter-Deck an meinen «Stammtisch».

Der Midships-Bar-Steward ist endlich soweit, daß er mich nicht mehr fragt, was er bringen dürfe, sondern gleich das Richtige auf dem Tablett hat. Auch Eis und Soda läßt er nun weg.

Ich will schon aufpassen, daß ich den alten Fahrensmann, dem so viel von deutschen U-Booten zugesetzt worden ist, rechtzeitig ein Deck höher treffe. Aus der üblichen Verbrüderung ehemaliger Kriegsgegner mache ich mir nicht viel, aber einer, der viermal sein Schiff verloren hat, weiß sicher manches zu erzählen. Viermal im Bach, sage ich mir, so einer ist eine Rarität. Nett von Mister Afferhov, daß er das vermittelt hat.

Ich staune nicht, als ich im Upper Deck von weitem schon den untersetzten, jovialen Alten mit der leicht schmuddligen Jacke erkenne, der immer, wenn er an mir vorbeikam, ein volles Bierglas so geschickt, den Daumen unter dem Henkel, die übrigen vier Finger aber abgestreckt, hinter der locker schwingenden rechten Hand trug, daß es von vorn nicht einzusehen war.

Der alte Saufkopf schiebt mir ein Wasserglas voll purem Whisky hin und gesteht mir ohne viel Umschweife mit Verschwörerblick, er sei während des Krieges nicht zur See gefahren und schon gar nicht auf einem Dampfer, den ein deutsches U-Boot versenkt habe.

Ein Glück, sage ich mir, daß Mister Afferhov noch nicht erschienen ist. Ich nehme einen ordentlichen Schluck und blicke demonstrativ auf die Uhr an meinem Handgelenk. Gut, noch einen Whisky auf die schnelle! Aber dann weg, ehe der auf Sensationsgeschichten so erpichte Mister Afferhov erscheint. Der Saufkopf soll seinen Nimbus behalten.

Ich fahre sodann ins Two Deck hinab, schwanke (Seegang oder Whisky?) den endlosen Gang entlang nach vorn, erinnere mich erst unmittelbar im Nebenflur zu meiner Kabine, daß ich umgezogen bin, und latsche nun die leichte Schräge des Bugsprungs wieder hinab. Auch die Seite ist falsch, ich muß auf die andere Seite des Schiffs wechseln: Kommt denn kein Quergang? Gut dann, ich werde bei der Midships-Lobby hinüberwechseln: Midship-Wildwechsel.

Erst quer durch das elegante Rondell, dann einen Haken schlagen – der Winkelgang will es so –, vorbei an den «Enquiries», und nun wieder wacker geradeaus. Die Kabinen haben endlich gerade Zahlen. Na, wer sagts denn. Auf dieser Seite *muß* die meine kommen. Verdammt noch mal: Ich bin zu weit gelatscht. Also, ganze Abteilung kehrt!

Ein Glück, daß keiner hier herumsteht und mich beobachtet. Typisch: Keine Menschenseele weit und breit. Etliche Hundertschaften dienstbare Geister, fast tausend Köpfe Besatzung und niemand zu sehen: «Totenschiff» – Travenschiff. Ich bin diesen Weg noch nicht gewöhnt. Die alte Kabine war schon recht. Die neue ist viel zu fein und außerdem reine Verschwendung: Was soll ich denn mit zwei Kojen?

Jetzt aber aufgepaßt und nicht wieder an der eigenen Haustüre vorbei. Von Rechts wegen hätte mein wertgeschätzter Herr Steward im Gang zu stehen, mich einzuweisen und mir das Schott aufzumachen. Für das viele Geld, das diese Luxuskabine eigentlich kostet, dürfte man das ja wohl erwarten. Schlüssel aus der Tasche – das läuft alles wie geschmiert. Und bloß nicht hudeln. Schlüssel paßt – Hurra!

Jetzt: Jacke auf den Nagel, Hemd auf den Bügel, Hosen in den Hosenbügel und das ganze dann fein gestrafft über die Sessellehne. Gebadet wird morgen früh, weils heute schon so spät ist.

Ich strecke mich auf der nächstplazierten Koje aus, höre noch, wie es irgendwo im Schiff dumpf kracht, und denke: Ein Eisberg – da haben wir den Salat! Ich sollte mich auf den Weg zu meiner Bootsstation machen, wie es sich gehört. Diese verdammten Eisberge.

Aber da merke ich, daß es kein Eisberg war, wir sind nicht kollidiert. Wir sind nur aufgelaufen, und zwar auf einer dieser riesigen Lavaschütten der Insel Stromboli. So it goes! Das Schiff liegt schon ganz schräg. Bei dieser Schräglage rutsche ich glatt aus der Koje.

Scheißsatellitennavigation.

24^{00} 48 02 N 41 55 W

Die morgendliche Orientierung fällt mir schwer. Ich rühre kein Glied, lasse nur die Augen herumwandern. Der Raum ist zu groß, und außerdem liege ich ganz ohne Zweifel am Boden. Meine Koje neigt sich mir als schräger weißer Hang entgegen und versperrt die Sicht auf die Bulleyes. Deshalb auch dieses Halbdunkel. Was ist bloß meiner Koje passiert? Ich wälze mich an sie heran und stelle fest, daß ein Bein abgeknickt ist. Ich stelle dabei auch fest, daß es sich bei meiner Koje um allermiesesten Bruch handelt: Oben hui, unten pfui. Besonders günstige Mitnahmepreise. Früher war ein Kojengestell aus Messing. Jetzt ist es ein mit der Nagelmaschine flüchtig auf die italienische Art zusammengewichster Holzrahmen.

Ich rappele mich hoch, wuchte das demolierte Stück auf die hohe Kante und lehne es gegen die Wand: Ich kann nur staunen, was sich die Cunard-Leute da haben andrehen lassen. Arbeit für den carpenter. Darum wird sich der Herr Kabinen-Steward wohl kümmern müssen. Jetzt muß ich aufpassen, daß ich auch an diesem Morgen nicht vergesse, meine Uhr nachzustellen. Sonst gerät mein Tagesplan durcheinander: Ich komme zu früh auf die Beine und zu früh zum Breakfast.

In meiner Midships-Kabine ist es wesentlich ruhiger, als es vorn in Bugnähe war. Kein Knarzen mehr. Dafür störte es mich während der Nacht sehr, daß es mir nicht gelang, die Temperatur richtig zu regulieren. Mir war zu kalt. Zu allen anderen Medikamenten nehme ich nun auch Aspirin, weil ich in der Nacht dauernd niesen mußte: erkältet.

Mein Bordtag hat 25 Stunden, denn jeden Tag wird eine Stunde zugelegt. Wir fahren gegen die Zeit an. Auch die ständige Zeitverschiebung trägt dazu bei, daß ich diese Reise als unwirklich empfinde, eine Reise außerhalb der gewohnten Zeitrechnung und dazu noch ganz und gar außerhalb meiner Lebensumstände. Ich bin gewohnt, in aller Frühe am Arbeitstisch zu sitzen, nach einem frugalen Frühstück, und tunlichst den ganzen Vormittag über niemanden zu sehen (das Auto steht oft so lange in der Garage, daß ich Ärger mit den Scheibenbremsen bekomme). Hier aber gerate ich schon am frühen Morgen unter Menschen, und zwar beim Frühstück im «Princess Grill», dessen Aufputz morgens schal und albern wirkt wie der aller Abendlokale im hellen Tageslicht.

Dieses Restaurant beschäftigt sogar eine Art Empfangschef. Schon an der Treppe steuert man seine überreich plissierte orangefarbene Hemdbrust an. Heute trägt er auch eine rosa Nelke, dazu ein rosa Tüchlein links oben, aber alles verschiedenfarbig getönt: von Orange bis zum Babyrosa. Ein poppig aufgemachter Herr, der ebensogut in die «Theatre Bar» passen würde. Er ist der erste, der mich fragt, wie ich denn geschlafen hätte, wie ich mich fühlte. Dann wünschen mir drei Stewards auf einmal, ich möchte heute einem schönen Tag entgegensehen. Gemeinsam schauen wir durch die großen Fenster hinaus und finden uns einig in der Meinung, daß dieser Tag eventuell schön werden könnte.

Ich entscheide mich für Tee, verrate dem Oberkellner aber nicht, daß ich eigentlich gern Kaffee trinke.

Er sieht mir das wohl an und weiß wohlgesetzt zu formulieren: «Sie lieben den Kaffee, aber der Kaffee liebt Sie nicht.» Wer hätte das aus dem Stegreif hübscher sagen können!

Der Frühstücks-Service ist wie eine Messe ritualisiert. Ein Kellner ist nur dazu da, die Bestellung entgegenzunehmen – eine Art Vorbeter –, dann treten drei dienernde Weihrauchschwenker in Aktion. Der eine übernimmt das Tee-Einschenken, der jüngste hat nichts anderes zu tun, als einen Suppenlöffel voll Lemonmarmelade auf den Teller zu streichen – leider tut er es grinsend –, und der dritte zaubert zwei gekochte Eier herbei. Sie liegen, damit sie den Eierbecher nicht berühren müssen, auf Pralinenpapier, die Eierbecher ihrerseits stehen auf einem zierlichen Deckchen, das zierliche Deckchen liegt auf einem golddekorierten Teller. Aber keiner hat mich gefragt, wie viele Minuten Kochzeit ich dem Ei konzediere.

Mister Afferhov, auf dessen Visitenkarte «beverages and foods» steht, ist bereits im «Princess Grill» auf Posten und so frisch und munter wie die Kellnerschar. Mister Afferhov hat einen sehr angenehmen Job. Wer eigentlich sein Brotherr ist, erfahre ich nicht. Gerade begrüßt er mit lärmendem Überschwang ein paar der amerikanischen Journalisten. Und was da einer aus der Gruppe schon am frühen Morgen mit dem Maître d'hôtel vollführt: Der muß sich für die amerikanische Kamera in Positur setzen wie ein kleiner Napoleon, aber erst nach etlichen Korrekturen ist der Photograph mit der Haltung der Ellenbogen zufrieden, gibt dann die sitzende Haltung unter wilden gestischen Zweifeln an der künstlerischen Wirkung wieder auf und plaziert den Geplagten neben eine Fächerpalme.

Nach den Eiern kommen Pfannkuchen aus Buchweizengrütze. Ich hatte sie aus purer Neugierde bestellt. Nun liegen sie wie jahrelang gebrauchtes Fensterleder vor mir und schmecken, wie eben nur vergammeltes Fensterleder schmecken kann. Die beiden Stewards sind mit mir der Meinung, daß man so etwas nicht essen solle.

Diese Art von Pfannkuchen seien, so mischt sich mein oberster Speisenbetreuer ein, eine Konzession an den amerikanischen Geschmack.

«Wie so vieles hier», füge ich an und bekomme, sozusagen als Gegenleistung, ein feines sardonisches Lächeln geliefert.

Zu Hause würde ich jetzt erst mal die Zeitung lesen. Das Bordblättchen im Schreibblattformat erspare ich mir lieber: Ich kann nicht Mr. Brooks Antlitz, durch schlechten Druck mit Pockennarben reichlich bedeckt,

Tag für Tag von der Titelseite grinsen sehen.

Der Marmeladenboy räkelt sich verlegen an seinem Marmeladenwagen.

Heute übe ich mich in Schicksalsergebung und frühstücke, ungeachtet der selbstgegebenen Ermahnungen zum Verzicht, ausführlich. So allein mit mir am Tisch wie jetzt, befinde ich mich wohl.

Wenn ich mich belustigen will, brauche ich nur Abstand von mir selber zu nehmen. Gleich finde ich es lachhaft, wie ich, von vier Stewards und dem Marmeladenboy beäugt, in dieser rotwattierten Innendekoration wohlgesittet dahocke und Hammelkotelett kaue.

Da fällt mir die Kneipe «Il cacciatore» in Murano ein, dann die in Venedig am Bahnhof und eine dritte zwischen den festen Markthallenständen in Padua, die wir gern zu einem Vormittagstrunk an der Theke aufsuchten. In Murano war schon am Vormittag das Gebrüll der arbeitslosen Glasmacher so wild, daß man sein eigenes Wort nicht verstand, in Venedig brüllten statt dessen die Gepäckträger, nur in Padua ging es eine Spur gedämpfter zu, weil auch Marktbesucher aus Bürgerkreisen hier einkehrten. Was für ein Unterschied zu der lauterstickten Schicklichkeit in dieser Prunkschachtel.

Jessy erscheint. Er hat ein Heft des «New Yorker» zur Frühstückstafel mitgebracht. Ich blättere darin herum, stoße wieder auf eine Anzeige für die «QE 2 » und lese. In ihrem Anzeigentext haben die Cunard-Werbemenschen diesmal außer mit *public figures* auch mit *authors* als Lockvögeln gewinkt. Welche *authors* zum Verlustieren der Passagiere an Bord sind, wird indessen nicht verraten.

Ich lobe, nur weil mir nichts Besseres einfällt, den Service. Damit komme ich bei Jessy aber nicht an, der mich so bescheidet: «Theater, aufwendig – aber nicht gut. Ich habs schon zweimal erlebt, daß mir die Karte vom Tag vorher vorgelegt wurde, und die merkten das erst, nachdem ich schon gewählt hatte.»

«Schlimm, schlimm», mache ich und versuche, diese Empörung zu teilen. Was ist das auch für ein Leben für einen jungen Mann, denke ich bei mir, den lieben langen

Tag in so einem Bums herumzufummeln, Maulaffen feilzuhalten, hin und wieder eine Tasse mit Tee aufzufüllen, Platten von der Kombüse heranzuschleppen, Rechauds anzuzünden, nach allen Seiten herumzudienern . . .

Jetzt klagt Jessy darüber, daß er ein Hemd nur einen Nachmittag anziehen könne, dann sei es schon schmutzig. Woher kommen hier nur Dreck und Staub? Ich sage ihm, ich selbst hätte schon oft über die Dreckvermehrung auf seegehenden Schiffen gestaunt und müsse ihm beipflichten. Auf Schiffen, die Ladung fahren, sei das verständlich, aber hier? Hier komme doch tatsächlich keiner mit Dreck an den Sohlen in die Gänge . . . «Einfach nicht zu fassen!» sagt Jessy erbittert.

Im Fahrstuhl treffe ich Mr. Mason. Er hat heute Schwimmstunde in Deck Nummer 7. Ich sage ihm, ich sei schon unten gewesen: Im Bassin wieder kein Wasser. Mr. Mason sagt: «Es steht nun mal auf dem Programm, also muß ich hinunter.» – «Have a good swim!» wünsche ich ihm.

Ich wäre gern mit hinuntergefahren, um mich zu wiegen. Ich will wissen, ob ich trotz der schlechten Kocherei zuviel gegessen habe. Aber der Zeiger der Waage da unten schwankt mit den Schiffsbewegungen wie wild hin und her – von 80 bis zu 120 Kilo. Eine kardanisch aufgehängte Waage sollte es an Bord geben. Aber daran hat der Cunard-Leisure-Service noch nicht gedacht.

Durch das verschmierte Fenster starre ich, wie schon am zweiten Tag, auf die große Bugsee, die das Schiff aus dem stumpfen Grüngrau pflügt. Hin und wieder lasse ich den Blick in die Ferne gehen: Katzenköpfe hier und da.

Ich hatte mir einen richtigen Atlantiksturm gewünscht, einen, gegen den auch die Stabilisierungstanks des Schiffes nicht mehr viel ausrichten könnten. Aber meine Wünsche sind, scheint es, oben nicht richtig aufgenommen worden. Zugegeben, wenn ich jetzt da unten auf einem Floß hockte, würde ich die Sache anders sehen. Aber so ist das nun mal: Dem Blick aus dieser Höhe bietet sich auch noch der Atlantik öde dar – eine Wasserwüste von tristem Graugrün.

Wenn ich jetzt hier aus tiefer Anästhesie aufwachte, wüßte ich nicht, wo ich bin. Ich könnte Ort und Zeit nicht bestimmen: Im Nil-Hilton, in Hongkong, in Singapure ... alles möglich. So wie hier richten nun einmal die besser bezahlten Interior-Designer ihre Luxushotels ein und erweisen sich damit als geistige Brüder der Confiseure.

Ich empfinde das als eine Störung meiner Identität. Ich bin gar nicht richtig auf diesem Schiff vorhanden. Die Leute um mich herum könnten galaktische Wesen sein – oder ich selber eins: Zwischen ihnen und mir gibt es keine Beziehung.

Es war wohl ein Fehler, denke ich mir, die Beförderung zum Erste-Klasse-Passagier zu akzeptieren und in diese üppige Kabine umzuziehen: Sie steht mir nicht zu Gesicht. Ich habe keine Verwendung dafür. Der Anblick der Designer-Eleganz wirkt wie eine Verhöhnung. Ich bin zu verdrossen, als daß ich jetzt durch die Decks streifen und eine der jungen Gänse zum Lakenteilen animieren könnte. Die schöne Indonesierin wäre vielleicht ein anderer Fall, aber da hätte ich vom ersten Tag an fleißiger balzen müssen und mich nicht immer wieder selber mit der Frage «Was solls?» zurückziehen dürfen. Ich bin eben kein Roué. Trotzdem irritiert es mich, daß hier eine erstklassige Occasion nicht genutzt wird. Der Kabinen-Steward wird mich für einen Trottel halten. Soll er doch, sage ich mir und lasse mich auf die Innenkoje fallen.

Wenn es hier noch ein Zwischendeck gäbe, hätte ich dafür buchen müssen. Zwischendeck wäre interessant. In unseren Jugendtagen sind wir mit der italienischen Staatsbahn gern vierter Klasse gefahren – dem Zwischendeck der Eisenbahnen –, da herrschte das wahre Leben und nicht die Langeweile der Uniformgecken und Staatsbeamten der Ersten Klasse. Einmal hatte ich auf dem linken Knie ein Kleinkind, auf dem rechten einen Säugling, und der Mutter, die neben mir arg schwitzte, lag ein drittes Balg an der Brust. Vom Wein und dem vielen Essen, das von allen Seiten reichlich dargeboten wurde, hatte ich nicht viel, weil ich keine Hand freibekam.

Über die Qualen der Zwischendeckpassagiere bei der Überfahrt in die Neue Welt gibt es Schauderberichte. Ganz so schlimm, wie die alten Zeitungsschreiber glauben machen wollen, kann es im Zwischendeck der großen Dampfer kaum zugegangen sein – das heißt, bei ruhiger See kaum. Wenn das Schiff aber in Sturm geriet, hatten die Leute da unten gewiß nichts zu lachen. Auf den großen Schiffen lag das Zwischendeck unter der Wasserlinie, direkt über den Ladungs- und Provianträumen, meist im gleichen Deck wie die Kammern für die Stewards.

Wie kein anderes Transportmittel verdeutlichten die Schiffe damals die Klassenunterschiede. In der Frühzeit der Transatlantikfahrt mußten die Passagiere im Zwischendeck sogar für Bett und Decken, für «das kleinere Eß-, Trink- und Waschgeräth» selber sorgen. Vor allem aber – und das war trickreich – mußten sie sich zwei Tage vor dem festgelegten Abgangstag im Hafen einfinden («auf unserem Comptoir»), wenn sie nicht das schon eingezahlte Handgeld verlieren wollten. Die Kneipenwirte, die sicherlich mit den Reedern unter einer Decke steckten, machten mit den Auswandererscharen ein vorzügliches Geschäft.

Damals gab es auch Vorschriften, die bestimmte Personen von der Beförderung ausschlossen:

« . . . Leute über 60 Jahre, Mondsüchtige oder Blödsinnige, Taube, Stumme und Blinde, Arbeitsunfähige und Krüppel, Witwen und alleinstehende Frauen mit kleinen Kindern.»

Ihnen allen blieb das Gelobte Land verschlossen. Nur die Arbeitskraft der Auswanderer zählte. Die Sklavenzeit war noch nicht fern.

Ich muß an die Flugangst meines Tischnachbarn aus «Tables of the World», der mir wie ein Schutztruppler des Ersten Weltkriegs vorkam, denken. Und auch an die Flugangst des Zahnarztpaares. Beim Abwägen der Gefahren der beiden Transportmittel gegeneinander fällt es schwer, sich zu entscheiden, ob man nun dem Atlantik oder der Luft den Vorzug geben soll.

Aus meinen Zeitungsartikeln über das Schiff erfahre ich, welche Vorteile die Reise in einem schwimmenden Luxushotel quer über den Atlantik, gemessen an einem prosaischen Flug, bietet: «Der Flugpassagier kauft das Anrecht auf einen Sitz, der Rest ist reglementiert: die Körperhaltung während der Beförderung, Kleidung, Nahrung, Bewegungsraum; Art, Maß und Gewicht des Gepäcks. Bei der Reise mit dem Ozeanriesen ist dies genau umgekehrt. Ein Schiff wie die ‹Queen› unterwirft sich den Wünschen ihrer Passagiere so konsequent, daß der Mensch aus dem Zeitalter der Selbstbedienung größte Mühe hat, diese Dienstleistung auch nur annähernd auszuschöpfen . . .»

Auf mich trifft das nicht ganz zu. Ich habs mir noch immer auf langen Flugreisen so bequem machen können, als hätte ich die Maschine für mich allein gechartert. Wenn es nicht gerade amerikanische Maschinen mit ihren pedantischen Sicherheitsvorschriften waren, bin ich lange Zeit im Cockpit geflogen und habe mir jede Aktion von Pilot und Copilot erklären lassen.

Und was das Gepäck anbelangt: Ich kann hier zwar *bis zu vier Gepäckstücken* kostenlos in meiner Kabine abstellen und dazu noch zwei weitere im Gepäckraum, und wenn mir das immer noch nicht genügte, könnte ich noch einen Schrankkoffer im Laderaum mitreisen lassen, auch den kostenfrei. Ein solches Koffersortiment könnte ich mir allerdings im Flugzeug nie leisten. Aber ich habe gar nicht so viel Gepäck. Was sollte ich damit?

Ich lese jetzt auch, wie ich es hätte anstellen müssen, um den *Service aus der Feudalzeit* voll in Anspruch nehmen zu können. Ich hätte mich dazu eben *doch* an der Waterloo Station einfinden und dort meine Reisetaschen erfahrenen Gepäckträgern übergeben müssen, dann hätte ich sie, so wird wenigstens behauptet, beim Betreten der Kabine schon vorgefunden – samt den *vorbestellten Blumen* und den Champagnerflaschen, die ich mir auch hätte vorbestellen können. Vor allem hätte man mir einen Stuhl im Restaurant und sogar einen Liegestuhl auf Deck freigehalten.

Ich habe eben, das muß ich mir eingestehen, den Bogen nicht raus: Ich bin das feine Leben nicht gewohnt, ich weiß nur, wie es ist, wenn ich mich um alles selber kümmern muß.

In der Bibliothek, in der ich mich fast ein wenig heimisch fühle, finde ich ein Buch mit dem Photo einer Kabine der «Cap Arcona». Auf diesem Schiff habe ich auch schon geschlafen, aber wie anders sah das Schiff damals aus. Da glitzerte nichts – keine Spur mehr von der alten Pracht. Wo früher Mahagonibetten standen, waren eiserne Bettgestelle dreifach übereinandergetürmt.

Da wird mir schlagartig klar: Die «QE 2» ist gar nicht der erste Luxusliner, auf dem ich hause. Die «Cap Arcona» war es.

Nur hat sich dieses Schiff damals nicht um einen Meter fortbewegt, es lag fest vertäut an einer Pier in Gotenhafen, jetzt wieder Gdingen genannt, und diente als eine Art Kaserne für die Unterseeboot-Lehrdivision.

Noch die Erinnerung an die «Cap Arcona» läßt mich frösteln. Da oben in Gotenhafen habe ich zum erstenmal gespürt, was «sibirische Kälte» sein dürfte: Wir hatten weder Isländer noch Mäntel. Mit offener Brust, Bluse und Colani mußten wir uns dem scharfen Ostwind aussetzen, der uns fast die Ohren abfror.

Da merke ich, daß es nicht die Kälte von damals ist, die mir einen Schauder über den Rücken laufen läßt. Ich habe mich halb unbewußt an das Ende dieses Turbinenschiffes erinnert. Dieses Ende war schrecklich: Als 1945 die Bewohner der deutschen Ostgebiete vor den heranrückenden Russen evakuiert wurden, war die 28 000 BRT große und 18 Jahre alte «Cap Arcona», das Flaggschiff der Hamburg-Süd, an der großen Transportunternehmung der Kriegsmarine beteiligt. Es gelang dem Schiff, auf drei Reisen 26 000 Menschen nach Westen zu befördern. Die vierte Reise wurde dem Dreischornsteindampfer zum Verhängnis: Das Schiff wurde in der Lübecker Bucht von britischen Jagdbombern angegriffen und in Brand geschossen. An Bord waren 6000 Menschen, darunter 5000 Häftlinge aus dem Konzentrationslager Neuengamme. Eine Panik brach aus. Nur ein paar hundert Meter von der Küste weg kenterte die «Cap Arcona» an diesem 3. Mai 1945, und obwohl das Schiff im flachen Wasser nicht einmal ganz versank – ein Drittel der Schiffsbreite blieb über Wasser –, kamen 5000 Menschen um.

Ich habe Augenzeugen schildern hören, wie die Leichen wochenlang in dichten Feldern an den Strand trieben.

Von den Decks der «Cap Arcona» aus habe ich zum ersten Mal in meinem Leben U-Boote gesehen, es waren kleine Einhüllenboote. In der Sicht von oben sahen sie wie große graue Fische aus, die sich im dichten Treibeis verletzt hatten und nun tot und starr zwischen den grauen Schollen lagen. Dampfschwaden zogen über sie hin: Die Leitungen, durch die von der «Cap Arcona» Dampf zum Abtauen zu den Booten kam, waren an vielen Stellen undicht. Tote Riesenfische – eiserne Särge? Nie wieder hat mich der Anblick von U-Booten so erschreckt wie damals.

Oft habe ich mich schon gefragt, wo eigentlich die großen Schiffe, deren Namen in meiner Jugend noch Strahlkraft hatten, geblieben sind. Hier in der Bibliothek versuche ich, es zu ergründen.

Die «United States» liegt in Newport News. Ihre Maschinen entwickelten 240 000 PS. 1969 wurde sie «zurückgezogen». Jetzt schwimmt sie zwar noch auf dem James River, aber die Hoffnung, daß in ihren Kesseln noch einmal Dampf produziert wird, ist gering. Sie gehört dem Staat.

Die «Normandie» war schon während des Krieges als «Lafayette» in New York ausgebrannt und gekentert, als sie zum Truppentransporter umgebaut werden sollte. Die «Ile de France», fast 45 000 BRT groß und 31 Jahre im Dienst, steuerte bei ihrer letzten Fahrt eine Abwrackwerft in Japan (Osaka) an, um dort unter die billigeren Schneidbrenner zu kommen. Die «Liberté», die alte «Europa», folgte ihr.

Das Schicksal der beiden Queens: «Mary» und «Elizabeth», die im Zweiten Weltkrieg als Truppentransporter fuhren, wurde 1967 und 1968 besiegelt.

Die berühmte «Bremen», das Schwesterschiff der «Europa», das 1928 in Dienst gestellt worden war und schon im Jahr darauf dem Vierschornsteindampfer «Mauretania» der Cunard Line das «Blaue Band» abgejagt hatte (das dieses Schiff seit über 20 Jahren hielt), hatte wie durch ein Wunder den Krieg überdauert. Sie wurde 1941 nach einem Großfeuer im Hafen auf Grund gesetzt.

Die «Herrschaften im besten Alter» mieden auch bald die neuen deutschen und die italienischen Schiffe und beschworen damit ihr Ende herauf.

Die letzte «Bremen» der Hapag-Lloyd wurde 1972 an einen Griechen verscherbelt. Zu ihrem Gedächtnis ließ die Reederei ihr Zeichen an neu gekaufte Jets malen.

Die schneeweißen, eleganten italienischen Schwesterschiffe «Raffaello» und «Michelangelo», erst 1965 in Dienst gestellt, wurden schon 1974 und 1975 wieder aus dem Liniendienst zurückgezogen, «ausgesondert», «außer Dienst gestellt» – oder wie immer man das triste Ende stolzer Schnelldampfer bezeichnet.

Und die Schiffe vorher, die aus der großen Epoche der Dampfschiffahrt, wohin sind die verschwunden?

Die «Lusitania», ein Turbinendampfer mit über 31 000 BRT, der 27,4 Knoten lief, wurde am 7. Mai 1915 von U 20 nahe der irischen Küste versenkt. Das Schiff kenterte schon nach 22 Minuten. 1498 Menschen starben durch einen einzigen Torpedo. Das Desaster des größten Schiffes jener Tage zwang die USA, Deutschland den Krieg zu erklären: Unter den Passagieren hatten sich 128 Amerikaner befunden. 1907 hatte das Cunard-Schiff mit den vier gewaltigen Schornsteinen zum erstenmal New York angelaufen. Die Leute auf den alten Photos tragen Kreissägen, die Damen Sonnenschirme. Eine unübersehbare Menge schwarzer Pferdedroschken, die Kutscher mit schwarzen Zylindern, wartete damals auf die Passagiere aus der Alten Welt.

Auf dieser Jungfernreise nach New York hatte die «Lusitania» das «Blaue Band» von dem deutschen Schiff «Kaiser Wilhelm II.» zurückerobert.

Auch die über 45 000 BRT große «Titanic» der «White Star Line» fand ein katastrophales Ende. Sie sank schon bei der Jungfernfahrt am 14. April 1912 und riß 815 Passagiere und 688 Besatzungsmitglieder mit in die Tiefe. Die Todesstatistik der «Titanic» ist aufschlußreich: In Prozentzahlen ausgedrückt wurden damals dreimal so viele Passagiere der Ersten Klasse wie der Dritten Klasse gerettet. Von den 52 geretteten Kindern war keines aus der Dritten Klasse.

Nur acht Wochen nach dem Desaster der «Titanic» lief der Luxus-Schnelldampfer «Imperator» mit allem Brimborium auf der Hamburger Vulcan-Werft vom Stapel, und selbstverständlich mit der gleichen Klasseneinteilung, für deren schreckliche Folgen im Katastrophenfall die «Titanic» ein so böses Beispiel geliefert hatte.

Die Zeiten, als Bischöfe und Königinnen als Taufpaten figurierten (auch der schon sehr tattrige Hindenburg hat sich noch als Schiffstäufer betätigt), sind vorbei. Taufen von Riesenschiffen, die früher als große Ereignisse in den Zeitungen gefeiert wurden, wird es wohl kaum mehr geben. Großflugzeuge werden mit weniger Zeremonie und in Serien in Dienst gestellt.

Eine leicht absurde Situation, mit dem größten Passagierschiff, das es gibt, über den Nordatlantik zu fahren und dabei alles über das Ende seiner Vorgänger nachzulesen. Die Bücherstöße, die ich mir aus den Regalen geholt habe, stapeln sich vor mir wie eine Brustwehr. Wenn ich mich in meinen Sessel sinken lasse, wächst die Brustwehr so hoch, daß ich nur noch mit knapper Not über sie hinweg den einzigen Menschen anvisieren kann, der außer mir hier herumsitzt: der von Cunard bezahlte Bibliotheksverwalter.

Was wird aus *diesem* Schiff werden?

Da kommt unser wertgeschätzter Herr Taylor des Wegs. Ich brauche nur eine einladende Handbewegung zu machen, und schon sitzt er neben mir.

Wie es mir heute gehe? Könnte nicht besser sein! Dieses wundervolle Schiff und all die wunderbaren Menschen darauf! Mister Taylor bedenkt mich mit einem halb mißtrauischen Seitenblick, dann setzt er sich gemütlich zurecht und wartet anscheinend darauf, daß ich wieder, wie ein Zauberkünstler Blumen aus dem schwarzen Zylinder, mein Renommierwissen hervorhole.

Heute wartet Mister Taylor vergebens. Heute, finde ich, ist *er* an der Reihe, für Unterhaltung zu sorgen. Er tut es nicht, verfällt vielmehr in die als typisch englisch geltende Art, wortlos ins Leere zu starren. Tiefen Gedanken hängt er sicher nicht nach. Trotzdem will ich ihn nicht stören, lieber ein bißchen vor mich hin sinnieren. Und da sehe ich ihn in seinem Sessel schon eingeschlafen. Er muß wohl eine anstrengende Wache hinter sich haben, der Arme.

Während vieler Jahre habe ich mich kaum noch an die «Archsum» erinnert, aber jetzt auf diesem Schiff, spüre ich ihre Nähe geradezu körperlich. Das Essen auf der «Archsum» war eine Katastrophe. Ein Wunder, daß der Schmutt nicht über Bord geworfen wurde. Außer Schweinefleisch mit Kartoffeln und Dosen-Rotkraut fiel ihm kaum etwas ein. In der Mittelmeerhitze stand einem der Sinn aber zuallerletzt nach fettem Schweinefleisch, das alltäglich auf die Back kam – und zwar immer in kleinen Stücken oder bereits als Frikadellen, die in gelbem Fett schwammen. Der Koch mußte das Schweinefleisch in Säcken und nicht als richtige Schweinehälften übernommen haben.

Der Kapitän gab mit seinen Essensmanieren das denkbar schlechteste Vorbild für die Mannschaft. Schon zum Frühstück ließ er sich, obwohl die leichte Gelbfärbung seiner Augen ein deutliches Indiz für eine defekte Leber war, zwei dicke Schweinefrikadellen servieren – im Suppenteller, um nur recht viel von der grausigen Fettsoße mitzubekommen.

Auf See wurde schon immer enorm vertilgt. Die Hamburger Sloman-Reederei, die ab 1850 einen regelmäßigen Transatlantikdienst einrichtete, ließ Kindern über acht Jahren, die mit ihren Eltern im Zwischendeck reisten, *volle* Rationen zukommen, was bedeutete: ein halbes Pfund Ochsen- oder Schweinefleisch pro Tag und fünf Pfund Schiffszwieback pro Woche, dazu Graupen, Linsen,

Reis, Bohnen, Erbsen in jeder gewünschten Menge. Die Reederei warb: «Die besten und gesündesten Lebensmittel werden den Passagieren gereicht.»

Wahrscheinlich bekamen sie von dieser Art Ernährung genauso prächtige Furunkel wie die Leute auf der «Archsum».

Die Frühzeit der Atlantikfahrt ist ein faszinierendes Kapitel in der Geschichte der Eroberung der See. Die Beschäftigung damit lohnt sich über die Maßen. Auch Mr. Taylor sollte mal, wenn er wieder wach ist, die Bibliothek benutzen. Er würde erfahren, daß seine Landsleute im Schiffsbau gar nicht immer so führend waren, wie sie uns das so gern suggerieren.

Die deutschen Vettern haben ihnen bald schon gezeigt, was sie als Schiffsbauer konnten: Zum Beispiel mit dem Vierschornstein-Schnelldampfer «Kaiser Wilhelm der Große». Mit diesem fast 200 Meter langen Schiff, das für 21 Knoten gut war, gelang es dem Norddeutschen Lloyd zum erstenmal, mit den Briten gleichzuziehen. Majestät konnte zufrieden sein.

1900 gewann dann auch der Vierschornsteindampfer der Hapag, der erst «Deutschland», später dann «Victoria Luise» hieß, das «Blaue Band».

Der Wettbewerb zwischen den Hansestädten Bremen und Hamburg und deren gemeinsame Konkurrenz gegen die Briten belebten das Geschäft der Reedereien ganz ungemein: Immer neue, immer luxuriösere Schiffe wurden gebaut. Die 1905 für die Hapag gebaute «Amerika» hatte – sage und schreibe – zehn Decks. Sie war mit mehr als 22000 BRT das größte Schiff der Welt, so lange wenigstens, bis die Hapag ein noch größeres baute. Die «Amerika» war zwar nicht so schnittig wie die Expreßdampfer vor ihr, sie war nur für achtzehn Knoten ausgelegt. Dafür hatte sie Luxuskammern, Kaiserzimmer, drei Promenadendecks . . .

In frühen Werbetexten für die Oceanliner hat man noch am deutlichsten ausgedrückt, was die Reeder mit ihren teuren Schiffsausstattungen im Sinne hatten: Die Gefahren der See vergessen zu lassen und durch «Comfort» das gesellige Leben auf dem Land zurückzuzaubern.

Der Dampfer «Aquitania», 1913 für Cunard erdacht und gebaut, hatte eine Halle im neogriechischen Stil und kannelierte Säulen, Stuckarchitrave und Rundbögen. Dampfer auszustatten wurde zum begehrtesten Auftrag für Innenarchitekten, Bildhauer und Maler. Auf den Photos aus der Zeit der Ozeanriesen sieht die dahingeschwundene Pracht aus wie eine nachgebaute Filmkulisse: Das Treppenhaus der 1923 gebauten «Deutschland», das Ritz-Carlton-Restaurant der «Imperator» mit dem großen Rundtisch für zwanzig Personen, der Wintergarten der «Cap Polonio» ...

«Es hat übrigens schon schlimmere Unglücksserien für englische Schiffe gegeben als die der ‹QE two›», könnte ich mit meinem in der Bibliothek erworbenen Wissen zu Mr. Taylor sagen. «Richten Sie Ihren Blick nur auf den ‹Leviathan›, dieses Ungetüm von 18000 Tonnen, das in London 1858 auf Stapel gelegt worden war. In der Ära der Riesenschiffe gab es manchen verrückten Zossen, aber Ihr ‹Leviathan›, später ‹Great Eastern› genannt, war ein technisches Ungeheuer mit sechs Masten, die fünftausend Quadratmeter Segelfläche trugen, mit zwei Schaufelrädern mittschiffs und einer Heckschraube. Der Entwurf für dieses Riesenschiff stammte nicht etwa von einem Schiffsbauer, sondern kurioserweise von dem englischen Eisenbahningenieur Isambard K. Brunel. Das Eisenungetüm sollte fünftausend Passagiere über den Atlantik bringen, wurde aber ein Fehlschlag. Schon der Stapellauf war eine Katastrophe: Das gigantische Schiff blieb stecken. Zwohundertzehn Meter lang und fünfundzwanzig breit, lag es da und rührte sich trotz der vielen Schmierseife nicht, bis es dann endlich bei einem extremen Hochwasser flott kam.

Ein interessantes Schiff – ohne Zweifel. Seine gigantischen Ausmaße verdankte es nicht etwa hochfliegenden Ambitionen seines Konstrukteurs, sondern einer aufs Ökonomische gerichteten Überlegung: Dieses Schiff sollte nach Fernost fahren, aber im Gegensatz zu anderen Fernost-Schiffen die gesamte, für die lange Reise hin und zurück benötigte Kohlemenge mitschleppen. Unterwegs war das Bunkern teuer, nur in England war die Kohle billig.

Aber als das Riesenschiff endlich fertig war, war die ‹Eastern Steam Navigation Company›, der es gehörte, pleite. 1860 unternahm es seine Jungfernfahrt mit ganzen vierzig Passagieren an Bord. Das Schiff wurde nicht nach Fernost detachiert, sondern im Atlantikdienst eingesetzt – ohne Gewinn: Auch die zweite Company, die es besaß, ging pleite.

Schließlich diente es dazu, ein Telefonkabel zwischen Irland und Neufundland zu verlegen, was eine Sache von acht Jahren war. Diese Arbeit brachte endlich Gewinn: Als Kabelleger war die ‹Leviathan› offenbar geeignet, aber Überseekabel gab es nicht alle Tage zu verlegen.

Nun sollte sie noch einmal als Passagierdampfer in Charter einer französischen Gesellschaft über den Atlantik. Der Umbau war kostspielig, und die Idee, Besucher der Weltausstellung von 1876 in gewaltigen Mengen mit diesem Schiff von Amerika nach Europa zu karren, brachte keinen Erfolg. Das technische Ungeheuer mußte verschrottet werden.»

«Im Vergleich zu diesem Schiffsunglück», würde ich Mr. Taylor jetzt trösten, «ist die Unglücksserie der ‹QE 2› harmlos.» Aber dann würde ich, weil das Mr. Taylor doch so sehr verwirrt, unken: «Was hier noch kommt, weiß natürlich keiner!»

Brunel, dieser über seine eigentlichen Aufgaben so weit hinausgreifende Eisenbahningenieur, hatte schon die «Great Western» und die «Great Britain» entworfen. Auch diese Schiffe trugen noch Masten. Die «Great Western», ein über 70 Meter langes Holzschiff, das 1837 vom Stapel lief, hatte vier, die «Great Britain», als der erste Überseedampfer aus Eisen und mit Schraubenantrieb, sechs. Ursprünglich war sie für Schaufelradantrieb konzipiert.

Ein komischer Kauz, dieser Eisenbahningenieur mit dem merkwürdigen Vornamen Isambard. War er größenwahnsinnig oder nur großmannssüchtig, focht er für eine Zukunft, an die er glaubte? Ein Liebhaber des Gigantischen muß er auf jeden Fall gewesen sein. Wie mag er es nur angestellt haben, die Finanziers für seine verrückten Schiffsbaupläne zu finden – immer wieder welche zu finden? Mit Isambard Brunel will ich mich, wenn ich von dieser Reise heil zurück bin, noch eingehend beschäftigen. Mit ihm und mit Herrn Ballin. Was gab es für Kerle, als Computerspekulationen das unmittelbare Wagnis noch nicht ersetzten!

Ein Vorgänger der Brunel-Schiffe und der erste Dampfer auf dem Atlantik überhaupt war die «Savannah». Sie hatte freilich nur eine kleine Dampfmaschine, die nicht mehr als 50 PS leistete und zwei Schaufelräder antrieb. Die meiste Zeit wurde gesegelt. 1819 brauchte dieses Schiff noch 27½ Tage von Savannah bis nach Liverpool.

Der erste deutsche Atlantikdampfer, die «Helena Sloman», legte die Strecke Hamburg–New York in 23 Tagen zurück, Segelschiffe waren 40 bis 50 Tage unterwegs. Die «Helena Sloman» war ein kleines kombiniertes Fracht- und Passagierschiff. Sie hatte 180 Passagiere an Bord, aber nur eine einzige Fahrt hin und zurück war erfolgreich. Schon die zweite auf der gleichen Strecke wurde dem Schiff zum Verhängnis: Es geriet etwa 200 Meilen vor der amerikanischen Küste in einen Orkan und verlor das Ruder. Die Passagiere pumpten um ihr Leben. Die Schiffsschraube hatte ein Leck geschlagen, und das Schiff sank, nachdem die Passagiere von der «Devonshire» übernommen worden waren. Nur fünf kamen beim Kentern eines Bootes um.

Die Reise über den Atlantik war eben noch ein Wagnis. Außer den Stürmen wurden Brände gefürchtet. Unter all den Bildern von Schiffskatastrophen haben mich solche von Schiffsbränden immer am meisten berührt. Auf dem Wasser zu verbrennen, das ist so grausig, wie auf dem Wasser zu verdursten. Vor Bränden hat der Seemann die meiste Angst. Erstaunlich viele Schiffe finden ihr Ende durch Brände. Ich kenne Serien von Photos brennender Schiffe: Die «Normandie» verbrannte im Hafen von New York, als sie zum Truppentransporter umgebaut wurde. Die «QE» in den Gewässern vor Hongkong, die «Hanseatic» in New York. Man schleppte sie zwar von New York nach Hause, aber die Brandschäden waren doch so groß, daß sich eine Totalüberholung nicht mehr lohnte.

Eine der schlimmsten Brandkatastrophen ereilte den dritten Hapag-Dampfer, die «Austria». Er brannte 1858 mitten auf dem Atlantik aus, weil man gegen Ende der Überfahrt beim Ausräuchern des Zwischendecks – man tat das zur Desinfektion – nicht achtsam genug verfahren war. 471 von 538 Menschen fanden den Tod. Die Phantasie der Zeichner hat diese Katastrophe besonders angeregt. Ich habe einen alten Holzstich vor Augen: Da hockt ein verzweifelter Vater mit seinen Kindern auf dem Klüverbaum. Trauben von Kindern hängen an den Schiffswänden herab. Frauen springen mit hochwehenden Rökken ins Wasser, und da unten, im Dunkeln der hochgehenden Seen, wimmelt es nur so von den hellen Gesichtern derer, die um ihr Leben schwimmen.

In einem der Regale stoße ich auf ein Buch mit einem Photo des Kommodore Adolf Ahrens und entsinne mich wieder des Schicksals der «Bremen». Auch sie fand ihr Ende durch Feuer, das, wie auf der «Normandie», nicht etwa während einer Reise, sondern im Hafen ausgebrochen war. Noch bis zu ihrem unrühmlichen Ende war die «Bremen» bravourös geführt worden: Vier Tage vor dem deutschen Überfall auf Polen legte das Schiff planmäßig in New York an und legte auch am nächsten Tag wieder ab, während die «Normandie», die am gleichen Tag, dem 28. August, eingelaufen war, bis zu ihrem Ende im New Yorker Hafen blieb.

Die «Bremen» wich den britischen Zerstörern nach Murmansk aus. Heute kaum noch vorstellbar, aber in Zeiten des gerade geschlossenen deutsch-sowjetischen Pakts durchaus wirklichkeitsnah, daß die «Bremen» im Vortopp die Sowjetflagge zeigte und in der Sowjetunion erst mal sicher war. Daß dem Schiff dann mit nur noch 124 Mann Besatzung die Fahrt ums Nordkap bis in die Weser gelang, ohne gesichtet zu werden, ist ein Beweis für das Geschick des Kommodore und die Glückssträhnen, die es auch im Kriege gibt.

Die über 30000 BRT große «Columbus» hatte weniger Glück. Auch dieses sehr schlank gebaute «schönste Schiff der Welt» war nicht zufällig in Brand geraten. Das Feuer auf diesem Luxusliner war von der Besatzung gelegt worden, nachdem er von einem britischen Zerstörer auf 38° Nord, 65° West nach viermonatiger Irrfahrt gestellt worden war. Am 19. Dezember 1939 ging die «Columbus» unter. Ihre letzte Reise hatte am 15. August in New York begonnen. Die Karibik – Jamaika, Haiti, Puerto Rico – standen auf dem Programm. 553 Amerikaner waren an Bord. Als das Schiff gerade in Havanna lag, kam die Meldung vom Kriegsausbruch durchs Radio. Die Passagiere wurden an Land gesetzt, das Schiff sollte sich nach Haugesund in Norwegen durchmogeln, aber das gelang nicht. Die Besatzung wurde von dem US-Kreuzer »Tuscaloosa« gerettet.

Wie heute ein Jet dem anderen folgt, müssen in der Zeit der Hochkonjunktur des Überseeverkehrs die Atlantikliner auf einem Dampfertrack hintereinander hergezogen sein. Es gibt alte Photos, auf denen in den Abfahrts- und Zielhäfen die schwarzen Riesenkästen sich zu Versammlungen ballen. Ein Schornstein dicht neben dem anderen, ein einziger Schornsteinwald. Ich mag diese alten Hafenphotos aus Hoboken, aus Bremerhaven oder Southampton über die Maßen gern. Aus Southampton kenne ich eines, auf dem die vier größten, unter britischer Flagge fahrenden Luxusliner versammelt sind: drei Dreischornsteindampfer, daneben einer mit vier Schornsteinen, die «Mauretania». Alles Schiffe, die wie Giganten des Meeres aussehen und nicht wie übermäßig groß geratene Yachten.

Ich weiß zwar, daß man wegen der Neufundlandnebel die Schiffstracks getrennt hat. Der Kurs, den ausreisende Schiffe steuern, liegt etwas höher als der heimreisender Schiffe, trotzdem müßten die Heimreisenden in Sichtweite bleiben. Bei unserer Geschwindigkeit müßten wir Dampfer, die den gleichen Kurs halten, einholen. Aus Schilderungen der großen Epoche der Nordatlantikfahrt hatte ich die Vision mächtiger Schiffe, die in der Nacht vom Bug zum Heck hell erleuchtet über die nachtschwarze See hinziehen wie riesige Fackelzüge. Aber von diesem Schiff aus habe ich nachts noch nicht ein einziges noch so winziges Lichterblinken entdecken können.

Der Nordatlantik liegt da wie leergefegt. Kein Mitlöper, kein Gegenkommer, auch kein Schweinsfisch, kein Wal, kein Albatros ... Wir sind allein auf dem Linerweg: ein Geisterschiff. Wir fahren auf dem Meer eines kalten Mondes dahin. Der diensthabende Offizier kann den Zossen sausen lassen: Wir sind der einzige Liner, der noch zwischen Europa und den Staaten herumkarriolt. Nur vor New York sollte die Brücke aufpassen, daß wir nicht wie die «Andrea Doria» einen Rammstoß in die Flanke verpaßt bekommen.

Die «Andrea Doria» war, als sie das Unglück in Gestalt des Bugstevens der «Stockholm» ungefähr 160 Seemeilen östlich Nantucket Feuerschiff traf, mit 1143 Passagieren und 572 Besatzungsmitgliedern auf ihrer 51. Reise nach New York. Die «Andrea Doria», nach einem listenreichen Admiral der Genueser Flotte benannt und mit ihren fast 30 000 BRT der Stolz der Italia Line, galt als unsinkbar. Als sich das Unglück ereignete, war die Brücke vom Kapitän und zwei Offizieren besetzt. Wegen leichter Nebelschwaden ließ der Kapitän den Dampfdruck in den vier Kesseln von 40 auf 37 atü senken und die Fahrt von 23 auf 21,8 Knoten reduzieren.

Was in der Nacht vom 25. zum 26. Juli 1956 geschah, hat mir der Alte in seiner so trockenen wie präzisen Art aufgeschrieben, als ein Beispiel dafür, daß die Seefahrt auch trotz moderner Navigationshilfen ein Risiko bleibt, und das Verhängnis immer noch blind oder gar wie in einem Anfall von Irrsinn zuschlagen kann:

«Das modernere Radargerät der ‹Andrea Doria› hatte keinen Plottaufsatz zu der Relativanzeige. Das Zeichengerät lag in der Schublade. Zum Zeichnen mußte man ins Kartenhaus gehen, aber Zeichnen war im Gegensatz zur ‹Stockholm› auf der ‹Andrea Doria› nicht üblich. Kapitän Calamai hatte den Nordatlantik mehr als hundertmal überquert, auf diesem Schiff allein vierzigmal, den Südatlantik noch öfter. Mit Annäherung an Nantucket Feuerschiff wurde der Nebel sehr dicht (Golfstrom vom Süden und kalte Strömung aus der Fundybucht). Fahrt 21,8 wurde beibehalten. Auf 14 Seemeilen Abstand wurde Feuerschiff voraus ausgemacht. Der Kapitän änderte Kurs 6 Grad Backbord (auf 261).

Um 22 Uhr 20 wurde Nantucket Feuerschiff passiert. Kursänderung auf Ambrose Feuerschiff zu 268 Grad. Zirka 20 Minuten nach Passieren kam die ‹Stockholm› in den Bildschirm. Sie wurde als Gegenkommer auf 17 Seemeilen Abstand, 4 Grad an Steuerbord erkannt. Dauerradarwache hatte der 2. Offizier. Kapitän und 3. Offizier beobachteten zeitweilig mit. Es gab keinen Zweifel, daß das Schiff an Steuerbord passieren würde, daher keine Aufzeichnung von Peilungen und Abständen. Der 2. Offizier meinte, daß die Peilung (Kompaßtochter war eingebaut) auswandere, und der Kapitän hielt den Querabstand für ausreichend, um Steuerbord an Steuerbord zu passieren. Die Sicht besserte sich leicht auf 3/4 Seemeilen (geschätzt). Ohne Plottingzeichnung erkannte der Kapitän nicht, daß die beiderseitige Annäherung mit 40 Knoten erfolgte. Bei 7 Seemeilen Abstand wurde das Radar auf Nahbereich geschaltet. Man gewann den Eindruck, daß das Schiff auf 1 Seemeile oder etwas weniger an Steuerbord passieren würde. Da von ‹Andrea Doria› keine nautischen Aufzeichnungen gerettet wurden (außer Kursschreiberstreifen), mußte später aus der Erinnerung rekonstruiert werden.

Es kam zu der für die weitere Rekonstruktion wichtigen ersten Meinungsverschiedenheit zwischen dem 2. Offizier und dem Kapitän: Als die ‹Stockholm› 15 Grad an Steuerbord peilte und laut 2. Offizier 3,5 Seemeilen – laut Kapitän aber noch 5 Seemeilen – ab war, änderte der Kapitän Kurs 4 Grad nach Backbord mit Zusatz ‹nothing to starboard›. Er tat das, um den Passierabstand aus Sicherheitsgründen etwas zu vergrößern. Bei weniger als 2 Seemeilen Radarabstand kam 30 Grad an Steuerbord Lichtschein durch. Jetzt ging auch der 2. Offizier vom Radarschirm weg in die Brückennock. Der 3. Offizier machte die Lichter zuerst aus und schrie: ‹Der dreht – der dreht auf uns zu!› Das andere Schiff schien ihm weniger als eine Meile entfernt zu sein. Der Kapitän befahl hart Backbord und antwortete: ‹Lassen Sie die Maschinen in Ruhe. So dreht das Schiff schneller.› (Turbinen mit 40 bis 60% Rückwärtsleistung.) Das Schiff hatte mindestens 3 Seemeilen Stoppstrecke.

Die ‹Stockholm› rammte die ‹Andrea Doria› in der Abteilung vor dem Maschinenbereich, der aus Dieselraum (5 Dieselgeneratoren), Kesselraum und Turbinenraum bestand, und riß die leeren, nach Aufbrauch nicht gefluteten Brennstofftanks der Steuerbordseite auf. Durch diese einseitige Beflutung erhielt das Schiff schon innerhalb der ersten 5 Minuten 20 Grad Steuerbord-Schlagseite, was zur Folge hatte, daß keines der Backbordboote mehr zu Wasser gelassen werden konnte. Es war eine Abteilung geflutet von insgesamt zwei. Das Schiff war nach dem Zwei-Abteilungs-Status gebaut. Es blieb durchaus schwimmfähig. Ab 20 Grad floß aber Wasser über den oberen Rand der Querschiffswand in der Höhe des A-Decks.

Das durch das 12 Meter große Loch (Einbruchsweite 1/3 Schiffsbreite) einströmende Wasser brachte dem Schiff bis 22 Grad Schlagseite. Es gab kein Trennschott zwischen E-Generatorenraum (5 Generatoren, 3750 kW) und dem Zugangsdeck zu den Öltanks, und so soff der Generatorraum bald ab. Die Hauptstromquelle für die Pumpen fiel dadurch 00.15 Uhr aus. Es blieb eine geringe Turbogeneratorreserve im Turboraum. Die Backbord-Öltanks waren nicht flutbar: Die Ventile waren im Deck, das schon unter Wasser stand. 23.20 Uhr Zonenzeit gab das Schiff SOS: ‹40 30 N 69 53 W. Brauchen sofortige Hilfe.›

Damit lief die große Rettungsaktion, die von der Coast Guard geleitet wurde, an. Auch die ‹Ile de France›, die mit der ‹Stockholm› zugleich New York verlassen hatte, kehrte um (44 500 BRT, 940 Passagiere, 826 Mann). Die ersten Überlebenden in Steuerbordbooten der ‹Andrea Doria› trafen bei der ‹Stockholm› noch vor 01.00 Uhr ein. Die Boote für 146 Mann waren kaum halbvoll – aber mit einem auffallend hohen Anteil an Besatzung. Die ‹Stockholm›, zunächst mit sich selber beschäftigt, begann nach 01.00 Uhr die Boote zu fieren.

Der 3. Offizier der ‹Stockholm›, Carstens, der bei dem Zusammenstoß die Wache hatte, schrieb, bevor er ein Rettungsboot führte, noch im Kartenhaus die kürzeste Beschreibung einer großen Kollision in der Geschichte der Seefahrt: ‹Um 23.00 entdeckte das Echo im Radar. In 1,8 bis 1,9 Seemeilen Entfernung sah zwei Toplichter und schwaches rotes Licht. Drehte dann Steuerbord, um deutlich rotes Licht (der Stockholm) zu zeigen. Der Ausguck rief herunter und meldete Lichter an Backbord. Befahl Steuerbord mittschiffs – Kurs halten. Die Wendung etwa 20 Grad. Ging zurück auf die Brückennock und sah dann grünes Licht (der Doria). Befahl dann hart Steuerbord und befahl Halt und volle zurück.

Im Augenblick des Zusammenstoßes pfiff die ‹Andrea Doria›. Wegen des Zusammenstoßes war das Signal nicht auszumachen. Um 23.09 der Augenblick der Kollision. Die Sicht war zu der Zeit an Steuerbord gut, aber Nebelschwaden entwickelten sich schnell, weshalb die ‹Andrea Doria› erst in Entfernung 1,8–1,9 Seemeilen gesichtet werden konnte.

Um 00.45 traf Frachter ‹Cape Ann› ein (Kapitän Boyd), 01.23 Uhr der Marinetransporter Thomas. 01.45 dann die ‹Ile de France›. Der Nebel riß auch auf und enthüllte eine laue Sommernacht mit vom Vollmond glänzender See. Kapitän de Beaudéan brachte die ‹Ile› auf 400 Meter Abstand auf die Steuerbordseite der ‹Doria›. Er setzte 11 Boote je 90 Mann Kapazität aus, behielt 7 an Bord. 05.30 Uhr war die ‹Andrea Doria› leer, 06.10 Uhr hatte die ‹Ile de France› alle Boote eingesetzt und dampfte nach New York. 07.40 Uhr funkte das Marineschiff an die Küstenwacht: ‹Keine Verbindung mit Andrea Doria. Krängt 45 Grad nach Steuerbord. Großes Loch unter Steuerbord Brückennock. Krängung verstärkt sich. Seetüchtigkeit gleich Null. Letzter Bericht Kapitän und 11 Mannschaften noch an Bord. Keine Passagiere.›

09.45 Uhr legte die ‹Andrea Doria› sich platt auf die Seite. 10.01 Uhr war die Steuerbord-Hälfte unter Wasser. Am 26. Juli 56 verschwand das Schiff unter Wasser. Die ‹Stockholm› hinkte mit 311 überlebenden Passagieren und 234 Mannschaften der ‹Doria› nach New York zurück. ‹Ile de France›, die zuletzt am Unfallort eingetroffen war, übernahm und brachte 576 Passagiere und 177 Mannschaften. Das frühe Aussteigen von Teilen der Besatzung vor den Passagieren wurde öffentlich diskutiert. Kapitän Calamai und 76 seiner Leute kamen mit dem Geleitzerstörer ‹Allen›. Die ‹Cape Ann› hatte 129 Überlebende aufgenommen, ‹Thomas› 158, der Tide-Water-Tanker ‹Hopkins› hatte einen Seemann aufgefischt.

Von den 1706 Passagieren und Mannschaften der ‹Doria› waren 1662 geborgen worden. 24 Personen der ‹Doria› verloren ihr Leben im Kollisionsbereich, drei starben an Verletzungen. Ein Mädchen namens Linda Morgan wurde ‹das Wundermädchen› genannt: Sie fuhr mit ihren Eltern auf der ‹Andrea Doria›. Der Steven der ‹Stockholm› brach unter ihrem Bett ein, später fand man sie hinter einem Wellenbrecher auf der ‹Stockholm› wieder. Ihre Schwester in der Nachbarkabine kam zu Tode.

Der Prozeß fand in New York statt. Beide Reedereien verklagten sich gegenseitig. Die Reederei Italia verlangte 30000000 Lire (Wert des Schiffes), die Schweden forderten nur 2 Millionen Dollar für einen neuen Steven, dazu Verdienstausfall. 1200 Passagiere und Verfrachter verklagten beide Reedereien zusammen auf 116 Millionen Dollar. Der Prozeß ist durch Vergleich beigelegt worden.»

Die unsinkbare «Andrea Doria», unsinkbar wie die «Titanic»! Seitdem dieses Unglück passierte, kann mir kein Schiffsbautechniker seinen Optimismus mehr verkaufen. Safety gibt es nicht, solange Menschen die Aggregate bedienen müssen.

Die schöne Indonesierin streicht herum und stellt das Malwerk auf ihrem Gesicht zur Schau. Wie mag sie im abgewaschenen Zustand aussehen? Ein paar knappe Jahre früher wäre mir eine solche Überlegung wahrscheinlich nicht gekommen, auch nicht die, daß man sich vor dieser vermutlich bettüchtigen Jägerin besser hüten sollte. Ich betrachte – zum erstenmal? – den Damenflor mit distanzierter Gelassenheit. Als ich bei Romain Gary von Männern las, die Adressen besonders schöner, aber frigider Mädchen mit Gold aufwiegen, fand ich das possierlichen Unsinn. Jetzt erst, zwei Jahre später, kann ich ihm folgen.

Ach, Flausen!

Der tristen Anblicke, die mir das Schiffsvolk bietet, überdrüssig, hänge ich wieder meinen Erinnerungen nach:

Wir waren ganz schön verrückt damals, als dieses Seegebiet hier unser Jagdrevier war: bis zur Schizophrenie gespalten, wenn ich es mir richtig überlege.

Der Alte konnte gar nicht genug schwärmen von Schiffen. Einen ship-lover reinsten Wassers würde man ihn heute nennen. Es gab Zeiten, in denen er sein Handwerk, Schiffen aufzulauern und sie mit Torpedos zu versenken, verfluchte. Während im Bugraum die Besatzung den Sieg mit einer halben Flasche Bier pro Nase feierte, konnte der Alte eine vergrämte Miene zur Schau tragen. Ausgerechnet Schiffe, die mit ihren schlagenden Maschinenherzen für ihn eine Art lebendiger Wesen waren, vernichten zu müssen, war für ihn eine Qual. Die Ladungen der Schiffe, für den Gegner noch viel wertvoller als die Schiffe selbst, waren ihm völlig gleichgültig.

Und dann bekam er inmitten einer schwierigen Verfolgungsjagd mit Fühlunghalten an der äußersten Grenze der Sicht, um noch mehrere Boote heranzuholen, plötzlich einen Rappel, stapfte mit den schweren Seestiefeln im «Wintergarten» hinter der Brücke um das Pivot der Dreikommafünf herum, drosch mit der Faust von innen gegen das Stahlblech des Brückenschanzkleids und röhrte mit seinem tiefen Baß los: «Verfluchte Pest, mal muß es doch wieder klappen – zum Teufel, ja!»

Und als wir, um die Situation auf der Seekarte kennenzulernen, durch das enge Turmluk wieder eingestiegen waren, sagte der Alte am Kartentisch mit gepreßter Stimme und gerade so, als wäre er mir eine Erklärung für seinen Ausbruch schuldig: «Das Wegsacken der Schiffe – erst die Wassersäulen von den Treffern und dann unter Wasser das Knacken und Knistern der vom Wasserdruck zerquetschten Wände und brechenden Schotten, dieses Röcheln der Dampfer, das ist schon eine tolle Sache!»

Wie um der Rede Nachdruck zu geben, schlug er mit der Faust auf den Kartentisch. Da lag sie, von ihrem Schatten klobig vergrößert. Mit einem Seitenblick sah ich, daß der Alte die Unterlippe zwischen die Zähne gezogen hatte und darauf herumbiß.

Ein Mann meldete sich mit dem albernen, aber laut Dienstvorschrift unumgänglichen Satz: «Bitte vorbeigehen zu dürfen», und wir drückten uns dichter an den Kartentisch. Als der Mann weg war, legte der Alte wieder los: «Wenn die Schiffe absacken, das ist schon eine tolle Sache, die ganze U-Boot-Fahrerei . . . Ja, trotz allem, trotz der Gammelei, trotz dieses verfluchten, dieses dreimal verfluchten Dahinschipperns: Ich möchte nichts anderes sein als das hier!»

Ich habe sein wortsuchendes Zögern, seinen Tonfall noch im Ohr. Ich kann jede seiner Bewegungen sehen. Wenn ich Papier und Stifte zur Hand hätte, könnte ich die Situation in der Zentrale zeichnen. Ich weiß sogar noch, wie die Scherenkonstruktion für die Lampe über dem Kartentisch aussah, und ich weiß auch, daß ich dachte: Ganz schön verrückt der Alte! Überreizt! Sechsunddreißig Stunden nicht geschlafen! Aber verstehen konnte ich ihn. Dieses verdammte Fühlunghalten. Jede Minute konnte eine von den dreimal verfluchten Catalinas oder Sunderlands zwischen grauen Wolkenflomen erscheinen und uns unter Wasser drücken. Wenn wir doch endlich angreifen könnten! dachte ich damals.

Kürzlich wurde ich daran erinnert, daß wir in unserer ersten Feldafinger Behausung einen Sommer lang den Badeofen nicht geheizt hatten, weil Schwalben, als wir ein paar Tage verreist waren, sich auf dem Abzugsrohr ihr Nest gebaut hatten. Das hatte ich vergessen. Aber was auf dem U-Boot geschah, hat sich mir bis ins kleinste Detail eingeprägt. «The best years of our life.» Ob Erinnerungstreue daher kommt, daß diese Jahre einen selbst am stärksten geprägt haben?

In dieser Gegend hier war es, wenn wir Westkurs hielten, verdammt spannend. Wenn wir ohne Flugzeugattacken noch eine Strecke weiterkämen – das wußte jeder an Bord –, würden wir aufatmen können, halb aufatmen zumindest. Die feindliche Luftsicherung reichte etwa bis zum 35. Längengrad. Diese Zahl saß bei uns fest: die

Wendemarke für die Flugzeuge der Briten. Am 35. mußten sie umkehren, wenn sie ihre Heimathäfen wieder heil erreichen wollten. Vom 35. ab waren wir sicher vor den Gefahren aus der Luft, dann konnten sich knapp über dem Horizont oder direkt aus der Sonne anfliegende Möwen nicht mehr in letzter Sekunde in Catalinas verwandeln. Der Fünfunddreißigste!

Die Erinnerung überkommt mich, sosehr ich auch versuche, mich ihrer zu erwehren. Allein schon die Bezifferung eines Meridians reicht aus, um ganze Wirbel von Bildern in mir auszulösen.

Wir freuten uns wie die Schneekönige, wenn wir den Fünfunddreißigsten hinter uns hatten, den Jungs auf den Konvoidampfern hingegen killten im Seegebiet jenseits des Fünfunddreißigsten die Hosen: *Sie* waren im «Todesloch». Hier hatten sie nur noch von Zerstörern, Korvetten und sonstigen Geleitkolchern Schutz.

Auch als wir gegen die Amis kämpfen mußten, änderte sich das nicht so bald. Bis etwa 200 Meilen vor ihrer Küste brauchten wir keine Angst vor Überfällen aus der Luft zu haben. Wir fühlten uns sogar wie im Garten Eden.

Der Alte kletterte die Steigeisen außen am Turm hinunter und stiefelte auf dem klitschig nassen Oberdeck hin und her und rauchte dabei eine dicke Zigarre. Einmal hockte er sich auch auf den schmalen Wellenbrecher, der in halber Höhe um den Turm führt, und der Obersteuermann ließ von oben her an einem Bindfaden heiße Brühwürste dem Alten so nahe vors Gesicht baumeln, daß er bloß danach zu schnappen brauchte und seine Hände in den Taschen der grauen Lederhose lassen konnte.

Ich lese in einem englischen Bericht aus der Seefahrt: «She dropped anchor . . .»

«To drop anchor» – Anker fallen lassen. Ich mag dieses Wortbild: Nicht die Seeleute, die man ja bei dieser Arbeit kaum sieht, lassen Anker fallen, das tut das Schiff. Wenn es um die Seefahrt geht, ist die englische Sprache der unseren an Genauigkeit überlegen. In deutschen Reisebeschreibungen sind nach wie vor die Ankerwerfer zugange. Da «werfen» muntere Matrosen Anker, obwohl

Schiffsanker viele Tonnen schwer sind. Außerdem ließen sie sich auch deshalb gar nie werfen, weil sie außenbords hängen ...

Nach dem Frühstück verziehe ich mich wieder in meine Kabine. Während ich herumsitze und durch die Bulleyes auf die eingetrübte Kimm starre, stelle ich mir ein Münchner Verleger-Ehepaar, das gerade eine Weltreise hinter sich gebracht hat, in solch einer Kabine auf solch einer Weltreise vor: Was müssen die beiden sich angeödet haben. Aber darin hatten sie Übung. Als die Terroristen aktiv wurden und sie (angeblich) auch auf ihre Liste setzten (ganz unten), kam endlich ein bißchen Farbe in ihr Dasein. Aber eine Weltreise als Therapie gegen Ehealltag?

Schon in der Mitte meiner Kabine herrscht halbe Dunkelheit. Wenn ich Licht anmache, wird es auch nicht gemütlicher. Ich mag dieses Mischlicht aus elektrischer Beleuchtung und kaltem, schwachem Tageslicht nicht, am allerwenigsten am frühen Vormittag. Ich könnte jetzt die zweite Koje, die in Ordnung ist, näher zu den beiden Bulleyes schieben, mich darauf langlegen und lesen. Oder ich könnte im Schummerlicht einfach vor mich hin dösen. Aber ich mag auch dieses Herumhängen nicht. In der Bibliothek im Quarter Deck lesen? Da gibt es ordentliche Stühle und gutes Licht und «Atmosphäre» angesichts der Mahagonipaneele und ein paar alter Stiche und Messinglampen an den Wänden. Aber gerade diese auf «altes Schiff» künstlich getrimmte Innenausstattung verleidet mir jetzt auch diesen Platz. Also lege ich mich doch lang. («Immer wieder die Beine hochlegen!» hat der Arzt gesagt.)

Die zu Bruch gegangene Koje ist für den Luxus dieses Schiffes von symbolischem Wert. In Wirklichkeit handelt es sich schlicht um Tinnef, «Als-ob-luxury», «faire-semblant-luxury». Wirklicher Luxus muß mit Solidität gepaart sein. Zur Empfindung von Luxus gehört Wertgefühl. Aufgedonnertes ist kein Luxus. Innenpelze, nicht Außenpelze haben den rechten Anhauch von Luxus. Ich kenne da einen, der ein Brillengestell aus purem Gold trägt, aber das ist versilbert, sein Feuerzeug ist aus Platin, auch versilbert. Ein Luxushöriger, der vom besseren Kunsthandel lebt und seine Snobkarriere als Besatzer in amerikanischer Uniform mit Zigarettenstangen tauschhandelnd begann. Ich wage nicht, mir vorzustellen, wie der über dieses Schiff die Nase rümpfen würde: Massentransportmittel in verpfuschtem Design-Tinnef.

Vielleicht wäre es besser gewesen, ich wäre am Tisch der vielköpfigen englischen Familie geblieben und hätte die guten Leute nach ihren Lebensumständen interviewt, vielleicht hätte ich da noch einiges über die Relativität von «Luxus» erfahren können. Ich weiß nur aus dem Gespräch mit einem der Kinder, daß der Vater mit «precision tools» handelt, sicher ein einträgliches Geschäft. Mikrometerschrauben und solches Zeug, da gibt es kaum Konkurrenz.

«Precision tools», geht es mir durch den Kopf. Was hat es mit «tool» auf sich? Endlich hab ichs: die «Tool-Lady». So habe ich für mich eine amerikanische Blondine genannt, die in der Südsee-Tropensonne der Insel Ponape im eigenen Saft briet und, weil sich keiner ihrer Landsmänner recht um sie kümmern wollte, Unfug unter den Eingeborenen stiftete.

Die Szene, die ich wieder deutlich vor mir sehe, ist eine niedrige Hütte aus Palmblättern. Halbdunkelheit, aber doch genug Licht für zwei fast nackte weißhaarige Greise, die auf dem blätterbedeckten Boden hocken und mit primitiven Äxten und Messern Fische aus Holzkloben schlagen und schnitzen. Da verdunkelt sich der Eingang, und hereingekrochen kommt mit schwer hängenden Brüsten und in einer unsichtbaren Hülle aus Schweißdunst die füllige Blondine, die sich sogleich zwischen mich und die Alten hockt, den beiden einen dicken amerikanischen Werkzeugkatalog aufblättert und dabei auf sie einschwadroniert in jener unbekümmert hemmungslosen Weltbeglückerart mancher Amerikaner, die voraussetzen, daß auch noch der älteste Südseeinsulaner ihr Slang-Kauderwelsch versteht.

Als ich meine Fassung wiedergewonnen und genug bösen Verdacht gesammelt habe, frage ich das unter den

Achseln unübersehbar nässende Mädchen, was es den beiden Alten eigentlich andrehen wolle. Stellt sich heraus: nichts als Wohlstand und Glück. «*They* need power tools», ruft sie aus, «and we need more handicrafts!» Und für elektrischen Strom bis hin zur Palmenhütte werde sie sorgen.

Die Produktion ankurbeln, darum ging es der Tool-Lady. Warum ich sie zur Hölle wünschte, vermochte diese Prophetin des technischen Fortschritts nicht zu begreifen, und wie eine Kuh starrte sie mich an, ihren dämlichen Katalog mit den bunten Bildern von Instrumenten, die wie Pistolen oder Penisse aussahen, im Schoß haltend. Die beiden Greise hatten eine Menge Spaß an unserem Streit.

Am liebsten würde ich jetzt mit einem der Ingenieuroffiziere hinunter in die Maschine gehen. Eine Maschinenanlage, wie dieses Schiff sie haben muß, kann ich noch nie gesehen haben. Es würde mich verdammt interessieren, wie die da unten diesen kompletten breakdown bei den Bermudas geschafft haben. Aber einen Ingenieuroffizier, an den ich mich heranmachen könnte, sehe ich nirgends. Merkwürdig, daß die Maschinenleute hier total unsichtbar sind.

Gut, auf allen Schiffen der Welt gelten die Ingenieure als eine Art underdogs, obwohl sie oft die einzigen sind, die wirklich arbeiten. Und schon zu Kaisers Zeiten figurierten die Seeoffiziere als Elitekorps, und von den Ingenieuroffizieren, die den ganzen Laden in Betrieb hielten, redete keiner. Sie waren nicht das Ziel elitärer Ausbildung und wurden auch nicht wie ihre Kameraden auf der Brücke zu kampfgierigen Helden mystisch verklärt. Aber warum müssen die Ingenieure auf *diesem* Schiff verborgen gehalten werden wie Konterbande?

«Up up and away!» befehle ich mir. Auf und hoch und eine Runde durchs Schiff. Unmittelbar neben dem Queens Room findet vollautomatischer Kunstunterricht statt. Ein Bildwerfergerät, mit Ton gekoppelt, führt die Schätze New Yorker Museen vor. Etwa zehn Leute bilden sich auf diese Weise. An dem großen Puzzle im Upper Deck sind zwei alte Ladies beschäftigt, die wohl noch nicht dahintergekommen sind, daß dieses Riesenpuzzle eigentlich Sisyphos-Puzzle heißen müßte. Man sollte die bunte Wirrsal endlich vom Bootsdeck aus über Bord werfen.

Der Schiffsarzt stolziert braun getönt, wohl genährt und mit Adlerblick à la Hans Albers übers Deck. Von dem möchte ich mich nicht verarzten lassen. Gegen Schiffsärzte habe ich nun mal genauso viele Vorbehalte wie gegen Badeärzte. Meinen ehemaligen Alten hat ein Schiffsarzt fast umkommen lassen, außerstande, eine Lungentuberkulose zu erkennen, die der Alte beim monatelangen Auf-Reede-Liegen vor einem westafrikanischen Hafen ausbrütete. Und mit den Badeärzten habe ich eigene Erfahrungen . . .

Der italienische Bauer hockt auch heute teilnahmslos in seiner Ecke. Sieht aus, als sei er tot, im Sitzen gestorben. Was wollen Leute wie er, die des Englischen nicht mächtig sind, auch machen? Was haben sie vom Ikebanakurs? Was vom Vortrag über «Mehr Geld durch richtiges Börsenspekulieren» oder von dem des «Photographers of the Year»? Cunard-Leisure setzt zwar voraus, daß auf diesem Schiff kaum einer imstande ist, sich mit sich selber zu beschäftigen (und vielleicht hat Cunard-Leisure damit sogar recht), aber das Beschäftigungsangebot gilt eben nur für englischsprechende Passagiere.

Und nun noch ein Deck höher, und zwar brav zu Fuß. Ein paar Runden unter den Rettungsbooten hin könnten mir guttun und mir die Flausen aus dem Schädel treiben. Drei unentwegte Jogger sind unterwegs – brav, brav! Ich habe es nicht ganz so eilig. Das Promenadendeck ist naß. Mit meinen Ledersohlen muß ich aufpassen, daß ich nicht ausrutsche.

Über unserer Hecksee will sich die Sonne durch graue Wolkenfetzen hindurchkämpfen. Aber sie hat keine Kraft. Diese Sonne sieht aus wie ein bleicher Vollmond. Eine so breite Heckseeschleppe wie die unseres Schiffes habe ich noch nie erlebt. Ein faszinierender Anblick. Die beiden Schrauben des Schiffes müssen gewaltige Dimensionen haben. Ich habe mich immer für Schiffsschrauben interessiert. Für mich sind sie perfekte, ausdrucksstarke

Plastiken, Inbilder technischer Schönheit. Auf der «Otto Hahn», die nur von *einer* Schraube getrieben wurde, lag ein zweites Exemplar an Oberdeck festgelascht für den Fall, daß die auf der Welle sitzende Schraube weit vom Heimathafen beschädigt werden könnte. Die auf die Welle aufgesetzte Schraube hatte sechs Flügel, die Ersatzschraube nur vier. Sechsflügelige Schrauben verursachen weniger Vibration.

Mit Schiffsschrauben geht es oft teuflisch zu. Selbst wenn sie nicht anschlagen, können sie durch die sogenannte Kavitation zu Bruch gehen: Bei zu schnellem Drehen entstehen blasenartige Hohlräume, in die das Wasser so heftig hineinschlägt, daß es die Propellerflügel zerstören kann. Oft genug haben die Schiffsschrauben mit ihrem Wasserschwall Lecks in die Schiffskörper geschlagen. Schon dem ersten deutschen Schiff im Atlantikdienst, der «Helena Sloman», ist das passiert.

Die See hat sich schon wieder verwandelt. Die Stringenz der Dünung hat nachgelassen. Die See geht kabbliger. Böen schauern wie Gänsehaut über das tief flaschengrüne Wasser hin. Und jetzt fällt gar Schnee. Richtiger wirbliger Frau-Holle-Schnee. Im Nu ist keine Sicht mehr. Fünf Minuten hält der Schneewirbel an, dann klart es schon wieder auf.

Das Schiff fährt fast rauchlos. Da sind tüchtige Leute an den Kesseln. Die würden sich vermutlich freuen, wenn ich ihnen sagte, daß ich das finde, aber der Maschinenbereich ist «off limits» auf diesem Narrendampfer: Keine Chance, meine Komplimente loszuwerden.

Der volle Sturm, den ich mir gewünscht habe, ist ausgeblieben. Der Seegang hat abgenommen. Zwar sehe ich hier und da noch Katzenpfoten auf der grüngrauen Fläche, der wahre Jakob ist das aber nicht mehr. Seegang 3? Seegang 4 allerhöchstens. Ich bleibe stehen und sehe genauer nach schräg unten. Von hier oben kann ich die Höhe der Seen nur schwer abschätzen, sosehr ich mich auch anstrenge.

Als ich wieder, diesmal schräg gegen den Wind gestemmt, nach achtern laufend, in Höhe der shopping arcades angekommen bin, höre ich es knallen. Aha, die

Tontaubenschützen! Drei Decks tiefer auf dem One Deck haben sie sich aufgereiht, bunt die Jockeymützen, kariert die Hosen, weiße Sportschuhe. Dicht an der Reling ein Schießstand mit seitlichen Blenden. Der Mensch, der die Büchse lädt, hat Lärmschützer, die wie dicke Kopfhörer aussehen, auf den Ohren. In zehn Meter Abstand neben ihm hat sich ein junger Kerl mit dem Wurfgerät für die schwarzen Scheiben postiert. Und nun geschieht immer das gleiche: Der Großkarierte, der an der Reihe ist, tritt in den Schießstand, fingert Geld aus der Hosentasche, ergreift die geladene Büchse, ruft dem Jungen Unverständliches zu, verfolgt mit dem Lauf das schräg über die Hecksee schießende Ziel und «Wumm!», meistens zerstiebt die Scheibe, sonst fällt sie in den weißen Gischt. Ich komme mir, wie ich so breitbeinig und hoch über der Szenerie dem Treiben zuschaue und immer wieder mal frenetisches Gebrüll aufnehme, großartig erhaben vor und deklamiere vor mich hin: «Sunt pueri pueri – pueri puerilia tractant . . .»

Ich klettere ein Deck tiefer: Upper Deck. Da finde ich eine Schwingtür und bin wieder im Schiff. Das Windsausen ist wie mit dem Hackmesser abgeschnitten.

Ich beobachte fünf Leute in weißen Overalls, die eine Leuchtröhre an einer Decke anzubringen versuchen. Wahrscheinlich müssen es auf Grund von Gewerkschaftsgeboten fünf Leute sein, da es sich zu gleichen Teilen um Eisenarbeit (Schraube eindrehen), Elektrikerarbeit (Leuchtröhre festklemmen) und Schreinerarbeit (Holzleiste anbohren) handelt. Zu den drei Vertretern dreier verschiedener Berufssparten müssen sich selbstverständlich noch zwei andere gesellen, einer zum Überwachen der Arbeit und einer aus Sicherheitsgründen. Hier wird bei Seegang mit einem kleinen Hocker gearbeitet, der bei genauer Auslegung der Vorschriften als «unstabile Arbeitsbühne» gelten muß und eigentlich noch mehr Leute zur Sicherung verlangte. Erinnert mich an die englische Werft, auf der in eine Sperrholzplatte mit Aluminiumfolien-Einlage Löcher zu bohren waren. Eine Arbeit für den Bordschreiner oder den Bordspengler? Der eine durfte nicht in Metall bohren, der andere nicht in

Holz. Ergebnis: Die neumodischen Platten mußten ungebohrt wieder von Bord. Aus ähnlichen unüberwindlichen Schwierigkeiten streikten auf einem englischen Schiff die Elektriker: Ein Steward hatte eine Glühbirne eingedreht. Das darf er nicht, das dürfen nur Elektriker. Wenn ein Steward den Elektrikern das Brot wegnimmt, ist Streik die gerechte, unausweichliche Folge.

Ich kann mich an den fünf Kerlen hier nicht sattsehen: Ihre Zeitlupenbewegungen verraten intensive Übung. Wenn der Schiffszimmermann in diesem Tempo arbeitet, ist er für eine gute Weile mit meiner Koje beschäftigt.

Ein älterer Mann mit Matrosenbluse und Matrosenmütze mit dem goldenen Namen «Cunard» am Mützenrand kreuzt auf. Zwischen drei müßig herumstehenden Stewards sieht er aus wie eine Bleyle-Reklame aus meinen Kindertagen. Jetzt klemmt dieser Bilderbuchmatrose eine Seekarte unter das hochklappbare Glas eines Wechselrahmens an der Wand hinter dem Puzzletisch: «North Atlantic Ocean». Von dieser Karte kann ich unsere Mittagsposition ablesen und das Etmal: ein Relikt Seefahrt – vorgezeigt wie in einem Schmetterlingskasten.

Unsere Mittagsposition ist etwa 46 Nord, 50 West. So sind wir schon über der «Great bank of Newfoundland» mit ihren geringen Wassertiefen. Hier gibt es gute Fischgründe – oder gab es einmal. Ich erfahre noch mehr: Unsere bisherige Totaldistanz ist 1924 Meilen. Das Schiff läuft mit 28,05 Knoten.

Die Seekarte verrät mir nicht, auf welche Maßeinheit sich die Ziffern beziehen, mit denen die Wassertiefen im Bereich der Neufundlandbank auf der Karte angegeben sind. Ich frage den grauhaarigen Bleylematrosen danach. Er kann es mir nicht sagen.

Alltäglich lese ich, um überlegt wählen zu können, mit Hingabe die pompös aufgemachte Speisekarte. Ich delektiere mich an den Einfällen des Verfassers mehr als später an denen der Köche.

Die in Fraktur gedruckten Kapitelüberschriften lauten:

Tempting Starters
From the Cauldrons
From the Seas and Rivers
Farinaceous
The Main Fare
Continental Speciality

und so weiter bis

Sweet Revelations.

Unter den *Tempting starters* figuriert Melone auch nicht einfach nur als Melone – sie nennt sich *Honeydew-Melon* oder Honigtau-Melone.

Die Speiseauswahl ist eine so ernste Sache. Um sicher zu sein, nicht aus purer Neugierde zu viel in mich hineinzufuttern, habe ich mein Wörterbuch bei mir, das freilich diesen englisch-französischen Wortmischmasch nur teilweise verzeichnet.

Was es *From the Cauldrons* – aus dem Kessel – gibt, will ich das nächste Mal probieren. Heute haben sie *Chicken Gombo* im Kessel – dem traue ich nicht recht.

Unter *From the Seas and Rivers* wird *Poaches Supreme of Brill with Chablis Wine Sauce* and *Fried Fillets of Plaice* offeriert. Ich weiß nur, daß «Plaice» Schollen bedeutet. Aber Brill? Mein Wörterbuch meint: Glattbutt. Aber was ist nun Glattbutt?

Als *Main Fare* gibt es *Escalope of Sweetbreads* – Süßbrötchenschnitzel? Ich traue meiner eigenen Übersetzung nicht, schlag nach und finde für *sweetbread* auch Kalbsmilch. Also Kalbsmilch in Madeirasoße mit Pilzen, Nierchen und Oliven. Nie gegessen, klingt verlockend.

Jetzt ist die Rubrik *Continental Speciality* an der Reihe: *Lamb Cutlets, Reforme.* Was das «Reforme» zu bedeuten hat, erfahre ich durch Kursivdruck in Klammern: *Breadcrumbed, sauteed in butter and garnished with julienne of gherkin, beetroot, white of egg; served with a demi-glaze sauce.* Brotkrumen – na ja! Garniert mit einer Suppe aus Pfeffergurken . . . Das klingt ganz fürchterlich und macht mir den Verzicht auf diese *Continental Speciality* leicht. Immerhin wüßte ich gern, wo auf dem Kontinent man Lammkoteletts so malträtiert, und frage den Kellner. Der hebt die Schultern. – Er weiß es auch nicht.

From the Grill (Please allow 15 minutes) wird Besseres geboten: *Split Spring Chicken* – Gespaltene Frühlingsküken? «to split hairs» heißt Haarspalterei treiben. Was zum Teufel ist an den armen Küken gespalten? Was könnte es noch heißen? Ich schlage nach und finde: «Do the split» gleich: mit gespreizten Beinen dastehen. Hat man den Frühlingsküken die Beinchen gespreizt?

Es gibt auch *Wiltshire Bacon and Saratogas.* Keine Ahnung, wo Wiltshire liegt und was Saratogas sind. Ich werde informiert tun und aus purer Neugierde die armen Tierchen bestellen. (Immer esse ich aus reiner Neugierde zu viel in mich hinein.)

Vielleicht sollte ich auf den *Thought for the Day* ausweichen, auf das, was Mr. Bainbridge, der Executive Chef, der die Speisekarte signiert hat, mir empfiehlt. Ich will mich aber lieber selber durchlotsen und die Zunge üben im doppelten Sinne, an neuen Worten und den bestaunenswerten Produkten dieser amerikanisch-englisch-französischen und was weiß ich noch Kocherei.

Ich könnte auch kalt essen: *Corned Brisket of Beef* wird offeriert. Corned beef, na gut, aber was ist «Brisket»? Ein Bruststück, sagt Langenscheidt. Somit wahrscheinlich ganz ordinäres Corned beef, bei dem ich mich leider nie gefragt habe, von welcher Stelle des Rindviehs es wohl stammen könnte.

Zum Salat – der unter *Crisp and Fresh* mit lakonischen Phantasiebezeichnungen wie *Florida* oder *Mexicaine Slaw* figuriert, werden die üblichen Salatsoßen geboten: *French – Roquefort – Russian – Thousand Islands Dressings.* Mir graust allein schon vom Lesen. Der Wissenschaft halber will ich eines Tages (nur nicht heute) den *Russian dressing* probieren.

Schließlich bin ich bei der Abteilung *Sweet Revelations* angelangt.

Hier kann ich wählen zwischen *Peach Conde* (was mag es sein?), *Souffle aux Liquers, Petits Fours, Creme Caramel, Pineapple Gateau, Vanilla and Chocolate Ice*

Creams, Hot Fruit Sauce, Blackcurrant Sherbet, A variety of Fresh Fruit from the Salver – (»Salver?« frage ich mich.) – Salve hospes! Es wird wohl eine Art Präsentierteller sein. Die Borddruckerei hat, so sieht es aus, keine Accents. Da wird das Soufflé eben zum Souffle, und genauso wird es wohl auch schmecken.

Aber jetzt staune ich doch: Am Ende der *Sweet Revelations* steht *Scotch Woodcock,* ein schottischer Holzhahn? Die Erklärung dazu wieder in Kursiv: *Scrambled egg on toasted crouton, decorated with anchovy fillets and capers.* Rührei auf Croûton mit Anchovis und Kapern dekoriert? Was für harte Gesellen essen denn das zum Nachtisch? Der Kellner informiert mich: «Some people like it.»

Jessy und Monsieur Lecomte kommen jetzt an den Tisch. Lecomte noch miesepetriger als sonst, er ist mit seiner neuen großen Kabine ganz und gar nicht zufrieden. Sie habe mehr Vibration als die Innenkabine vorher. Für heute nachmittag hat er sich die Girls von «Sweet Elegance» bestellt. Er will in einer der Luxussuiten ein Stück elegante Welt inszenieren mit jungen Damen in Abendkleidern und Champagner. Jessy ist eingeweiht. Er soll in seinem Samtsmoking auch als Statist figurieren. Ein paar von den Tontaubenschützen, schlage ich vor, könnte man doch dazu einladen und auch den k.u.k. Baron. Das würde der Schau eine zusätzliche Facette geben ganz im Sinne des Cunard-Leisure-Service: *luxury with taste* und «allem Tschißlaweng».

Ich ernte nur mißbilligende Blicke bei Jessy und ein verständnisloses Starren bei Lecomte. Ich habe deutsch gesprochen. Die rechte lässige Mittagsunterhaltung wird wohl heute nicht mehr aufkommen, sage ich mir und tröste mich damit, daß in meiner Kabine, während ich hier herumsitze, der Schiffszimmermann an der Arbeit ist. Weiß der Henker, was er sich denken wird, wenn er das abgeknickte Kojenbein zu sehen bekommt.

Mit jedem Tag empfinde ich die Fatalität des Bedientwerdens, der Bücklinge als ärgerlicher: leere Rituale, unsinnige Vorspiegelung von Gastlichkeit. Ich würde auch gern auf diese protzige Speisekarte verzichten und lieber ohne viel Getue etwas Gutes auf den Tisch bekommen. Ein Düftchen soll mir in die Nase steigen, und das Wasser soll mir im Mund zusammenlaufen.

Ich merke, in welche Richtung meine Erinnerung geht: Zu dem Hafenrestaurant der Mère Binou im bretonischen Le Croisic. Da wurde an *alle* Sinne appelliert: Wie gut der eingewachste Eichentisch sich anfühlte, wie intensiv die Zinnien in den Kupferkasserollen leuchteten, und von den Düften, die aus der Küche drangen, und vom Geschmack der überbackenen Muscheln oder des Hummers auf armorikanische Art wollen wir lieber schweigen. Der Kontrast zu dieser Luxuskocherei ist allzu schmerzlich. Dazu dreimal am Tag hier im Grill bedienert und hofiert zu werden und dann noch ein halbes Dutzend Mal an Bars, beim Tee oder irgendwo in den Festsälen, das ist zuviel.

Daß die Stewards nicht aufsässig werden, ist ein eindrucksvolles Ergebnis der Dressur an Menschen. Jeder, der hier den lieben langen Tag dienert, sieht doch überdeutlich die fragwürdigen Gestalten, für die er seine Kratzfüße vollführt, vor sich. Ich habe einen Bekannten, der sich einen Butler hält. Jetzt erahne ich, daß er sich damit vor allem einen ständig drückenden Schuldkomplex einhandelt.

Da erscheint gemessenen Schrittes und würdebewußt wie ein Hohepriester der Sommelier mit einer Flasche Rotwein, die er wie eine Monstranz vor sich herträgt. Er wendet sich, ohne mit dem Blick lange herumzusuchen, an Jessy. Recht so! Jessy ist der rechte Spielchenpartner, und nun beginnt die Vorstellung: Er nimmt einen Probeschluck und schließt dabei für eine Sekunde die Augen. Alsdann läßt er den Wein in seinem Mund herumwandern. Ist er in Ordnung? Ist er es etwa nicht? Jessy verrät noch nichts. Aber jetzt setzt er eine bedenkliche Miene auf. Ich soll auch probieren und schließlich, weil ich nur mit den Schultern zucke, auch noch Freund Lecomte.

Wir treiben dieses Spiel nicht zum erstenmal und außerdem, bis die Flasche halb leer ist. Dann begnadigt Jessy den Sommelier, aber ohne Huld, vielmehr mit deutlich vergrämter Miene. Das ist halt luxury, denke ich

– und auch, daß ich mir in Montegrotto bei den Kellnern unseres Hotels einen Namen gemacht habe, nur weil ich mir jedesmal, wenn der Weinkellner eine Flasche aufzog, ausbat: «Senza ceremonia, per favore.» Die Kellner wußten doch allzugut, daß der Wein, der aus der hoteleigenen «fattoria» kam, diesen Aufwand des Gekostetwerdens nicht wert war.

Die Damen, die in einer Art Bodenwanne in der Mitte des Raums große Welt spielen, sind – das verrät mir Jessy erst jetzt – samt ihren Galanen Reisebüroangestellte. Einmal ganz große Dame sein. Zu und zu schön, würde Mutter Kempowski sagen.

Vom Nebentisch höre ich jetzt Brocken eines englisch geführten Gesprächs zwischen zwei Paaren, einem jüngeren und einem älteren. Die jüngere Lady fragt die ältere: «Wie alt sind Sie? Seit wann sind Sie verheiratet?» Das klingt, weil die ältere auch brav Auskunft gibt, wie eine richtige Investigation. Die jüngere ficht das nicht an. Sie fragt fleißig weiter: «Haben Sie Kinder? Einen Sohn? Wir auch. Wie alt ist der Sohn?» Sonderbarer Dialog unter sonst so diskreten Briten.

Jetzt tritt eine Pause ein. Dann höre ich die jüngere Lady eine Tonlage höher zu ihrem Nachbarn hin jubilieren: «Siehst du, die haben auch erst geheiratet, *nachdem* das Kind da war!» – «Ganz stimmts nicht», sagt da die ältere, «der Sohn, den wir haben, ist nicht von mir.» – «Sie sind gar nicht . . .?» stottert da die Jüngere. «Nein», antwortet die ältere mit gefestigter Stimme, «ich bin nicht die Mutter.» Ein kleines Mini-Kammerspiel wird mir da als Mittagsunterhaltung geboten, ganz ohne Dazutun vom Cunard-Leisure-Service und darum auch besser inszeniert als das übliche Entertainment.

Und in meiner Kabine steht die kaputte Koje noch immer hochgekantet an der Wand. Der carpenter hat sich also nicht sehen lassen. Er hatte noch keine Zeit, erfahre ich vom Kabinensteward. Ich vermute, er wird die «Arbeit» außerhalb seiner Dienstzeit erledigen und dann ein «overtime sheet» ausfüllen wollen, wie nun mal bei der Seefahrt üblich.

Ich habe einen Mordszorn im Leib. Ich könnte vielleicht in meiner Riesenluxuskabine Privateinladungen veranstalten wollen, und der schönen Indonesierin könnte es hier gefallen. Die hochkantstehende Koje würde am Ende stören. Zum Glück für den Steward betreibe ich das Chasseurgeschäft nicht mit der rechten Hingabe. Die fremdländische Dame langweilt mich längst, so schön sie auch ist. Wenn ich sie von ferne beobachte, kommt sie mir wie eine Stockmarionette aus ihrer Heimat vor: wohlbemalt und von fremder Hand in Bewegung versetzt.

Im «Double Down Room» ist großer Familiennachmittag. Glückliche Mütter hocken auf ihren Schenkeln um die Tanzfläche herum. Sie machen sich klein für all die lieben Kleinen, die sie in ihren Kabinen geduldig verkleidet haben für den großen Kinder-Kostümwettbewerb.

Ich mache, daß ich davonkomme. Später gerate ich an der Bar, die hinter diesem Raum liegt, mit dem jüdischen Gesangskünstler ins Gespräch: Neunzehnhunderteinundfünfzig habe er das erstemal auf der «Queen Mary» den Atlantik überquert. «Auf der ‹France›», so erzählt er, «war alles sehr viel besser als hier. Auf dem Tisch war immer ein frisches Arrangement Blumen, und fünf bis sechs Flaschen Wein standen da. Auch die Mahlzeiten waren ganz frisch.»

Ja, die «France», denke ich bei mir, die war wohl noch ein echter Luxusliner und mit ihren mehr als 66 000 BRT noch größer als dieses Schiff. Auch länger: Vom Bug zum Heck 310 Meter, während wir fast knapp 20 Meter kürzer sind ... Ich könnte mir vorstellen, die feinen Hunde, die mit der «France» reisten, hätten unseren Küchenchef verbellt, wenn er ihnen sein Irish-Stew in die Schlappernäpfe geschüttet hätte.

Nun kommt mir der alte Herr ganz nahe und teilt mir im Verschwörerton mit, es sei schlimm, wie sich die Verhältnisse geändert hätten. Er wisse auch, warum die Stewards und manche andere so renitent seien: «Das Schiff ist einen Tag zu spät von der letzten Weltreise zurückgekommen. Es mußte natürlich trotzdem den Fahrplan einhalten, also hatte die Crew einen Tag weniger Urlaub, als geplant. Das hat die Leute gewaltig vergrämt und, da die Aufsichtsräte von Cunard weit weg sind, lassen sie ihren Groll eben an den Passagieren aus.»

«Danke für die Aufklärung», sage ich, als ich mich von dem Transatlantik-Veteranen trenne. Aber weiß er, daß die von ihm so gelobte «France» jetzt ausgerechnet in Bremerhaven liegt und dort ihre Maschinen nach unten «frisiert» werden? Sparsamkeit heißt jetzt das Gebot.

Als ich am gewohnten Platz, aber ohne ein Glas vor mir, im Quarter Deck sitze und es trotz aller Einsicht in die gegebenen Verhältnisse des Weltverkehrs noch immer nicht fassen kann, daß wir auf dieser Route nicht einem einzigen Schiff begegnen, kommt Freund Lecomte mit seinen merkwürdig schlaksigen, dann wieder zukkend jähen Bewegungen heran, beide Hände auf die Kamera gelegt, die er am Riemen um den Nacken trägt.

«Hat sich die Inszenierung zerschlagen?» frage ich ihn.

«Nein, das nicht, aber die Damen haben erst am Abend Zeit.» Weil sich Monsieur Lecomte sichtlich langweilt, zeige ich ihm ein Farbphoto der «QE 2» in meinem Prospekt: Alle Fenster und Bulleyes erleuchtet, auf dem Wasser spielen die Reflexe – blaues twilight, keine Bugsee zu sehen.

«Merken Sie nichts?» frage ich ihn.

Als er lange genug auf das Photo gestarrt hat, kläre ich ihn auf. «Der komische Dampfer hat keine Bugsee. Der liegt nur für den Photographen so da. Sieht aus, als sei er wieder einmal liegengeblieben wie damals im Bermuda-Dreieck.»

Ich will Monsieur Lecomte ein bißchen Angst einjagen und rede sybillinisch daher: «Hoffentlich geht diesmal auch weiterhin alles klar. Auch die schlimmste Pechsträhne muß ja mal ein Ende haben . . .»

Plötzlich ist Monsieur Lecomte auf und davon. Wahrscheinlich hat er in der Tiefe des Ganges eines der Girls von «Sweet Elegance» erspäht. Schade, denke ich mir, er hat nicht angebissen.

Ich ertappe mich dabei, wie ich wieder Ausschau halte nach Schiffen des Gegners. Auch damals war der Atlantik wie leergefegt, und wir fragten uns, ob es die Briten etwa geschafft hatten, unsere Aufstellung zu erkennen und die Konvois in großen Bögen daran herumzuleiten. Vom Einbruch in unser Schlüsselsystem wurde gemunkelt. Wochenlang kein Schiff weit und breit. Das konnte kaum mit rechten Dingen zugehen.

Eins ist sicher: Bis Mai 1941 konnte der Schlüssel M nicht entziffert werden. Aber dann erbeuteten die Tommies von dem Boot, dessen Kommandant Rahmlow nach Wasserbombenschäden die weiße Flagge gezeigt hatte, eine Schlüsselmaschine und alle Schlüsselunterlagen und hielten ihren Zugriff geheim.

Solange die Schlüsselunterlagen gültig waren, und das war mindestens bis Juli 1941 der Fall, konnten die Tommies alle Funksprüche zwischen der Führung und den Booten mitlesen. Noch bis Ende Januar 1942 gelang es ihnen, die Funksprüche – mit gewissen Verzögerungen – zu entziffern. Nach dem Motto: Weil nicht sein kann, was nicht sein darf, verneinten die Schlüsselexperten beim OKM die Möglichkeit eines Einbruchs in unseren Schlüssel. Nicht einmal den Verdacht ließen sie gelten. Wir dachten uns unser Teil, wenn wir wochenlang in dieser Gegend hier herumkarrten und keine Mastspitze, nicht die Spur einer Rauchfahne zu sehen bekamen.

Nur damit ich nicht mehr so verloren hinausstarre, als wäre noch Krieg, gebe ich meinen Gedanken eine andere Richtung. Eine merkwürdige Rückzüchtung von Leviathanen zu Zwergen hat bei den Passagierdampfern stattgefunden. Kurios auch, daß die Passagierschiffe immer kleiner, die Flugzeuge aber größer werden. Die Tankerreeder haben auch immer größere Schiffe gebaut, und es sah schon so aus, als gebe es nach oben keine Grenze, als würden bald Tanker mit 1 Million BRT schwimmen. Aber die schweren Unfälle waren ein Warnzeichen vor der neuen Gigantomanie.

Der Küchenchef, der Gymnastiklehrer – alle suchen Jessy. Er hat ihnen Interviews versprochen, und nun wollen sie ihre Interviews auch haben. Auch die Indonesierin und eine andere Dame mit suchendem Blick fragen mich nach ihm. Tut mir leid, kann keine Auskunft geben. Jessy hält sich anscheinend versteckt.

Dafür stoße ich, wohin ich mich auch wende, auf den Photographen Lecomte. Er geht mir mehr und mehr auf die Nerven. Jetzt macht er gerade wieder seine blöden Scherze, indem er einige Stewards und auch den Restaurant-Chef des «Columbia Restaurants» dazu bringt, für ihn zwischen zwei mit Muschelstücken bedeckten lebensgroßen Plastiken zu posieren. Nachdem er seine Opfer lange genug hin und her dirigiert und mit seiner Kamera anvisiert hat, klappt er den Apparat auf und zeigt ihnen, daß er leer ist – triumphierend wie ein Zauberkünstler nach einem gelungenen Trick. Was bleibt den Düpierten anderes übrig, als verlegen zu grinsen?

Wenn hier mal einer über die Kante gehen sollte und Lecomte wäre mit seiner Kamera in der Nähe, würde dieser Narr sicher aus alter Gewohnheit ohne Film losknipsen. Aber es könnte vielleicht auch sein, daß Monsieur Lecomte selber über die Kante ginge. Dann wüßte ich ein halbes Dutzend Leute, die dabei nachgeholfen haben könnten. Stewards vor allem.

Als die Teezeit vorüber ist – den Tee habe ich mir im «Queens Room» servieren lassen –, sage ich mir kühn, nun müßte der carpenter dagewesen sein. Es ist jetzt nach fünf, und ab vier hat er wohl Feierabend.

Ich öffne meine Tür mit beträchtlicher Spannung: Die kaputte Koje hochkant an der Wand. In der Kabine alles beim alten. Nur auf dem Teppich liegt ein weißer Briefumschlag. Er enthält eine Einladungskarte: «The officers request the pleasure of your company for cocktails in the wardroom.» Wann denn? Morgen abend um acht. Am letzten Tag. Da wird sicher eine Menge los sein.

Ich klingele wieder einmal nach dem Steward. Diesmal kommt er aber nicht, er ist inzwischen wohl auch nicht mehr zu erreichen. Ich versuche die Stewardeß herbeizuklingeln, aber auch sie kommt nicht. Weiß der Teufel, wo die sich herumtreiben. Luxury.

Allmählich muß ich an die Trinkgelder denken. Die

Restaurant-Stewards sind freundliche Leute. Ich sollte überhaupt nicht so verallgemeinern. Immerhin war es auf der «France» einer der Stewards, der sich zum Wortführer gegen den Entschluß der Reederei, das Schiff stillzulegen, aufwarf und dann mit seiner «Bordregierung» dafür sorgte, daß auf dem die Einfahrt nach Le Havre blockierenden Schiff Ordnung herrschte. Aber von Gedanken an den ruhmreichen Monsieur Marcel Roulin, der die Streikenden anführte, kommt dieses vermaledeite Bett nicht wieder in Ordnung.

Ich beschließe, den «Hotelmanager» anzurufen. Am Apparat meldet sich der «deputy manager». Auch gut. Ich frage ihn, ob er mir, wenn sich schon kein Zimmermann an Bord auftreiben lasse, etwa Hammer und zwei bis drei Nägel zuliefern könne. Der «deputy manager» verspricht hoch und heilig sofort Abhilfe und bedauert unendlich.

Ich hocke also herum und warte. Nichts geschieht. Schließlich erscheint der Steward. Er beteuert, daß er nichts anderes tun könne, als den carpenter zu rufen, und das habe er schließlich getan.

«Ich weiß es ja», sage ich gereizt.

Mit einiger Strenge bringe ich den Steward dazu, das Bett zu berühren und mir zu helfen, es in seine alte Position zu bringen. Er zeigt mit Kopfschütteln, daß er die Welt nicht mehr versteht, und fragt mich, warum ich das so haben wolle. Ich antworte ihm: «Pure Ästhetik», ich sei im Hauptberuf Ästhet.

Der Steward schaut mich großäugig an. Kein Zweifel, er kann mich in seine Irrensammlung nicht einordnen. Schließlich findet er die Sprache wieder und gibt die Meinung kund, wir dürften vor New York wohl nicht mehr mit der Reparatur rechnen. Das sei mir jetzt auch egal, antworte ich. Ob etwa für Arbeit, wenn sie während der Hafenliegezeit erledigt wird, nochmals Zuschlag fällig ist?

Ich strecke mich auf der intakten Koje aus und frage mich, wie mein «old man» diese beschissene Form von Seefahrt bis zum Pensionsalter ausgehalten hat. Da wird mein Blick wie von Magie zum Schott hingelenkt: Ich beobachte, wie abermals ein Stück Papier unter dem

Schott hindurch in die Kammer geschoben wird, klammheimlich wie in einem Kriminalfilm. Diesmal ist es ein vielfach gefalteter Prospekt, auf dem in bester Bodoni *How was your Cunard Cruise*? steht. Ich soll zuerst einmal, so die Anweisung, die Rubrik *general observations* ausfüllen. Soll ich da etwa erzählen, daß ich heute ein Dutzend Mal versucht habe, zu Hammer und Nagel zu kommen? Oder daß ich die übliche Leck-mich-am-Arsch-Gesinnung der Leute nachgerade bewundere?

Mit halbem Auge sehe ich, wie ein zweiter Briefumschlag lautlos von draußen hereinrutscht, und grapsche danach. Noch eine Einladung, eine für heute abend: Eine Dame von Cunard-Leisure-Service gibt eine Party. Ich werde gut beschäftigt sein.

Da klingelt das Telephon. Der Hotelmanager höchstpersönlich. Er fragt mich, ob es mir recht wäre, wenn der carpenter mit seinen Leuten um sieben noch käme, um die Reparatur vorzunehmen – «seven o'clock p.m.» Der carpenter mit seinen Leuten, das klingt, als sollten in meiner Kabine die Stapelklötze für den Stapellauf eines Großtankers gelegt werden.

Ich sage dem Hotelmanager, das sei eine ganz prachtvolle Idee, die abendliche Aktion würde mich durchaus nicht stören, ich würde mich vielmehr auf den Besuch des carpenters ganz wahnsinnig freuen. Der Hotelmanager tut jetzt so, als handele es sich um einen Fall von «emergency», also erkläre ich ihm, es ginge mir nur um das gute Aussehen meiner Kabine, ich benützte ohnehin nicht zwei Betten. Der Hotelmanager stimmt mir zu, alles müsse gut aussehen. So sind wir uns völlig einig, und ich verspreche ihm, die Zeit bis sieben post meridiem auf so angenehme Weise, wie er es mir wünscht, zu verbringen. Dann lache ich erst mal weidlich in mich hinein: «Die Nacht, in der das Bett mit Großvater zusammenbrach.» So heißt eine Geschichte von Thurber, die ich liebe. Mein letzter Bettzusammenbruch geschah in den Dolomiten in Canazei vor nunmehr 20 Jahren.

Ich will zum Cocktail der Leisure-Lady. Erst finde ich die Bar nicht, die irgendwo im Achterschiff versteckt liegt, dann stehe ich unter lauter putzmunteren Amis herum, genau wie die ein Glas in der Rechten, das ständig – kaum habe ich einen Schluck daraus genommen – nachgefüllt wird. Ich saufe zu viele Kalorien in mich hinein. Ich fresse auch zu viele Kalorien. Mir fehlt es seit Southampton an Bewegung. Und jetzt stehe ich wieder nur so herum. Durch die Fenster kann ich die idiotischen Tontaubenschützen sehen und einen Golfer in seinem Netzkasten: Für einen grotesken Film wäre das hier die richtige Kulisse, und das nötige Personal wäre auch schon da. Ich denke an einen Streifen wie «Die Ferien des Monsieur Hulot» von Tati.

So aufgeschmissen wie hier habe ich mich lange nicht gefühlt. Sonst kann ich, wenn mir mies zumute ist, in den Wald gehen oder an den See. Ich kann das Fahrrad nehmen oder mich auslaufen. Gut, auslaufen könnte ich mich hier auch. Ähnlich einem Tiger, der sich im Käfig ausläuft.

Die Tante, die hier an Bord Vorträge über Börsenspekulationen hält, macht sich wichtig. Sie tut, als stehe sie auf Duzfuß mit allen Wallstreet-Gewaltigen. Das ist, als ob mein glatzköpfiger Friseur Haarwuchsmittel anböte: Schließlich läßt sie sich hier verpflegen und honorieren, anstatt mit den Erträgnissen aus ihren trickreichen Spekulationen irgendwo in Florida aufs angenehmste zu leben.

Auf dem Weg zum «Princess Grill» fängt mich die Indonesierin ab. Wo denn Jessy sei, will sie diesmal mit fast zorniger Ungeduld in der Stimme wissen. Sie habe sich extra zurechtgemacht, weil Jessy für seinen Bericht eine Party inszenieren wolle, vor allem für den Photographen, und nun finde sie nicht hin.

Da ist guter Rat teuer. «Mir hat», schwindle ich ihr vor, «niemand etwas davon gesagt, aus begreiflichen Gründen nicht: Ich arbeite für die Konkurrenz.»

Wenn ich jetzt schnell auf die Attitüde «Mann von Welt» umschalten könnte, würde ich der schönen Indonesierin, die sich tatsächlich vorbildlich bemalt hat, eine Ersatzparty für zwei vorschlagen. Statt dessen stehe ich blöde da, starre auf das höchst offenherzige Dekolleté dicht vor meinen Augen und denke ernsthaft darüber nach, wo Jessy seine Scheinparty wohl inszeniert haben könnte.

«Im ‹Columbia Restaurant› vielleicht?» frage ich und übertreibe dabei wie der erstbeste Schmierenschauspieler.

«Nein», sagt mit weit aufgerissenen Augen die Indonesierin, «nicht im Restaurant, eher in einer der Luxuskabinen – eine ganz private Party.»

«Schämpehn included», blödle ich, weil mir unversehens der Anreißerslogan für die Tour «Paris by night» einfällt, genaugenommen aber wünsche ich den ganzen Auftritt zum Teufel. Was geht mich denn Jessys Einfall an? Getürkte Party mit Snob-Appeal, das soll ein Einfall sein? Nachts in der Messe der Stewards zu photographieren, wenn alle ordentlich «tipsy» sind, das wäre ein Einfall, und zwar einer, der Cunard gar nicht schmecken dürfte.

«Also dann wohl ganz oben», sage ich und hebe, damit ich mich ja richtig lächerlich mache, auch noch den rechten Daumen vor dem prallen Busen der Ratsuchenden hoch. «Ja, ganz oben», plappert sie mir nach, schlägt dazu zweimal mit den Wimpern, und schon kommt das obligate «See you later!» aus dem leuchtenden Mund.

«See you later!» respondiere ich automatisch.

Die Indonesierin schwebt in ihrer Parfümwolke davon – eine Fregatte bei raumigem Wind. Ich bleibe mit der Kamera am kurzen Riemen an der linken Hand zurück.

Eine halbe Stunde später sitze ich, da die anderen mit ihren getürkten Aufnahmen beschäftigt sind, allein an meinem Vier-Personen-Tisch zwischen den Rechaud-Feuern auf den Nachbartischen ringsum. Ich bestelle Weinbergschnecken und lasse mir ein riesiges Tournedos Rossini mit grünem Spargel kommen.

Ich genieße auch jetzt das Alleinsein wie ein Stück Unwirklichkeit und fühle mich, wer hätte das gedacht, bedient wie der Prinzgemahl. Mein Steward fragt mich schon das drittemal, ob die Schnecken all right seien. Sie sind es nicht. Wenn ich ehrlich sein wollte, müßte ich ihm das Codewort sagen, das wir uns über das Stimmengewirr in gut besetzten Lokalen hinweg zurufen, wenn die Kaumuskeln allzusehr herausgefordert werden: Pirelli!

Ich bin heute abend friedlich gestimmt und bereit, Ungemach klaglos hinzunehmen. Ich verlagere meine Hoffnung auf das Tournedos.

Als ich gerade ein bißchen vor mich hin döse, erscheint Lecomte mit vergrelltem Gesicht am Tisch. Die Inszenierung in einem der Penthouses scheint nicht recht geklappt zu haben, obwohl alles Nötige aufgeboten war: ein Flor von Damen in Abendkleidern, Sektkübel, Blumengebinde, Kerzenleuchter und alle üblichen Accessoires der superfeinen Welt. Wahrscheinlich hätte Jessy, statt als Smokingstatist zu fungieren, besser den Regisseur gemacht, denke ich.

Da kommt Jessy. Auch er ist mufflig. Es muß ein totaler Fehlschlag gewesen sein. Für so etwas braucht man nun einmal professionelle Mannequins, eilig zusammengetrommelte Dilettantinnen tun es nicht. Ich wappne mich mit Gleichmut, und als ob ich Schadenfreude gar nicht kenne, frage ich nur, ob unsere exotische Schönheit denn hingefunden habe.

«Sie hat», antwortet Jessy barsch.

Insgeheim nehme ich mir vor, meinerseits mit der Kamera den Weg zu den Penthouses auszukundschaften und zu versuchen, Leute zu photographieren, die tatsächlich da oben *hausen*.

Plötzlich starrt mich Lecomte mitten im Kauen an, als habe er mich eben erst entdeckt, und fragt mich mit vollem Mund, was denn damals mit dem Schiff passiert sei, mit dem im Bermuda-Dreieck. Ich kaue erst mal den zähen Brocken soweit durch, daß er sich zur Not hinunterschlingen läßt, dann setze ich mich ordentlich zurecht und lasse mir einen Mundvoll Wein zukommen. Ich beobachte Monsieur Lecomtes nervöses Händezucken nach Brotkrumen, die er, sobald er sie gegriffen hat, mit schnellen Fingerbewegungen zusammenknetet. Die graue Murmel, die dabei entsteht, rollt er mit seiner flachen rechten Hand auf der Tischdecke hin und her. Er scheint sich gar nicht bewußt zu sein, daß sein stechender Blick auf meinen Mund gerichtet ist. Wenn er erst wüßte, was seine Brotspielerei gerade in mir wachruft! Ich sehe den Zentralemaat, der auf einen Teller mit Broten im Halbdunkel unter dem Echolot weist. Wer hat denn *jetzt* Hunger? Büchsenbrot mit Wurst. Was Besseres ist dem Schmutt nicht eingefallen. Dieses widerliche Büchsenbrot. Vollkommen geschmacklos. Das sollte man denen zu futtern geben, die es fabrizieren. Zum Glück ist auch eine Gurke auf dem Teller: Einzig und allein auf die Gurke habe ich Appetit. Hoffentlich vertragen meine Innereien die Gurke. Besser, ein Stück Brot zur Gurke fressen. Mischmasch aus Gurke und Brot, den hat mein Bauch sicher lieber als Gurke ohne. Ich beiße also erst ein Stück von der Gurke ab, schön feucht und sauer! – malme es zu Brei – und dann erst mal ab damit in die linke Backentasche – und nun ein Happen Brot mit Wurst. Butter ist auch dazwischen – wer sagts denn! Schön durchkauen! Es geht ja ganz gut. Der Speichel fließt. Und nun den Gurkenbrei aus der Backentasche dazu und beides mit der Zunge gegen den Gaumen drücken, dann die Bakken einziehen und dann wieder die Zunge hoch. Das gibt ein feines Breichen – und jetzt schluck! Geht prima hinunter. Noch mal das gleiche? Noch mal! Aber dann Schluß. Ich habe doch im Grunde gar keinen Hunger. Was für meinen Körper tun – nur darum geht es. Apfelsaft? Kujambelwasser? Irgendwo muß doch hier was zum Saufen herumstehen! Saufen kann ich immer. Man hätte für U-Boot-Fahrer eine Art flüssiger Ernährung erfinden sollen, damit einem die dämliche Kauerei erspart bleibt . . .

Lecomte ist ganz gegenwärtig in seiner Ungeduld. Nur mit der Ruhe, denke ich mir, nur nicht so hastig mit den jungen Pferden. Einem solchen Nervöserich wie Lecomte muß man mit Gelassenheit begegnen. Hätte ja auch schon paar Stunden früher richtig zuhören können. Also noch einen schönen bedächtigen Schluck wie damals.

Da langt Monsieur Lecomte nach der Flasche und gießt sich sein Glas so voll, daß es überläuft und auf der blütenweißen Decke ein breitlaufender Fleck wie auf einem frisch durchblutenden Verband entsteht.

Jessy stellt den rechten Ellenbogen auf und macht mit Daumen und Zeigefinger eine Bewegung, als wolle er Asche von einer Zigarette schnipsen. Für einen der beiden Stewards, die uns unablässig beobachten, genügt das schon.

Wie von einem unsichtbaren Draht gezogen, kommt er, ohne seine Attitüde im geringsten zu ändern, heran und bleibt in dieser vorgeknickten Haltung, exakt einen Meter von Jessy entfernt, stehen: So hat man es ihm eingedrillt, so macht er es seit gut und gern zwanzig Jahren schon.

Jessy hebt nunmehr die Flasche nur knappe zehn Zentimeter von unserem schlimm befleckten Tischtuch, der Steward deutet durch Minimalnicken Verstehen an und zieht sich zurück. Aber noch ehe der Sommelier erscheint, um Jessys Wunsch entgegenzunehmen, kommt Steward Nummer II heran und breitet zwei große Servietten über den Schandfleck auf unserem Tisch.

«Doppelt genäht hält besser», kommentiere ich tollpatschig sein Tun.

«Na fein», sagt Jessy, als Nummer II endlich fertig ist, und nickt mir dabei zu, als wolle er sagen: «Bitte – Ihr Einsatz!»

«Wissen Sie denn nicht, daß dieses Schiff vom Pech regelrecht verfolgt wird?» frage ich jetzt Monsieur Lecomte. Der ruckt, statt zu antworten, mit dem Kopf wie ein Geier, der ins Beutefleisch hacken will. In diesem Augenblick gleicht er einer der violett gefärbten Greisinnen aus dem Casino.

«Das ging schon mit der Kiellegung los», rede ich betont gleichmütig weiter.

«Was ist denn da passiert?» drängt Monsieur Lecomte jetzt. «Ach, nichts Sensationelles, mehr ein böses Omen» – ich spanne ihn auf die Folter. Er hat seine Brotmurmel vergessen und starrt mich offenen Mundes an.

«Hoffentlich langweile ich Sie nicht?» Ich versuche jeden Unterton von Spott zu unterdrücken. «Mais non, mais non – pas de tout!» blafft Monsieur Lecomte. «Also, das war am zwoten Juli neunzehnhundertfünfundsechzig», leiere ich nach einer gedehnten Bedenkzeit wie eingelernt los, «die Feier zur Kiellegung. Die üblichen Festreden, wie das so läuft. Dabei wurde stolz verkündet, daß man mit diesem Schiff die ‹Creme des Nordatlantikverkehrs› und die ‹Creme des Kreuzfahrtmarkts› abschöpfen wollte. Mit so einem ‹flexiblen› Schiff sei das eben möglich ...»

Monsieur Lecomte befummelt jetzt das Brotkügelchen hastig mit Daumen, Zeige- und Mittelfinger seiner Rechten. Das soll sicher heißen: schneller – verdammt noch mal!

«Die Ehrengäste sollten auch etwas zu sehen bekommen, nämlich die richtige Plazierung der fertig verschweißten Kielsektion. Verstehen Sie das? Un grand morceau d'une longeur de trente cinq mètres ... das funktionierte aber nicht.»

Der arme Lecomte zuckt nur mit den Schultern. Der technische «accident» sagt ihm wohl nichts. Ich erkläre deshalb: «Damit fing das Unglück an. Das war ein böses Omen – etwa so, als stelle sich mitten bei einer feierlichen Zeremonie heraus, daß das Bäumchen, das gleich in die Erde gepflanzt werden soll, gar keine Wurzeln hat.»

Da ruckt Monsieur Lecomte wenigstens mit dem Kopf. Dieses heftige Rucken, als Nicken gemeint, erinnert mich jetzt an die weiße Taube vor meinem Feldafinger Fenster. Aber Monsieur Lecomtes Blick läßt mich im gleichen Augenblick eher an eine Möwe denken als an meine weiße Taube.

«Prompt stellte sich dann bei der Probefahrt die erste böse Panne ein. Damals waren zum Glück nur fünfhundert Passagiere an Bord, nichtzahlende Testpassagiere. Und außerdem noch Hunderte von Handwerkern, die auf dem fahrenden Schiff weiterwerkelten, weil sie nicht rechtzeitig fertig geworden waren. Die Reise mit dieser gemischten Gesellschaft – fünfundsiebzig Reporter kamen noch dazu – ging von Greenock nach den Kanarischen Inseln. Man schrieb Dezember neunzehnhundertachtundsechzig. Ausgerechnet am Heiligen Abend passierte dann das Malheur.»

«Quel malheur?» schießt Monsieur Lecomte dazwischen.

«Der Dampfer erlitt beim Schnellfahrtversuch einen schweren Turbinenschaden und mußte in die Werft zurückhinken. Für die Reporter an Bord war das ein gefundenes Fressen, versteht sich. Sie machten die ‹QE two› zum Gespött der ganzen Welt. Die Reederei nahm vorläufig das Schiff nicht ab. Die für den ersten Januar neunzehnhundertneunundsechzig geplante Jungfernfahrt, für die Passagen en masse vorausbestellt worden waren, fiel ins Wasser. Die Antriebsanlagen mußten ausgebaut werden. Der Verlust für Cunard steigerte sich bis zu etwa hundert Millionen Mark.»

«Cent millions en mark?» fragt Monsieur Lecomte.

«Mais oui – calculé en Mark! Vom ersten bis achten April neunzehnhundertneunundsechzig erneute Probefahrt. Endlich schien der Laden zu klappen, wenigstens im technischen Bereich. Aber dafür gab es Ärger mit den Stewards und den Köchen. Denen waren die Unterkünfte nicht komfortabel genug: zu laut und zu starke Vibrationen.»

«Cela ne m'étonne pas», fällt Monsieur Lecomte mir ins Wort.

«Es kam zu Streikdrohungen. Aber zum Glück drang davon nicht viel in die Zeitungen. Bei dieser zweiten Probefahrt waren *keine* Reporter auf dem Schiff. Man hatte schließlich dazugelernt und war vorsichtiger geworden . . .»

Ob er noch mehr wissen wolle, frage ich jetzt Monsieur Lecomte, der sich weit in seinen Sessel zurückgelehnt hat und den Erschöpften mimt.

Natürlich wolle er, ich solle nur weitermachen. Aber jetzt erscheint, würdevoll wie immer, der Sommelier, und die große Weinzeremonie findet von neuem statt. Jessy tritt in Aktion und führt vor, was die feinen Sitten sind: fragendes Brauenheben, langes Nachsinnen über dem Schluck, schließlich gnädiges Nicken. Jedes Wort könnte jetzt nur stören. Der Sommelier spielt seinen Part lautlos, ich habe überhaupt noch nie ein Wort aus seinem Mund gehört. Seine Haltung – vorgeneigtes Abwarten bei leichter Drehung des Kopfes – ist perfekt. An so einer Aufführung muß man ein paarmal teilhaben, um alle

Details und Nuancen beobachten und würdigen zu können. Dazu auch den Zusammenklang mit der schummrigen Intimatmosphäre, die nach dem Willen des unbekannten Filmarchitekten einen Anflug von «Maxims» hat. Das Blinken der kleingedrehten Rechaudflammen im pompösen Silbergeschirr und das matte und doch intensive Leuchten der Kristallchristbäume sind dabei tragende Ingredienzen.

Diesmal findet der reichlich durchgeschüttelte Wein Jessys Beifall: «D'accord!» Der Sommelier verbeugt sich tief mit schräggehaltenem Kopf und vollführt nun auch den vom Ballett abgeguckten eleganten Rückwärtsschritt, der zur perfekten Vorführung dieser Nummer gehört. Nur schade, daß es keine Musik gibt, die das ganze untermalt. Der Gang des Sommeliers durch die regungslos dastehenden Kellner hindurch schreit geradezu nach Intonation.

Ich warte ab, daß Jessy nunmehr einen ernstlichen, statt des bloßen Probierschlucks nimmt, dann lege ich wieder los: «Also gut, die Jungfernfahrt dieses Zossens fand auf der Strecke Southampton–New York am zwoten Mai neunzehnhundertneunundsechzig statt, natürlich mit dem üblichen Riesentamtam. Der Stolz der Briten. Da war einiges fällig. Die Cunard-Werber hatten ihr Bestes getan, um die diversen Malheurs in Vergessenheit zu bringen. Aber dem Schiff nützte das gar nichts. Das Verhängnis blieb ihm treu. Das ist ja eine alte Erfahrung: ‹Was schief beginnt, läuft schief weiter› oder ‹Wenn einmal der Wurm drin ist, kriegt ihn keiner so schnell wieder raus›.»

Da schiebt Jessy seinen Kopf so weit in mein Blickfeld, daß ich sein tadelndes Brauenheben sehen muß. Er braucht gar nicht zu sagen: Facts, wenn ich bitten darf! Von Ihnen wollen wir facts und nichts anderes . . . Ich verstehe ihn auch so.

«Diesmal wartete das Verhängnis mit einem schweren Atlantiksturm auf. Die Passagiere wurden gebeutelt wie selten auf einem Schiff. Als sie in New York von Bord gingen, bekamen sie Rosen von der Reederei überreicht. Für besondere Standhaftigkeit, hieß es. Die Stabilisatoren, das merken Sie ja auch, wirken eben nur in einer Richtung. Gegen das Stampfen nützen sie nichts.»

Jessy nickt zur Bestätigung und tut so, als hätte ich ihm ein Licht aufgesteckt.

«Eine Weile war dann Ruhe um das Schiff. Aber neunzehnhundertvierundsiebzig wurde zu einem richtigen Pechjahr: Am ersten April fielen durch einen Defekt in der Treibstoffleitung alle drei Kessel aus, die alte ‹Queen› hatte übrigens zwölf, die ‹Queen Mary› sogar vierundzwanzig Kessel – da hätten ruhig drei ausfallen können, das hätte wenig ausgemacht. Aber hier war der breakdown perfekt: In das Kondensatorensystem war Öl eingedrungen, und Öl gehört da nicht hin. Das Schiff, das immerhin als Glanzleistung des Schiffsbaus und gar als Sinnbild des Fortschritts galt, trieb ohne Kraft und deshalb auch ohne Ruderwirkung etwa zwohundertsiebzig Meilen südwestlich der Bermudas, also direkt im ominösen Bermuda-Dreieck. Die See war zum Glück still.»

«Tststs», macht jetzt Jessy und gibt damit zu erkennen, daß er Bescheid weiß, was es mit dem Bermuda-Dreieck auf sich hat. Monsieur Lecomte sieht mich jetzt so gespannt an, als käme erst die eigentliche Sensation – der große Saugtrichter vielleicht gar.

«Der technische Fortschritt wollte seinen Preis», fahre ich, Gleichmut in der Stimme, fort, «der breakdown konnte kompletter gar nicht sein: totaler Stromausfall, keine Kühlung in den Kabinen, keine Beleuchtung, keine Energie mehr für die Gefrieranlagen, die nun in der Tropenhitze allmählich abtauen ...» Ich merke, daß ich ins Präsens übergewechselt bin. Jetzt soll es von mir aus spannend werden.

«Mit allen Kräften wird repariert, aber die Kessel bringen erst nach siebzehn Stunden wieder Dampf. Alles atmet auf. Zu früh: Schon nach dreißig Minuten ist wieder Schluß. Das Schiff bekommt keine Kraft mehr auf die Schrauben. Nichts zu machen. Das Schiff ist in Seenot.»

Jetzt scheint mir der richtige Moment für eine Pause gekommen zu sein: «Mein Essen wird ja ganz kalt!» rufe ich fast und spieße schnell ein neues Stück Fleisch auf.

Daß ich wieder so lange darauf herumkauen muß, ehe ich es schlucken kann, liegt nicht an mir, es ist kein Regietrick. Die Spargel sind so grün, wie ich Spargel noch nie gesehen habe, und von Spargelgeschmack haben sie nichts, aber auch gar nichts an sich: amerikanische Spargel. Weiß der Satan, wie die Amerikaner es schaffen, Obst und Gemüse allen Geschmack auszutreiben. Monsieur Lecomte hat seinen Teller von sich geschoben. Er läßt jetzt seinen Blick zwischen diesem Teller und meinem hin- und herwandern und gibt mir damit zu verstehen, daß er nicht begreifen kann, wie einer diesen Schlangenfraß essen mag.

Jessy benutzt die Pause, um ein paar Happen von seinem Räucherlachs zu nehmen. Lange, das merke ich deutlich, darf ich Monsieur Lecomte nicht mehr auf die Folter spannen. Ich rede lieber mit vollem Mund – Colette hatte nichts dagegen, wenn einer mit vollem Mund redete – weiter:

«Erst nach zweiundsiebzig Stunden, vom Turbinenausfall an gerechnet, können die eintausendsechshundertvierundfünfzig Passagiere, die sich für Puerto Rico und die Virgin Islands eingeschifft hatten, ausgebootet werden. Es ist der dritte April neunzehnhundertvierundsiebzig. Der norwegische Cruise-Liner ‹Sea Venture› übernimmt die Passagiere und bringt sie in fünfzehnstündiger Fahrt nach Hamilton auf Bermuda.

Das sozusagen leere Schiff wird von den Schleppern ‹Joan Moran› und ‹Elizabeth Moran› auf die Haken genommen und nach Hamilton eingeschleppt. Das muß für die Besatzung ein deprimierendes Erlebnis, für die Leute auf der Insel aber ein höchst komischer Anblick gewesen sein, etwa so, als würde ein Rolls-Royce von Ackergäulen in die Werkstatt gezogen.»

Jessy hebt wieder die Schultern, was wohl bedeuten soll, daß ihn ein solcher Anblick kaum berühren würde.

«Und was ist aus den Leuten geworden?» will Monsieur Lecomte wissen.

«Die wurden mit Jumbo-Jets nach New York geflogen. Die Reederei hatte einen Schaden von über fünf Millionen Mark, und sie konnte sich noch glücklich preisen:

Dieses Maschinendesaster hätte noch viel schlimmere Folgen haben können, bei schwerer See zum Beispiel. Im Rückzahlen von Tickets bekam die Company übrigens eine gewisse Übung. Noch dreimal mußte sie das für die Passagen bereits eingezahlte Geld wieder berappen. Drei voll ausgebuchte Kreuzfahrten fielen durch Streiks aus. Nicht gerade die beste Reklame. Das Schiff geriet nun endgültig in den Ruf eines Unglücksschiffs . . . Wußten Sie denn das alles nicht?»

Ob ich nicht etwas Lustigeres zu erzählen wüßte, fragt Jessy nach einer Weile Schweigen.

Da fällt mir nichts Besseres ein als der Kalauer von dem sächsischen Titanic-Passagier, der beim Untergang des Schiffes gefaßt an der Reling steht und – als das Wasser schon an seinem Hals hochsteigt – mit dem letzten Schnappen sagt: «Echentlich wolltch mich ja verbrenn lassn.»

Ich solle, fordert Monsieur Lecomte, die Geschichte übersetzen. Auf französisch verliert sie ihre Wirkung. Monsieur Lecomte kann nicht lachen, und ich komme mir dämlich vor, denn er scheint inzwischen auf Schiffsunfälle süchtig geworden zu sein. Ich will mich nicht lumpen lassen und fahre fort: «Die ‹Elizabeth eins› hats übrigens noch viel schlimmer erwischt als dieses Schiff. Die alte ‹Queen› . . .»

«Im Krieg?» fragt Lecomte.

«Nein, ihre schlimmsten Abenteuer hat die alte Queen erst *nach* dem Krieg erlebt, als ihre Dienstzeit eigentlich schon zu Ende war.»

Jetzt hängt Monsieur Lecomte an meinen Lippen fest. «Ein Chinese, der, wenn ich mich recht erinnere, C.Y. Tung hieß oder heißt, hatte sie für dreitausendzwohundert Dollar gekauft – sicher ein Schnäppchen, obwohl der Dollar damals eine Menge mehr wert war als heute . . .»

«Quand est-ce que c'était?» will Monsieur Lecomte wissen.

«Das muß etwa neunzehnhundertfünfundsechzig gewesen sein. Der Mann oder die Gruppe, die sich nach dem Mann nannte, wurde aber nicht glücklich mit dem Kauf. Das Schiff lag nämlich seit zwei Jahren als Touristenattraktion an einer Pier von Port Everglades fest. Um es für die Reise nach Hongkong wieder in Betrieb zu bringen, mußte man fünf Monate sündteurer Arbeit investieren. In der Karibik hatte das Schiff dann prompt eine Maschinenpanne und mußte den langen Weg nach Aruba geschleppt werden.»

Lecomte will jetzt wissen, wo Aruba liegt.

«Das ist eine Insel der Kleinen Antillen. Dort lag es wieder lange in der Werft, bis es so weit instand gesetzt war, daß es nach Hongkong weiterfahren konnte. In Hongkong wurde das Schiff vollends aufgemöbelt – ‹from stem to stem›, wie es so heißt. Es sollte als ‹Seawise University›, einer Art schwimmender Universität, der chinesischen Gruppe viel Geld bringen. Aber das Schiff geriet in Brand. Es brannte total aus und kenterte schließlich, und wenn Sie mal nach Hongkong kommen sollten, können Sie die Reste der alten Tante, die noch aus dem Wasser ragen, besichtigen. Aber wie gesagt: das passierte alles ohne Passagiere an Bord. Bei Umbauarbeiten geraten Schiffe gern in Brand. Auch die ‹Normandie› ist neunzehnhundertvierzig in New York dabei von einem Großbrand total verwüstet worden. Damals hieß sie allerdings ‹Lafayette› und gehörte der US Navy. Auch unsere ‹Bremen› hat ein Großfeuer in der Werft vernichtet.»

Ich sehe es Monsieur Lecomte an, daß es ihm lieber wäre, wenn die Brände auf See ausgebrochen und es dramatische Rettungsaktionen mit vielen Toten gegeben hätte. Da ich ihm damit nicht dienen kann, versuche ich, ihn wenigstens mit imposanten Zahlen halbwegs zufriedenzustellen: «Der Bau der ersten ‹Queen Elizabeth› hat immerhin sechs Millionen Pfund gekostet. Knapp vor dem Zweiten Weltkrieg war das eine immense Summe. Cunard hat später noch einmal zwokommafünf Millionen Pfund in das Schiff gesteckt für Klimaanlagen und ein zweites Schwimmbecken. Das sind also achtkommafünf Millionen Pfund.»

Solche Zahlen scheinen Monsieur Lecomte nichts zu sagen. Er zwinkert nur nervös, statt zu staunen. Ich mache trotzdem weiter:

«Als fertig ausgebaute ‹Seawise University› sollte das Schiff einen Versicherungswert von fünfundvierzig Millionen Dollar haben. Es heißt, daß das Schiff schon wieder dreißig Millionen Dollar wert war, als es ausbrannte.»

Endlich erwacht Lecomtes Interesse. Er will wissen, ob es auch entsprechend versichert war.

«Mitnichten. Die Versicherung zahlte nur knapp zwölf Millionen Dollar. Nun aber Schluß mit diesen Geschichten«, schließe ich.

Lecomte dankt mir mit einer sachten Verbeugung. Als er und Jessy aufstehen, bleibe ich vergrätzt sitzen. Was treibe ich hier, zum Teufel noch mal, schimpfe ich mit mir selber. Faxen! Den dummen August spielen! Mit angelesener Kennerschaft auftrumpfen! Ich bin mit mir selber uneins. Während ich mit verschüttetem Salz auf dem Tischtuch herumspiele wie vorher Monsieur Lecomte mit seinen Brotkrumen, weiß ich: Spätestens am ersten Abend in Southampton hätte ich aufgeben sollen. Da hatte ich das Schiff ja schon gesehen, und zwar als riesige, triste schwarze Wand mit den rund gestanzten Löchern der Bulleyes darin. Ich war, wenn ich es recht bedenke, richtig erschrocken, als ich die Schiffswand beim Herausfahren aus dem dunklen Schuppen so plötzlich vor mir hatte, und dann war ich verängstigt, weil sich gar nichts rührte, das Riesenschiff anscheinend dalag wie auf einer Abwrackwerft – gerade so, als wartete das viele Metall nur darauf, von Schneidbrennern in überschaubare Stücke zerlegt zu werden.

Über kurz oder lang wird das mit diesem Schiff sicher so enden. Längst fährt es für Cunard keine Gewinne mehr ein, nur erhebliche Verluste. Und nun noch die Ölkrise! Was wird sie aus diesem Schiff machen? Wird ihm das gleiche Schicksal blühen wie der «France», Reduktion der Maschinenkraft? Wer hätte gedacht, daß der französische Prestigedampfer, der «Stolz der Meere», je verscherbelt werden würde, und jetzt ist der Name «France» längst übermalt und das Schiff auf «Norway» umgetauft: Ein strahlend weißer Kreuzfahrtdampfer. Aber wird für ein zweites Riesenschiff Platz sein auf den Kreuzfahrtrouten?

Und wie sieht es mit den deutschen Schiffen aus? Aus den Notizen auf den vielen Zetteln in meinen Taschen klaube ich mir zusammen:

Der Wiederbeginn der deutschen Atlantikschiffahrt nach dem Zweiten Weltkrieg datiert von 1957. In diesem Jahr kaufte der Norddeutsche Lloyd die 1938 vom Stapel gelaufene «Pasteur», die im Zweiten Weltkrieg als Truppentransporter eingesetzt war. 1959 wurde sie in «Bremen» umbenannt. 1958 wurde die «Hanseatic», die ehemalige «Empress of Scotland», der deutschen Passagierschiff-Flotte (Hamburg-Amerika-Linie) eingegliedert. 1965 kaufte der Norddeutsche Lloyd das Motorschiff «Kungsholm» und gab ihm den Namen «Europa». 1967 erwarb die Deutsche Atlantik Linie das israelische Schiff «Shalom». Im gleichen Jahr fand die erste Gästekreuzfahrt der neuen «Hanseatic» statt. 1969 unternahm die für die Deutsche Atlantik Linie neu gebaute «Hamburg» ihre Jungfernkreuzfahrt nach Südamerika.

Was ist aus diesen Schiffen geworden?

Die «Bremen» wurde 1972 an einen Griechen verkauft und in «Regina Magna» umbenannt. Schiffe wechseln eben ihre Namen oft. Die erste «Hanseatic», 205 Meter lang und gut für 22 Knoten, geriet im Herbst 1966 in New York in Brand. Das Feuer brach im Maschinenraum infolge des Bruchs einer Ölzuleitung aus. Das ausgebrannte Schiff wurde von den Schleppern «Atlantik» und «Pazifik» der Schuchmann-Reederei nach Hamburg zum Abwracken geschleppt. Diese Schleppreise quer über den Nordatlantik wurde zu einer Art Sensation: Nie zuvor war ein so großes Schiff über eine so lange Strecke geschleppt worden, und diese Schleppreise ging auch nicht ohne Pannen vonstatten. Im Sturm brach einem Schlepper die Verbindung, der andere mußte daraufhin auch loswerfen, und das Schiff trieb einen Tag lang in der schweren See. In Hamburg wurde das Schiff aufgelegt und im Dezember 1966 zum Abwracken verkauft.

Die ehemalige «Kungsholm» macht seit 1972 nur noch Kreuzfahrten, dafür hat sie einen weißen Rumpf bekommen. Seit der Fusion von Hapag und Norddeutschem Lloyd von 1970 gehört sie zur Flotte der Hapag-Lloyd AG. Auch die neue «Hanseatic» wurde 1969 aus dem USA-Liniendienst zurückgezogen und nur noch für Kreuzfahrten eingesetzt. 1973 wurde sie an die «Home Lines» verkauft und in «Doric» umbenannt und nahm damit ihren dritten Namen an. Die «Hamburg» wurde 1973 in «Hanseatic» umbenannt, und im gleichen Jahr stellte die in Schwierigkeiten geratene Reederei ihren Betrieb ein. Die «Hanseatic» wurde aufgelegt, 1974 an die russische Staatsreederei übergeben und zieht nun unter dem Namen «Maksim Gorki» auf Kreuzfahrt weltweit durch die Meere.

Die Leviathane werden wohl alle zugrunde gehen, wie die Mammute, die Dinosaurier und die Riesenechsen an ihrer Übergröße zugrunde gegangen sind. Vielleicht wird sich aber auch bald der große Vogel «Concorde» nicht mehr in die Luft erheben, weil sein Hunger nach Treibstoff allzu groß ist. Was eben noch als technische Pioniertat gefeiert wurde, entpuppt sich schon heute als kindisches Riesenspielzeug.

Nur keine Ablenkungsmanöver, sage ich mir, nicht von den Leviathanen und ihrem Ende soll jetzt die Rede sein, sondern von dir selber, alter Junge. Wie konntest du nur auf diesen Scheißdampfer gehen? Wie konntest du dich unter diese albernen Leute mischen, die tagsüber mit Schrotladungen auf Wurfscheiben schießen und dafür sogar Schlange stehen und abends ihr Geld den «einarmigen Banditen» ausliefern – genauso stumpfsinnig, wie sie mit der Schrotflinte ballern. Was hat dich bloß weichgemacht, als die Redaktion mit ihrem Plan herausrückte?

Der Raum ist jetzt fast leer. Die Kellner halten sich im Halbdunkel in der Nähe der Schwingtür zur Küche, aber ich kann durchaus sehen, wie sie mich beobachten. Sie sollen ruhig warten. Ich bin gerade dabei, mich selber ins Gebet zu nehmen: Also, was hat dich zu dieser Reise getrieben? War es die reine Neugierde – oder war es so etwas wie Altersangst?

Sagen wir besser, eine Art Carpe-diem-Stimmung. Für

die vielzitierte Midlife-crisis wärs schon ein bißchen spät. Darüber läßt sich nachdenken. Carpe diem – das läßt sich auch übersetzen: lieber heute als morgen. Weiß der Himmel, was morgen sein wird. Ich muß mir ja wohl nicht gerade eins von diesen altmodischen Stundengläsern vorstellen. Ich brauche mich nur an die Fingerzeige zu erinnern, die mir in letzter Zeit zuteil wurden.

Aber da warten die Kellner. Die wollen hier aufklaren und dann in ihre Privatgemächer verschwinden. Schluß für heute mit der Nabelbeschau.

Als ich wieder in meine Kabine komme, steigt der Zorn: Die kaputte Koje steht schief verkantet im Raum. Ich wünschte, ich fände irgendwo auf diesem Dampfer einen Hammer. Ich brauchte ja nur einen Hammer und zwei Nägel, nicht mehr, und die Koje wäre in Nullkommanichts wieder in Ordnung.

Ich klingele den Steward herbei. Er erscheint wider Erwarten, setzt aber gleich eine beleidigte Miene auf und versteift sich darauf, er habe seine Pflicht getan und heute früh den carpenter bestellt. Wenn der carpenter nicht komme, könne er auch nichts machen: Das hörten wir schon.

Es würde mich nicht wundern, wenn der Steward auch noch sagte, er dächte gar nicht daran, sich mit dem carpenter anzulegen. Aber der Steward verfällt in Schweigen, ein Schweigen allerdings, das äußerst beredt und gegen mich gerichtet ist: Nur ein Verrückter kann sich gegen die geheiligte englische Indolenz auflehnen.

Ich weiß: Wenn ich jetzt tatsächlich einen Hammer und zwei Nägel fände und kurzerhand den abgebrochenen Fuß wieder genauso primitiv an den Kojenrahmen annagelte, wie er dort angenagelt war, könnte es glatt dahin kommen, daß das Schiff in New York bestreikt würde. Zuerst würde der carpenter seine Arbeit niederlegen, dann aus Sympathie – so nennt man das – mein Steward und dann alle anderen Stewards: In «merry old England» ist aus noch viel nichtigerem Anlaß gestreikt worden.

Mir soll die Koje jetzt egal sein. Ich will hier wieder

raus. Warum nicht ins Kino? Als Mann vom Lande komme ich so selten wohin. Das Bordkino hat laut Prospekt über 500 Plätze (das auf der «France» hat 700).

Im Halbdunkel erkenne ich, daß die Reihen zu dreiviertel besetzt sind. Riesengroß auf der Leinwand der griechische Glatzkopf Teddy Savalas als griechischer Partisan: ein entschlossener Kämpfer gegen die Deutschen. Aber was sind das für Deutsche! Geschniegelte Schießbudenfiguren mit falsch aufgesetzten Mützen, Ritterkreuze unterm Kinn.

So etwa haben die Amis «Das Boot» verfilmen wollen: die Deutschen als vom Teufel besessene Blutsäufer. Meine Querelen mit den amerikanischen Regisseuren sind vorbei, es wird wohl keinen «amerikanischen» Film geben. Trotzdem haben die Sorgen um den Film nicht aufgehört, und jetzt bekommen sie neue Nahrung, ausgerechnet auf der «QE 2», mitten im Nordatlantik. Wer wird aufpassen, daß die tausend Kleinigkeiten stimmen, auf die es so sehr ankommt und die nicht zuletzt einen guten Film ausmachen – daß die Mütze richtig sitzt, zum Beispiel? In «Holocaust» hatte eben leider keiner aufgepaßt. Da kamen die SS-Chargen direkt vom Kostümverleih.

Ich dachte, ich hätte das alles schon auf der Fahrt nach Southampton hinter mir gelassen – Pustekuchen! Mir drehen sich, wenn ich da vorn Herrn Savalas agieren sehe, sämtliche Schwarzwaldmühlräder im Kopf herum. Dieses Lichtspiel ist ein so primitiver Hetzfilm, daß ich schleunigst aus dem Kino verschwinde.

Auf der Koje liegend, bilanziere ich, auf wie merkwürdige Art die Bordtage dahingehen. Sie haben keinen Geschmack und keinen Biß. Die Zeit wird hier zu einem undefinierbaren Mus durchpassiert. Als Folge des allnächtlichen Uhrenanhaltens fühle ich die Tagesstunde nicht mehr. Ich habe sogar Mühe, mich auf den Tag, der gerade an der Reihe ist, zu besinnen. Jetzt erst wird mir bewußt, daß auf dem Schiff nirgends Uhren zu sehen sind. Keine Uhren aufzuhängen ist sicher von Cunard eine weise Disposition: Hier soll die Zeit totgeschlagen werden.

Verdammter Gammelbetrieb! Ich habe es noch nie lange in Gammelläden oder an Badestränden aushalten können. Der Anblick unbeschäftigter Leute hat mich fast immer nervös gemacht. Zeit totschlagen, als Tagedieb dahinzuvegetieren war nie mein Fall. Schon bei der Wehrmacht hat mich das sinnlose Herumstehen rebellisch gemacht. Nichtstun habe ich nur im Hospital als Daseinsart hingenommen. Aber jetzt bin ich wieder auf dem Posten und werde trotzdem behandelt wie ein Sanatoriumsinsasse.

Mit jedem Tag bin ich tiefer in die Knie gegangen. Ein Hubschrauber wäre das richtige, um dieser Narrenwelt zu entkommen. Aber es gibt kein Entkommen. «No escape». Ich will nicht auf dem gleichen Barschemel herumhocken wie die beiden Greisinnen, die ich für mich «Totenkopflady» und «Geierwally» nenne. Wir sind alle in einem Boot, Gott seis geklagt.

24^{00} 43 30 N 57 27 W

Letzter Tag an Bord. Morgen soll das Schiff in aller Herrgottsfrühe an einer Westside-Pier festmachen. Heute will ich *unbedingt* schwimmen, warum nicht auch bei 9 Grad, obwohl es genau das Falsche für meine Knochen ist. Wenn es mir schon all die Tage nicht gelang, wird es ja wohl mit Mr. Masons Hilfe zu guter Letzt klappen: Ich muß meine Glieder in Bewegung halten. Mein Schnupfen ist weg. Dank reichlichem Aspirinkonsum habe ich keine Gliederschmerzen mehr. Also, auf ins Schwimmbad!

Der Badebetrieb beginnt um sieben, steht gedruckt zu lesen, also fahre ich um sieben zum Swimming-pool im Deck Nummer 7 hinab.

Im Schwimmbad noch kein Mensch. Das Wasser ist so höllisch kalt, daß ich es nur Minuten darin aushalte: dann eben in die Sauna!

Als ich gerade die Tür zur Sauna öffnen will, erscheint der Bademeister und sagt:

«Sorry, still cold!» Die Heizung sei eben erst angestellt worden.

«Jetzt schlägts aber dreizehn!» sage ich, was der Bademeister selbstverständlich nicht versteht.

Auf englisch – in meinem besten Oxfordenglisch – erkläre ich ihm alsdann, in meinem Prospekt stehe: *Sauna-Beginn sieben Uhr.* Und es sei schon siebenuhrfünfzehn.

Das interessiert den Bade-Steward aber nicht im entferntesten. Über einen solchen Pedanten wie mich kann er nur den Kopf schütteln: Wie kann die Sauna denn um 7 Uhr warm sein, wenn sein Dienst gerade erst beginnt?

fragt er mit einer Art höhnischem Triumph in der Stimme.

Eine Schaltuhr leistet sich Cunard für die Sauna offenbar nicht, und jemand zuzumuten, eine halbe Stunde früher aufzustehen, um den Saunaofen anzuschalten? Nein, das erlauben die «rules» nicht.

Wir müßten bald auf der Länge von Halifax sein. Halifax: Da fallen mir die HX-Konvois ein. HX galt für Halifax. Vor Halifax sammelten sich die meisten Schiffe der Amerikaner zur Fahrt nach Murmansk oder in den Nordkanal.

Es ist wieder soweit: Der Pomadengeschniegelte, der auch schon um diese Stunde als gehobener Türsteher fungiert, bedenkt mich gesenkten Kopfes von unten her mit einem tiefen Verschwörerblick. Heute trägt er ein mimosengelbes Plisseehemd. Auch schön. Nun hebt wieder die liebedienernde Abfragerei an: Ob ich mich wohl befinde, ob ich eine angenehme Nacht gehabt habe . . . Und schon reagiere ich falsch: Ich passe mich dem ausgeleierten Ritual an und sage nicht, was mir Mißlaune auf die Zunge drängen will, sondern gebe brav die erwarteten blöden Antworten und beteilige mich fast ernsthaft an den fälligen Mutmaßungen über das Wetter. Ich würde mich aber viel lieber auf der Brücke über Satellitennavigation informieren und die letzte, vom Hellschreiber gedruckte Wetterkarte studieren: Danach *wüßte* ich, was es heute für Wetter geben wird.

Ich bin schon froh darüber, daß Jessy und Lecomte noch nicht zu sehen sind. Daß ich, dem Steward zuliebe, den Morgenmuffel in mir überwinden muß, ist eigentlich mehr, als man von einem Christenmenschen fordern sollte.

Auf dem Tischchen vor mir noch einmal der neueste «QE 2-EXPRESS». Die Titelseite ziert eine infantile Federzeichnung der Freiheitsstatue mit dem World-Trade-Building dahinter, darunter steht: *Big apple awaits the «QE 2»*. Mit «big apple» ist New York gemeint. Der Text: *Who would not recognize the famous skyline pictured here as tomorrows destination for «QE 2»? It's the big apple, your city, the world's most magnificant city. What's to see in New York? For a round down see page four.*

Auf Seite vier lese ich, die größte gotische Kathedrale der ganzen Welt sei hier zu sehen, und das sei St. John the Divine. Das Prachtstück steht Amsterdam Avenue Ecke 112 Street West, und 10 000 Gläubige gehen auf einmal hinein. Da wird man gut auf mich verzichten können: 10000 müssen genügen.

Die nächste Seite zeigt in grobem Rasterdruck die nächtliche Skyline.

Das erinnert mich an die Photos, die während des Kriegs umgingen. Sogar die «Deutsche Wochenschau» zeigte damals einen Filmstreifen vom nächtlichen New York, und zwar im runden Ausschnitt eines U-Boot-Periskops. Der Sehrohrblick auf nächtlich strahlende New Yorker Wolkenkratzer war natürlich Schwindel, kein Boot ist jemals so nahe an Manhattan herangekommen. Aber was war damals nicht alles Schwindel? Die Dummheit und Gutgläubigkeit des Volkes richtig einzuschätzen, gelang den Nazipropagandisten nicht schlechter als heutzutage den Bildzeitungsmachern. Die guten alten Methoden überstehen alles. Das Volk scheint danach zu gieren, und an Befriedigern solch heftigen Verlangens ist kein Mangel. Der Alte, der die Seewege vor New York sehr gut kannte, hat damals schön gestaunt, als er die Bilder sah: «Die müßten ja direkt den Hudson hinaufgefahren sein», war sein Kommentar.

Auch für den letzten Tag hat Cunard Leisure noch einmal ein volles Programm bereit: Ich könnte – wenn ich nur wollte – *(feeling like a little exercise)* um 10 Uhr ein letztes Mal Mr. Eric Mason *for a jog around the deck and some simple exercises* treffen. Auf Sport im Rudel kann ich verzichten.

Und dann finde ich da fettgedruckt noch: *It is regretted that for security reasons there will be no passenger visits to the Bridge or Engine Room.* Damit habe ich es also «amtlich».

Zum erstenmal gucke ich nach, ob dieses Druckprodukt auch ein Impressum trägt, und lese: *Editors Betty and Glenn Adams.* Brav. Was für tüchtige Redakteure, die am *letzten* Tag diese Nachricht in ihr komisches Blättchen einrücken.

Monsieur Lecomte erscheint mit derart sorgenvollem Gesicht am Tisch, daß ich mich sofort anheischig mache, ihn aufzumuntern. Ich weiß schließlich, was ihn ängstigt und bedrückt. Also sage ich ihm, ich hätte mich – um seinetwillen – ein bißchen um die Sicherheitssysteme auf diesem Schiff gekümmert. Daß Monsieur Lecomte kaum Freude bei dieser Ankündigung zeigt, wundert mich. Gehört er vielleicht zu jenen misanthropischen Naturen, denen im Grunde jede Art vorgestellter Gefährdung und Misere für das innere Gleichgewicht unentbehrlich ist?

Meine Notizen will ich aber trotzdem an den Mann bringen und lese vor: «*The safety equipment of ‹QE 2› far exceeds the most rigorous statutory safety regulations. The nerve centre is the safety control room. Its walls – 30 foot by 20 foot – embody equipment which will ensure that ‹QE 2› is as safe as modern technology can make her.* Na, ist das etwa nichts?» frage ich in das immer noch griesgrämige Gesicht von Monsieur Lecomte hinein, und dann erkläre ich ihm, daß der safety control room rund um die Uhr besetzt sei, wie es sich gehöre. Zur Brücke und zu den Maschinenräumen bestünden direkte Verbindungen, und mittendrin im Raum sei ein mit bunten Lämpchen illuminierter Operationstisch wie in einem modernen Stellwerk der Eisenbahn.

Weil Monsieur Lecomte tut, als behage ihm meine Beschreibung nicht, gehe ich, damit alles authentisch klingt, wieder zu meinen englischen Notizen über: «*At the turn of a handle any required area can be presented, displaying all the safety precautions available.*» Und ich frage ihn, ob das nicht doch recht vertrauenerweckend wirke.

Endlich reagiert Monsieur Lecomte, aber leider mit eher ängstlichem Gesicht. Da bringe ich die Rettungsboote aufs Tapet und erkläre ihm wie einem Heiden das Himmelreich, daß diese Rettungsboote viertausend Menschen fassen könnten, obwohl im Höchstfall nur dreitausend an Bord seien: «Wir sind eben auf einem Luxusliner!»

Auch der Vorrat an Schwimmwesten sei reichlich bemessen; dreitausendzwohundert anstatt der allenfalls nötigen dreitausend für Passagiere und Crew. Diese Schwimmwesten hätten sogar einen *specially-designed collar.* Dieser setze den Mund des Trägers instand, *to be kept at least six inches above the water-line, whether the wearer is unconscious or not . . .*

«Je vous remercie infiniment!» fällt mir da Monsieur Lecomte in die Rede.

«De rien, Monsieur», antworte ich höflich und winke mit einer winzigen Bewegung meiner Rechten den Kellner heran: Ich kann noch eine Scheibe Toast brauchen und auch noch einen Schluck Kaffee.

Jetzt erscheint auch Jessy am Frühstückstisch, wohlrasiert, ein neues Halstuch im offenen Hemd und den Duft eines herben Parfüms verströmend.

«Übrigens», sage ich und wende mich an Jessy, «habe ich auch für Sie interessantes Zahlenmaterial von Mister Taylor bekommen. Ihr Lebensraum – the space per passenger – ist auf diesem Schiff zwoundsiebzig Quadratfuß.»

«Das sagt mir gar nichts, ich kenne nur Quadratlatschen», sagt Jessy.

«Aber vielleicht sagt Ihnen der Vergleich was?» insistiere ich: «Auf der ersten ‹Queen Elizabeth›, immerhin eines der größten Schiffe der Welt, war the space per passenger nur siebenundvierzigkommafünfundsiebzig Quadratfuß. Also doch ein enormer Fortschritt!»

«Entzückend!» erwidert Jessy.

Wenn ich das Schiff umrunden will, komme ich auf dem Vordeck nur in einer Schräglage von 40 Grad gegen den Wind an. Hier vorn beutelt es mich ordentlich durch. Sollen wir etwa so kurz vor New York noch eins auf die Haube bekommen? Das Bootsdeck wird geschrubbt, die Scheiben zu den Luxusräumen werden endlich gewaschen. Das Schiff soll wenigstens im amerikanischen Hafen einen frischen Eindruck machen.

Die See ist merkwürdig tintenblau und zeigt viele Schaumköpfe. Die Wellen sind sehr kurz. Hier und da liegen nebelartige Eintrübungen auf dem Horizont. Viele graue, am unteren Saum dunkle Wolken am Himmel. Sie verheißen nichts Gutes. Es wird wohl bald Regen oder Nebel geben.

Wir werden morgen früh wahrscheinlich keine Schlepper bekommen. Von einem Streik der tug-boats ist die Rede. Das Schiff kommt sehr früh in die Gewässer von New York. Diesen großen Kasten ohne Schlepperhilfe an die Pier zu bringen, ist fast unmöglich. Da werden die auf der Brücke troubles haben. Wenn ich die Karte richtig im Kopf habe, müssen wir den Hudson River ein ganzes Stück hinauffahren. In dieser Art river gibt es vertrackte Strömungen, und die berths, die Becken für die Schiffe, sind verdammt eng ... Mit Glanz und Gloria anlegen, daraus dürfte wohl nichts werden.

Plötzlich sticht durch ein Loch im dichten Wolkenbehang die Sonne hindurch, und sämtliche Decks des Achterschiffs gleißen auf. Ich stehe gegen den Wind geschrägt da und bestaune das unerwartete Schauspiel. Und nun fällt mitten durch den prallen Sonnenschein hindurch wieder Schnee in dichten Flocken, als solle mir vorgeführt werden, wessen das Wetter fähig ist, wenn es verrückt spielt.

Das alles ist eine Sache von ein paar Minuten. Zuerst verlischt die Sonne wie plötzlich abgeblendet, dann verdünnt sich der Schneefall.

Als ich das Schott hinter mir in den Rahmen krachen lasse, schießen nur noch ein paar vereinzelte weiße Punkte am Schiff hin. Auf einmal ist es wieder so dunkel, als wollte es eben erst Tag werden. In diesem Seegebiet ist man, das weiß ich, vor keiner Wetterüberraschung sicher.

In Höhe der «Midships-Bar» kommt der Bleylematrose auf mich zu und sagt mir, er habe sich erkundigt: Die Wassertiefen auf der Seekarte seien in fathoms angegeben. Ein fathom entspricht sechs Fuß. Da weiß ich wieder: Ein fathom ist das Maß, das man mit ausgebreiteten Armen faßt: ein Faden.

Wie schmuck er aussieht, der Bleylematrose. Ich werde mich wohl auch wieder in Schale werfen müssen. Wozu habe ich denn den Smoking, der nach den Krankenhauswochen wieder tadellos sitzt, auf dem Bügel hängen? In New York brauche ich ihn sicher nicht.

Aber erst mal dort sein. Die dunkelunigraue Füllung der Fenster will mir nicht gefallen. In dieser Gegend hat es einst die «Helena Sloman» erwischt.

Der Gary-Cooper-Imitator, den ich für einen k.u.k. Baron halte, ist tatsächlich einer. Ich habe es von einem Bar-Steward erfahren. Ein Erfolgserlebnis: Ich werfe mich in die Brust. Ein ähnlicher Treffer wie der, den ich in Padua erzielt habe. Also hätte ich «Herr Baron» zu dem alten Knacker sagen müssen. Gut, daß ich aus Unkenntnis um das alberne Theater herumgekommen bin. In Österreich – und da stammt der Abgewetzte sicher her – sind die Adelstitel seit 1919 ohnehin abgeschafft, wenn sich auch keiner drum kümmert. Anders bei Kaiserlicher Hoheit, die ganz in unserer Nähe wohnen und vom Politikerspiel nicht lassen können. Er ist nur noch Doktor Habsburg.

Das Wetter verschlechtert sich von Stunde zu Stunde. Draußen sieht es aus, als wollte es heute gar nicht richtig Tag werden. «Bonjour, tristesse!» sage ich zu diesem Himmel. Mr. Taylor läßt sich nicht mehr sehen. Schade: Heute vermisse ich ihn geradezu. Ich habe mich an ihn gewöhnt. Außerdem habe ich mich innerlich auf die Begegnung mit Mister Taylor vorbereitet und mir auch schon einiges für das erwartete Palaver zurechtgelegt. Ich hätte ihn gern noch ein bißchen in Erstaunen versetzt. Aber weil er da oben beim Plotten ist, kann ich nur für mich selber memorieren:

Das Schiff verbraucht 550 Tonnen Treiböl am Tag. Das Treiböl wird in Amerika gebunkert. Außer den Hammelkoteletts ist eben hier alles amerikanisch. Als von diesem amerikanischen Treiböl ein gehöriger Schwung in das Kondensatorensystem geriet, hatte das Schiff seinen ersten breakdown. Das kommt davon, wenn man nur drei Kessel hat. Der «Queen Mary» hätte ein solcher breakdown kaum passieren können, die hatte zu ihren vierundzwanzig Kesseln sogar noch drei schottische, das sind zylinderförmige Niederdruckboiler. Auf der «Queen Mary» gab es drei trainierte Mechaniker, die nichts anderes zu tun hatten, als Gruppen von Leuten durch das Schiff zu führen und ihnen die Anlagen zu erklären. Diese Art Service sollten Sie sich zum Vorbild dienen lassen . . .»

Ich könnte Mister Taylor auch sagen: «Ich weiß natürlich, warum hier so verrückt gespielt wird. 1974 hat das Schiff eine Bombendrohung bekommen, sie hat ein Mordstheater ausgelöst. Ich habe von Froschmännern gehört, die in Flugzeugen dem Schiff entgegengeschickt wurden und an Fallschirmen heruntermußten. Man hat sie in die vorsorglich ausgesetzten Boote gezogen, und sie haben das Schiff vom Kiel bis zur Brücke durchstöbert, ohne auch nur das kleinste Bömbchen zu finden: Blinder Alarm, eine zusätzliche Unterhaltung für die Passagiere, zweifellos interessanter als das Gehopse der «Sweet-Elegance-Girls».

Einer, der Ärger bereiten will, denke ich mir, könnte hier auch ohne Bomben einiges ausrichten. Mit Bakterien zum Beispiel. Ein Reagenzgläschen mit etwas Kolibakterien könnte man sehr leicht durch die Abfingerungen schmuggeln. Vor Infektionen scheinen die Amerikaner noch mehr Angst zu haben als vor Höllenmaschinen. Paratyphus schlüge zum Beispiel auch gut durch. Ich selber habe im Arbeitsdienst ganze Trupps damit infiziert, ehe ich selbst kerngesund ins Krankenhaus auf eine Isolierstation kam und so lange mit Mehlspeisen traktiert wurde, bis auch die letzten Bakterien in meinen Innereien Selbstmord verübt hatten.

Gegen die verdeckte Sonne hier ist die See jetzt ein blinkender Spiegel aus waberndem Quecksilber. Es sind keine Brecher mehr zu sehen, nur ein ziehendes Auf und Ab von einer alten Dünung mit dunklen Inseln darauf: Wolkenschatten. Der Himmel hat einen Stich ins Violette. Violett am Himmel wirkt immer bedrohlich. Auch Schwefelgelb ist keine «gute» Farbe. Violett und Gelb sehen nach Heimtücke aus.

Auch wenn ich bloß über die Decks trolle, fechten mich, ob ich nun will oder nicht, merkwürdige Vorstellungen an. Ich bin auf einem Truppentransporter und fühle mich ganz wohl in meiner Haut: 28 Knoten, da braucht man nicht mal zu zacken. Da kommt kein U-Boot mit. Straight ahead und immer frei weg. Da müßte einer schon am Weg auf Lauer liegen, und auch dann müßte er verdammt auf dem Quivive sein, um Geschwindigkeit und Distanz nicht ganz falsch zu schätzen. Schnelle Einzelfahrer sind nie erwischt worden. Den Konvoi-Dampfern mit ihren acht Knoten Fahrt, denen ging es an den Kragen.

Jessy streicht heran und hält mir sein sorgengeprägtes Gesicht zur Betrachtung hin: der Jammer der Welt persönlich.

Als er schon eine Weile neben mir sitzt, erfahre ich den Grund: Er kann sich nicht entscheiden, ob er den Restaurant-Stewards das Trinkgeld in verschlossenen Umschlägen überreichen soll oder «einfach so». Ob ich ihm etwa einige Umschläge, falls ich welche hätte, abtreten könnte?

Eine Greisin wankt vorbei, so dick pelzvermummt, als käme sie wie der Weihnachtsmann direkt aus dem Winterwald.

Jessy murmelt anerkennend etwas, woraus ich mit Sicherheit nur «black» heraushöre.

«Wie bitte?» frage ich ihn.

«Blackglama», repetiert Jessy und nickt dazu der Pelzvermummten hinterher. Schließlich sagt er noch: «Erkennt man an den besonders dunklen Fellen.»

«Ach so», mache ich verwirrt. Und dann, mit mehr Fassung: «Man lernt eben nie aus.»

Vor dem Essen lese ich Jessy noch einmal ein Stück Prospektprosa vor: *Die Küche an Bord der «Queen» ist stets gleichmäßig: Haute cuisine nach Qualität und Vielfalt. Vier erstklassige Restaurants, darunter das neue «Tables of the World», servieren achtgängige Menus. Sie speisen und genießen nach Cunard-Tradition Caviar, Räucherlachs, Beef Wellington, Canard à l'orange, Crêpe Suzettes. Jeder Steward nimmt Sie in seine Obhut. Der Feinschmecker, aber auch der Gast mit kräftigem Appetit kommt zu seinem Recht.*

«Das hatten wir alles schon», bemerkt dazu Jessy.

«Wie wärs zum Abschied mit etwas Schlichtem?» schlage ich vor. «*From the Cauldrons* gibt es heute Irish-Stew. Das könnte doch was sein.»

Wir einigen uns darauf. Der Steward, der die Bestellung entgegennimmt, zögert dabei recht sonderbar. Er kennt, wie sich bald herausstellt, seine Pappenheimer von Köchen: Ein dünnes Heilsarmeesüppchen kommt auf den Tisch.

Während ich dieses Irish-Stew von mir wegschiebe und aufs neue nach der Karte verlange, entsinne ich mich der Küchenanpreisung: *Die Küche an Bord der «Queen» ist stets gleichmäßig: Haute cuisine nach Qualität und Vielfalt* . . . Ich frage mich: Bin ich bösartig? Spricht das Essen dem pompösen Servierzeremoniell tatsächlich hohn? Ist es wirklich so schlecht, daß jede Mahlzeit zur Enttäuschung gerät? Oder liegt es nur daran, daß man auf Schiffen so schnell mäkelig wird, weil man dieses verblödende «leisure»-Leben führt, das die Leute offenbar genießen?

Ich muß an die Zwischendeckssuppe denken, die einst, als die Erste-Klasse-Passagiere noch echte Snobs waren, für so begehrenswert galt, daß sie sich vom Steward gegen gutes Trinkgeld eine angestoßene Emailleschüssel voll besorgen ließen. Die Zwischendecksmahlzeit war anscheinend damals schon unter all dem Feinfraß ein charaktervolles Essen. Der Kapitän kam auf einfacherem Wege dazu: Er mußte die Suppe tagtäglich prüfen; der Zahlmeister hätte auf den Gedanken an Unterschleife kommen können. An der Kost für die unbegüterten Klassen läßt sich noch heute am leichtesten abknapsen und am besten verdienen. Die Masse machts. Der Hendlbrater Jahn hat aus gutem Grund seine Luxusrestaurants flugs wieder abgestoßen. Und nun wird er an Simplizität noch von «MacDonald's» übertrumpft: Wozu braucht der Mensch, der zehn Finger besitzt, Werkzeuge zum Essen? Wozu ihm Messer und Gabel auf den Tisch legen, wozu einen Teller, wenn man ihn ohne diese Zivilisationsmerkmale einfach in Ham- und andere Burgers beißen lassen und dabei ganz enorm sparen kann.

Lamb-chops, so urteilt auch Jessy, sind trotz allem wohl das Sicherste, die kommen aus England. Weil das letztemal aber selbst die lamb-chops fad geschmeckt haben, möchte ich sie heute «with some garlic» haben. Der Steward bringt sie auf silberner Platte an und dazu auf einem Silberteller eine gläserne Kompottschale, randvoll mit kleingehacktem Knoblauch, rohem Knoblauch.

«Nicht zu fassen!» entringt es sich Jessy.

Es dauert nur Minuten, bis die Restaurantgäste, einer nach dem anderen, den Kopf zu uns hin verdrehen. Ich lasse den rohen Knoblauch schnell wieder abtragen, aber Knoblauchgeruch hängt schon überall so penetrant, daß es wohl Tage dauern wird, ihn wieder aus dieser Bonbonniere hinauszubekommen. Vielleicht haben sich die Stewards gesagt, jetzt ist eh alles egal, morgen sind wir in New York.

Mir ist die von den Stewards praktizierte Mischung aus Unterwürfigkeit und Aufsässigkeit, Ehrerbietung und Trotz, Demutshaltung und Provokation äußerst fatal. Ich hätte wahrscheinlich weniger Skrupel, wenn es sich bei ihnen um Chinesen, Vietnamesen, Koreaner handelte, für die – verglichen mit ihrem Armutsleben zu Hause – hier der Himmel auf Erden, sprich auf See wäre.

Ich entsinne mich einer Belehrung, die ich in Hongkong empfangen habe: Einem englischen Freund hatte ich nach einem langen Tag im Trubel von Kowloon berichtet – und das wohl nicht ganz ohne Selbstgerechtigkeit –, daß ich, obwohl mir die Füße vom vielen Laufen weh getan hätten, keine Rikscha genommen hätte, denn diese Art der Erniedrigung des Menschen zum Zugtier sei mir zuwider. Da antwortete mein Engländer: Ich brauchte mir auf diese ethisch hochwertige Haltung nicht viel einzubilden. Die Rikschachinesen müßten hungern, wenn alle so dächten.

An dieser Lehre hatte ich eine gute Weile zu knabbern. Ich habe sie auch heute noch nicht ganz verdaut. Das Problem der meisten Menschheitsbeglücker! Die junge

Dame, die wie eine moderne Jeanne d'Arc die Amtsstuben stürmt und verlangt, daß man die Zigeuner seßhaft macht. Sollen sie dann Bäcker, Kohlenhändler oder Verwaltungsinspektoren werden? Was wird mit der Schar dienstunwilliger Geister dieses Schiffs geschehen, wenn Cunard sie entlassen müßte?

Ich wünschte, der Dampfer verfügte, wenn schon nicht über einen Helikopter, so doch über ein Katapult für ein Wasserflugzeug, ich könnte mich von diesem Schiff wegschnellen lassen und wäre einen Tag früher als geplant in New York.

Auf dem Zweischornstein-Schnelldampfer «Bremen» des Norddeutschen Lloyd gab es so ein Dampf-Katapult für das Postflugzeug, ein Wasserflugzeug vom Typ He 12, das die Zeitdistanz zusätzlich verkürzen sollte. Es war eine Sensation.

Als 1929 bei der Jungfernfahrt das Wasserflugzeug zum erstenmal vom Schiff katapultiert werden sollte, waren Ernst Heinckel und seine Mannen an Bord. Für den Flugbetrieb war nicht der Norddeutsche Lloyd, sondern die Lufthansa verantwortlich. Deshalb kam es auch zum Streit: Der allmächtige Kapitän fürchtete Pannen, die das Schiff aufhalten würden. Er wollte das «Blaue Band» zurückgewinnen, und da ging es um jede Minute. Also durfte das Postflugzeug erst abgeschossen werden, nachdem die Zielmarke Nantucket-Feuerschiff überfahren war, 180 Kilometer vor New York. Beim Rückweg konnte das Postflugzeug schon früher starten: Die «Bremen» hatte ihr «Blaues Band».

Das waren noch Zeiten, als die Post den Ehrgeiz besaß, daß Briefe aus USA schon im Hausbriefkasten lagen, ehe die «Bremen» wieder im Heimathafen festmachte. Damals muß der technische Fortschritt jeden Tag Grund zu Begeisterung und Jubel gegeben haben. Aber jetzt? Wofür sollte ich an Bord dieses Schiffs schon Begeisterung empfinden? Und wenn der Kinosaal dreimal so groß wäre, wie er ist, ich würde nur mit den Schultern zucken. Auch wenn hier 20 Bars und 50 Fahrstühle eingebaut wären, wem imponierte das noch groß. Kindern vielleicht. Die Zeit des Staunens über technische Neuerungen, technische Monstrositäten ist vorbei. Heute staune ich eher darüber, daß ein Kaufhaus einen elektrischen Taschenrechner für 12 Mark anbietet.

«Jetzt sind wir also fast in Amerika», weckt mich Jessy aus meinen Gedanken.

Früher wollte ich nie nach Amerika. Ein Verweigerer. Ich hatte das Gefühl, Amerika aus Büchern und Filmen so gut zu kennen, daß ich nicht mehr hinzufahren brauchte. Jetzt bin ich mit einem halben Fuß in Amerika zu Hause.

«Wo ist denn die Indonesierin abgeblieben?»

«Ob die Süße eine Art Puff aufgemacht hat?» fragt sich Jessy laut. Auch ihm ist aufgefallen, daß sie die letzten beiden Tage nicht mehr zu sehen war.

Dann sind wir wieder beim Trinkgeldproblem angelangt. Ob Jessy mir den ganzen letzten Tag mit seinen fashionablen Sorgen verleiden will?

Die von vielen Fahrstühlen so deutlich akzentuierte Vertikale spielt auf diesem Schiff eine große Rolle, und zwar als Vertikalität der Rangordnung: Tief unten im Schiff hausen die Stewards und die Maschinisten, hoch oben die betuchtesten Passagiere. Die gleiche Kategorisierung wie vom Keller zum Penthouse. Früher war auf Schiffen diese den sozialen Unterschied offenbarende Etagenschichtung noch deutlicher akzentuiert: Stoker – Zwischendeck – und dann in umgedrehter Ziffernfolge die Passagierklassen.

In der Frühzeit der Atlantikfahrt konnte man noch von Schwarzweiß-Kontrasten im wahren Wortsinn reden: Die ausgemergelten Arbeitssklaven da unten waren schwarz vom Kohlenstaub. Die Demokratisierung der Seefahrt aus Einsicht und mit Hilfe der Technik hat so kräftige Effekte längst verwischt. Aber jetzt fehlt dem Reichtum in den obersten Decks der rechte Background, es lohnt sich schon nicht mehr, ihn zur Schau zu stellen. Das Zwischendeck fehlt. Es fehlt auch den Finanzfritzen in den Reedereien.

In der Ära der großen Luxusliner erbrachten das dicke

Geld nicht etwa die Luxusklassenpassagiere, sondern die vom Zwischendeck. Auch heute bringt ein Wohnraum, an zehn Türken als Schlafburschen vermietet, ja mehr ein als die Vermietung eines gleich großen «Luxus-Appartements».

Endlich will ich ergründen, wie sichs ganz oben im Schiff lebt.

In dem langen weißen Gang, der wie in einem sündteuren Sanatorium zu den Luxussuiten führt, ist kein Mensch zu sehen. Ich würde gern einen Steward um Hilfe angehen, aber wo mögen hier die Kerle stecken? Da öffnet sich eine Türe zu meiner Rechten, und ein verknittertes kleines Männchen, das aussieht wie ein uralter Fred Astaire, stochert mir zwei Schritte entgegen.

Ich bleibe stehen, und das alte Männchen in einer Art flauschigem Morgenrock blickt mich erwartungsvoll an. Da fällt es mir nicht schwer, mit der Sprache herauszurücken und auf englisch meinen Wunsch anzubringen, das Penthouse, dessen Bewohner er wohl sei, zu photographieren. Mir ist dabei trotzdem unbehaglich zumute, aber zu meiner Überraschung zeigt sich das Männchen sogleich ganz begeistert und lädt mich mit unvermuteter Grandezza – ob es gar tatsächlich Fred Astaire ist? – ein, ihm zu folgen.

Ich trete ein und werde der Dame des Penthouses vorgestellt. Ich komme mir vor, als hätte ich nicht eine Luxussuite, sondern einen Blumenladen betreten. Auf jedem nur verfügbaren Tischchen stehen Blumengebinde in Vasen, auf dem Boden Körbe mit Orchideen. Kein Buch, kein Magazin, nur Blumenkörbe. Ich entdecke unter den vielen Blumen auch einen Obstkorb, dessen Früchte wie aus Wachs nachgemacht wirken.

Die beiden Alten scheinen es zu genießen, daß ich so sprachlos auf die Blumenpracht starre. Dabei bin ich eher entsetzt als überwältigt. Die fürchterlichsten Farbkombinationen beherrschen den Raum, doch die grellen Rots überwiegen. Es sind aber nicht nur die knalligen Farben, die mich erschrecken, sondern auch die absurden Verfremdungen, die sich die Floristin ausgedacht hat. Von einem meterhohen Gestell, das von grauem Rentiermoos überdeckt ist, kann ich den Blick kaum losreißen. Aus dem Renntiermoos lugen alte getrocknete Baumpilze hervor, und über die Baumpilze hängen große Orchideen herab, die außerordentlich teuer aussehen, als Farbe aber nur ein totes Lederbraun zeigen. Eine Komposition schmutziger Töne, die auch noch als besonders bizarr ins Auge fällt, weil an das Gestell, das wohl einen erstorbenen Baum imitieren soll, von hinten Fächerpalmen befestigt sind: Eine Art Grabdekoration von wirrer Symbolik. Orchideen und Fächerpalmen: Parasiten und Krematoriumsstimmung. Ein floristisches Menetekel? Ein böser Scherz für so alte Leute. Der Uraltwerbeslogan «Laßt Blumen sprechen» schießt mir durch den Kopf. Ich denke nicht daran, das Menetekel auf mich zu beziehen.

Hinter mir höre ich die hohe, brüchige Stimme der alten Lady: «Isn't it wonderful?» Wir bestaunen das Kunstwerk zu dritt: Kathedralenstimmung, kaum wage ich zu photographieren.

Die beiden Alten entpuppen sich als reizende Leute. Sie sitzen proper in ihren Rokokosesselchen zwischen all den vielen Blumen und scheinen sich über diesen meinen unerwarteten Besuch richtig zu freuen. Offenbar sind sie steinreich und werden vom Troß der Servilen aus lauter Respekt vor ihrem Geld vom normalen Leben so abgeschirmt, daß sie gänzlich kontaktlos und isoliert die Reise zwischen ihren Blumenarrangements verdämmern müssen. Diese alten Leute brauche ich nicht zu fragen, warum sie mit dem Schiff statt mit dem Flugzeug reisen.

Es klopft. Mit rostiger Stimme ruft der alte Herr, den ich für mich, obwohl ich jetzt weiß, daß er es gar nicht ist, auch weiterhin als Fred Astaire bezeichne: «Come in!» Und die Ikebanatante erscheint mit einer neuen, an einem Miniaturstaket hochgerankten floristischen Kreation. Ich staune, wie schnell sie einen Platz für die sperrige Pracht findet. Sie kennt sich hier oben eben aus. Offenbar werden den alten Leuten immer neue Blumengaben zutelegraphiert.

Ich muß, wenn ich mich beim Photographieren hin

und her bewegen will, sehr aufpassen, daß ich keine Vase und keinen Blumenkorb umreiße. Es kommt dann, ehe ich mich verabschiede, noch zu einem anregenden kleinen Gespräch über die großen Schiffe der Vergangenheit. Das Greisenpaar hatte die erste Überfahrt der «Normandie» miterlebt und die Pracht dieses Schiffs genossen. Nichts habe sie übertroffen.

Dies war die merkwürdigste Begegnung der ganzen Überfahrt. Eine Art Mitleid mit den beiden Alten kommt mich an: die armen reichen Leute! Was haben sie schon von ihren Bankkonten und Aktienpaketen? Ein Leben wie in der Isolierzelle: hermetisch abgeschlossen und gespenstisch lautlos.

Das Bild der beiden reichen Alten will mir nicht aus dem Kopf. Reichtum als isolierendes Element. Die Blumen ließen ihr Luxus-Penthouse wie eine Aussegnungshalle erscheinen.

Wenn sie von Bord gebracht werden – sie kamen mir so gebrechlich und hilflos vor, daß ich mir nicht vorstellen kann, sie könnten von Bord *gehen* –, bleibt diese Ansammlung verkitschter Blumengebinde zurück und wird zusammengekehrt wie am Samstagmittag der Gemüseabfall am Viktualienmarkt.

Freitag nachmittag, vier Uhr.

Ich mache Remedur und knülle allen Papierkram zusammen, den ich nicht mehr brauche. Dabei geraten mir die Deckspläne in die Hände. Ich sehe, daß die Suiten auf dem Signaldeck «Picadilly», «Westminster», «Trafalgar», «Queen Mary», «Buckingham», «Chelsea», «Queen Anne» und «Queen Elizabeth» heißen und denke dabei nur: rather ambitious.

Auf allen Gängen werden schon von den Stewards die Kofferkarren zu den Ausgängen im Deck Nummer 2 gerollt. Aufbruchstimmung überall. Lautsprecherdurchsagen, daß man seine Schulden bezahlen solle. Ich fühle mich «nicht schuldig».

Der Küchenchef hat mir eine Farbphotographie des Schiffes in die Kabine schicken lassen, die ich signieren soll. Für dieses mäßige Essen auch noch eine Signatur?

Seis drum! Später sehe ich von weitem die Indonesierin herumirrlichtern. Ich verdoppele mein Schrittempo und erreiche sie.

Sie habe Seminare, schrecklich anstrengende Seminare gehabt, sagt sie mit einer Miene zum Steinerweichen. «Mit den dicken Amis?» frage ich mit einer auf cool getrimmten Stimme. Da bekomme ich von ihr einen Blick, der mich rätseln läßt, ob er konspirativ oder abweisend war. Diesmal kommt jedenfalls ihr glockenhelles: «See you later!» zu schnell.

Auf dem Weg zur Offiziersmesse blicke ich auf dem Bootsdeck achteraus und sehe im Nebeldunst einen kleinen Tanker unsere Hecksee queren. Das erste Schiff, das ich seit unserer Ausreise zu sehen bekomme.

Plötzlich funkelt es auf, die weiße Brücke sieht aus wie aus Honig, so intensiv wird sie wie von einem Punktstrahler vom letzten Sonnenlicht beleuchtet, das sich unter meinen Augen eine Bahn durch den Nebel erkämpft hat.

Die Offiziersmesse ist großräumig und üppig eingerichtet. Viel Holz, bequeme Ledersessel, große Photos der Queen und des Duke of Edinburgh an den Wänden. Ein Stuhl wird mir gezeigt, auf dem die Queen bei ihrem Silberjubiläum 1977 Platz genommen hatte: aufwendig geschreinerte Neugotik, die nicht mehr zweckentsprechend benutzt werden darf.

Nach Mister Taylor schaue ich mir vergeblich die Augen aus. Der Offizier, der mich an seiner statt wie ein Bärenführer herumbugsiert, verrät mir, er sei für die richtigen Raumtemperaturen im Schiff verantwortlich. Er wird sich kaum übernommen haben. An sechzig Tagen des Jahres kann er, so erzählt er mir, seine ganze Familie mit an Bord nehmen – völlig gratis –, vorausgesetzt, die nötigen Kabinen sind frei.

Von Mister Afferhov höre ich, Southampton sei für das Schiff ein heißer Hafen, deshalb liege die «Queen», die hier auch «Trade-Union-Dampfer» genannt wird, in Southampton nur so lange wie unbedingt nötig. In Southampton kann ein Streik aus heiterem Himmel, das heißt aus irgendeinem der nichtigen Anlässe, die unsere britischen Nachbarn als Streikgrund so lieben, ausbrechen, und dann kann Cunard-Leisure zusehen, wie die vorausgezahlten Passagegelder wieder verschwinden.

Nur in Southampton, nur in seinem Heimathafen kann das Schiff bestreikt werden. Das ist der Witz bei der Seefahrt: Anderswo als im Heimathafen gilt Arbeitsverweigerung als Meuterei – mutiny. Aus den Gesprächen höre ich heraus, daß es neuerdings noch eine lästige Zwischenform gibt: den inoffiziellen Streik. Während einer Nordkap-Kreuzfahrt des Schiffes hat ein solcher inoffizieller Streik großen Ärger gebracht, als ein trouble-maker unter der Mannschaft entlassen wurde.

Von Mister Taylor hätte ich so etwas nie und nimmer erfahren. Nach ihm – schließlich ist er PR-Mann – stellt das Schiff eine durch und durch heile Welt dar. Und was sich als nicht ganz so heil, wie Cunard das gern suggerieren möchte, herausstellen könnte, wird mit Sorgfalt verborgen. Die wichtigste Unterteilung auf diesem Schiff ist die in die Welt vor den Kulissen und die Gegenwelt hinter den Kulissen. Insofern ist das Schiff auch einem Theater vergleichbar. Tristes Hotel, ödes Hospital, eine Scheinwelt vorführendes Theater: Alles gilt für dieses Schiff, nur mit der eigentlichen Natur der Schiffe hat dieser Bastard nicht mehr viel gemein.

Hier in der Offiziersmesse bin ich in einer Art Zwischenreich. Es geht zu wie in einem Pub im Londoner Bankerviertel. Alle stehen mit einem Glas in der Hand herum und führen laute Reden. Ich muß achtgeben, daß ich nicht zu viel trinke. Heute abend ist großer Abschiedsball. Außerdem habe ich noch meine Filme zu sortieren, und schließlich muß ich die Ohren gespitzt halten, um etwas aus diesem Stimmengewirr herauszuhören. Wir werden in aller Herrgottsfrühe, noch früher als geplant, einlaufen. Das Schiff kann es nur bei Flut aus eigener Kraft schaffen, die Westside-Pier zu erreichen, und Flut ist um diese Jahreszeit so früh, daß die Einlaufzeit um Stunden vorverlegt werden muß. Der Streik der New Yorker Hafenschlepper hält also an. Die Nacht wird sehr kurz werden.

Mister Afferhov stellt mich jetzt einem untersetzten Mann vor, der nur durch seine Knubbelnase auffallen könnte: der Chefingenieur. Ich hole tief Luft, halte aber meine Rede angestrengt zurück und lächle erst mal verbindlich. Wäre doch gelacht, wenn sich der Chief nicht noch beschwatzen ließe, mir die Maschinenräume zu zeigen.

Die Reise ist gutgegangen, keine Bombendrohungen, keine Froschmänner. Auch kein allzu schlimmes Wetter. Die Stimmung ist unübersehbar gut, morgen früh sind wir in New York. Also? Ich lasse es mit ein bißchen small-talk langsam angehen. Der Chief soll vor allem erfahren, daß ich über das Schiff recht gut unterrichtet bin, daß ich über seine diversen Malheurs Bescheid weiß. Ich lasse ihn auch wissen, daß ich die Reise mit diesem Dampfer ausführlich beschreiben und dabei nicht, wie allgemein üblich, jene Männer vergessen möchte, die ja, obwohl sie kaum in Erscheinung treten, die eigentlichen Macher sind.

Das geht dem Chief ein wie Honigmilch. Ich verstärke die Wirkung noch mit ein bißchen Palaver über die doch wohl übertriebene Wertschätzung der Seeoffiziere, aber nun scheint es mir an der Zeit, die direkte Anfrage loszulassen, ob der Chief mich wohl, gleichsam unter seinen Fittichen, mit in die Maschine nehmen könnte, wenn diese Party hier zu Ende ist.

Der Chief nickt zustimmend, aber auf einmal geht eine Verdüsterung über sein Gesicht, und er fixiert einen Punkt an Mister Afferhovs Hosenbein. Ich kann mir denken, woran er jetzt kaut. Schon erfahre ich es auch: «Darüber muß ich erst mit dem Kapitän reden», sagt der Chief. Mit dem Kapitän reden! Damit schwimmen schon ein paar von meinen Fellen weg. Aber der Chief pliert mich mit halb verschwommenem Blick so an, als wollte er mir sagen, er werde das Kind schon schaukeln. Für ein paar Sekunden mimt er noch tiefes Nachdenken, dann erbietet er sich, gleich loszugehen – den Kapitän fragen.

Schade, denke ich bei mir, daß ihm kein besserer Einfall gekommen ist.

Ich mische mich inzwischen unter eine andere Gruppe

und mime den vom Alkohol Animierten, während ich versuche, dem Chief mit den Augen zu folgen. Er ist sehr kurz geraten, und so haben ihn schon nach wenigen Metern die dicht gedrängten Uniformen verdeckt.

Es vergehen gut zehn Minuten, bis der Chief wieder auftaucht – mit hängenden Ohren. Er braucht gar nicht erst den Mund aufzumachen und «Sorry!» zu sagen. Wie der Mann sich jetzt dreht und windet, kann er mir nur leid tun. Es gebe – leider, leider – Sicherheitsauflagen. Hier läßt er mich durch Gesichtverziehen verstehen, daß er die für Unfug halte, aber der Kapitän lasse da leider nicht mit sich reden. «Sorry!» Was ihn betreffe . . .

«Take it easy», sage ich und muß, als ich mir der merkwürdigen Umkehrung bewußt werde, fast herausplatzen vor Lachen. Ich kann dem Chief schlecht sagen, daß ich diese Art von Kapitänen nur allzu gut kenne, die mehr Funktionäre als Seeleute sind und denen ständig die Hosen killen aus Angst, sie könnten irgend etwas falsch machen und dadurch bei der Reederei in Verschiß geraten. Während ich, das Whiskyglas in der Rechten, leicht in den Knien wiegend, dem Chief dicht gegenüberstehe und sein immer noch heftiges Mienenspiel und sein verlegenes Schulterheben beobachte, kommt mir der Kapitän der «Archsum» vor das innere Auge. Der auf äußerste Reputierlichkeit bedachte Mann wagte, als das Schiff in Beirut lag, nicht einen einzigen Gang an Land. Beirut hieß damals noch «Paris des Ostens», und die Bordellgassen waren wahrhaft sehenswert. Aber dieser pingelige Kapitän hatte Angst, troubles zu bekommen, von dem die Reederei erfahren könnte. Aus lauter Angst vor Mißkredit blieb er an Bord und schützte eine Magenverstimmung vor. Damals habe ich den Slogan «zur See fahren und die Welt sehen» gründlich begrinst.

Allmählich beruhigt sich der Chief. Die sture Haltung des Kapitäns ist ihm offensichtlich über die Maßen peinlich. Dagegen hilft nur ein kräftiger Schluck. Ich winke den Steward herbei. Er soll uns beiden randvoll eingießen. Der Chief beobachtet das Eingießen, als hätte er so etwas noch nie gesehen. Dabei nickt er automatisch vor sich hin.

Nicht gerade ein schönes Dasein, denke ich mir. Funktionärsleben. Immer auf dem Quivive, daß nur nichts falsch läuft. Dazu kaum ein Schimmer vom Rampenlicht. Das alte Lied: Auch noch mit vier Streifen an den Ärmeln ist der Chief ein underdog. Dieser hier muß sich sogar von seinem Kapitän abblitzen lassen, wenn er jemand mit in sein Maschinenreich nehmen möchte.

Kein Wunder, daß hier so viel getrunken wird.

Ich lasse meine guten Vorsätze fahren: Noch einen ordentlichen Schluck! Einer der Stewards, die hier herumwieseln, errät meinen Wunsch, er bringt mir eine Art Zahnputzglas halb voll mit schön bernsteinfarbenem Whisky. Nein, kein Soda! Nein, auch kein Eis! Wäre doch jammerschade um den schönen Stoff. On the rocks – eine miese amerikanische Erfindung. Mister Afferhov, der wiederaufgetaucht ist, vertritt die gleiche Meinung. Bei ihm bin ich in guter Hut. Er ist schließlich für den Getränkenachschub auf diesem Schiff verantwortlich, und «Getränke» bedeuten hier vor allem die 41 verschiedenen Whiskysorten.

«A la vostra, signore Afferhov!»

«Skål!» brüllt da dieser Mensch wie am Spieß und winkt, kaum hat er sein Glas geleert, mit hocherhobener Linken den Steward schon wieder heran. Es sieht aus, als sei Mister Afferhov am Ertrinken.

Die Stimmen um mich herum – lauter Brüllstimmen – vermengen sich zu einem einzigen dröhnenden Rauschen. Einen Augenblick lang habe ich Angst, das Rauschen sitze mir mitten im Kopf, dann höre ich zum Glück englische Brocken heraus. Alles in Ordnung: Ich bin unter Tommies im officers' wardroom of Her Majesty's Ship «QE 2».

Verrückt, total verrückt, daß wir gegen diese Leute gekämpft haben. Wenn ich für Augenblicke überhöre, daß sich das Stimmenrauschen aus englischen Lauten zusammensetzt, fühle ich mich in der gleichen Umgebung wie auf Stehparties mit deutschen Seeoffizieren. Verfluchte Pest, junge Leute so weit zu kächern, daß sie nichts anderes mehr im Sinn hatten, als sich gegenseitig zu massakrieren.

Ich sehe den verkrampft gestikulierenden Einpeitscher Dönitz vor mir, diesen unerbittlich harten vom Unfehlbarkeitsdogma geschützten U-Boot-Papst. Die Astos gruppieren sich um ihn herum wie servile Kardinäle, Ohrenbläser einige, Liebediener andere, keiner darunter, der dem Unfehlbaren widerspricht. Der wußte wie jeder besessene Propagandist, worauf es ankommt: Ehrgeiz hochputschen, den Selbsterhaltungstrieb denunzieren. «Du bist nichts – Dein Volk ist alles!» Der Spruchbeutel war in diesen Zeiten prall gefüllt. Das war die Methode: Die Leute fanatisieren, sie scharfmachen wie Bluthunde. Die Gegner als Untermenschen an die Wand malen, als Wüstlinge, die nichts im Sinn haben, als uns an die Gurgel zu gehen. «Den Hort der Plutokratie endgültig vernichten!» «Den Säufer Churchill Mores lehren!» Und so fuhren wir ge-gen Engel-land, Engel-land.

Zum Schluß auch mit Kindern. Ich sehe eine Besatzung in ihrem vergammelten Lederzeug von Bord kommen. Seine paar Habseligkeiten hat jeder in Taschen aus Segeltuch oder fleckigem Leder unterm Arm. Vielen sind die plumpen Seestiefel und die Lederjacken zu groß, die meisten Lederhosen bilden vielfache Harmonikafalten.

Der Blick in die bartumkränzten bleichen, ausgezehrt und doch nur halberweckt wirkenden Gesichter ging mir jedes Mal an die Nerven. Immer waren ganz schmale Kinder dabei, die auf ihren eingefallenen Wangen noch nicht einmal Bartwuchs hatten. Mit Kindern ließ sich dieses Geschäft eben am besten betreiben. Man hätte sie in den Hades schicken können: Sie wußten nicht, was der Hades ist, und wären willig gegangen. Mit Kindern tat sich die Führung leicht. Sie hatten nichts zu verlieren, weil sie noch nichts gewonnen hatten.

Oft dachte ich: Wenn die Tommies gesehen hätten, *wer* ihnen einheizt! In den halben Kindern brannte noch nichts. Man hatte sie aus den Werkstätten geholt. Wenn nicht Krieg gewesen wäre, hätten sie abends in Gruppen unter den Laternen gestanden, oder sie wären vor den Kinos zu finden gewesen. Oder auf dem Fußballplatz. Diese Kinder akzeptierten noch jede Art von Zwang als selbstverständlich. Sie waren nicht einmal mürrisch oder enttäuscht. Manchmal fragte ich mich: Sind diese Kinder eigentlich mutig? Sind sie tapfer, wie immer wieder von ihnen behauptet wurde? Oder sind sie nicht einfach nur schicksalergeben? «Eiserne Pflichterfüllung», «auf Gedeih und Verderb zu einer einzigen kämpferischen Gemeinschaft zusammengeschweißt» – das waren doch alles nur Parolen, die man ihnen wieder und wieder eingebleut hatte. Was blieb den Kindern denn schon anderes übrig als «unbedingte, eiserne Pflichterfüllung»?

Wenn auf einem Boot einer durchdrehte, war es immer ein Dienstgrad. Auf U 96 war es ein E-Maschinist mit einem Gefühlsleben wie Schmierseife.

Die Freiwilligen! Ich mußte in mich hineingrinsen, wenn ich «freiwillig» hörte. Wer war denn freiwillig hier – das heißt aus seinem freien Willen heraus, aus ganz und gar eigenem Entschluß? Wen hatte man denn vor die Wahl gestellt: entweder an die Adria und sich die Sonne auf den Bauch scheinen lassen, frische Luft und gut zu fressen – oder aufs U-Boot?

Freiwillig! Das hätte bloß mal einer versuchen sollen, aus freien Stücken – freiwillig – nicht rechtzeitig aus dem Heimaturlaub zurückzukommen. Da leckten sich die Blutrichter schon ums Maul, und der Holzpfahl, an den er dann angebunden worden wäre, war schon zugespitzt. Und die Leute, die das Peloton bilden sollten, hätten sich schon mal die Stiefel und das Koppelzeug wichsen können: Bei der Marine wurde nach strengem Ritual und in Schönheit gestorben, wenn es nicht vor dem Feind war.

Die Marine hatte mal gemeutert. Das war lange her. Beim Freikorps Dönitz gab es so etwas nicht.

Die Meuterer von damals waren auf den alten Photos richtige Männer. Unsere Besatzungen aber waren halbe Kinder. Wie hätten halbe Kinder meutern sollen? Ich kannte ein paar von den Briefen, die sie nach Hause schrieben: Kindergestammel, das die Durchhaltesprüche nachplapperte.

Ich muß mich verdammt hart an die Kandare nehmen, damit mich die Visionen von einst nicht überwältigen.

Nur gut, daß es hier keine Musik gibt. Jetzt brauchte bloß einer auf der Zieharmonika die Siegfried-Line zu spielen oder irgendeinen der Weltkrieg-II-Songs, und ich wäre geliefert. Wir hatten ja etliche dieser Songs der anderen Seite auf Platten an Bord. Der Alte war verrückt genug, sich einen nassen Staub darum zu scheren, was hätte passieren können, wenn denen in Berlin hingetratscht worden wäre, daß bei uns gelegentlich englische Songs über die Bordlautsprecher rauschten.

Ich muß meinen durchdrehenden Gedanken einen Stopper anlegen. Mir kommt gleich wieder die blanke Wut hoch. Bis wohin die Nazischweine uns aber auch gebracht haben!

Bilder von Konvoischlachten suchen mich heim, ob ich will oder nicht: die leichten Erhebungen über der Kimm – nachts schwarze Silhouetten, die Schiffe des Gegners. Und dann schiebt sich eine Silhouette in deutlich näherer Position zusammen, sie wird schmal: Das Schiff verändert seine Lage von 180 Grad auf 110 Grad. Der schmale Schatten an Steuerbord achteraus wird größer – die Abschußblitze, die «Scheitelzieher» dicht über unsere Köpfe weg und dann das große Brillantfeuerwerk aus Leuchtgranaten . . . Wir weg mit Alarm nach vier gezielten Torpedoschüssen – und gleich darauf der Wasserbombensegen.

Vielleicht lief das damals im Sinne der Nazipropaganda alles so lange gut, weil wir nie unsere Gegner zu Gesicht bekamen und die Tommies uns auch nicht. Die einzigen Engländer, die ich während des Krieges sah, waren die verrückten Hunde, die den Raid auf die Schleusen von St. Nazaire veranstaltet hatten. Nur jetzt nicht daran denken: Die sahen, lebendig oder tot, alle so aus wie die hier.

Jetzt, das empfinde ich allzu deutlich, muß ich zusehen, daß ich hier verschwinde. Ich sollte mich noch eine Stunde lang auf die Koje schmeißen und zwei Aspirin zu dem Vierteldutzend anderer Pillen schlucken, die meine Abendration darstellen.

Ob ich noch einen Whisky brauchen könne, fragt mich

Mister Afferhov. «For heaven's sake – no!» antworte ich. Ich kann keinen Whisky mehr vertragen. Diese Sauferei vor dem Abendessen bin ich nicht gewöhnt, und außerdem ist heute lange Nacht. Wer weiß, was die noch bringt.

Mister Afferhov ist voll Verständnis, er zwinkert mir sogar zu. Der Steward, der «The Boat» gelesen hat, kreuzt meinen Weg. Ob ich Eindrücke sammle, fragt er mich. Damit bringt er mich in fatale Verlegenheit. Als er schon wieder verschwunden ist, sage ich mir: Eindrücke sammeln! Ob er sich das wie die Tätigkeit eines Pilzsuchers vorstellt? Mir fällt ein, daß Janosch, der Kinderbuchautor, «Pilzfinder» statt «Pilzsucher» schreibt. Ich wäre froh, wenn ich einmal *keine* Eindrücke geliefert bekäme und einfach vor mich hin dösen dürfte. Meine Batterie ist vollgeladen, mehr geht nicht hinein, und wenn ich die Lichtmaschine noch so sehr arbeiten lasse.

Letztes Souper. Im Restaurant zum letzten Mal das gewohnte Ritual-Gefrage nach meinem Ergehen. Danke, mir geht es auch jetzt noch gut. Wie ich das Dinner gestern abend gefunden hätte. Ich habe es feigerweise gut gefunden.

Mit einer Bewegung, die an die rückwärtslaufende Filmdemonstration eines Taschendiebtricks erinnert, appliziert Jessy zur Unsichtbarkeit zusammengefaltete Scheine in die merkwürdig gehenkelten, ihm entgegen gedrehten Hände der Stewards – oder sogar direkt in deren Taschen. Ich genieße diese vornehme Art: So halfen sich wohl früher Lebemänner unter Augenzwinkern, wenn es an der Zeit war, schnell mal mit einem Präservativ aus. Das Verdrallte an der Aktion ist nur, daß sie zwar mit geheimdienstlerischer Routine erfolgt und beide Beteiligten so tun, als ahnten sie nicht einmal, was da vor sich geht. Sie haben die Blicke ganz woanders, unterbrechen nicht das tarnende Gespräch, und gewissermaßen öffentlich heimlich wird die Szene gespielt. Lecomte guckt dem böse zu. Von ihm haben die Stewards wohl keinen Sou zu erwarten.

Warum hat Jessy nur auf die Briefumschläge verzichtet? Ich hatte ihm doch ein halbes Dutzend schön gefütterter in die Kabine geliefert. Ich wünschte, ich hätte eine Filmkamera zur Hand gehabt, um diesen Auftritt zu dokumentieren: die betonte Unauffälligkeit des Ganovengriffs, dieses Handlangen durch den Zaun hindurch, für beide Teile so genierlich und ganz und gar nicht unerwartet. Nun schnell in die Bar, um mir einen Bourbon einzuverleiben. Ich habe ihn nötig.

Draußen Nebel, Nebel und Dunkelheit, wie ich das befürchtet hatte. Außerdem sind wir jetzt in befahrenen Gewässern. Bei diesem Nebel nicht gerade angenehm. Da werden die oben ins Schwitzen kommen. Das Schiff muß jetzt ausschließlich mit Radar gesteuert werden. Ich wäre verdammt gern auf der Brücke und würde beim Plotten zusehen. Ob Mr. Brooks wenigstens jetzt auf der Brücke ist? Mein «old man» würde jedenfalls die Brücke bei diesem Wetter nicht eine Minute verlassen. Vertrauen ist gut, Kontrolle ist besser! Nach dieser Parole richtete er sich immer, ohne zu ahnen, von wem sie stammt.

Wenn ich in Küstennähe auf die total abgedunkelte Brücke kam, konnte ich sicher sein, nach Minuten des Eingewöhnens in die Dunkelheit seine Silhouette gegen irgendeines der Fenster zu erkennen. Dieses stundenlange wortlose Dastehen auf der Brücke und dieses Starren auf das Nachtmeer – wie habe ich das genossen. Und dann hin und wieder der Blick auf die grünen Geisterchiffren des Radarschirms hinter dem schwarzen Vorhang: Wie das Radarbild sich nach jeder Drehung der Antenne neu aufbaute und auch schon wieder weggewischt wurde.

Während ich mit dem Rücken zu den Leuten, die sich schon in großer Gala durch die Gänge bewegen, dahocke, stelle ich mir für einen Augenblick vor, was es jetzt oben zu tun gibt: Plotten, das heißt, um Kollisionsgefahr zu vermeiden, Kurs und Fahrt anderer Schiffe, die nahebei unterwegs sind, ermitteln. Möglicherweise gibts da oben schon die allermodernsten Radargeräte, die das Plotten überflüssig machen: Auch Radargeräte arbeiten bereits mit Computerhilfe. Während früher alles von der Ausdauer und Vorstellungskraft des Radarbeobachters abhing, wenn er gleichzeitig mehrere Ziele verfolgen mußte, kann er sich bei den neuesten Geräten auf die Prozeßdatenverarbeitung verlassen. Sie übernimmt für ihn die Zielverfolgung, stellt die Wege der Ziele dar und zeigt deren Kurs, Geschwindigkeit, Abstand und Peilung an.

Meine alte provokative Rede, ein Omnibusfahrer, der während der Stoßzeit durch München fährt, habe hundertmal mehr Entscheidungen zu fällen als ein Schiffsoffizier auf einer ganzen Reise – und diese Entscheidungen viel schneller als sein «Kollege» auf der Brücke –, wird in ihrem Wahrheitsgehalt immer mehr bestätigt. Ich las in einer Fachzeitschrift, daß der ohnehin fast zum Nichtstun verurteilte Wachoffizier von heute, noch ehe er sich zu einem Ausweichmanöver entschließt, dieses Manöver und seine Folgen mit Rechnerunterstützung auf dem Bildschirm simulieren kann. Die Omnibusfahrer sollten davon besser nichts erfahren.

Also, auch das Navigieren ist als Kunst passé. Und doch würde ich jetzt gern da oben sein, ganz still in eine Ecke zurückgezogen. Nachts auf der Brücke: Ich weiß mir keinen schöneren Platz. Und wenn es mulmig wird wie jetzt wahrscheinlich, kommt als ein fast spürbares Knistern elektrischer Spannung das Gefühl für die Gefährdung des Schiffes durch Kollision hinzu. Hier unten bin ich wie alle anderen nichts anderes als ein Transportobjekt, vom Gewicht und Volumen her einem normalen Überseekoffer vergleichbar.

Apropos Koffer: Ich habe noch einiges zu packen. Beim Packen und Filmesortieren kommt mich nun doch ein bißchen Wehmut an. Diese Reise war in der Tat nicht nach meinem Geschmack, aber noch so triste Reisen haben in mir, wenn sie zu Ende gingen, immer ein Gefühl der Verlorenheit geweckt.

Aufgepaßt: Der Smoking muß noch draußen bleiben. Heute abend ist ja Rabatz im Kettenkasten, wie wir früher den Ausbruch von Lustigkeit auf einem Schiff nannten.

Ich blättere noch einmal in den bunten Prospekten:

Auch von ihnen, diesen anregenden Begleitern, heißt es Abschied nehmen. *Vielleicht haben Sie an Bord eine Gesellschaft gegründet?* lese ich.

Auch wenn Passagiere Geschäftsverhandlungen haben, übernimmt das Zahlmeisterbüro alle Vorbereitungen. Leider habe ich den Drang zur Gesellschaftsgründung nicht gespürt und von diesem generösen Angebot keinen Gebrauch gemacht. Schade auch, daß ich erst jetzt lese, was alles mir die «QE 2» bereitwillig anbieten wollte: *Es bereitet auch keinerlei Schwierigkeiten, Haustiere zu transportieren. Die «QE 2» ist für die Aufnahme von Hunden und Katzen jeder Größe, von Vögeln und selbst von Mäusen und Meerschweinchen eingerichtet ... Alle Tiere werden fachgemäß in Privatkäfigen und Auslaufställen von dem Pflegepersonal der «QE 2» betreut.*

Vielleicht wäre ich glatt, das heißt, schon ehe ich an Bord ging, in eine Tierhandlung gegangen und hätte eine Tüte weißer Mäuse erstanden, nur um zuzusehen, wie das Pflegepersonal sie in den Auslaufställen betreut. Auch hätte ich *selbst waschen, trocknen und bügeln* können.

Ich hätte sogar stets die genaue Zeit erfahren können.

Und bei gottesdienstlichen Übungen wäre mir die Schiffsführung zur Seite gestanden: *Passagiere, die einen Gottesdienst ihrer eigenen Konfession feiern möchten, sollten sich mit dem Zahlmeisterbüro in Verbindung setzen. Wir freuen uns, wenn wir Ihnen bei Ihren Vorbereitungen helfen können.*

Da ist sie wieder, diese Freude, die hier runde tausend Leute beseelt. Ich stelle mir vor, wie der Kapitän freudig und frenetisch Tamburin schlagend als Hare-Krishna-Jünger übers Bootsdeck tollt, mir zuliebe. Der Zahlmeister spornt ihn an, und der Küchenchef müßte selbstverständlich, in Orange statt in Weiß, mit von der Partie sein, ebenso der Cruise Director, und viele andere auch ... Auf Mister Taylor könnte ich, weil er zu stur und fade ist, verzichten.

Unter *Ausschiffung* lese ich: *Wie man einen traurigen Moment schöner machen kann.* Man kann es, indem man die *Landing Arrangements Card* in Empfang nimmt, sich an das Zahlmeisterbüro wendet und sich erkundigt, *welche Mengen Spirituosen und Tabak eingeführt werden dürfen.*

In der letzten Ausgabe der Bordzeitung «QE 2-EXPRESS» werde ich daran erinnert, daß ich keine Früchte, Pflanzen, Gemüse, Blumen oder tierische Produkte an Land bringen darf. Gott soll schützen! Ferner soll ich Juwelen und sonstige Wertgegenstände nicht unbewacht herumliegen lassen, sondern während des Ausschiffens immer bei mir tragen, auch soll ich rechtzeitig meine Schulden an Bord bezahlen. Schon wieder ist von Schulden die Rede.

Mit dem gleißnerischen Anbiederungs- und Begeisterungs-Tonfall ist es eindeutig vorbei. Jetzt heißt es wieder den harten Tatsachen ins Gesicht . . . Quatsch! sage ich und durchforsche mein Gewissen. Schulden? Wo könnte ich denn Schulden gemacht haben? Meiner Trinkgeldspendepflichten habe ich mich ohne viel Firlefanz entledigt und die Geldscheine so offen hingereicht, als bezahlte ich tatsächlich Schulden.

Und nun in das gestärkte Hemd und den Smoking! Fast hätte ich die schwarze Schleife vergessen. Blöde Verkleidung. Ich komme mir vor wie unter Verrückten, aber ganz unbeteiligt. Ich mache einen Nicker nach rechts und einen nach links, stoße hin und wieder ein albernes «Hallo» aus, schnappe Redefetzen auf, aus denen ich nicht recht klug werde, schüttle ein paar Hände und grinse dazu recht freundlich. Aber ich komme mir in meiner Rolle hundsdämlich vor. Mein Grinsegesicht ist wie mit Mastix angeklebt. Was gehen mich denn die öden Gesellen hier, was die überdrehten oder überfetteten Middlewestlerinnen an?

Die Smokings müssen es sein, die mich an den Film «Letztes Jahr in Marienbad» denken lassen.

So etwa, wie ich jetzt irritiert bin, muß der Schauspielerfreund aus Paris irritiert gewesen sein, als dieser Film in Nymphenburg und in Schleißheim gedreht wurde. Tagtäglich klagte er mir sein Leid: Er hatte zu agieren, ohne die geringste Ahnung davon zu haben, was eigentlich der Sinn seiner Smokingauftritte in großer Gesellschaft zwischen Spiegelwänden und Blattpflanzenkübeln war. Herumstehen, starr gucken und dann wieder freundlich, mal die Hand in der Hosentasche, mal ein Glas haltend, sich ein paar Schritte bewegen . . . das war auch seine Rolle.

Wird hier etwa «Sodom und Gomorrha» gespielt oder «Tanz auf dem Vulkan»? Das Gelächter von drei tief dekolletierten Blondinen – eine dürr, die beiden anderen fett – schlägt mir viel zu schrill ans Ohr. Der Anputz des Kapitäns könnte aus einem Zirkus entliehen sein. Weiß der Satan, wie ich selber aussehe, in meinem Hongkong-made-Smoking. Ich bin zum Mitspielen verdonnert, ein widerborstiger Schauspieler, vor lauter Unsicherheit halb gelähmt. Ich wünschte, ich könnte mich richtig gehenlassen. Aber ich werde mich schön hüten. Lieber ertrage ich das Gefühl der Verlorenheit noch zehn Minuten und mache mich dann davon.

Da entdecke ich den k.u.k. Baron. Ich atme auf: Wenigstens *ein* richtiger Mensch. Jetzt bin ich beschäftigt. Jetzt ist mir auch ein ordentlicher Schluck recht. Je mehr ich meinen abgewetzten k.u.k. Baron beobachte, desto deutlicher wird mir, wie wenig er trotz seiner selbstzufriedenen Allüre mit sich selber übereinstimmt: Ein Komödiant, ein Verstellungskünstler, der mit Vorsatz das Schiff zu seinem Jagdgrund gemacht hat. Heute abend führt er wieder seine Mischung aus «High Noon» und «Sunset Boulevard» vor. Gary Cooper und Erich von Stroheim in einer Person. Er hat schon einen gehoben, und so gerät die Imitation fast zur Parodie. Fehlt nur noch ein Cowboyhut oder der Frack, um die Parodie perfekt zu machen. Ich muß in mich hineinlachen, als ich ihn ganz in meiner Nähe balzen sehe . . .

Der Seegang hat sich merklich gelegt: vielleicht werden wir bei ganz ruhiger See vor New York erscheinen. Warum nicht noch mal in die «Midships Bar»? Ich hätte die Nüsse, die man mir neben meinen Whisky hingestellt hat, nicht anrühren dürfen. Sie waren zu salzig.

Als ich in der Bar von meinem Glas aufschaue, fällt

mein Blick auf ein Wesen, das wie von einem Schnürboden herab lautlos im Sessel auf der anderen Seite des Glastisches gelandet sein muß. Ich habe nicht das geringste von diesem Näherkommen bemerkt und starre die Hochgeschminkte, Löckchenbekränzte, Chiffondrapierte an wie eine überirdische Erscheinung: die Lebedame aus dem Bilderbuch. Wie sie sich in den Halbschatten zurücklehnt und dabei ihren von rotem Chiffon halb entblößten Busen strafft, mich voll anblickt und doch – die tiefschwarz ummalten Blauaugen auf Unendlich gerichtet – durch mich hindurchsieht, das hat die Qualität von großem Kintopp. Wo hatte ich – um Himmels willen – bisher nur meine Augen? Jetzt erst, am letzten Tag, erkenne ich ein Geschöpf, das mit diesem Schiff und all seiner Prospektpoesie identisch ist: die Schiffspassageuse von Dumas!

Ihr Blick ist immer noch auf mich gerichtet. Jetzt müßte ich eigentlich einen Schweißausbruch bekommen: Die Frau, für die so ein Luxusliner gebaut ist, die femme fatale der Jahrhundertwende – Auge in Auge mit mir. Da schleicht sich von der Seite her der Steward an sie heran und vollführt eine Art Kratzfuß. Ich erkenne sein dünnes Oberlippenbärtchen und seinen Pomadenscheitel nicht sofort, aber plötzlich sehe ich, das ist ja Adolphe Menjou, der Herzensbrecher aus der Stummfilmzeit, als Kellner verkleidet. Er erntet nichts als ein Wimpernschlagen für seine englischen Höflichkeitsfloskeln. «No understand. Je suis Française», kommt es aus dem karmesinroten Mund. Und Adolphe Menjou – der Kellner – windet sich vor Verlegenheit. Ich traue meinen Augen nicht: Was für ein Verstellungskünstler – tut, als verstünde er kein Wort Französisch. Mein Einsatz. In meinem elegantesten Französisch komme ich zu Hilfe.

Madame erstrahlt und wünscht sich, daß ich ihr auch das Getränk auswähle. Kein geringes Unterfangen. Was könnte zu Madames Typ passen? Der Kellner hört sich in seiner beflissensten Haltung das französische Gegurre an, er schiebt seinen Hals zur Lauschestellung weit aus dem Kragen und zwinkert mir schnell zu: Wußte ich es doch!

Ich lasse meinen Blick über die Getränkekarte wandern und plappere den einen und den anderen Phantasienamen der Cocktails vor mich hin. Alles zu süß, zu amerikanisch für Madame. Ein handfester Bourbon, ob der nicht recht wäre? Ja, ein Bourbon und nichts anderes. Und mit fast gar keinem Soda – «Seulement un tout petit peu!» – «Plutôt un soupçon», sage ich schnell, und Madame bricht in ein triangelhohes Lachen aus.

Eine halbe Stunde später weiß ich alles: eine Pariser Witwe, mit siebzehn geheiratet. Der Mann, ein Druckereibesitzer, schon seit sieben Jahren tot. Sie aufs beste versorgt und unterwegs nach Miami (wohin denn sonst) «pour apprendre l'anglais». Und schon wieder dieses hohe, weder kehlig noch sonstwie vulgär klingende Lachen.

Es sei einfach fabelhaft hier. Sie genieße jede Stunde und sei glücklich wie eine Königin, daß sie dieses Luxusleben führen könne. In Paris könne sie zum Beispiel unmöglich allein ausgehen, ohne Schwierigkeiten zu haben. Das habe sie nach dem Tode ihres Mannes vor sieben Jahren am meisten bestürzt, daß ihr plötzlich kein Amüsement mehr erlaubt sein sollte – just nachdem sie die richtige Freiheit erlangt habe. Schließlich sei sie ja noch blutjung gewesen, als geheiratet wurde. Ein Jahr lang sei sie nach dem Todesfall ganz fürchterlich traurig gewesen, aber jetzt gehe es sehr viel besser.

Zum Schiff sei sie mit dem Spezialzug von Paris nach Cherbourg gefahren.

«Çela m'interessait beaucoup. Nous étions seulement cinque personnes.»

Als sie in Cherbourg aus dem Zug gestiegen sei, habe sich weit und breit keine hilfreiche Hand gefunden: kein Träger für ihr vieles Gepäck. Aber trotzdem: Wenn sie das nötige Geld hätte, würde sie sechs Monate des Jahres mit einem so fabelhaften Schiff nur so hin und her fahren. Jeden Vormittag in die Sauna – es sei gottvoll.

Sie legt zum Nachdenken den Kopf schief und verkündet dann, die Arme breitend, das Fazit: «Wie in einem Hotel, aber in einem Hotel, in dem ich als Dame respektiert werde.»

Ich muß wohl sehr entzückt diesem Psychogramm gelauscht haben, denn Madame bringt mit ihrer Puppenstimme hervor, ich sei garantiert ein sehr lustiger Mensch, und lacht dabei wieder ganz allerliebst. «Aber gewiß doch!» sage ich. Nur so lasse sich das Leben in diesem Jammertal bestehen.

Tanzen? Natürlich, dafür habe sie sich ja in dieses Gewand geworfen. Am liebsten, haucht sie mir zu, Charleston. Charleston? Sagte dieses weich verschwimmende Wesen Charleston? Gleich habe ich meinen Schreck weg. Beim Charleston in Montegrotto hatte es mich erwischt.

Zum Glück nähert sich Adolphe Menjou wieder. Der Mann hat sich völlig verwandelt. So beweglich in den Hüften wie jetzt habe ich ihn noch nie gesehen.

Ob ein zweiter Bourbon recht sei? Aber ja doch. «Deux jambes pour se tenir debout ...» Was doch die alten dummen Sprüche hergeben. Drei Beine machen den richtigen Mann, auch das habe ich schon gehört, aber diesen Spruch lassen wir lieber beiseite. Jetzt bitte keine warnende Stimme, zwei Bourbons so schnell hintereinander wären zuviel. Im stillen hoffe ich, daß das Orchester die weiche Tour pflegt, langsame Walzer, Slowfox – schließlich sind die alten Amerikaner hier in der Überzahl.

Warum ich sie denn so anstarre, fragt die Witwe jetzt und setzt dazu eine spitzbübische Miene auf, die sie in ein Kußmündchen übergehen läßt. Ich kann ihr nicht gut sagen, wie sehr ich darüber staune, daß es eine solche Romanfigur in natura gibt, also gestehe ich, daß ich unsere Begegnung aufregend und sogar ein bißchen unfaßbar finde, seien wir doch durch das Druckgewerbe gleichsam verbandelt, auch ich hätte damit normalerweise sogar tagtäglich zu tun.

Die Witwe winkt ab, als wollte sie sich Rauch vor dem Gesicht vertreiben. Die Druckerei ... hahahaha ... Für die Druckerei habe sie sich ihr Lebtag nie interessiert. «Le foyer était ma domaine.» Und dazu diesmal eine schelmische, nein, eher schon frivol schelmische Miene, so daß ich gar nicht anders kann als nachzufragen: «Le foyer?»

Und gleich wieder das hohe, girrende Gelächter. Jetzt

wenden sich zwei von den Greisinnen auf ihren Stammplatz-Barhockern zu uns herum. Die lustige Witwe bemerkt das und winkt den beiden zu. In vollkommen synchroner Bewegung wenden sich die Greisinnen daraufhin wieder ab. Ihre knochigen Rücken drücken Empörung aus.

Und nun lacht die Witwe erst recht, hell und durchdringend und läßt «pas drôles, les americaines» aus sich herausplatzen.

Eine Amüsiernudel, wie sie im Buche steht. Die schöne Indonesierin ist fad dagegen.

Da dringt wie aus weiter Ferne ein Trompetensolo zu uns her. Herrje, der große Abschiedsball muß schon in vollem Gange sein. Ich mache mich, die Witwe am Arm, auf den Weg.

Im Double Down Room herrscht entfesselter Rummel. Ich bin perplex: Woher sind bloß die vielen Leute gekommen, die sich jetzt auf dem Parkett drängen? Die müssen sich während der Zeit der rauhen See in ihren Kabinen verborgen gehalten haben, all die verrückten und verzückten Typen, die jetzt an mir vorbeiwalzen. Anscheinend viel englische Mittelklasse darunter. Einer sieht aus wie Charlie Chaplin, er imitiert ihn aber nicht etwa, er meint es gewissermaßen ernst mit seiner großkarierten Smokingjacke und dem Hitlerbärtchen unter der Nase.

Die Männer haben alle weiße Hüte in Form von Kreissägen auf, mit rot-weiß-blauen Bändern daran. Die Damen haben sich eine Art Diadem im Stil der zwanziger Jahre mit einer großen orangenen Feder und ein paar Stücken Funkelstraß in die frisch gewellten Haare gesteckt: Nostalgie ist Trumpf.

Jetzt am letzten Abend scheint das Schiffsvolk zwar wild entschlossen zu sein, sich auszuleben, findet aber den rechten Dreh nicht. Durch Anfühlen merke ich, daß die Kreissägen, die an die juxwilligen Passagiere verteilt wurden, reines Plastik sind: Ersatz wie so vieles auf diesem Schiff. Nach ein paar Minuten Hinschauens weiß ich, daß die Spaßvögel hier rar sind. Das Gros hampelt sich nach Möchtegern-Art ab: Jubel, Trubel – aber gebremst durch die Angst, die Reputierlichkeit könnte Schaden nehmen. Das sieht nach Krampf aus und wirkt fatal. Hier und da versucht einer mit wildem Gehopse einen plötzlichen Ausbruch aus der halben Lethargie, die über dem Ganzen liegt, erntet ein paar Lacher und gibt es wieder auf.

Wir steigen, Oberschenkel an Oberschenkel, die um eine dicke Säule gelegte Treppe hinauf und halten dabei den Takt der Synkopen. Die Witwe faßt mich am Arm: Sie will mir etwas mitteilen. Ich sehe auch, wie sich ihr Mündchen öffnet und schließt und denke sofort an unterseeisch lauernde quallige Fischfresser, aber ich verstehe kein Wort.

Die Kapelle legt sich ins Zeug, keine Rede von langsamem Walzer oder Tango. Und jetzt – die Trompeter holen nur eben tief Luft und schon platzt die Musik im Charlestonrhythmus auf: «When the Saints go marching in . . .» Das hätte mich früher sofort vom Stuhl gerissen oder sonstwie in Bewegung gebracht: Charleston – nichts lieber als das! Aber jetzt mime ich den Blasierten, der sich erst einmal ordentlich umsehen will. Von oben, den shopping-arcades herab, bietet sich das groteskeste Durcheinander alter Leute dar, das ich je sah. Die paar Mittelalterlichen darunter mit Army-Haarschnitt lassen keinen Zweifel darüber entstehen, woher sie kommen.

Die Witwe hat sich bei mir eingehakt und kneift mir vor Begeisterung in den Bizeps. Ich bin jetzt ganz Auge, zeige hierhin und dahin: nein, diese verrückten Zappelphilippe. Und nirgends ein Platz. Ganz plötzlich ist da unten der schiere Wahnsinn ausgebrochen. So, denke ich, müssen sie in den Ballsälen der «Titanic» herumgetollt haben, als das Schiff auf den Eisberg traf.

Meine Phantasie spielt mir Bilder zu:

Ich sehe die frenetische Schar plötzlich durcheinandertaumeln und dann in sekundenlanger Schreckstellung verharren. Ein Großsprecher verkündet: «Das war nur ein Wal, der hat seinen Laich am Schiff abgestreift . . .» Schon spielt die Musik weiter. Neues Gehopse und Geschiebe, aber dann merken einige, daß etwas nicht in

Ordnung ist. Ich ertappe mich bei dem bösen Wunsch, auch dieser Dampfer möge mit irgend etwas kollidieren. Dann wäre hier wirklich etwas los, dann müßte Seemannschaft gezeigt werden statt Ballgehopse, und Mr. Brooks bekäme es endlich mal mit Entscheidungszwang zu tun. (Ich nenne ihn für mich immer noch «Mister». Die Bezeichnung «old man» will nicht zu ihm passen, noch viel weniger «Le Pascha», wie die Franzosen den Schiffsführer nennen.)

Von hier oben blickt man auf das Menschengewurl wie in einen Anglereimer mit Maden. Auch die hält der Eimer beieinander. Wie kommt mir nur dieser verrückte Vergleich? Wir haben früher alte Schiffe «alte Eimer» genannt, daher kommt er – und wahrscheinlich auch von den vielen madenbleichen Glatzen, die aus dem bunten Geschiebe heraufschimmern.

Während ich umherspähe und den ganz und gar Faszinierten spiele, kommt der k.u.k. Baron die Treppe herauf und breitet, noch im Höhersteigen, seine Arme der Witwe entgegen, die ihn auch bemerkt und sogleich einen Juchzer ausstößt, so spitz, daß er sogar noch die beiden Trompeten übertönt. Der alte Galan macht sodann auf den Stufen eine gewagte Verbeugung und strahlt die Witwe dabei an. Dann wirft er mir einen fragenden Blick zu, dann nochmalige Verbeugung, Handkuß und viel zu langes Händchenhalten: An dieser Szene stimmt alles . . . Und nun die Wiederholung des fragenden Blicks, bis ich endlich begreife: «D'accord, mon cher! Mir durchaus recht.»

Wie sich das nur fügt. Lieber keinen Charleston. Am besten überhaupt keine Herumhopserei. Ich muß noch kurztreten. Den Schiffsdoktor hatte ich gesehen. Von diesem Schönling möchte ich mich nicht verarzten lassen. Ich setze also mein liebenswürdigstes Zustimmungslächeln auf, spiele, gesammelt wie ein Dressurpferd, den Mann von Welt und lasse dann die Zügel lang: Kußhand und Winkewinke. Dabei sage ich mir: Sich nur nicht festsetzen, festlegen schon gar nicht, lieber sehen, was sich heute abend in diesem Narrenschiff sonst noch tut.

Eine Etage tiefer, wo es vornehmer ist – im Queens Room –, amüsiert man sich wesentlich gemäßigter als im Double Down Room. Aber auch hier sind Hüte und Pappnasen verteilt worden. Hier komme ich mir erst recht vor wie bei einer geriatrischen Veranstaltung: Ball der Hundertjährigen. Wohin ich auch blicke, nur krummbeinige Great-Grandmas in togaähnlichen Überwürfen, die Oberschenkel von Unterarmdicke in seidenen Hosen, riesige Perücken auf den Köpfen und dazwischen Weihnachtsmänner und Nußknacker, einige in roten, andere in heftig karierten Smokingjacketts. Wäre die Musik nicht so laut, müßte man hier Knochen klappern und Gelenke knacken hören. Greise halten sich an Greisinnen fest, und hier und da auch Greisin an Greisin.

Ich wende meinen Blick von der Tanzfläche weg hin zu den Sesselgruppen: Die verrückte Schraube, die ich am zweiten Tag am Tisch hatte und die von sich behauptete, sie sei «barrister», sehe ich im trauten Tête-à-tête mit einem pergamentgelben Glatzkopf: Also hat auch sie einen gefunden.

Jetzt sieht hier alles eher nach Las Vegas aus als im Casino. Eine Paraphrase von Géricaults «Floß der Medusa» malen – statt der verzweifelt gestikulierenden Schiffbrüchigen diese knallbunten Tanzpaare wäre ein Ziel. Las Vegas in der Sandwüste – «Queen»-Rummel in der Wasserwüste.

Eine überständige Dame kommt auf mich zu und redet, ungeachtet der elektronisch verstärkten Musik, auf mich ein. Ich kapiere, daß sie von irgend jemand, wahrscheinlich von Mr. Taylor, gehört hat, ich würde über diese Reise in einem Herrenmagazin schreiben. Ob das die Wahrheit sei, will sie wissen. Ich antworte ihr: «Nein – eine Lüge!», aber sie glaubt mir nicht. Sie schlägt mir mit einer Attitüde, die wohl neckisch wirken soll, vor, ihre Tochter zu interviewen und zu photographieren. Ich gebe ihr zu wissen, ein französischer Photograph sei an Bord, ein Spezialist ... Die Franzosen! Sie wisse schon!

Nein, ist das nun wieder ein Spaß! Ich bekomme von ihr einen solchen Schubs gegen das rechte Schultergelenk, daß ich fast den Stand verliere. «Monsieur Lecomte», sage ich ihr, «heißt der Mann» und zeige in Richtung Parkett: «Da ist er ja!»

Die Lady erhebt sich zum besseren Hinsehen auf die Zehenspitzen, und ich mache mich schnell mit einem artigen «See you later» davon, auf die andere Seite des Saals.

Minuten später finde ich Jessy mit der schönen Indonesierin. Sie winkt mir zu: Ich soll mit an den Tisch kommen. Na gut! Aber erst brauche ich einen Schluck. Der Steward ist auch schon zur Stelle, und noch ehe der Whisky erscheint, habe ich einen Teller mit Kanapées vor mir. Schon wieder essen? Da drückt mich die Indonesierin an den Schultern nach hinten und schiebt mir einen Kaviartoast zwischen die Zähne. Sie füttert mich wie ein Baby. Ich muß nur aufpassen, daß ich nicht in ihre rechte Brust beiße, die über Stag gegangen ist und mir Augenblicke lang genau vorm Mund hängt. «Indonesian tits are the best», wo habe ich das nur gehört?

«Stop! Please stop!» rufe ich, als sie mir noch einen ganzen Teller voll Eßbarkeiten in den Mund stopfen will. Aus lauter Höflichkeit probiere ich hier ein Stückchen und da ein Stückchen, lege das meiste aber angebissen zurück.

Als ich Jessy sage, ich käme mir in diesem Ballsaal vor wie unter lauter grünen Männchen und Weibchen vom Mars, fällt im gleichen Moment mein Blick auf die grünspangrüne Queen. Soll sie, so grün, wie sie ist, als Indiz dafür dienen, daß hier eben nichts normal ist, oder dafür, daß grüne Gesichter nun mal zur Seefahrt gehören – kotzgrüne?

Wenn ich die Augen schließe, kann ich grüne Männchen um ihre grüne Queen Reigen tanzen sehen. Aber jetzt sollte ich die Augen schön offenhalten, sonst malt mich dieser indonesische Tropentraum mit gelber Sauce béarnaise, die zum Roastbeef auf dem Tisch vor uns gehört, als Clown an.

Über diese Dame kann ich nur staunen: Sie gibt sich aufgekratzt wie noch nie. Jessy, dem das, wie mir scheint, ein bißchen zuviel ist, macht eine leicht indignierte

Miene und formt den Mund so, als wollte er «Aber, aber!» sagen. Einem Amerikaner vom Nebentisch hingegen ist die Szene an unserem Tisch gerade recht. Ich kann für einen Augenblick deutlich sehen, wie er der Indonesierin den Hintern mit beiden Händen zugleich tätschelt. Die beiden anderen schwergewichtigen Amis, die auch mit am Nebentisch hocken, bekommen davon Stielaugen. Und just das dürfte den wahren Absichten unseres lakkierten Naturkinds entsprechen. Der gute Jessy wird sich noch wundern . . .

Vorläufig bin ich an der Reihe. Ich bekomme ihr Diadem aufgesetzt und werde aus schierer Begeisterung über die verblüffende Wirkung umhalst. Nun noch Champagner und mehr Champagner her! Wir sind wieder das prächtige Paar wie bei der Kapitänsbegrüßung. Meine Dame trinkt aus meinem Glas und spießt mit ihrer Gabel ein paar Reste von meinem Teller, die mir nicht schmekken wollten, ihr aber über die Maßen zu munden scheinen.

Meine schönbusige Nährmutter sieht mich erwartungsvoll an. Sie will wissen, warum ich so ein funny face mache. «Just for fun», sage ich, und weil sie so ein hübsches Kind sei. Inzwischen hat sich Lecomte – ich sehe es aus dem rechten Augenwinkel – von hinten an uns herangeschlichen, um diese gemischte Saufrunde aufzunehmen oder, was viel wahrscheinlicher ist, wieder mal Faxen mit seiner Kamera zu machen. Anscheinend ist er der geilen Matrone, die ihre Tochter verkuppeln wollte, entgangen.

Jetzt legt das Orchester mit »Show me the way to go home . . .» los. Bei den ersten schleppenden Takten schon kippe ich um. Nein, *dieses* Lied sollten sie hier nicht spielen. Damals, als es neu war, sind sie – zwanzig junge Männer in einer Erster-Klasse-Kabine gestaut – über den Atlantik gefahren, in entgegengesetzter Richtung, versteht sich. «Show me the way to go home» – das Lied muß zu jener Zeit ein verdrallter Schlachtgesang gewesen sein. Und mit gestopfter Trompete – das geht mir immer an die Nieren. Ausgerechnet jetzt kommt auch noch Mr. Mason vorbei, der mir gestern abend erst verraten hat, daß er bei der Air Force gegen U-Boote eingesetzt war.

Plötzlich ist dieses Schiff hier für mich kein Passagierdampfer mehr, sondern ein einzelfahrender Truppentransporter. Mr. Mason hockt in seiner Catalina und drückt uns unter Wasser. Na ja, was solls! Als Truppentransporter sind solche Schiffe ja eigentlich gedacht. Der Saal beginnt sich um mich zu drehen. Ich sitze mitten auf einem Taifunrad und starre auf leicht verwischte Gesichter. Zum Glück kann ich, wenn ich die Klüsen dichtmache, das Hinhuschen abstoppen.

Jetzt ist ein Platzwechsel fällig. Ich blinzle Jessy zu. Ich kann das mindestens so gut wie Monsieur Menjou, den ich jetzt wiedersehen möchte. «Ein bißchen Luft schnappen!» sage ich zur schönen Indonesierin. Ich brauche Sauerstoff und auch ein bißchen Ruhe, außerdem vertragen es die Bügelfalten meiner Smokinghose schlecht, wenn ich so lange in einem tiefen Sessel vor mich hin schwitze.

Zur «Midships Bar» sind es gottlob nur ein paar Schritte. Mein Stammplatz ist frei. Dort – genau gegenüber – saß die Wittib. Jetzt wird sie wohl übers Parkett tollen. Mir soll es nur recht sein. Ich habe im Augenblick ein bißchen Besinnung nötiger als Jux und Tollerei. Aber schon denke ich wieder an die Witwe. So was von Betriebsnudel! Kaum zu glauben. Als sie das dumme Pappdiadem aufsetzte, glich sie aufs Haar jenem Bild von Otto Dix, das er «Mizzi im Café» betitelt hat. Ich muß nur die Augen schließen, und ich sehe sie just als diese Mizzi vor mir sitzen – eine Figur aus dem Panoptikum. Und ein Stück über ihrem Löckchenkopf sehe ich ein Schild hängen: *DIE 20er JAHRE.*

Jetzt habe ichs: Diesen Dampfer als ein einziges riesenhaftes Panoptikum erhalten, samt Besatzung und allen Passagieren – das wäre das gewaltigste Monument dieses zu Ende gehenden Jahrhunderts, das Leipziger Völkerschlachtdenkmal dagegen ein Sandkuchen vom Kinderspielplatz.

Vor meinem geistigen Auge erscheint der Kapitän. Ich

sehe seine Marionettenbewegungen, die buschigen Augenbrauen, die roten Bäckchen. So dick hätte man nicht auftragen dürfen. Für dieses große Schiff, sage ich mir, hätte sich doch ein ganz normaler Kapitänsdarsteller finden lassen müssen, nicht dieser überlange, rotgesichtige Mensch, der mir jetzt so nahe kommt, daß er ganz verzerrt wirkt – gerade, als hätte ich ihn mit dem Superweitwinkel aus einem Meter Abstand photographiert.

Noch einen Daiquiri, wenn mir schon ein Seifensieder aufgegangen ist. Dieser Steward mit seiner Verschwörervisage ist ein rechter Galgenvogel, *der* läßt sich bestimmt nichts vormachen von diesen Mimen, die der Cunard-Leisure-Service geheuert hat. Verrücktes Milieu. Die richtigen Leute werden hinter Lumber-Wänden verborgen gehalten, und wir bekommen schlechte Darsteller vorgesetzt, irgendwelche abgetakelten Hollywood-Chargen, gerade noch gut genug, um mit diesem Schiff hin- und herkutschiert zu werden und sich begaffen zu lassen.

Das erklärt auch die Abgeschlossenheit: Keiner soll hinter den Trick kommen. Die Amerikaner sollen kriegen, was sie sich vorstellen. Sie sollen es haben, wie sie es von der Leinwand und vom Bildschirm her gewohnt sind.

Auf dem Bartresen liegt, halb unter der Erdnußschale versteckt, ein liegengebliebener «QE 2-EXPRESS». *Here to Entertain* lese ich und dann die Namen: *Judie Abbott · Graham P. Jolley · Samantha Jones · Heathmore King Roy and Jacie Toaduff · Sweet Elegance · The Jack Hawkins Orchestra · The Trevor Noles Orchestra four of a Kind · Bryan Humbert Harmony Cloud.* Daß diese Namen allesamt gefälscht sind, müßte eigentlich jeder merken.

Und danach kommt eine Rubrik: *Art, Culture and Entertainment.* Darunter steht: *Larry Leshan – Research Psychologist · Joseph Lenaitor-Chira – Lecturer (Julliard School) Guest Conductor Joffrey Ballet · Jori Frank – Astrologer · Harry Waugh – Wine Expert · Monty Fresco – Britain's Photographer of the Year · Caroline Marshall*

– Research Assistant (House of Commons) · Eugene Kolnick – Financial Lecturer.

Ich habe weder einen Astrologen noch einen Psychologen gesehen. Wenn der Prospekt behauptete, ein Flohzirkus habe hier gastiert, würde ich ihm den sowenig abnehmen wie den Astrologen.

Hier wird mit Tricks und Hokuspokus gearbeitet. Aber nicht mit mir. Die Amerikaner sollen sich ruhig vorflunkern lassen, Mr. Brooks sei ein richtiger Kapitän. Aber für mich gibt es zu viele Indizien, daß der Kapitän gar nicht echt sein *kann*: Wie er das Glas vor die Augen führte, als er merkte, daß ich meine Kamera vor der Brust hatte, das war Provinztheater. So führt sich doch kein Seemann auf. Und wie er sich für meinen Besuch auf der Brücke in Schale geworfen hatte! Und vorher seine Angst, überhaupt auf der Brücke zu erscheinen! Woher sollte er auch wissen, wie er sich da oben zu bewegen habe. Mit Keepsmiling allein und gravitätischem Getue nach Gary-Cooper-Art, das wußte er, war da nichts auszurichten. Prompt ist er auch jeder Frage, die ein bißchen mit Seemannschaft zu tun hatte, ausgewichen und schnell wieder von der Brücke verschwunden, als wäre ihm da der Boden viel zu heiß. Eindeutig aber hat er sich verraten, als er mich fragte, ob ich denn genug zu essen bekäme. Ein Luxusliner-Kapitän, der einem Passagier eine solche Frage stellt! Genug zu essen! Daß ich nicht lache! Als ob *das* mein Problem wäre. Ich habe jede Anstrengung unternommen, um hier so wenig zu essen, wie es nur geht, und der Chefkoch hat mir dabei nach Kräften geholfen. A la discretion könnte ich mich auch im Münchner «Mövenpick» ernähren, wenn ich nur wollte, und für gutes Essen – richtige haute cuisine – habe ich Adressen.

Zugegeben, die Rolle des Chefkochs ist einigermaßen überzeugend besetzt. Da haben sie vielleicht einen gefunden, der wenigstens ordentlich reesen kann. Um so schlimmer war es mit dem Bleylematrosen bestellt – ein arger Mißgriff beim casting, wahrscheinlich auch nach dem Geschmack der Amerikaner an Bord. Für *die* sind übertreibende Darsteller gerade recht.

Es wäre nicht das erste Mal, daß ich solche Typen erlebe. Der wettergefurchte Sailor mit dem Kaiser-Wilhelm-Schnauzer, der auf dem circular-boat um Manhattan herum per Lautsprecher von alten Sailorzeiten erzählte, war auch nur ein abgetakelter Schauspieler, aber ein ehrlicher. Als ich ihn am Ende seines Palavers fragte, auf welchen Eimern er denn gefahren sei, war er richtig empört: Er und zur See gefahren? Mit Seefahrt hätte er nichts, aber auch gar nichts am Hut. Er komme aus dem Show-Business. Ein mannhaftes Wort, und mit welch stolzer Attitüde vorgebracht!

Aber *hier* versuchen sie die Täuschung bis zur letzten Minute zu betreiben. Bis zur allerletzten.

«The same procedure, please!» sage ich zum Steward, der mich so erwartungsvoll anguckt, daß ich gar nicht anders kann, als schon wieder einen Drink zu bestellen.

Der Steward hier ist echt. Er hat sich den Adolphe Menjou schon wieder abgeschminkt und ist jetzt wieder ganz mein alter Bar-Steward. Seine Jacke sieht zwar komisch aus, und ein paar alberne Faxen hat er auch am Leib, aber abends nach Dienst macht er sicher Schluß damit, zieht sich die dämliche Jacke aus und säuft sich ordentlich einen an, wie es sich gehört. Die Stewards sind ganz normale Menschen – die schmeißen ihre Zigarettenkippen weg, wann und wo es ihnen gefällt, und kümmern sich einen Dreck um die besorgten Lautsprecherdurchsagen des Herrn Hoteldirektors . . .

Warum bin ich nicht längst hinter den Schwindel gekommen? Fingerzeige gab es genug. So stand im deutschen Prospekt unter der Rubrik: *Einige Ausdrücke der Schiffahrt* das Stichwort *Brücke* und als Erklärung dafür: *Hier präsidiert der Kapitän und steckt den Kurs ab.*

Auf einem solchen Riesenschiff steckt kein Kapitän den Kurs ab. Wozu hat er seine Mates? Und *dieser* Kapitän steckt schon gar nicht den Kurs ab, der tut alles andere als Kurs abstecken. Vor allem schüttelt er Hände und wieder Hände und grinst und läßt sich grinsend photographieren – nur den Kurs steckt er nicht ab. Vielleicht kann er mit dem Degen fechten, aber Kurs abstecken? Gott soll schützen!

Und so affig kann sich auch ein richtiger Seemann

nicht anziehen. Dieses gestärkte weiße Leinenjäckchen kann nur als eine Art Brustschoner gelten. Und an diesem ridikülen Bekleidungsstück auch noch eine Ordensschnalle! Welcher Seemann putzte sich denn so heraus?

Satellitennavigation – da gibt es eben auf der Brücke nichts mehr zu tun. Cunard hat folgerichtig gehandelt und den echten Kapitän eingespart. Der sitzt jetzt irgendwo in Neu-England in seinem Kleinhäuschen an der Küste, dreht Däumchen oder streicht die Garagentüren oder die Gartenzäune der Nachbarn, wie alle pensionierten Kapitäne in der ganzen Welt.

Ob ich genug zu essen hätte? Das war wirklich zuviel. Auch Jessy war verblüfft.

Und erst die Croupiers! In einer richtigen Spielbank kämen diese öligen Typen, die hier im Casino herumlungern, nicht einmal bis zur Schwelle. Bei Tageslicht besehen, geht der Chefkoch mit seiner steifgestärkten Riesenkochmütze eigentlich auch nicht an. Sieht er nicht aus wie aus Disneyland eingeflogen? Wer von den Kellnern war es denn, der mir steckte, der Kochdarsteller habe nie kochen gelernt? Ich hätte besser hinhören sollen, dann hätte ich ihn nicht so lange für einen Profi gehalten; auch er eine Charge, die genauso aussieht, wie sich die gefärbten Grandmas aus Philadelphia den Küchenchef eines Oceanliners vorstellen: groß, dick und rotgesichtig und viel Gold im Gebiß.

Aber die berühmten Stars von Film und Fernsehen sind noch deutlicher danebengeraten. Einen Star darzustellen, das dürfte verdammt schwierig sein. Kapitän, Küchenchef, Croupier . . . die alle schafft jeder Routinier mit links – aber einen Star? Mit den Stardarstellern hat sich der «leisure service» hartgetan, jeden Abend. Fronttheater aus dem Bürgerkrieg, mehr war das doch nicht. Warum ist da bloß nicht jeder dahintergekommen? Mein Steward hier weiß Bescheid, und er weiß auch Bescheid, daß ich Bescheid weiß. Warum würde er mir sonst wieder so verschwörerisch vergnügt zublinzeln? Ob ich noch einen . . .? «For heavens sake, no! Thank you so very much.»

In ein paar Stunden müssen wir wieder hoch, weil dieser irre Dampfer so irre Ankunftszeiten hat: 4 a. m., was vier Uhr morgens ist, an der Statue of Liberty vorbei. Der totale Schwachsinn – und sonnabends in aller Herrgottsfrühe festmachen . . . «No, thanks, see you later – that means tomorrow!»

Während ich meiner Kabine zustrebe, kommt mir in Höhe der Midships-Lobby ein Pärchen entgegen: ein langer blonder Kerl mit drei gelben Streifen auf rotem Grund an den Unterarmen. Da haben wir es wieder: Das soll der Schiffsarzt mit einer Nurse sein. Reiner Universal-Pictures-Kitsch, allerschlechtestes casting! So zum blonden Siegfried hin sollte man einen Schiffsarzt nicht übertreiben, auch sein schwarzes Köfferchen geht nicht, und schon gar nicht gehen die zu hübschen langen Beine, das Blondgelock und der Knallbusen der Schwesterndarstellerin. Nein, sehr verehrte Reederei, so gehts wirklich nicht.

Als ich um Viertel vor fünf aufwache, ist die fahlfarbene Skyline schon im Bulleye. Ich ziehe mich in fliegender Eile an. Und schnell hoch zum Bootsdeck. Das Schiff hat den Bug schon auf die berth gerichtet, in der es festmachen soll. Kein Schlepper zu sehen. Das Schiff macht kaum Fahrt. Ohne Schlepperhilfe wird das Zentimeterarbeit. An der Pier kein Mensch. Ja streikt denn *alle* Welt?

Es ist kalt. Ich hätte mir einen Pullover greifen sollen. Jetzt blitzt in einem Fenster auf dem Gegenufer die Morgensonne auf, und plötzlich erscheint sie zwischen den Wolkenkratzern des World Trade Center und sengt für Sekunden deren Konturen an, als wolle sie die beiden Türme in halber Höhe auseinanderschweißen. Ein wahres Farbenfest hebt hinter der Skyline an. Ich stehe starr da und berausche mich an den Farbfanalen des Sonnenaufgangs und am Goldstrom, der ringsum aus tausend Fenstern bricht.

Aber je mehr es, während sich das Schiff Meter um Meter seinem Liegeplatz nähert, Tag wird, desto nüchterner werde ich. Die Szene wird immer geisterhafter. Vakuumeffekt. Kein Mensch zu sehen. Kein Verkehr. Ich kann tief in die Schluchten der streets blicken: Öde wie auf dem Mond liegen sie da. Die Wolkenkratzer – riesige Stalagmiten – werden nun von einer kalten Sonne angeleuchtet.

Auf einmal kommen mir auch die Passagiere links und rechts von mir nicht mehr wirklich vor, sondern als Statisterie, die ein verrückter Einfall auf dem grünen Kunstrasen postiert hat.

Weit und breit nicht ein einziges Taxi. Sind die tugboats etwa gar nicht im Streik? Gibt es am Ende nur keinen, der sie bemannt? Keine Seeleute? Keine Schauerleute? Keine Taxi-Driver? Niemand mehr? Hat eine Neutronenbombe alles Leben ausgelöscht?

Da kommt auf dem Parkdach des Schuppens, gegen den unser Bug gerichtet ist, ein gelbes Abschleppauto gefahren. Sieht aus, wie dazu bestellt, die «Queen» zu verhöhnen. Als wollte die gelbe Bruchkarre das Riesenschiff auf den Haken nehmen und es anstelle der tug-boats einschleppen.

Verzeichnis seemännischer Ausdrücke

abbacken	Geschirr wegschaffen
achtern	hinten
Affenjacke	kurze Jacke
Ankerspill	Ankerwinde
Asto	Admiralstabsoffizier
aufklaren	Ordnung schaffen
Back	ursprünglich Aufbau über dem Vordeck, Tisch
Backbord	linke Seite des Schiffs in Fahrtrichtung
Backschafter	Mann, der das Essen aufträgt
Bändsel	kurze, dünne Strippen, auch Leinenbändchen
Barkasse	größeres, motorgetriebenes Beiboot
Bilge	Raum zwischen Schiffsboden und Flurplatten, in dem sich Kondenswasser und übergekommenes Wasser ansammelt
Blaues Band	höchste Auszeichnung für die schnellste Nordatlantiküberquerung durch Passagierschiffe
Boje	verankerter Schwimmkörper als Seezeichen oder zum Festmachen von Schiffen
Bootsdrill	Rettungsübung an Bord
BRT	Bruttoregistertonne; in BRT wird der gesamte umbaute Schiffsraum einschließlich Besatzungs- und Maschinenräume angegeben; 1 Registertonne = 2,832 m^3
Bug	vorderster Teil des Schiffes
Bulleye	Bullauge, rundes Fenster in der Schiffswandung

Chief	Chef, insbesondere Chief-engineer, Leitender Ingenieur; auch Chiefmate: erster Offizier
Colani	blaues Jackett, so genannt nach einem Kieler Schneider
Davit	drehbarer Schiffskran, Aufhängung für Rettungsboote
Deadweight	Tragfähigkeit eines Schiffes, oft auch nur Gesamtzuladungsgewicht, wird in Tonnen (tdw) gemessen
Drift	von driften, treiben. Treiben einer Wasserströmung durch Windeinwirkung, z.B. Westwinddrift (Kap Hoorn). drift-ice = Treibeis. Abdrift ist die Wind- und/oder Stromversetzung
Etmal	Tagesreise, von Mittag zu Mittag zurückgelegte Strecke. Bei gleicher Zonenzeit sind das 24 Stunden, bei Verstellen der Uhr auf die nächste westliche Zone 25 Stunden, auf die östlichere 23 Stunden
Faden	1,83 m, besonders bei Tiefenangaben
Fender	birnenförmiger Körper aus Tauwerk, der beim Anlegen zwischen Schiffswand und Kaimauer gehängt wird, um die Bewegung des Schiffs gegen den Kai aufzufangen
festmachen	anlegen und sichern des Schiffes mit Haltetauen oder -trossen
Feudel	Wischlumpen, Putzlappen, Aufnehmer
Gangway	Laufsteg bei Schiff und Flugzeug
Gast	Matrose mit bestimmter Aufgabe, z.B. Funkgast
Gräting	Lattenrost aus Holz oder Eisen
Gut	alles Tauwerk an Bord: stehendes Gut = alles Tauwerk zum Halten und Stützen; laufendes Gut = bewegliches Tauwerk zum Bedienen der Rahen, Segel u.a.

Heck	hinterster Teil vom Schiff
Heizer	Mannschaftsdienstgrad im maschinellen Bereich
Hovercraft	Luftkissenfahrzeug
Isländer	schwerer Pullover
I WO	Erster Wachoffizier
II WO	Zweiter Wachoffizier
Kiel	unterster Längsträger des Schiffsrumpfes; Kiellegung: Baubeginn eines Schiffs in der Werft
Kimm	Horizont
Klampe	Holz- oder Metallstück zum Festmachen der Taue
Klüse	Öffnung im Schiffsbug für die Ankerkette, auch Öffnungen im Schanzkleid zum Hindurchführen von Trossen oder Tauen
Knoten	Schiffsgeschwindigkeit wird in Knoten gemessen; 1 kn = 1 Seemeile pro Stunde = 1,852 km/h
Koje	Schlafstelle auf Schiffen
Kolcher	kleines Schiff
Kombüse	Schiffsküche
krängen	zur Seite neigen (des Schiffes)
LI	Leitender Ingenieur
Liner	Linienschiff, Passagierdampfer, Verkehrsflugzeug
Logbuch	Schiffstagebuch
Luk	Öffnung im Schiffskörper
Maat	militärisch: Unteroffizier auf Schiffen; sonst Haupt-Matrose
mannen	weiterreichen in einer Kette
Mitlöper	Mitläufer, gleichen Kurs haltendes Schiff
Musikdampfer	Kreuzfahrtschiff; abfällig für Passagierschiffe
Niedergang	Treppe auf einem Schiff

Nock	Ende eines Rundholzes, z.B. einer Rah
O-Messe	Offiziersmesse
Pantry	Raum zum Anrichten der Mahlzeiten oder zum Aufbewahren des Geschirrs
Pardune	Tau, das Masten oder Stengen nach hinten hält
peilen	Standort oder Richtung bestimmen
Piepel	von people = Leute
Pier	seemännisch: *die* Pier, Hafenmauer
Pivot	Sockel, Geschützunterbau
plieren	glasig, verglast, schief gucken
plotten	in der Schiffsnavigation aufzeichnen und konstruieren von Zeit-Weg-Diagrammen
Poller	Pfosten, meist aus Eisen, zum Festmachen der Schiffsleinen
pönen	malen, anstreichen
Poop	Aufbau auf dem Achterschiff
Purser	Proviant-, Zahlmeister
Rah	Querstange am Mast für das Rahsegel
reesen	quatschen, aufschneiden
Reling	Brüstung oder Geländer um das Schiffsdeck
Schanzkleid	Schutzverkleidung, mit Stahlblechen geschlossene Reling
Schapp	kleiner Raum, Schrank
Schlingerleisten	Holzleisten, die auf die Back gesetzt werden, um ein Abrutschen des Geschirrs bei Seegang zu verhindern
Schmutt	Smutje, Schiffskoch
Schott	Trennungswand im Schiff, auch Tür in der Wand
Schwanenhals	nach unten zurückgebogenes Entlüftungsrohr am Oberdeck
Speigatt	Öffnung zum Ablaufen des Wassers
Spinnaker	großes, dreieckiges Beisegel, das vor dem Wind gesetzt wird

Stabilisator	Vorrichtung zur Abschwächung von Schiffsschwankungen
Stag	Halte- und Stütztau
Stapellauf	Zuwasserlassen eines neu gebauten Schiffes von der Helling
Steuerbord	rechte Seite des Schiffs in Fahrtrichtung
Steven	den Schiffskörper vorn und achtern begrenzender Bauteil
Stoker	englisch: Heizer, speziell bei Kohlefeuerung
Tonnage	Rauminhalt eines Schiffs, Frachtraum
Top(p)	oberes Ende, Spitze, z.B. eines Mastes
törnen	drehen
Trosse	starkes Seil aus Hanf oder Stahldraht
Typhon	Schallsignalgerät für Schiffe, dessen Membran durch Druckluft bewegt wird
Underdogs	Unterdrückte; Mitglieder der Schiffsbesatzung, die mit Passagieren nicht in Kontakt kommen
Want	die Want, starkes Stütztau
Windhutze	Luftschacht zum Heizraum
Winsch	Winde zum Heben schwerer Lasten
Zossen	meist abfällige Bezeichnung für ein größeres Schiff

Walter Kempowski

Die deutsche Chronik:

AUS GROSSER ZEIT
Roman. 448 Seiten. 75. Tsd. 1978. ISBN 3-8135-0019-5

SCHÖNE AUSSICHT
Roman. 544 Seiten. 70. Tsd. 1981. ISBN 3-8135-5897-5

IMMER SO DURCHGEMOGELT
Erinnerungen an unsere Schulzeit.
256 Seiten. 10. Tsd. 1974. ISBN 3-8135-8587-5

TADELLÖSER & WOLFF
Ein bürgerlicher Roman.
480 Seiten. 65. Tsd. Sonderausgabe 1975. ISBN 3-8135-8584-0

HABEN SIE HITLER GESEHEN?
Deutsche Antworten. Nachwort von Sebastian Haffner.
124 Seiten. 15. Tsd. 1973. ISBN 3-8135-8588-3

UNS GEHT'S JA NOCH GOLD
Roman einer Familie.
372 Seiten. 40. Tsd. Sonderausgabe 1978. ISBN 3-8135-8585-9

HABEN SIE DAVON GEWUSST?
Deutsche Antworten. Nachwort von Eugen Kogon.
180 Seiten. 15. Tsd. 1979. ISBN 3-8135-0983-4

EIN KAPITEL FÜR SICH
392 Seiten. 37. Tsd. Sonderausgabe 1979. ISBN 3-8135-8586-7

WER WILL UNTER DIE SOLDATEN?
Mit zahlreichen Abbildungen.
144 Seiten. 10. Tsd. 1976. ISBN 3-8135-8589-1

Ferner liegen vor:

UNSER HERR BÖCKELMANN
Mit Illustrationen von Roswitha Quadflieg.
96 Seiten. 25. Tsd. 1979. ISBN 3-8135-0934-6

BEETHOVENS FÜNFTE / MOIN VADDR LÄBT
Eine Hörspiel-Kassette.
1.–5. Tsd., 80 Seiten mit Tonband, 1982. ISBN 3-8135-0691-6.

Albrecht Knaus Verlag
Hamburg

Knaus
K